KB072156

교실 속
어린이 철학

Matthew Lipman
Ann Margaret Sharp
Frederick S. Oscanyan
지음
—
박찬영
옮김

교실 속
어린이 철학

Philosophy
in the Classroom

씨
아이
알

머리말

이제 철학은 초등교육의 한 가지 훌륭한 특색이 되었다. 이는 최근에 이루어진 급속한 발달의 결과로서, 1970년대 이전에는 초등학교에 '철학' 교과가 없었다. 철학은 수 세기 동안 대학 혹은 대학원에서만 가르쳤다. 그런데 왜 지금 초등학교 행정가들은 과다한 학교 교육과정 속에 다시 철학을 추가로 도입하려고 하는 것일까?

기원전 6세기, 그리스에서 철학이 출현했을 때 그것은 푸른 지중해에 갑작스럽게 나타난 것이 아니었음을 기억해야 한다. 우리가 문명이라고 부르는, 이성을 갖춘 생명체 사회의 발달은 수천 년이 아니라 수백만 년 전으로 추정되는 과정을 거쳤다. 사람들은 합당해짐에 따라 문명화된다.[1] 한 생명체가 추론을 시작하고 추론 능력을 계발하는 방법을 배우는 데는 길고도 느린 과정이 필요하다. 사고의 발생은 그리스 이전에 이미 오랫동안 진행되고 있었다. 사고는 느리지만 발달해갔고, 신중하게 피해야 할 함정들을 걷어내며 일련의 양자택일의 결론에 대해 지적으로 심사숙고하기 위해 노력했다. 기원전 6세기에 이르자 사고는 사고 자체로 향했다. 다시 말해 사람들은 사고에 대해 사고하기 시작했다. 오랜 문명화 과정의 정점인 이 기념비와 같은 사건이 바로 철학의 탄생이었다.

그런데 오늘날 많은 교사와 행정가들은 고대 그리스인들이 인식했던 것과 거의 흡사하게 인식하고 있다. 사고 과정의 완성은 철학에서 절정에 이르는 것처럼, 철학은 사고과정의 완성을 위해 이제까지 고안된 것 중에서 가장 세련된 탁월한 도구이다. 아마도 2,500년 전 그리스 철학의 출현에 대해 간략하게 살펴봄으로써 철학이 초등교육의 미래에 중요한 역할을 할 수 있었던 1970년대의 여명기에 대해 더 잘 이해할 수 있을 것이다.

서양 문명사의 대부분은 문학과 철학이 서로 소원했다. 그러나 철학적 사유의 출현을 목격했던 고대 그리스의 수 세기 동안에는 이런 일이 일어나지 않았다. 사실 아리스토텔레스 이전의 철학은 항상 문학적인 형태로 나타났다. 가령 헤라클레이토스의 경구와 파르메니데스의 시가 있었고, 후대에는 플라톤의 극적인 대화편이 있었다.

게다가 그리스에는 문학적 사건들이 있었다. 이는 그 자체로는 철학적이지 않지만 그리스 문화의 특징이 되는 철학적 의식과 반성에 꽤 깊이 관련되어 있다. 가령 우리는 호메로스의 작품과 기원전 5세기의 극작가들의 작품을 생각할 수 있는데, 이들 작품은 확실히 후대로 이어지는 체계적인 철학 사상을 위한 토대가 되었다.

그러나 호메로스는 철학자가 아니었다. 그런데 어떻게 그가 철학적 의식에 중요한 기여를 할 수 있었을까?

우리는 『일리아드』가 호메로스 이전 약 3세기 전의 것으로 추정되는 전쟁의 종식에 관해 말하고 있다는 것을 상기해볼 필요가 있다. 그 전쟁은 그리스와 트로이의 전쟁이다. 그러나 이는 완전히 정확한 것은 아니다. 전쟁 전에 그리스라고 불린 반도에는 단지 개별적인 도시국가만이 있었을 뿐이다. 바로 그 전쟁 때문에 이 도시국가 거주민은 스스로를 그리스인이라고 생각하게 되었다. 이는 마치 미국 혁명으로 13개 주 식민주의자들이 스스로를 미국인으로 간주하게 된 것과 같다.

우리 미국인에게 미국 혁명은 불과 200년도 되지 않은 일로, 미국인은 아직도 그에 관해 격한 감정을 갖고 있다. '독립 전쟁'으로 여겨 온 그 혁명을, 영국인들이 '식민지 반란'으로 불렀다는 것을 알게 되면 미국인은 이를 의심하며 고개를 가로저을 것이다. 다시 말해 우리 미국인은 여전히 그 혁명에 대해 열정적으로 동일 감정을 갖고 있다. 분명 영국인들도 그러할 것이다. 그러나 우리는 스스로를 사색적이며 문화적이라고 생각한다. 이는 기원전 12세기 아직 야만인에서 벗어나지 못한, 여전히 부족민인 그리스인들과 우리 자신을 대조해서 볼 때 특히 그러하다. 수 세기 후 호메로스가 살던 시대의 그리스인들은 아마도 그렇게 문화적이지 않았을 것이다. 그들 또한 트로이와 치른 전쟁을 자국사에서 중요한 통합 경험으로서 회고했어야만 했다. 그 때문에 매우 무례하고 사나울 것으로 생각되는 어떤 민족이 과거 자신들의 조상에 대해 헐뜯는 글을 대하게 되면 그들은 오늘날 우리 못지않게 이에 반감을 가졌을 것이다.

우리가 『일리아드』를 처음 읽었을 때 놀라게 되는 것은 호메로스가 그리스인과 트로이인을 공정하게 대한다는 점이다. 한편으로는 영웅적인 트로이인과 비겁한 그리스인이 나오고 다른 한편으로는 용감한 그리스인과 배신자 트로이인이 나온다. 양측은 모두 때로는 이기기도 하고, 그만큼 지기도 했다. 걸핏하면 화내는 사람, 어리석은 사람, 교활한 사람, 사나운 사람 중에서 오직 한 사람만이 고상한 이로서 나타난다. 그러나 그는 그리스인이 아니고 그의 마지막 또한 행복하지만은 않았다. 사람들은 호메로스 시대의 그리스인들이 호메로스가 애국적인 영웅에 대해 칭찬하는 글을 쓰지 않았기에 그를 박해했을 것으로 생각할지 모른다. 그러나 분명한 것은 그리스 민중이 『일리아드』를 흔쾌히 받아들였다는 것이다. 사람들의 어떤 태도가 이를 가능하게 했을까?

호메로스는 철학자가 아니었다. 그러나 그는 전쟁을 공평하고 객관적으로 그리고 초연하게 다루었다. 호메로스는 그리스인이든 트로이인이든 그가 누구든 간에 존경할 만한 것에 대해서는 존경했다. 그는 국적을 가리지 않고 자신이 본대로 사람들을 묘사했다. 『오이디푸스』의 주인공이 나중에 어떤 대가를 치르든 진실을 알고자 요구했던 것처럼, 호메로스는 그것이 얼마나 상처를 줄 것인지와 무관하게 진리를 듣고자 하는 사람들에게만 호소될 수 있었을 그러한 묘사를 제시했다.

그리스인들이 분명히 호메로스에게서 느꼈을 공평무사함과 객관적인 진리의 추구는 그들 자신의 의식을 형성하고, 사고의 독립에 대한 더 큰 욕구를 자극했음이 틀림없을 것이다. 기원전 6세기 철학의 시작은 대체로 박해와는 무관했다. 기원전 6세기 소크라테스 이전의 자연철학자는 자신들의 영감에 과학이 자리 잡고 있었지만 그들은 이를 경구로, 때로는 시로 표현했다.

철학이 마침내 제 모습을 나타내기 시작했을 때 그것은 독창성과

　　　　　　　　　　　　교실 속 어린이 철학

자율성을 갖고 있었다는 점에서 철학적이었다. 동시에 그 관심이 사물의 본성으로 향하여, 그에 대해 서술할 때에는 과학적이었고 철학을 표현하는 양식은 예술적이었다.

게다가 그 철학은 기술적이거나 난해하다기보다는 단순하며 누구나 접근하기 쉬웠다. 초기 철학은 전문가 혹은 엘리트 기술자, 소수의 수도사들을 위한 것이 아니었다. 기원전 6세기의 경구는 풍성했고 다층적이었지만 누구라도 이해할 수 있는 것이었다.

철학이 대화를 통한 탐구로서 알려지게 된 것은 5세기가 되어서였다. 분명 이렇게 발달하게 된 데에는 소크라테스의 덕이 크다. 소크라테스는 그의 동료 아테네 사람들에게 하나의 모델을 제시하였다. 그는 사람들이 공적인 대화를 통하여 철저하게 검토된 삶을 추구하도록 했다. 뿐만 아니라 소크라테스가 없었다면 우리는 플라톤의 위대한 대화편을 아마도 생각하기 어려웠을지 모른다. 소크라테스의 삶에서 어떤 점이 다르며 어떤 점이 중요한가?

첫째, 소크라테스는 우리에게 무엇을 촉구하든 간에, 그는 항상 구체적인 행위 방법을 제시해준다. 사고는 작업이다. 그것은 다른 사람을 대신할 수 없는 작업의 일종이다. 소크라테스는 우리에게 지적인 탐구의 모델이 되었지만 그 자신은 지적인 탐구의 산물을 우리에게 직접 제시하지는 않았다. 소크라테스는 이론과 실천의 협력을 고려하였지만, 그는 도달해야 할 단계를 보여주는 것 외에는 그 어떤 것도 바람직한 것으로서 우리에게 권하지 않았다. 소크라테스는 "모든 필연적인 관련성을 밝히고 구별하라!"라고 말하지 않는다. 왜냐하면 그는 그런 명령이 무가치하다는 것을 잘 알고 있기 때문이다. 대신 그는 자신이 무엇을 권하든 개념을 사용한다. 만약에 밝혀야 할 개념이 있다면, 가령 우정, 용기, 사랑, 아름다움 같은 것을 밝혀야 한다면, 은폐된 것으로부터 그 개념을 드러낼 수 있도록 구체적이고 계열성 있는 단계를 밟아 간다. 소크라테스에 관한 그 어떤 것도 그에게서 흘러나오는 조용한 확신만큼 전염성이 더 큰 것은 없다. 즉, 그와 대화를 나누는 사람은 누구든 소크라테스만큼—탁월하게—사유할 수 있다는 확신을 갖게 된다.

둘째, 소크라테스는 우리에게 우리 자신에 대해서, 그리고 우리 삶에 대해서 알아야 한다고 말한다. 다시 말해 우리는 삶에서 무엇이 중요한지 알아야 한다. 왜냐하면 삶이 제공하는 탁월성이 무엇이든 이를 획득할 기회는 그것을 모를 때보다 알 때 가능성이 더 높기 때문이다. 우리는 지적인 탐구를 할 때 우리 자신의 강렬한 관심사에서 시작한다. 예를 들면, 삶에서 가치 있는 것은 무엇인가? 그리고 이것이 가장 중요하다는 주장을 뒷받침할 어떤 좋은 이유가 있는가? 자신의 삶을 보다 낫게 만들고자 하는 개인의 관심이 최우선 사항이 되어야 한다는 것을 인정해야 한다. 왜냐하면 우리에게는 삶을 철저히 사고하여 그것을 더 잘 개선시키는 것을 보는 것보다 더 나은 동기가 없기 때문이다.

셋째, 소크라테스는 사람들을 대화 속으로 끌어들인다. 사실 이는 표면적으로 두드러지게 나타나지는 않는다. 그러나 성찰하며 살아야 한다는, 그가 평생토록 지켜온 주장의 맥락에서 보면 대화의 중요성은

교실 속 어린이 철학

훨씬 더 이해하기 쉽고 의미심장하다. 우리가 대화에 참여할 때는 지적으로 기민해야 한다. 여기에 엉성한 추론이나 무의식적인 언급 혹은 어리석은 농담이 있을 순 없다. 우리는 다른 사람의 말에 귀 기울여야 하고(왜냐하면 듣기는 사고이기 때문이다), 말을 음미해야 한다(말하기 역시 사고이기 때문이다). 그런 다음 우리와 다른 사람이 말했던 것에 대해서도 마음속으로 되새겨야 하며, 우리가 혹은 다른 사람이 말했을지도 모르는 것에 대해서도 다시 생각해야 한다. 그러므로 대화에 참여한다는 것은 가능성을 탐구하는 것이고 대안을 발견하는 것이며, 다른 관점을 인식하고 탐구공동체를 건설하는 것이다. 탐구공동체의 일원들은 생각의 진행과 그 출현 논리를 반성하기 때문에 각자는 원래의 대화를 새롭게 강조하여 되풀이한다. 왜냐하면 개개인들의 시각이 다르기 때문이다.[2] 어떤 사람은 소크라테스적 대화가 지적인 이해를 추구하는 것과 관련해서 비형식적이고 우연적이라고 생각한다. 그러나 이는 분명 오해다. 사람들에게 자기 자신에 대해 생각해보도록 권할 경우, 합당성의 정신으로 서로 대화를 나누는 것보다 더 좋은 방법이 없다는 것이 아마도 그가 말하려던 것으로 보인다.

끝으로 사고는 엄격해야 한다. 소크라테스는 각각의 믿음은 논리와 경험의 검증 아래에 있어야 한다고 주장한다. 그것이 누구의 견해인지 혹은 누구의 생각인지는 중요하지 않다. 믿음은 내적으로 일관되어야 하고, 그 주창자는 믿음을 뒷받침하는 증거를 밝히는 필요조건을 제시해야 한다. 이렇게 지적인 탐구는 그 고유한 통일성을 갖는 학문으로, 그것은 과학적 탐구로 환원될 수 없으며, 정치 혹은 종교적 이데올로기의 가면을 쓰는 것도 허용되어서는 안 된다. 소크라테스는 장군과 대화를 나누기 때문에 전략에 대해 토론하고, 자신이 정치인과 대화를 나누기 때문에 국정운영방안에 대해 논의한다고 생각하며 스스로를 속이지 않는다. 그는 자신이 이들 학문의 전제를 다루고 있다는 것과 이 전제는 철학적으로 처리되어야 한다는 것을 잘 알고 있다. 사고는 엄격해야 한다. 철학적 사고는, 그 밖의 지적인 탐구가 철학적인 성찰과 대화로부터 아무리 유익함을 많이 얻는다 하더라도 그러한 탐구와 독립해서 수행되어야만 하는 고유한 훈련이다.

우리가 플라톤의 저서를 통해서 아는 한, 소크라테스를 묘사하는 몇 가지 성격이 있다. 그러한 성격은 소크라테스의 삶의 특징을 나타낸다. 물론 이 성격이 소크라테스가 결코 벗어나지 않았던 삶의 특징이라는 것은 아니다. 소크라테스를 흉내 내고 싶은 사람들은 자신을 '산파'로 묘사한 그의 기술을 진지하게 생각해보아야 한다. 왜냐하면 우리는 그를 흉내 냄으로써가 아니라(그는 어느 누구도 흉내 내려고 하지 않았던 듯하다), 우리 자신을 위한 사고를 하면서 그와 닮을 수 있기 때문이다. 요컨대, 소크라테스에게서 배우고 싶은 교사라면 다음의 교훈을 명심해야 한다.

1. 모든 주된 개념들은 구체적으로 조작되어야 하고, 이런 조작은 적절한 계열성을 갖추어야 한다.
2. 지적인 탐구는 학생들의 흥미와 같이 나아가야 한다.
3. 사고를 자극하는 가장 훌륭한 방법 중 하나는 사람들을 대화에

교실 속 어린이 철학

참여시키는 것이다.

4. 훌륭한 사고는 논리적이고 경험에 토대하는 것이다(우리가 플라톤에게서 배운 것처럼, 훌륭한 사고는 상상력이 풍부하다). 따라서 사고 기능 프로그램은 형식적 추론과 창조적 추론 모두를 강조해야 한다.

소크라테스 이전, 기원전 6세기의 철학자들은 마치 홀로 존재하는 것처럼 자신의 학설을 제시하곤 했다. 그러나 철학은 보다 더 변증법적인 긴장을 요한다. 이 요청에 처음 응한 것이 문학과 연극이다. 아이스킬로스, 소포클레스, 에우리피데스 덕에 철학자들은 자신의 사상을 극적으로 조직하는 법을, 나아가 이를 불꽃 튀는 대화 속에 넣는 법을 배울 수 있었다. 이를 플라톤보다 더 잘 배운 이는 없다.

그런데 플라톤 역시 소크라테스에게서 배웠다. 게다가 그는 소크라테스로부터 다른 많은 것들 중에서, 철학의 생명이 대화라면 철학자의 삶은 교사이면서 학습자teacher-learner의 삶이라는 것을, 또한 철학은 학습일 뿐만 아니라 교수라는 것을 배웠다.

플라톤 이후 대중적으로 다가가기 쉽고 진실성과 통합성을 갖춘 방식으로 철학을 제시하고자 한 이는 거의 없었다. 그럼에도 우리는 그리스인들의 경험을 진지하게 취하고 그 교훈을 우리 시대의 과제에 적용시키고자 노력할 것이다. 왜냐하면 우리 역시 지식은 넘치지만 지혜는 부족한, 철학적으로 결핍된 사회에 있기 때문이다. 철학을 접하는 사람이 너무 적고, 심지어 그러한 사람들조차도 철학을 너무 늦게 만나는 경우가 다반사이다.

그러나 철학을 억지로 사람들에게 떠먹일 수는 없는 노릇이다. 사람들이 철학을 원해야 한다. 사람들이 철학을 원하도록, 가령 그리스인들이 사용한 일종의 문학적인 접근으로 동기를 부여해야 한다. 그리스인들이 철학을 하게 된 비결은 기원전 5세기의 그리스 유아들이 타고난 어떤 천재성 때문이 아니었다. 아마도 그것은 호메로스에게 물려받은 행운의 유산 때문이었을 것이다. 호메로스의 공정함 덕에 그리스인들은 정의에 대한 일말의 이해를 얻을 수 있었고, 그의 공평함 덕에 객관성에 대한 약간의 이해를 얻을 수 있었으며, 그의 정직함 덕에 진리에 대한 이해를 다소나마 얻을 수 있었다. 후손들이 지혜롭게 되기를 바라는 사람들은 그리스의 이후 세대들이 귀하게 여기는 가치들을 담고 있는 『일리아드』처럼, 아이들에게 불어넣었으면 하는 그런 가치들이 구현된 다양한 예술 활동을 만들어야 한다. 그러한 활동 중에서도 가장 중요한 것은 아이들이 스스로에 대해 생각할 수 있도록 도와 줄 새로운 교육과정이다. 아이들은 새로운 교육과정으로 과거 우리 교육과정이 해오던 것보다 훨씬 더 사려 깊고, 훨씬 더 풍부한 상상력을 갖추어, 말하고 행동할 수 있게 될 것이다.

교실 속 어린이 철학

1 [역주] 여기서 '합당하다'는 것은 'reasonable'을 의미한다. 독자들은 이 책 전편에 걸쳐 자주 '합당하다'는 표현을 접할 것이다. 어린이 철학은 이성의 '합리성'도 강조하지만, 많은 이들의 오해와 달리, 이성을 사고의 전부로 간주하지 않는다. 나아가 이성이 정서와 정념을 지배할 수 있다고도 보지 않는다. 오히려 어린이 철학은 이성과 함께 정서를 철학함에서 동등한 지위로 간주하며, 이들이 서로를 강화시킬 수 있을 것으로 본다. 합당함은 주어진 맥락에서 우리의 이성과 정서를 갖고 탐구하여 얻을 수 있는 잠정적인 진리를 의미한다. 이에 대해서는 이후 인식에 관해 어린이 철학이 다룰 때 다시 더 설명할 것이다.

2 [역주] 여기서 탐구공동체는 'the community of inquiry'로서, 보다 엄밀하게 말하면 '철학적 탐구공동체(the community of philosophical inquiry)'라고 해야 한다. 물론 탐구공동체는 언제나 '철학적'일 필요는 없다. 왜냐하면 교실에서 다양한 활동으로 '탐구공동체'는 목적과 방법으로서 기능하기 때문이다. 국어과, 사회과, 수학과, 과학과, 미술, 음악과 시간에도 탐구공동체는 운용될 수 있음을 염두에 두면 쉽게 이해할 수 있다. 다만, 어린이 철학에서 '탐구공동체'는 그 목적과 방법에서 '철학적'임을 전제하고 있기 때문에, 여기서는 '철학적 탐구공동체'의 축약어로 간주되어야 한다. 탐구공동체는 수업활동을 촉진하는 매개라는 의미에서 방법이지만, 그것이 방법에만 머무는 것은 아니었다. 그것은 어린이 철학이 지향하는 하나의 목적이기도 한데, 어린이 철학에서 '철학적 탐구공동체'가 강조되는 것은, 탐구공동체의 환경이 공동체 구성원들이 서로 존중하고 협력하며, 적극적인 상호작용을 통해서 성취한 결과까지 포함하기 때문이다. 립먼에 따르면 탐구공동체는, "아이들이 대화를 수행할 때 고차적 사고의 발생을 위해서 가장 신뢰할 만한 사회적 맥락이다"(Matthew Lipman(1991a), Thinking in Education, New York, NY: Cambridge University Press, p.21.). 어린이 철학에서의 탐구공동체의 목적과 의의는 이 책 곳곳에서, 특히 4장에서 집중적으로 제시되고 있다. 다만 더 필요한, 그 철학적·방법적 의의에 대한 자세한 논의는 다음을 참조할 것. Laurance J Splitter & Ann M Sharp, Teaching for Better Thinking: The Classroom Community of Inquiry, Camberwell, Victoria: Australian Council for Educational Research, 1995; 박찬영, 『어린이 철학, 도덕교육에 대한 또 다른 목소리』, 한국학술정보, 2008.

머리말

1부

어린이를
사려 깊게 생각하도록
장려하기

1장   교육의 새로운
        디자인에 대한 요청

1장

교육의 새로운
디자인에 대한 요청

완전무결한 합리성을 갖춘 이들의 행성에서 살다온 이가 우리 교육
체제를 본다면 그는 틀림없이 이상한 점들을 많이 찾아낼 것이다. 이
상한 것은 우리가 교육 체제의 비효율성을 몰랐다는 것이 아니다. 오
히려 그것은 우리가 그런 비효율성을 해결하기 위해 찾은 방법에 있을
것이다. 우리는 교육을 새롭게 디자인하기보다는 반복적으로 일부를
개선하는 데 그치고 있다. 개선책이 비효율적이라고 판명되면 이를
수습하기 위해 보상교육의 접근¹만이 급증할 뿐이다. 기본 디자인의
결함이라고 할 수 있는, 교육을 효과적으로 분배하기 위한 체제 실패
의 근본 원인은 검토되지 않는다. 체제 실패의 비효율성과 보상교육이
갖는 비효율성을 막기 위해 막대한 예산을 쏟아붓지만, 항상 그렇듯
소용없는 일이다.

교육과정이 새롭게 디자인되어야 한다면 이 새로운 디자인이 최적의 유용성을 지닐 수 있는지 판단하기 위해 어떤 기준을 사용할 것인가? 우리는 그러한 개혁을 이루기 위한 전체 목표는 (순전히 도구적이고 외재적인 가치를 지닌 체제와는 대조적인 것으로서) 최고의 내재적 가치, 최고의 유의미함과 합리성, 최고의 방법론적 통일과 일관성을 갖춘 교육 체제라고 말할 것이다. 우리는 1장 뒷부분에서 그런 기준을 제시하기 위한 근거와 그러한 근거에 부응할 수 있는 몇 가지 방법을 자세히 설명할 것이다.

교육의 기능 장애

교육 체제의 결함이 무엇이든 분명한 것은 그 결함이 교육적으로 불이익을 받고 있는 사람들에게 거칠고 가혹하게 영향을 끼친다는 것이다. 교육 체제는 학생들에게 다양한 방식으로 영향을 끼치고, 결과적으로 적지 않은 학생들은 교육 체제의 기능적 문제에 꽤 취약하다. 독감이 유행할 때 서로 다른 감염 정도를 보이고, 자살 경향성이 사회마다 다르게 나타나는 것처럼 학생들 역시 비효율적인 교육과정의 해로움에 취약성이 서로 다른 것처럼 보인다. 어떤 문화 집단은 공교육이 제 역할을 못하더라도 영향을 많이 받지 않으며, 그들 중 많은 이들은 그런 문제가 있더라도 성공한다. 물론 그들이 교육 체제 덕분에 성공한 것은 아닐 것이다. 반면에 다른 문화 집단은 잘못된 교육에 쉽게 영향을 받는데, 그 경우 교육 체제는 학생들의 실패에 어느 정도 책임이 있다. 어쨌든 교육을 새롭게 디자인하는 데 고려해야 할 요인들 가운데, 보상교육을 필수적인 것처럼 만드는 교육과정의 기능적 문제를 꼭 포함시켜야 한다. 논의의 출발점으로서 인종이나 사회 문화적 차이에 토대한, 근거 없는 인지능력의 차이에 대한 혐의 제기보다는 교육 체제의 기능적 문제와 거기서 파생되는 결과에 대한 역학적 은유epidemiological metaphor를 사용하는 것이 더 전망이 밝을 것으로 보인다.

부적절한 교육 체제의 극단적이고 기분 나쁜 징후들은 그것을 상쇄할 수 있는 교육 정책에 의해 개선되거나 바로잡힐 수 있다는 것이, 다름 아닌 보상교육에 관한 오늘날의 교육 실천 속에 내재되어 있는 이론이다. 그에 따르면 교육 정책으로 잃어버린 토대를 회복하고, 뒤처진 학생들을 충실히 교육과정을 이수하고 있는 학생들과 동등한 수준으로 끌어올릴 수 있다. 그러나 유감스럽게도 보상교육에서 사용한 방법은 일반적으로 기존 교육 방법들과 크게 다를 바 없는 것으로 나타났다. 현재 실시되는 보상교육은 오늘날 만연한 잘못된 교육의 원인에 대한 분명한 이해 없이, 표면적인 증후만을 일시적으로 완화시키는 데 전념하는 경향이 있다.

그렇다고 교육 체제가 비평가의 비판을 필요로 하지 않는다고 말하면 그것은 옳지 않을 것이다. 비평가들이 많이 있지만 대체로 그들은 건설적이지 못했다. 비평가들은 트집을 잡는 데 그쳤고 올바른 방법을 찾지 못했다. 반면에 기존 체제를 옹호하는 이들은 잘못된 교육의 참된 원인으로 문화적·사회경제적 조건들을 가리켰다. 우리 사회가 열악한 사회경제적 상황 아래에서 획기적인 개선책을 계획하고 있다는 신호가 없기 때문에 체제 옹호자들은 경제적으로 어려운 사회 구성원의 교육과 관련해서 주요한 개선책을 기대하기 어렵다고 시사한다.

개선책의 실패

그렇게 교육 체제 비평가는 물론, 지지자들로부터 개혁에 대한 절망적인 조언이 나왔다. 게다가 개선책 역시 절망적이었다. 개선책은 선전만 요란했고, 과장되었으며, 대체로 다음과 같은 것에 의존했다. 예를 들면, 교실 벽을 새로 쌓았다가 허물고, 기술 혁신을 도입하거나 중단하기도 했다. 또한 학부모가 참여할 때도 있었고 그렇지 않을 때도 있었으며, 교사는 더 많은 보수를 받기도 하고 더 열심히 일을 하라고 촉구되기고 했다. 뿐만 아니라 교사용 수업 자료를 제공하기도 했는데, 이런 목록은 끝이 없다. 사람들은 이와 같은 접근을, 효과가 없는 것은 아니지만 일회용밴드와 같다고 느낄 수밖에 없었다. 문제가 가벼운 찰과상 정도라면 괜찮겠지만 깊은 내상이라면 이러한 접근은 위험하다.

그 때문에 우리는 기존의 접근과는 전혀 다른 전제에서 시작하고자 한다. 우리는 보상교육을 실시하는 유일한 방법은 단순한 보상교육의 방법을 적용시키는 것이 아니라 모든 아이들을 위해 교육적 탁월성을 보장할 수 있도록 보상교육을 새롭게 디자인하는 데 있다는 가정에서 시작할 것이다. '보상 의학'이라는 분야가 없는 것처럼 보상교육과 같은 영역도 있어서는 안 된다. 중환자를 위한 병원의 유용한 의료 시설은 의학적 도움이 필요하나 그렇게 심각하지 않은 환자를 위한 병원들의 모델이 된다. 마찬가지로 우리 사회의 최소 수혜자나 대단히 취약한 학생들의 교육 발달에 쏟는 돌봄과 관심은 모든 이들도 이용할 수 있는 최고의 서비스를 대변하는, 탁월성의 모델이 되어야 한다. 보상교육을 위한 유효한 전략이 있다면 그것은 동시에 모든 교육에 대해서도 유효한 전략이어야 한다.

분명한 것은 사회적·경제적 조건들이 결코 교육 결손에 대한 변명이 되지 않도록 교육 그 자체를 재구축해야 한다는 것이다. 문화적 조건의 다양성은 교육 체제의 붕괴에 대한 변명이 아니라 교육의 탁월성에 대한 증거 제시의 기회로서 간주될 수 있도록 교육 그 자체를 재구축해야 한다. 교육받은 적지 않은 이들이 "교육은 열려 있는 선택지들을 발견할 수 있도록 도와주지 못했다", "나는 성장했지만 교육이 아니어도 어떤 식으로든 성장했을 것이다. 교육은 나의 여러 능력들을 상쇄하는 것이 아니라 강화하도록 내 능력 전체를 발휘시켜 성장 역량을 키워줬어야 하는데 그렇지 못했다", "나는 학교에 들어가기 전에는 호기심과 창조성, 상상력이 많았지만, 교육 체제 때문에 이 모든 것을 잃어버렸다"라고 말하지 않도록 교육 그 자체를 재구축해야 한다.

우리는 교육의 새로운 디자인에 대해 지나치게 기대해서도 안 되지만, 기대를 접어서도 안 된다. 우리는 교육의 디자인으로 사회가 극적으로 바뀔 것을 기대해서는 안 되지만, 적어도 객관적인 교육 혁신의 창조라는 의미에서 그것이 제 역할을 다할 것으로 기대할 수는 있다. 공적으로 검증 가능한 방식으로 스스로를 정당화하는 대안적 접근들을 요청하지 않으면서, 그저 기존 교육 체제의 현저한 결함만을 개탄하는 것은 모순적이라 할 것이다.

기대에 대한 부응

그러나 학교에 다니는 아이들과 부모는 무엇을 기대할 수 있을까? 아이들의 불만은 수업이 자신의 삶과 관련이 없고, 재미도 없고, 의미도 없다는 것이다. 어쨌든 아이들의 주장은 대체로 이와 같은 해석과 아주 쉽게 부합한다. 부모들의 기대는 다음과 같이 간결하게 요약될 수 있다. 학교란 '아이들을 학습시키는 데' 그 존재 의의가 있다는 것이다. 물론 부모와 아이들이 말하고자 하는 것은 실제로는 동일한 것이다. 왜냐하면 교육과정이 아이들을 위해 관련성과 흥미, 의미를 갖췄다면 억지로 그들을 '학습**시킬**' 필요가 없기 때문이다.

그러면 무엇을 배운다는 것인가? 흔히들 아이들이 배워야 할 것은 서구 문화의 본질이라고 말한다. 그러나 교육이 사회의 문화 전통 속으로 아이들을 입문시키는 것이라는 시각은 결코 자명한 것이 아니다. 물론 교육이 그 이상의 것이어야 한다는 것을 보여주기란 쉽지 않다. 아이들은 사회의 문화 전승이 갖는 중요성에 대해 판단할 위치에 서

교실 속 어린이 철학

있지 않다. 그들은 단지 그것의 중요성만을 평가할 수 있을 뿐이다. 현재 살아 있는 혹은 고인이 된 수많은 이들이 깊은 존경심을 표했던 서구 문명이나 그 밖의 문명에 대해 아이들은 시큰둥할 수 있다. 그들은 왜 과거 사람들의 여러 행적들에 대해서는 존경하면서, 오늘날 일어나는 동일한 행위에 대해서는 야만주의의 극치로 간주하는지 물을 정도로 비판적이지 않고 특별히 관심도 없다. 아이들은 우리의 말을 곧이곧대로 믿어 우리가 존경한다고 말하면 우리가 존경하는 것으로 받아들이며, 우리가 틀렸을지 모른다고 생각할 정도의 자신도 없다. 그들이 이 모든 것이 무엇을 의미하는지 알 수 없다고 (그보다 더 빈번한 것은 어떤 말이나 행위를 하지 못하여) 항의할 때, 우리는 그들에게 "결국 다 알게 될 거야"라고 말을 건네며 그들을 달랜다. 아이들은 그렇게 될 수 있기를 바라며 우리의 손을 잡고 오랫동안 걸어갈 것이다.

아이들이 전체 교육과정이, 전체적으로 모든 단계에서 그리고 단계와 단계의 전개에서도 의미 있어야 한다고 기대하는 것은 잘못인가? 그들이 경험의 유의미성을 발견할 수 있도록 학교가 도와주지 못한다면, 그리고 그것이 학교의 역할이 아니라면, 아이가 아무 생각 없이 희희낙락하며 살도록 교활하게 획책하는 이들에게 교육 체제를 넘겨주는 것 외에는 달리 대안이 없을 것이다.

다른 한편으로 아이들이 의미에 갈증을 느끼고 이를 권리로서 교육과정에 기대한다고 하면, 이로써 우리는 아이의 동기를 부여하는 데 사용할 수 있는 정당한 장려책에 관해 이해할 수 있을 것이다. 아이들은 의미 형식에서 어떻게든 이익이 되기를 요구하는데, 이는 마치 사업가가 만성적으로 적자에 시달리는 사업을 계속하려고 하지 않는 것과 같다. 이제 우리가 인정해야 하는 것은 학교와 교육의 관계이다. 즉, 학교는 교육의 본질에 의해 정의되어야 하지, 교육이 학교의 본질에 의해 정의되어서는 안 된다. 우리는 교육을 학교만이 제공할 수 있는 특수한 경험 형식이라고 주장하기보다는, 오히려 삶에서 의미를 발견하도록 도와주는 그 모든 것을 교육적이라고 해야 한다. 또한 우리는 학교가 아이들이 그러한 의미를 발견할 수 있도록 촉진할 경우에 한에서만 그 학교를 교육적이라고 말해야 한다.

발 견

발견이라는 낱말이 강조되는 것은 우연이 아니다. 정보는 전달될 수 있고, 교리는 주입될 수 있으며, 느낌은 공유될 수 있다. 그러나 의미는 그렇지 않다. 의미는 **발견**되어야 한다. 사람은 다른 사람에게 의미를 '줄' 수 없다. 사람은 다른 사람이 읽을 수 있는 책을 쓸 수는 있지만, 결국 독자들이 찾아내야 하는 의미는 자신들이 직접 그 책에서 얻은 것이다. 그렇다고 해서 그 의미가 저자가 책 속에 부여한 것과 반드시 같은 것도 아니다. (교과서 저자들은 종종 자신들이 다루는 교과의 의미가 자동적으로 독자에게 전해질 수 있을 것이라고 가정한다. 그러나 전달 체제로서의 텍스트는 그 속에 간직되어 있는 내용을 거의 전달하지 못한다.)

　　우리가 토론에 들어간다고 하자. 우리는 토론에 자극을 받고 흥분하고, 몇 마디 발언을 하면서 참여한다. 그다음 어떤 사안에 대해 질문을 받으면 우리는 그에 대해 자세히 설명하며 정리해갈 것이다. 우리의 보고는 전체적으로 토론에 대한 포괄적이고 객관적인 기술이지만, 그럼에도 그것은 편파적일 수밖에 없다. 그러나 우리가 보여주려고 하는 것은 전체적인 토론을 고려했다는 것이다. 우리의 발언은 그 사안의 요점에 대한 평가와 그에 대한 공표를 나타낸다. 그것은 결국 우리 모두가 갖는, 일반적인 토론 이후에, 특히 우리 자신의 주장을 반성하는 바로 인간적인 경험이다. 그러나 그런 발언은 우리가 만든 사안의 의미를, 다시 말해 단순히 '주관적'인 것으로 간주되지 않는 의미를 구현한다. 왜냐하면 그 의미는 단순히 우리(혹은 우리 '마음')에게서 나온 것이 아니라 전체적인 대화에서 나온 것이기 때문이다.

그것은 아이들에게서도 마찬가지다. 아이들이 갈망하는 의미는 미사에서 성체를 나누어주듯 줄 수 있는 것이 아니다. 아이는 대화와 탐구에 참여하여 스스로 의미를 찾아야 한다. 또한 의미 역시 한 번 찾았다고 해서 문제가 끝난 것이 아니다. 그것은 마치 자기 집의 식물이나 애완용 동물, 다시 말해 고귀한 생명체를 돌보듯이 보살피고 키워야 하는 것이다. 그러나 아이들은 자신이 겪은 경험의 의미를 이해하지 못하고, 세계가 이질적이고 파편적이며 당황스러움에 견딜 수 없을 때, 그들은 전체적 경험에 대한 손쉬운 지름길을 찾고자 할 것이다. 심지어는 약물에 손을 대거나 정신질환에 걸리기도 한다. 아이들이 그러한 절망적인 해법에 이르기 전에, 우리가 그들의 삶에서 결여된 의미를 찾을 수 있도록 도와줌으로써 제대로 가르칠 수 있을 것이다.

좌 절

동물에게 좌절을 야기하는 실험을 하는 연구자들에게 같은 논리로 교육과정을 조직해보라고 한다면 아마도 그들은 이렇게 주장할 것이다.[2] '모든 과목을 별개의 것으로, 심지어 최소한의 연관성도 없는 시으로 가르쳐라. 그 결과 전체성과 완전함에 대한 욕구를 갖는 아이들은 스스로 이 모든 것을 종합하는 영웅적인 과업을 수행해야 할 것이지만, 결국 아이들이 좌절하리라는 것은 명약관화할 것이다.' 그러면 그러한 가설적인 실험 체제와 기존 교육 체제 사이에는 무슨 차이가 있는 것일까? 왜 오늘날의 교육은 전체에서 부분으로, 일반에서 특수로, 포괄적인 것에서 세부적인 것으로 진행하는 과정이 될 수 없고, 그와 반대로 가는지 설득력 있는 근거가 있는가?

다른 모든 사람처럼 아이들도 의미 있는 풍부한 경험의 삶을 갈망한다. 그들은 단순히 소유하고 나눠 갖는 것이 아니라 유의미하게 소유하고 나눠 갖길 바란다. 그들은 단순히 좋아하고 사랑하는 것이 아니라 유의미하게 좋아하고 사랑하고자 한다. 그들은 단순히 배우는 것이 아니라 유의미하게 배우고 싶어 한다. 우리는 아이들이 텔레비전에 매달려 있는 것을 보면서 이를 스릴과 흥미를 좋아하는 그들의 성향 탓으로 여긴다. 그러면서 우리는 그 밖의 오락거리가 무엇이든, 그것은 파편적 형식이 아니라 극적인 전체적 형식으로 제시된다는 것에 주목하지 않으려고 한다. 물론 이런 오락거리들의 의미는 종종 피상적일 수 있지만 무의미한 것보다는 낫다. 그러나 이는 아동기의 경험에 대한 어른들의 무지나 오해의 또 다른 사례일 뿐이다. 이는 마치 어른들이 아이를 탐구적 존재라기보다는 기발하고 변덕스러운 존재로, 모험적인 존재라기보다는 분별없는 존재로, 잠정적인 결론을 내리는 존재라기보다는 결단력이 없고 우유부단한 존재로, 갈등과 애매함에 대한 감수성이 있는 존재라기보다는 비논리적인 존재로, 자신의 진실성을 보호하기 위한 단호한 존재라기보다는 비합리적인 존재로 보는 것처럼 말이다.

유의미한 경험

교육 계획이 아이들에게 유의미한 학교 수업과 방과 후 경험을 주지 못한다면 그것은 이름에 어울리는 계획이 되지 못할 것이다. 이를 인정하면, 우리는 교육 디자인에 대한 중요한 평가 기준 중의 하나에 도달했다는 확신을 갖게 될 것이다. 의미는 수단-목적의 관계에서뿐만 아니라 부분-전체의 관계에서도 나온다고 이미 지적한 바 있다. 최종적으로는 부분에 의미를 부여해줄 전체를 제공할 것을 기약하지만, 일단 어떤 것을 각각의 부분으로 제시하는 것은 지그소우 퍼즐 모델에 토대해 교육 체제를 세우는 것이다. 이 퍼즐 모델이 좋다고 이들은 지그소우 퍼즐을 좋아하는 소수의 사람들에 한할 것이다. 그러나 교육 디자인의 목적을 언급하면서, 그것에 이를 수 있는 수단을 명시하지 않은 것 역시 완전히 무의미한 것이다. 그러나 목적과 수단을 모두 명시한다 하더라도, 그러한 수단의 사용에서 나왔을 수 있는 의도하지 않은 결과를 인식하지 못하는 것도 무책임한 것으로 간주되어야 한다. 왜냐하면 그러한 계획을 실시하면, 그에 영향을 받는 사람들이 인식한 것과 같이 원래 의도된 의미와 정반대의 의미를 낳을 수도 있기 때문이다.

부분-전체의 관계, 예를 들면 전체 시합 중의 특정 경기, 문장 속의 한 낱말, 영화 속의 한 가지 일화는 의미 의존적 관계이다. 왜냐하면 의미는 부수적으로 관계의 지각으로 획득되기 때문에, 그런 의미는 일반적으로 '내재적'이라고 부른다(이런 의미에서 어떤 맥락도 갖지 않는 것은 어떤 의미도 갖지 않는 것이다). 반면에 '외재적' 유의미성은 수단이 외부적 혹은 도구적으로 목적과 관계할 때 생긴다. 화재 현장에서 발견된 기름통이 갖는 의미, 혹은 노동과 임금은 서로 관련되어 있다(노동은 임금을 위해서 행해지지만 전자가 후자의 의미 있는 부분은 아니다)는 의미는 유의미한 것이다.

설교적인 교과서는 단지 외재적으로만 유의미한 것으로 간주되어야 한다. 우리는 그 교과서의 사용 방식에 관해서 다음 두 가지를 질문해야 한다. (1) 그것은 달성하고자 하는 목적을 실제로 이룰 수 있는가? (2) 그것은 의도하지 않은 역효과를 낳지는 않는가? 그리고 우리는 그 맥락에 대해서도 자세히 언급해야 한다. 왜냐하면 학습 동기를 잘 갖춘 학생의 경우, 설교적인 교과서도 유익할 수 있으며 결과적으로 어려움이 상대적으로 적을 것이기 때문이다. 그러나 그렇지 못한 학생이라면 설교적인 교과서를 사용할 경우, 그는 냉담하게 혹은 노골적인 반감으로 대할 것이다. 단순한 효율성은 낮은 정도의 내재적 유의미성을 가질 뿐이다. 예를 들면, 치과 진료 의자에 앉은 환자는 드릴의 도구적 가치에 대해 잘 알고 있지만 그 드릴이 견디기 힘들 경우 자리를 뜰 수도 있다. 지식을 쓴맛 나는, 그러나 언젠가는 몸에 좋을 수 있는 일종의 약으로 제시하면서 '지식 그 자체를 사랑하도록' 동기부여된 아이를 기대할 수는 없다. 물론 이 지루한 책이 결국 아이들을 계발시킬 것이라는 사실은 부인할 수 없다. 그것은 마치 숟가락 위의 쓴맛 나는 물질이 결국 병을 낫게 한 것이라는 사실을 아이들이 부인할 수 없는 것과 같은 것이다. 그러나 우리는 미래를 알지 못한 채 태어난다. 미래에 대한 인식은 어른들이 과거의 경험과 검증을 통해 구성한 것이다. 아이들은 의지할 미래가 없다. 그들은 현재가 의미가 있다거나 혹은 의미 있지 않다는 것만을 알 뿐이다. 아이들이 유의미한 교육 수단, 즉 이야기, 놀이, 토론, 신뢰할 수 있는 인간관계를 가질 때 이를 고마워하는 것은 이 때문이다. 만일 아이를 위한 설교적인 교과서가 사라진다면, 그것은 가장 바람직한 소멸일 것이다. 그것을 대체할 교과서는 아이들이 그 자체로 즐길 수 있는 교과서여야 하지만, 유감스러운 것은 그런 일은 당분간 일어나지 않을 것이라는 점이다.

모험의 필요

교과서는 발견으로 가득한 모험이어야 한다. 참으로 교과서는 실지로 발견 패러다임이어야 한다. 그런데 왜 아이들의 학교 경험은 모험이 될 수 없는가? 교과서는 예상 밖의 일들이 늘어선 긴장감 넘치는 흥미로운 가능성을 갖추고, 매혹적인 해명과 암시뿐만 아니라 감질나게 하는 미스터리로 가득해야 한다. 아이들의 학교생활은 반드시 그 속에서 고분고분히 수감된 채 다닥다닥 붙어 진행되는 일과로만 이루어져야 하는가? 판에 박힌 일과와 모험이 정반대의 것임은 말할 것도 없다. 판에 박힌 일은 지루하다. 모험에는 시작과 중간, 끝이 있는 반면에 판에 박힌 일은 설사 우리가 비본질적인 가치를 위해서 참여한다 하더라도 무의미한 것이다. 모험은 그 자체로 충분히 만족스럽다. 실로 사람들은 과거의 모험에 관한 기억 속에 종종 사는데, 마치 과거의 모험들은 꿈처럼 일생의 은밀한 뜻을 갖고 있는 것처럼 보인다. 판에 박힌 일은 반복되는 일이지만 모험은 위험과 즐거운 불확실성에서 결코 자유롭지 않다. 모험은 아이의 몽상이 삶이란 이러해야 한다고 암시한 바로 그것이다. 아이가 교육에 대해 갖고 있는 이미지가 판에 박힌 일보다는 모험에 가까운 것이라면, 무단결석, 비행, 학교 내에서 가만히 앉아 있지 못하는 문제들은 충분히 줄어들 것으로 보인다.

아이들이 유의미하게 조직된 삶의 경험을 기대하는 것은 감동적이다. 그것은 사람들이 다른 사람에게 해를 가할 의도가 없으며 어떤 해도 끼치지 않을 것이라는 아이의 기대가 감동적인 것과 마찬가지이다. 그러나 아이는 머지않아 사람들 사이의 불신에 대한 충분한 근거를 발견할 것이다. 그때 아이들은 경험의 애매성 또한 발견하게 될 것이다. 그러나 아이들에게 애매함과 복잡함에 대처하도록 준비시키

지 못할 어떤 이유도 없다. 우리가 아이들에게 모든 것은 단순하다고
만 가르친다면 훗날 그들은 더 큰 불신감의 근거만을 갖게 될 것이다.

　이 모든 것에 대한 부모의 반응을 중심으로 말하면, 부모는 아이가
의미 있는 학교 경험을 하고 있는지 여부에 관심이 많다고 주장하기가
어려울 것이다. 우리 문화에서 부모는 자녀가 '성공'할 때 자존심이 서
고, 자녀가 '실패'할 때 자존심이 구겨진다. "학교에서 너에게 아무것도
안 가르치더냐?"라는 부모의 불평은 아이가 무책임하게 자랄 수 있고,
그럴 경우 그것은 가족에게 불명예가 될 수 있다는 염려의 징후를 단
순히 나타내는 것일 뿐이다.

　그러나 부모는 기존 교육의 틀에서 교육의 책무가 무엇이라고 생
각하는 것일까? 분명 여기서 고려되는 것은 아이들의 정서적 삶이 발
달되는 방식과는 거의 관련이 없다는 것이다. 그런 것보다는 아마도
부모는 학교가 아이의 인지 과정을 발달시켜주기를 바랄 것이다. 그러
면서도 부모는 때때로 자신들이 바라는 바는 아이들의 교육보다는 '좋
은 습관을 훈련시키는 것'이라고 말할 것이다. 학교에서 오랜 시간을
보내면 제멋대로 구는 자녀가 책임감 있는 성인으로 변할 것이라는
부모의 가정을 일단 옳은 것으로 받아들이자. 그러나 아이를 위해 모
든 곳에서 3R's를 요구하는 부모들이 학교에 추론을 가르칠 것을 그만
큼 요구하지 않는다는 것은 조금은 당황스러운 일이다.[3] 왜 그들은 추
론의 도출, 믿음에 대한 근거의 인용, 증거에 대한 탐구, 개념 형성에
대해 주의를 기울이지 않는 것일까? 아마도 그것은 (논리적 형식에서의)
추론은 본질적으로 아이들에게 가르칠 수 없거나 아니면 가르쳐서는

안 된다는 일반적인 생각 때문일 것이다. 그것도 아니라면 해답은 아이들의 합리성은 수학과 같은 과목에서 이미 충분히 길러졌다는 가정에 있을지도 모른다(수학적 추론에서 논리적 혹은 언어적 추론으로 전이된다는 가정은 증명하기는 어렵고, 주장하기는 꽤 쉬운 것이다).

의미 대 합리성

지금까지 우리는 아이의 관점은 물론, 부모의 관점에서도 교육은 사려 깊음과 합당성으로 가득해야 한다는 것을 보여주고자 했다. 아이의 주장은 의미에 대한 요구이고, 부모의 주장은 합리성에 대한 요구라고 간주될 수 있다.[4] 그러나 기존 교육과정은 효과적인 추론에 참여하도록 아이들을 교육시키지 못하였고 학교에서의 경험은 아이들이 풍부하고 매혹적인 의미들을 이용할 수 있도록 맥락적으로 잘 짠 경험이 되지 못하였다는 점에서 아이와 부모 모두에게 실망스러울 수 있다.

사려 깊음을 위해 조직된 교육은 행동적으로 측정가능하다는 점에서, 심지어 학교 경험 그 너머의 것을 위한 도구로서 가치 있는, 학문적으로 우수한 교육이 될 것을 예고한다. 게다가 그러한 과정에서 발견되는 내재적 즐거움이라는 이점도 있다. 아이가 가진 자원을 개발하면 이러한 자아 개념이 강화될 수 있고, 이 자아 개념은 결과적으로 아이의 목적 감각과 방향 감각을 강화시킨다는 것을 간과해서는 안 된다. 아이들이 자부심을 느낄 수 있는 역량과 힘을 키울 수 있도록 도와주지 않으면서, 스스로에 대해 자부심을 느끼도록('적극적인 자아-이미지'를 갖게) 권하는 것은 무의미한 일이다. 마찬가지로 아이들에게 보다 직접적으로 필요한 것은 자신들의 경험이 갖는 개별성과 개인적 견해를 표현할 수 있도록 도와주는 것이다. 그런데 그러한 조력이 없이, 단순히 그들에게 인간으로서의 위엄과 가치를 가진 존재라는 말만 계속 하는 것은 무의미한 일이다. 이는 경제적으로 어려운 아이들에게도 마찬가지로 적용할 수 있는 것이다. 왜냐하면 그 아이들은 자신의 분별력 외에 삶에서 의지할 수 있는 다른 자원이 거의 없기 때문이다. 우리가 이 분별력을 폄훼한다면, 그 아이들은 이제 그 밖의 어떤 것에 의지할 수 있겠는가?

1 [역주] 보상교육(compensatory education)은 1960년대 '가난과의 전쟁' 정책하에서, 1965년 7월 린든 B. 존슨 대통령 행정부에서 만든 용어이다. 이는 당시 경제적으로 어려운 학생들에게 제공하기 위한 연방 지원책이다. 여기에는 재정 정책뿐만 아니라, 저소득층 아이들과 고소득층 아이들의 교육 격차를 줄이기 위한 교육프로그램이 동반되었다. 그러나 이에 대해서는 1970년, 그리고 1980년대에 부정적으로 평가되기도 했는데, 그것은 분명하게 명시된 목적을 갖춘 프로그램, 양질의 교수법과 교수능력을 갖추지 못할 때 참된 의미의 보상교육이 가능하지 않다는 것이었다. 이에 대해서는 다음 논문 참조. Juliette Burke Myers, "Federal Compensatory Education Programs of the 1960s: The Implementation of Head Start and Title I Services in Roanoke County Public Schools", Doctoral dissertation, Virginia Polytechnic Institute and State University, 2008, pp.35-55. 1965년에 보상교육과 같이 제공된 헤드스타트(Head Start, 저소득층 아이들을 위한 유, 초등교육프로그램)는 이 책이 출간되던 시점에서도 계속 유지되었다.

2 [역주] 립먼 등이 여기서 명시하지 않지만, 동물에게 좌절을 야기한 실험으로 잘 알려진 이는 마틴 셀리그먼이다. 지금은 긍정심리학의 대표자로 알려져 있지만, 마틴 셀리그먼은 1960년대 후반에 행동주의심리학자로서, 특히 개를 통해 좌절과 무기력을 실험한 것으로 유명하다. 5초씩 간격으로 6.0 밀리암페어의 전기충격을 가함으로써, 셔틀박스 속에 갇힌 개들은 일부는 담장을 넘지만, 전체 중 3분의 2는 무기력하게 되는, 이른바 학습된 무기력을 제시한 실험이다. Martin E. Seligman, Helplessness: on depression, development, and death, 윤진, 조금호 역,『무기력의 심리: 우울증, 발달 과정 및 죽음에 대하여』, 탐구당, 1983.

3 [역주] 어린이 철학에서는 기존의 3r's, 즉 읽기, 쓰기, 셈하기(reading, (w)riting, (a)rithmetic) 외에, Reasoning을 고려하고 있다.

4 [역주] 여기서 합리성은 rationality를, 앞의 합당성은 reasonableness를 가리킨다. 전자는 인식론적으로 T, F의 진리치를 갖지만, 후자는 상황과 맥락에서의 적절성을 찾는다는 의미에서 상황의존적이다. 이 책에서 립먼은 후자의 인식론을 지향하고 있지만, 합당성과 합리성의 개념을 엄밀히 구별하여 사용하고 있지 않다. 양자에 대한 철저한 구분은 1991년 립먼의『교육에서의 사고』에서, 특히 2003년 그 개정판 『교육에서의 사고』에서 이루어지며 여기서 '합당성'이 어린이 철학의 인식론으로 자리매김된다.

2장　　　　사고와
　　　　　　　학교 교육과정

2장

사고와
학교 교육과정

의미에 대한 어린이의 갈망

아이뿐만 아니라 우리 모두는 상황의 의미를 이해하지 못한다는 것이
어떤 것인지 잘 알고 있다. 그것은 혼란스러움 그 이상으로 우리를
매우 성가시게 하는 경험이다.

의미를 몰라서 혼란스러울 때, 우리는 어딘가에 확실하게 알려줄
답이 있지 않을까 생각한다. 무의미함은 우리를 두렵게 하는 것일 수
있다. 아이가 책상에 앉아 뒤죽박죽 섞이고, 무의미하며, 자신의 삶을
연결시키지 못하는 것처럼 보이는 사실적 정보에 빠져 있을 때, 자신
이 겪는 경험의 무의미함을 직감한다. 무의미함은 단순히 무엇을 믿어
야 할지 모르는 것 이상으로 근본적인 문제이다. 무의미함을 절망적으
로 경험하는 아이는 자신을 안내해줄 단서를 찾고자 한다. 일부 어른

들은 이러한 상황에 빠졌을 때 점성술이나 빠르고 손쉬운 엉터리 처방책에 빠지곤 한다. 그러나 아이들은 어디로 매달려야 할지 모른다. 게다가 많은 아이들에게 학교는 의무적으로 다녀야 하는 곳이기에 그들은 자신이 악몽 속에 갇혀 있다고 생각한다.

사람들은 종종 그 문제의 원인이 교육과정이 아니라 오늘날 많은 아이들이 지겨워하고 무관심해하는 사실에 있다고 생각한다. 게다가 그들은 이런 사실이 아이들의 가정환경에서 직접적으로 기인한 것이라고 생각한다. 그러나 가정환경이 처음부터 아이의 관심을 자극하는 환경이 아니었다고 한다면, 아이들은 유치원에 입학할 때 이미 지겨워하고 무관심한 상태에 있었을 것이다. 그러나 실제로는 그렇지 않다. 가정환경이 어떠하든 아이들은 초롱초롱한 눈으로, 호기심 가득하게 배울 준비를 하고 유치원에 들어온다. 그러나 적지 않은 아이들은 초등학교 3학년이 되면 집요하게 물음을 던지는 일이 줄어들기 시작하고 중학교에 들어갈 때면 심지어 학교에 잡혀 있는 게 아닌가 하고 의심까지 한다. 학교에 있는 것이 도움이 안 되기 때문이라기보다, 학교가 베이비시터 기관으로서 기능하며 노동 시장에서 그들을 단지 격리시켜 놓은 것으로 생각하기 때문이다. 그렇다고 학교가 완전히 재미없는 곳이라는 것도 아니다. 아이들이 친구를 만나고 제 또래의 친구와 대화를 나누며 사회적 삶을 즐길 수 있는 곳이 바로 학교다. 학교 경험이 가능한 한 풍부하고 유의미했다면, 사실 많은 것이 그러하듯 아이들은 학교생활을 지금처럼 싫어하지는 않았을 것이다.

교육과 의미의 관계는 긴밀한 것으로 간주되어야 한다. 의미가 축적되는 곳은 어디서나 교육이 존재한다. 의미는 학교, 집, 교회, 운동장, 다시 말해 어린이 삶의 모든 차원에서 일어날 수 있다. 반면에 학교와 교육의 관계는 필연적인 것이 아니라 우연적이다. 학교는 교육을 제공할 수 있지만 그렇지 않을 수도 있다. 만일 교육이 학교의 임무나 목적이라고 한다면 그러한 학교는 아이들에게 삶과 관련된 의미를 발견하도록 돕는 데 매진할 것이다.

의미는 나누어줄 수 없다. 의미는 아이들에게 건네줄 수 없다. 의미는 획득되어야 하는 것이다. 의미는 데이터가 아니라 손에 넣는 것^{capta}이다. 우리는 타고난 호기심과 의미에 대한 욕구를 가진 아이들에게 적절한 단서를 포착하게 하여 스스로 사물을 이해할 수 있게 해줄 상황과 기회를 만드는 법을 배워야 한다. 많은 교사들은 이런 교육이 이미 학교에서 실시되고 있다고 말할 것이다. 물론 그렇기는 하다. 그러나 교사 자신이 교육받은 대학[1]에서부터 실제 가르치는 교실까지의 교육 '과정^{process}'이 이런 식으로 작용하지는 않는다. 아이들이 자신에 대한 의미를 가질 수 있도록 무언가 조치를 취해야만 한다. 아이들이 성인의 지식 내용을 학습하는 것만으로는 그러한 의미를 얻지 못할 것이다. 아이들은 사고, 특히 자기 자신에 대해 생각하는 법을 배우지 않으면 안 된다. 사고는 우리가 의미를 획득하기 위한 탁월한 기능이다.

능숙하게 사고하기

우리가 편안하고 느긋해질 때, 종종 이미지가 동반된 일련의 사고는 우리 관심의 직접적인 대상이 될 것이다. 그때 아이가 소매를 끌어당기면, "얘야, 가만히 있어라. 생각 중이다"라고 말하며 이를 물리칠 것이다. 마치 우리가 일어나서 운전하기 위해 나서고, 쇼핑을 하고, 편지를 쓰며, 혹은 신문을 읽거나 식사 준비를 할 때는 생각하지 않는 것처럼 말이다. 물론 물건을 만들거나 일을 하는 과정에서도 우리는 항상 생각하고 있는 것이 사실이다. 살아 움직이는 인간이 사고 과정을 없앨 수는 없는 법이기 때문이다. 그러면 왜 사람들은 느긋하게 사고 흐름의 운동에 들어설 때, 다시 말해 느긋한 그 순간에만 사고라고 부르는 특별한 활동에 참여하고 있다는 환상을 갖게 되는 걸까?

한 가지 비유를 들어보자. 영화를 볼 때, 배우의 움직임이 진짜 같다. 그러나 영사기에 문제가 생겼다. 그러더니 느려지기 시작한다. 지금 영화가 너무 느리게 움직여서 움직인다는 착시는 사라지고, 우리는 단지 개별적인 장면, 눈앞에 느리게 움직이는 정적인 장면들만 보게 된다.

사고도 꼭 그러하다. 우리가 신체적으로 활동하고 활발한 토론에 참여할 때 사고 과정은 매우 빠르게 움직여서, 더 이상 우리의 신체적 행위와 다른 일련의 개별 사고로서 여겨지지 않는다. 헤어지면서 친구에게 손을 흔들거나 샤워기를 틀 때 들어오는 사고는 행위와 맞물려 매우 빨리 전개되어서, 우리는 사고를 행위로부터 분리시킬 수 없다.

이렇게 우리가 느긋하게 신체적 활동을 하지 않을 때 일어나는 사고는 결코 전형적인 사고가 아니다. 오히려 그것은 매우 비전형적인 것이다. 그것은 무겁게 쿵쿵거리며 움직이는 사고, 매우 느리게 움직

교실 속 어린이 철학

여서 실제로 개별적인 사고를 모두 떠올릴 수 있는 그런 사고이다. 그러나 이렇게 느리게 움직이는 개별적인 사고들은 일반적인 사고의 특성이 아니다.

활기찬 토론에 참여하는 방식에 주의를 기울이면 이는 쉽게 증명될 수 있다. 정신적 행위[2]의 질풍 같은 계열에 주목해보자. 가령 논평에 귀 기울이고, 함축적인 가정을 찾아내고, 화자가 함의하고자 했던 (혹은 하지 않았던) 추론을 끌어내고, 화자가 품고 있었을지 모르는 여러 가능한 의도들을 생각하고, 논평에 응하여 자신의 의도를 전개하고, 의도를 충족시키기 위하여 응답을 여러 가지 방식으로 준비하여 발언 종류(감탄문? 질문? 역설적 제안? 재치 있는 주제 변경?)를 정하고, 문장의 첫 낱말을 선택하며, 첫 낱말을 이어갈 두 번째 것을 고를 때를 생각해보라. 가장 단순한 질문과 답변을 교환할 때에도 정신적 행위의 순수 밀도는 엄청나다. 왜냐하면 그러한 질문과 답변이 오갈 때 사고의 양은 많고, 개별적인 사고 과정들의 속도는 빠르기 때문이다. 우리는 말하고 있는 것에 대해 기민하게 주의를 기울이기 때문에 사고를 인식하지 못한다. 혹은 우리는 사고를 우리 의식 영역 속의 흐릿한 주변부로서만 인식할 뿐이다.

대화에서 일어나는 사고가 구조적으로 조직된 것이라고 한다면, 쓰기 행위에서 일어나는 사고 또한 그에 못지않을 것이다. 글을 쓸 때 우리는 단순히 한 명의 독자를 염두에 두는 것이 아니라 가능한 많은 독자를 염두에 두며 우리가 쓰는 것에 대해 가능한 각각의 반응들을 기대한다. 나아가 구어로 대화할 때는 거의 역할을 하지 않는,

그러나 모든 낱말 선택을 숙고해야 하는 여러 고려사항을 야기하는 문학적 스타일의 변수에 대해서 우리는 신경을 쓰게 된다.

사고는 호흡하고 소화하는 것처럼 모든 사람이 행하는 자연스러운 과정이다. 유감스럽게도 이로부터 우리는 어떤 것도 사고를 증진시킬 수가 없다는 결론을 내리는 경향이 있다. 우리는 마치 숨 쉬거나 소화하는 방법을 별도로 증진할 수 없다고 느끼는 것처럼 사고에 대해서도 우리가 할 수 있는 한 가장 잘하고 있다고 결론을 내린다.

그러나 이는 사실이 아니다. 물론 사고는 자연적인 것이지만 그것은 완벽해질 수 있는 기능으로서 인정받을 수 있다. 보다 효과적인 사고방식도 있고, 그렇지 못한 사고방식도 있다. 우리는 능숙한 사고와 서투른 사고를 구별할 수 있는 기준을 갖고 있기 때문에 이에 대해 확신을 갖고 말할 수 있다. 그 기준은 다름 아닌 논리의 원리다. 우리는 그런 규칙에 의해 유효한 추론과 그렇지 못한 추론을 구별할 수 있다.

이렇게 말하면 우리의 제안이 보다 효율적으로 사고할 수 있도록 아이들에게 논리를 가르쳐야 한다는 것으로 들릴지 모르겠다. 그러나 그렇지 않다. 아이는 언어를 배울 때 논리도 따라 배운다. 그들은 문법의 규칙처럼 논리의 규칙 또한 말하기를 배울 때 습득한다. 아주 어린 아이에게 "너, 그러면 벌 받을 거야"라고 말하는 것은 "벌을 받지 않으려면 그것을 하지 않아야 한다"라는 아이의 이해를 가정하고 있다. 이 가정은 대개의 경우 올바르다. 다시 말하면, 매우 어린아이들도 후건을 부정하면 반드시 전건도 부정되어야 한다는 것을 알고 있다는 것이다. 이는 복잡한 추론이지만 아주 이른 생애 단계에서도 가능하다.

교실 속 어린이 철학

타당하지 않은 추론을 끌어내는 것은 좋은 사고로서 간주될 수 없지만 그럼에도 그 또한 사고이다. 적합한 결론을 끌어내지 못하고, 정의를 잘못하거나 그릇되게 분류하며, 사실을 무비판적으로 평가하는 이 모든 것도 서툴지만, 그 또한 사고의 일례들이다. 페다고지 문제는 적어도 교육받는 첫 단계에서부터 사고하는 아이를 더 잘 사고하는 아이로 만드는 데 있다. 아이는 신뢰할 만한 사고 기능 프로그램으로 직접적인 인지적 과제, 가령 해결해야 할 문제나 선택해야 할 결정을 보다 효과적으로 다룰 수 있게 될 것이다. 그 프로그램은 아이들이 먼 미래에 보다 더 사고를 잘할 수 있도록 지적 잠재력을 강화시킬 것이다. 그러나 이 사고 기능 프로그램의 목적은 아이를 철학자나 의사 결정자로 만드는 데 있지 않다. 그 목적은 아이들이 보다 사려 깊고, 보다 성찰적이며, 주의 깊고 합당한 개인이 될 수 있도록 돕는 데 있다. 보다 분별 있는 아이가 되도록 교육받았다면 그는 언제 행동해야 하고, 언제 행동해서는 안 되는지에 대해서 잘 알 수 있을 것이다. 아이들은 자신이 직면한 문제를 처리하는 데 신중하고 사려 깊을 뿐만 아니라, 정면으로 대결하는 것보다 다룰 문제를 언제 연기할지 혹은 문제를 언제 우회할지 적당한 시기를 결정할 수도 있다. 이렇게 사고 기능 프로그램의 목적 중 하나는 판단능력 함양에 있다. 왜냐하면 판단은 사고와 행위 사이의 연결고리이기 때문이다. 성찰적 어린이는 판단을 잘하는 경향이 있으며 그러한 어린이는 부적절하거나 경솔한 행동을 하지 않을 것이다.

사고 기능을 모든 교육과정에 통합시킬 경우 아이들은 연관 짓고,

구분하고, 정의하고, 분류하고, 사실적 정보를 객관적이고 비판적으로 평가하고, 사실과 가치의 관계를 반성적으로 다루며, 논리적으로 가능한 것에 대한 이해로부터 자신의 신념과 진리와 구별할 수 있는 능력을 더 발달시킬 수 있다. 이러한 개별 기능들은 아이들이 보다 잘 듣고, 배우고, 익히며, 표현할 수 있도록 도와준다. 그러므로 그 기능들은 모든 교과 속에 스며들어 있어야 한다.

사고 기능 프로그램은 논리적이면서도 유의미하게 생각할 수 있도록 아이들을 도와주어야 한다. 이 두 가지 요구 사항은 밀접하게 연결되어 있다. 어떤 언명이 의미하는 바는 상당한 정도로, 그 언명에서 논리적으로 이끌어낼 수 있는 추론에 있기 때문에 올바르게 추론할 수 있는 능력은 학교나 그 밖의 곳에서 아이가 참여하는 활동의 의미를 확립하는 데 매우 중요하다. 아이가 읽고, 지각하고, 경험하는 것에서 논리적으로 혹은 언어적으로 끌어낼 수 있는 추론이 풍부하면 할수록, 그런 경험은 아이에게 보다 더 만족스럽고 유익한 것으로 여겨질 것이다.

사고 기능과 기본 기능

사고 과정은 광범위하고 복잡한 활동들로 이루어져 있다. 사고에는 수학적 사고와 역사적 사고가 있고, 실제적 사고와 시적 사고가 있으며, 읽고, 쓰고, 춤추고, 놀고, 말할 때 일어나는 사고도 있다. 읽기와 수학은 다른 인지 기능을 열어주고, 강화시켜주는 것으로 간주되기에 사람들은 때때로 이를 '기본 기능'이라고 한다. 그러나 읽기와 수학은 단지 인지 과정의 두 가지 표현일 뿐이다. 왜냐하면 이 영역에서의 수행은 그 영역의 근저에 있는 사고 기능에 의한 것이기 때문이다. 교육적 관점에서 볼 때, 사고 기능의 증진은 결정적이고 근본적으로 중요하다. 사고 기능이 능숙한 아이는 성장을 잘해온 아이일 뿐만 아니라 계속해서 자신을 성장시킬 역량을 갖춘 아이라고 해야 한다.

의미를 발견하기 위한 읽기

읽기에 문제가 있는 아이는 사고를 할 때도 어려움을 겪을 것이라는 견해는 대체로 합의된 것이다. 일반적으로 사람들은 문제를 지닌 아이의 독서 방법이 개선되면 사고 방법 또한 개선될 것이라고 믿는다. 그러나 우리는 보다 더 엄밀하게 읽기와 사고는 상호 의존적인 관계라고 주장할 것이다. 전자와 후자는 각각 서로에게 도움을 준다. 읽기는 사고 증진에 도움을 줄 수 있을 뿐만 아니라, 아이를 사고할 수 있도록 도와주면, 그 역시 글을 잘 읽을 수 있도록 도와줄 수 있다.

아이의 읽기에 대한 염려를 피상적이거나 중요하지 않은 어떤 것에 관한 불안 같은 것으로 과소평가해서는 안 된다. 읽기와 사고가 상호 의존적이라면 아이가 기대 이하로 잘 읽지 못하거나 잘 읽을 수 있는데도 관심이 없을 경우, 이는 충분히 염려할 만한 이유가 된다.

그러면 무엇이 아이들을 책을 읽도록 하는 것일까? 읽기 장려책은 무엇인가? 아이들은 읽기를 통해서 무엇을 얻는가? 이 질문에 대한 어떤 대답도 의미를 얻기 위해 읽는다는 답보다 더 그럴듯한 것은 없다. 우리는 어떤 책을 읽고 싶어 책장을 열지만, 읽어도 무의미하다는 확신이 들면 책을 던져 버린다. 아이들도 똑같다. 그들은 읽기에서 의미를 찾을 수 없을 때 읽기를 그만둔다.

그러면 아이들은 어떤 종류의 의미를 찾는 것인가? 그들이 갈망하는 의미는 자신의 삶과 관련될 수 있는―삶을 비출 수 있는― 것들이다. 이들 중 어떤 문제는 한 번은 거쳐야 할 성장 단계에 고유한 것이다. 다른 것은 모든 인간에게 공통된 문제들이다. 아이는 모든 종류의 문제에 대해 궁금해한다. 그들은 자신의 정체성에 대해서도 궁금해한다. 그들은 왜 날마다 학교에 가지 않으면 안 되는지에 대해서도 궁금해한다. 세상은 어떻게 시작되었고 어떻게 끝날 것인가에 대해서도 궁금해한다. 때로는 자신의 욕구와 감정을 어떻게 처리해야 할지에 대해서도 궁금해할 수 있다.

아이들은 자신의 문제에 대해 말하기를 주저하곤 한다. 그들은 우리가 존중해야 할 자기 결정과 사생활과 같은 감각을 갖고 있다. 그러나 그러면서도 많은 아이들은 자신의 것과 유사한 문제를 안고 있는 토론에는 참여하고자 한다. 예를 들면, '형제간 경쟁'과 같은 심리학의 용어가 의미하는 것에 대해 생각해보자. 많은 경우 가족 구성원들이 잘 지내지 못하는 아이들은 자신들의 갈등에 대해 토론할 수 없을 것이다. 그러나 그들은 잘 지내지 못하는 공주 자매들에 대한 동화나 부모의 사랑을 두고 경쟁하는 왕가의 왕자들에 대한 동화는 읽고 싶어 할 것이다. 갈등의 아픔을 '옛날 옛적에…'로 시작하는 이야기의 일부로서 간주할 때 그것은 문제에서 제거된다. 동화의 허구적 장치로, 형제간 경쟁의 문제는 보다 초연하게 고려될 수 있다. 마치 호메로스가 트로이 전쟁에 대한 이야기로 그리스인들이 자기 자신을 좀 더 객관적으로 볼 수 있도록 도왔던 것처럼 말이다.

아이들이 계속해서 읽기에 흥미를 갖게 하려면 읽기 자료는 아이의 주된 관심-그들의 삶에서 그들에게 가장 문제가 되는 것들-과 유의미하게 관련된 것이어야 한다. 중요한 것은 단지 낱말을 보고 말하는 배움이 아니라 낱말, 구, 문장이 나타나는 맥락 속에서 이들 낱말, 구, 문장의 의미를 이해하는 배움이다.

읽기 초보자들은 연관성-종종 정확히 맞추기 매우 어려운 연관성-을 발견하는 것을 배워야 한다. 중요한 것은 어떤 문장이 **말하고 있는** 것이 아니다. 문장은 무엇을 암시하는가? 그것은 무엇을 함축하는가? 예를 들면, 어떤 어머니가 우리에게 이렇게 말하고 있다고 가정해보자. "아, 우리 애가 철자 쓰기는 능숙하지 못하다는 거 인정합니다!" 그녀는 무엇을 말하고 싶은 것일까? 그녀는 철자 쓰기가 중요한 것이 아니라 아들이 다른 과목은 꽤 잘한다는 것을 넌지시 암시하고 있는 것은 아닌가? 아니면 "**모두** 파티에 가!"라는 진술을 보면, 문자 그대로 취하면 그것은 단지 "모두가 가며, 그래서 나도 간다"라는 것을 뜻할지 모른다. 그것은 또한 '수적으로' 모두, '원하는 이는 누구나' 가고 있다는 것을 암시할 수 있다. 아니면 그것은 눈물을 동반하면서 "그 밖의 모든 사람은 가는데, 왜 나는 갈 수 없는가?"라는 것을 의미할지도 모른다.

문구에서 의미를 발견하기 위해서 아이들은 의미에 민감해야 하고, 그것을 어떻게 추론하고 혹은 끌어내야 하는지 알아야 한다. 추론 inference은 문자 그대로 주어진 것에서 전제되거나 함축된 것을 추리 reasoning하는 것이다. 누군가가 "아, 당신은 노르웨이 사람이죠, 그러니 눈을 좋아하겠네요!"라고 말한다면, 당신은 그가 모든 노르웨이 사람은 눈을 좋아한다는 것을 가정하고 있다는 것을 추론할 수 있어야 한다. "여자는 클럽에서 제외됩니다"라고 읽을 때 우리는 모든 남자는 인정된다는 것을 정당하게 추론할 수 있다. 혹은 오늘이 14일 화요일이라는 것을 알고 있다면, 내일은 15일 수요일일 거라고 추론하는 것은 어려운 일이 아닐 것이다.

삶의 매 순간마다 우리는 추론을 한다. 길을 가다가 경적 소리를 듣는다면, 우리는 차가 오고 있다고 추론한다. 우유로 얼룩진 빈 유리잔을 본다면, 우리는 누군가 그 우유를 마셨을 것으로 추론한다. 추론 덕분에 우리는 생각하는 것뿐만 아니라 보고, 듣고, 맛보고, 만지고, 냄새 맡는 것으로부터 무수히 많은 의미를 끌어낼 수 있다.

당연하게도, 아이들이 추론을 보다 쉽게 하면 할수록 그들은 읽기 자료에서 의미를 더 잘 추출할 수 있을 것이다. 이 때문에 읽기가 더 만족스럽게 여겨지게 된다. 그리고 아이들이 자신이 읽은 것에 만족하면 할수록, 재미로 읽든 위안으로 읽든, 아니면 이해를 위해서든 그들은 더욱더 자주 읽고자 할 것이다.

교실 속 어린이 철학

토대 기능으로서의 추론

아무도 사고가 어떻게 일어나는지 확실히 알지 못한다. 그러나 많은 사람들은 사고와 언어는 밀접하게 연결되어 있고, 말의 습득과 사고의 습득, 그리고 추론의 습득은 서로 연결되어 있다고 생각한다. 아이가 어떻게 추론을 배우는가에 대한 설명은 부분적으로 그들이 어떻게 말하기를 배우는지 관찰함으로써 가능할 수 있다.

확실히 아이가 낱말을 문법적인 문장으로 조직할 수 있는 것은 매우 훌륭한 것이다. 전 세계의 아이들이 생각할 수 있는 언어로 매일 수행하는 이 위업은 우리가 아는 가장 놀라운 사실 가운데 하나이다. 주목할 만한 것은 단지 낱말을 습득하는 것만이 아니라 말할 때처럼 문법적으로 정확한 구조로 낱말을 조직한다는 것이다. 게다가 이런 것을 사실상 아주 어린아이들이 한다는 것이다. 사고를 문법적으로, 그리고 논리적으로 서로 관련시키는 것은 놀라운 또 다른 성취이다.

분명 아이들은 문법적으로, 논리적으로 사고와 말하기를 조직할 수 있는 경향성을 갖고 태어났다. 그러나 아이는 언어를 잘 사용하는 것과 나쁘게 (예를 들면, 비문법적으로) 사용하는 것의 차이를 배워야 하는 것처럼, 건전한 추론과 부주의한 추론 또한 구별할 수 있어야 한다.

우리는 많은 시간을 들여 아이들이 잘 짜인 산문과 그렇지 못한 산문을, 적절하게 실행한 산수 풀이와 부적절하게 실행한 산수 풀이의 차이를 이해할 수 있도록 돕는다. 그러나 우리는 보다 나은 추론과 보다 못한 추론의 구별을 가르치는 데는 거의 시간을 쓰지 않는다. 이는 아이가 추론하는 방법을 알 필요가 없어서도 아니고, 추론을 배울 능력이 부족하기 때문도 아니다. 그것은 우리 자신이 일반적으로 논리를 잘 알지 못하기 때문이고, 논리를 이해하는 것이 어렵다는 것을 인정하는 것이 부끄럽기 때문이다.

우리는 아이들이 책을 더 잘 읽을 수 없는 한 가지 이유가 추론을 가르치지 않았기 때문이라고 말해왔다. 실제로 아이들은 추론이 없이는 자신들이 읽은 것을 이해할 수 없을 것이다.

읽기는 오늘날 주된 관심의 대상이 되었다. 비평가들은 학교에서 읽기를 잘 가르치지 않는다고 비난하고, 이에 대해 많은 학교는 읽기에 많은 관심을 보임으로써, 그러나 종종 교육의 목적을 희생시켜가면서 응수한다.

어떻게 읽기가 그 자체로 목적이 되었는지는 참으로 이상한 일이다. 읽기가 단순히 하나의 도구로 간주되던 시절이 있었다. 부모들은 아이들이 지적인 성인으로 자라기를 원했다. 아이의 지능을 발달시키기 위해 읽기보다 더 나은 수단이 있을 수 있을까? 하고 생각했다. 구축되어야 할 사고 과정은 무시했지만, 읽기는 계속해서 강조했다. 우리는 "노력을 배가했고, 우리의 목적을 망각했다".

아이들의 읽기 능력을 키우기 위해 추론을 가르치고, 읽기를 목적 그 자체로 보기보다는 아이들이 사고하는 데 도움이 되는 수단으로 보라는 우리의 권고가 다른 사람들에게는 이상하게 보일 수 있다. 우리는 추론과 읽기는 가르칠 수 있고, 서로를 강화시킬 수 있는 기능이라고 응답한다. 사고가 가르칠 수 있는지에 대해서는 논쟁의 여지가 있지만 그것을 고무시킬 수 있는 것은 확실하다. 그리고 추론의 절차

교실 속 어린이 철학

를 가르치는 것이 사고 기능을 발달시키는 데 도움이 될 수 있다.

그러나 어떻게 추론을 가르칠 수 있는가? 학교는 추론 수업을 이미 하고 있고 그것도 잘하고 있다고 종종 주장한다. 학교는 주장을 정당화하기 위해 수학과 언어 기술 프로그램을 예로 든다. 산수와 읽기는 좋은 사고에 유용하게 기여할 수 있을 것이다. 그러나 그것만으로는 충분하지 않다. 조니가 더하기, 빼기, 곱하기, 나누기를 하고, 만화책 - 혹은 『꼬마 슈투어트Stuart Little』- 를 술술 읽을 수 있다는 사실이 그가 분명하게 추론할 수 있다는 것을 의미하지 않는다. 그런 사실이 조니가 효과적인 사고에 대한 습관을 키우거나 독립적인 판단에 도달하고 있다는 것을 의미하지 않는다. 무언가 더 필요하다.

우리는 어린이 철학 프로그램[3]으로 아이들이 부주의한 사고를 알아차리도록 하고, 동시에 사고를 잘할 수 있도록 도와주려고 한다. 우리는 아이들에게 다음과 같은 예문을 제시한다.

> 우리 아버지는 흡연이 암을 유발한다는 신문 기사를 읽고 있었다. 그래서 아버지는 신문을 안 읽어야겠다고 말한다.
> 나는 엘리너를 볼 때마다 조를 어떻게 생각하는지 묻는다. 그러면 그녀는 진짜 당황해한다. 아, 엘리너는 내게 완전히 반했어!
> 이 세상에 태어나는 아이들 중에 다섯 명 중 한 명이 중국인이라고 한다. 나는 형제가 셋이다. 그래서 나는 다음에 태어날 내 동생이 아마도 아주 귀여운 동양인일 거라고 생각한다.

혹은 우리는 아이들에게 다음과 같은 불합리한 질문을 한다.

언제 직선은 굽어지는가?
왜 돌고래는 그토록 멍청한 물고기일까?
여름과 도시 중에서 어느 것이 더 더운가?

아이들은 이들 예문의 오류를 쉽게 찾을 수 있다. 그러나 그들은 효과적인 사고와 혼란스러운 사고를 분별할 수 있는 교육을 받은 이의 지도 아래에서 뭐가 잘못되었는지 토론할 필요가 있다.

분명 우리는 과목의 통합성을 훼손시키지 않고 지적인 자질의 문제를 나타내게 하는 매력적인 방법을 개발시킬 필요가 있다. 우리의 목적은 아이들을 두 개의 고립된 실체 — 한편으로 논리적 사고의 구조와 다른 한편으로 급하고 당황스러운 삶의 문제 — 에 직면하게 하지 않아야 한다는 것이다. 우리가 해야 하는 것은 사고가 교과 내용을 얼마나 즐겁고 유효하게 다루는지 아이들이 발견하도록 하는 것이다. 중요한 문제들에 대한 추론이 얼마나 가치 있는 경험일 수 있는지 아이들이 알 수 있도록 도와주어야 하는 것이 우리가 할 일이다. 추론이 기본 사안을 보다 통찰력 있게 명확히 만들어주는 것에 지나지 않는다 할지라도 때때로 그러한 추론은 고무적일 수 있다.

사고 기능과 다른 교과들

실험 연구에 따르면 훈련받은 교사가 지속적이고 엄격한 방식으로 아이들에게 철학을 가르치면 사고의 기본 기능에 적지 않은 영향을 미칠 수 있다는 것을 보여준다(부록 B에서의 실험 연구의 요약을 보라). 그러나 어린이 철학을 다른 교과목 속으로 통합시킬 때 실질적이거나 의미 있는 영향을 줄 수 있을까?

중학교 교육과정에서 매우 중요한 두 과목은 언어교과와 사회과이다. 두 교과 모두에서 어린이 철학은 유용할 수 있다. 그것은 교과에 함축된 가정에 대한 선결문제를 제기하기 위해서뿐만 아니라, 이들 교과 학습에 필수적인 비판적 습관과 탐구 방법을 함양하기 위해서도 유용하다.

언어교과의 경우를 생각해보자. 우리는 이미 읽기 수업의 문제점을 분명히 지적했다. 마찬가지로 쓰기에 대한 기존의 접근 방식의 효과도 불만이 만연되어 있다. 더 심한 문제는 기본적인 읽기와 쓰기 기능의 수행과 문학적 전통의 관련성에 대한 감각이 쇠퇴한다는 것이다. 교사들은 학생이 학습 동기부여가 되어 있지 못하다고 불만을 터뜨리는 반면에 학생들은 교사가 읽기와 쓰기의 기계적 방법에 대해서는 강조하지만 그런 기능들을 자신들의 삶과 관련시키지 못한다고 불평한다.

학생들이 학습 동기부여가 부족하다는 교사들의 항의를 극복하는 한 가지 방법은 전통적인 설교적 교과서 대신에 소설을 사용하는 것이다. 글의 플롯은 학생들이 쉽게 동화될 수 있는 것이어야 한다. 플롯은 학생들이 시나 문학적 산문을 쓰게 될 때 부딪히는 장애를 경험할 수 있는 것이어야 한다. 그리고 교사가 제공하는 잘 선택된 연습문제와 교실 토론이 그런 장애를 없애는 데 어떻게 도움이 될 수 있는지 소설이 잘 보여주어야 한다.

일반적으로 아이들은 자신들이 이해하지 못하는 것을 하려고 하지 않는다. 일부 아이들에게 시나 작문을 쓰라는 요구는 공포다. 아이들은 왜 그것을 해야 하는지 알지 못한다. 그들은 관련된 근본적인 문제도, 그 문제가 자신의 삶과 어떻게 관련되어 있는지도 모른다. 정규 언어 교과 프로그램에 선행하는 혹은 병행하는 철학 수업은 이런 사항들을 탐구해야 한다. 철학 수업은 아이들에게 좋은 글쓰기의 기준, 시와 산문의 차이, 경험과 의미의 관계, 느낌과 표현의 관계, 사실과 허구의 구별 및 설명과 기술description의 구별에 대해 토론할 기회를 주어야 한다. 나아가 철학 수업을 통해서 아이들은 모험, 상상력, 주의, 지각, 정의definition, 의사소통, 가능성, 의미, 해방, 놀라움 및 완전성과 같은 개념을 탐구할 수 있을 것이다.

이런 개념의 토론은 아이들에게 어떤 영향을 끼칠까? 개념 그 자체는 어떤 영향도 끼치지 못한다. 그러나 개념에 대한 토론은 도움이 된다. 단 그런 토론은 자신의 삶의 상황을 이해하도록 하고, 습득해야 하는 삶의 상황과 문학적 기능 사이의 관련성을 파악할 수 있도록 중점을 둔 수업에서만 유익하다. 어른들 혹은 매우 동기부여가 잘된 영민한 아이들에게 하듯이, 일반 아이들에게 문학과 쓰기를 제공하면 그런 것들은 많은 학생들을 소외시키고 소원한 느낌을 갖게 할 수 있다. 학생들은 문학 작품을 자기 것으로 만들고 싶다거나, 작가의 동기를 같이 나누고 싶다는 생각이 들어야 한다.

학생은 문학과 사고 사이에 어떤 모순도 없다는 것을 이해해야 한다. 아이들은 종종 시를 다른 사람의 느낌과 지각을 나열한 것으로 간주한다. 다시 말해 사고가 시로 들어간다거나 독자와 공유할 수 있다는 것 — 독자가 재연할 수 있고 심지어 스스로 한다는 것 — 을 적지 않은 아이들은 알지 못한다. 아이들이 참여한 글쓰기를 검토해보면 자신들의 생각을 표현하고, 문학적 형식으로 세계 내의 삶에 대한 확신을 나타낼 준비가 되어 있다는 것을 알 수 있다. 어린이 철학은 그런 표현에 대한 조건을 제공함으로써 아이들이 갖고 있는 이러한 경향성을 지원해줄 것이다.

언어 교과와 마찬가지로 사회과의 경우도, 아이들이 사회 교과가 전개시켜야 할 일차적 매트릭스로서 자신의 삶의 상황을 성찰하도록 장려해야 할 필요가 있다. 그러나 사회과 수업은 학생들의 삶의 상황의 사회학적·정치적 측면과 관련될 것이다. 교실 토론은 민주주의, 사회, 정의, 무정부, 교육, 재산, 법, 범죄, 사회적 이상, 노동의 분배, 제도, 전통, 책임감, 권위 그리고 자유와 같은 개념을 포함한다. 아이들에게 사회과는 종종 그 관계가 모호하고 혼란스러운 자료, 끝임없는 사실들이 가득한 목록의 수업으로서 나타난다. 철학이 할 수 있는 것은 아이들에게 지적인 방향 감각을 제공하여 수업 내용에 확신을 갖고 다가갈 수 있게 하는 것이다. 아이들이 사회에서 당연시하는 이상, 가치 및 기준을 이해하게 될 때 그들은 사회 제도와 실천이 얼마나 잘 작동하는지 판단할 수 있게 된다. 그러나 이런 방대한 것들을 다룰 때 아이들에게 관점과 균형감각을 제공해주고 판단할 수 있게 하는 비판적 도구가 없이 사회 제도와 실천을 학습하라고만 해서는 잘될 수가 없다.

나아가 이러한 접근은 전체 사회의 제도와 교실 속 학생들의 상황 사이의 간극을 메워줄 것이다. 종종 학생들은 자신들이 배우는 것과 삶을 사는 것, 그리고 전체 사회의 작동 사이에 어떤 관련성도 찾지 못한다. 아이들이 자신을 사회적, 정치적 존재로서 이해하기 위해서는 이들 요인을 의미 있는 방식으로 통합시켜야 한다.

대화와 사고의 관계

우리는 흔히 사고를 사적이며 내면적이라고 가정하기 때문에 사고를 신비하고 불가사의한 것으로 보게 된다. 사람들은 이런 상황 아래서는 실재 자체가 분명하지 않기 때문에 더 나은 사고와 그렇지 못한 사고를 구별하게 해줄 기준을 적용할 수 없다.

게다가 사고를 완전히 '정신적'이고 '사적인' 것으로 해석할 경우, 어떻게 이를 증진시킬 것인가에 관해서 상당한 오해가 생기기 마련이다. 예를 들면, 사고와 대화의 관계를 생각해보자. 반성이 대화를 만든다는 것이 일반적인 가정이나, 사실상 반성을 낳게 하는 것은 대화이다. 사람들은 대화에 참여할 때 빈번하게, 반성하고, 집중하고, 대안을 생각하고, 잘 듣고, 정의와 의미에 주의를 기울이고, 이전에 미처 생각하지 못한 것을 인식하며, 대화가 없었더라면 생기지 않았을 많은 정신적 행위들을 수행하게 된다.

이 말이 틀렸는지 우리 스스로에게 물어보자. 학교생활에서 가장 기억나는, 지적으로 자극적인 사건은 무엇인가? 학습실인가? 강의인가? 공연인가? 지필시험인가? 아니면 모든 학생이 인간으로서 자신에게 중요한 것에 대해 참여하여 이야기를 나눈 교실 토론인가? 그런 토론을 수행하면서 참여자는 자신이 말했던 것과 말했을지도 모를 것에 대해 반성한다. 그들은 다른 사람이 말한 것을 떠올리고, 왜 그들이 그런 말을 했는지 이해하려고 노력한다. 게다가 토론 참여자는 자신들의 사고 과정으로 학급 대화의 구조와 전개를 만들어낸다. 사고는 대화의 내면화라는 말이 바로 이를 의미하는 것이다.

대화를 내면화할 때 우리는 조금 전에 들었던 다른 사람이 나타낸 사고를 재현할 뿐만 아니라 마음속으로 그것에 대해 반응을 보이기도 한다. 더 나아가 우리는 대화를 나누는 과정에서 추론을 이끌고, 가정을 확인하고, 서로에게 근거를 제시하며, 비판적인 지적 상호작용에 참여하는 방법을 찾아낸다. 대화에서 엉성한 추론은 지적받고 비판받는다. 그러한 추론은 항상 이의 제기를 받을 것이다. 다른 사람이 말하는 내용에 대한 비판적 태도는 토론 참여자에게서 발달된다. 그러나 이러한 비판적 태도는 자기 자신의 반성으로 되돌아간다. 일단 다른 사람의 사고 과정과 표현 양식을 비판적으로 검토하는 기술을 배우고 나면 사람들은 자신의 발언에 대하여 다른 사람이 무어라고 말할지에 대해서도 주의 깊게 고려할 수 있게 된다.

인지심리학 혹은 사회심리학에 토대하여 교실 공동체의 형성은 사고를 장려하는 데 결정적으로 중요하다는 주장이 제기된다. 예를 들어 우리가 조지 허버트 미드의 저서(『마음, 자아 그리고 사회』)나 레프 비고츠키의 저서(『사회 속의 마음』)에 관심을 기울이면, 사고란 대화의 내면화라는 테제가 철학적, 심리학적으로 지지되고 있다는 것을 알 수 있을 것이다. 가령 비고츠키는 아이들 개인의 문제 해결 능력과 교사와 친구들의 협력 속에서 개인이 문제를 해결할 수 있는 능력 사이에는 큰 차이가 있다는 것을 분명히 인식하고 있었다. 미드처럼 비고츠키 역시 개별적으로 행동했을 때보다 더 높은 수준에서 생각하고 행동할 수 있도록 아이들을 촉진하는 데 교실 공동체가 필요불가결하다고 간주한다.

물론 이는 모든 대화의 사례가 탐구공동체의 사례들이라는 것을 의미하지는 않는다. 아이들은 종종 킬킬거리며 웃고, 재잘거리고, 주의를 집중하지 않으며, 모두들 자기 이야기만 하려고 한다. 아이들이 순서를 지켜 이야기할 때조차 그들은 서로가 무엇을 말하고, 서로의 발언에 토대해서 무엇을 더 개진하려고 하는지 들으려 하지 않는다. 대화가 어떻게 전개될 것인지에 관계없이 자기 말에만 신경을 쓰는 한, 그들은 탐구공동체의 참된 참여자가 될 수 없다. 나아가 대화를 뒤쫓아 가는 노력을 하지 않고 관련 있고 유의미하게 보이는 말을 하지 않을 때 이 또한 참된 참여자라고 할 수 없다. 미드는 단순한 모방적 행위와 집단 과정의 내면화 사이에는 차이가 있다고 했다. 다른 아이들이 놀이를 하고 있는 유치원에 아이를 들여보내면 새로 들어온 아이는 그 과정을 이해하지 못한 채 다른 아이들이 하고 있는 것을 모방하고자 한다. 아이들은 놀이 규칙, 참여자의 역할, 놀이가 전체 집단에 대해 갖는 의미에 대해 이해하고 내면화할 때에만 비로소 그 과정을 이해할 수 있게 된다.

아이들은 왜 그러한 규칙과 통제가 있는 공동체에 참여해야 하는지 물을지도 모른다. 미드는 아이들이 학교에 다니는 것은, 학교가 발언의 기회를 기다리고 있는 사회적 충동을 갖추고 있기 때문이라고 주장할 것이다. 아이들은 사회적 존재로 전이되어야 하는 야만인이 아니다. 그들은 이미 사회적이다. 그러나 아이들은 사회적 경향성이 건설적인 방식으로 표현될 수 있는 환경을 요구한다. 그런 의미에서 종종 학급에서 침묵하는 아이들을 표현할 욕구가 없는 아이들로서 간주해서는 안 된다. 오히려 그 아이들은 대체로 자신들이 말하고자 하는 것이 다른 친구들에 의해 하찮은 것으로 무시될까 두려워하는 아이들이다. 만일 교실에서 아이들이 말할 기회를 갖고, 들을 때는 경청해서 들으며, 참된 의미의 상호 관심의 공동체가 교실에 나타나면 그들은 껍질을 깨고 나와 공동체의 대화에 자발적으로 참여하게 될 것이다. 입을 다물고 있는 대부분의 아이들은 실은 어떤 중요한 문제에 대해 교실 앞에 서서 친구들에게 발표한다면 그것이 얼마나 멋질까 하고 백일몽을 꾸는 아이들이다.

아이들이 수업에 적극적으로 참여하도록 하는, 교실 토론이 가진 동기부여의 역할은 종종 평가절하되고는 한다. 예를 들면, 교사가 학생들에게 주제를 주고, 다음 날 논술시험을 요구할 수 있다. 그러나 자신의 지적 펌프로부터 생각을 길어 올리기 위해서는 아이들은 사전에 특별한 주제에 접근할 수 있는 방법들을 말로 나타내보는 전이 과정을 가져야 한다. 그들은 서로에 대해 자신들의 생각을 시험해보고, 피드백에 귀 기울이고, 서로의 경험에서 배우기 위해 전체 집단에 시험해보고, 자신들의 말이 불합리하거나 관련성이 결여되었다는 감을 느끼고 이 문제를 극복하며, 끝으로 논술의 주제가 함의하는 바를 이해하게 되었을 때 흥미를 느끼기 시작한다. 그럴 때 비로소 과제는 아이들에게 매력적으로 보이기 시작한다. 성인으로서 우리는 다른 사람하고 토론을 하지 않고도 어떤 것을 쓸 수 있고, 읽고 이해할 수 있기 때문에 그러한 교육과정의 세련된 최종 산물을 이 과정 자체에 대한 적절한 모델로서 가정해서는 안 된다. 대화란 원경험이 세련된 표현으로 전이될 때 일어날 수밖에 없는, 서투르고 세련되지 못한 경험 과정의 한 단계이다. 아무튼 아이들에게 대화란 그러한 과정의 필수불가결한 한 측면이다.

교사는 한편으로 읽기와 말하기, 다른 한편으로는 쓰기와 말하기 사이에 존재하는 강한 연관성을 잘 기억해야 한다. 게다가 말하기와 듣기는 아주 밀접하여 발언의 의미를 주의해서 듣지 않고 덜 중요한 대화 부분에 귀를 기울이면 화자의 말을 오해할 수도 있다. 다른 사람이 중시하는 것에 귀 기울이고 대화에서 발견해야 할 의미를 분별할 수 있는 사람은 자신들이 읽은 내용을 무의미한 것이 아니라 의미 있는 것으로 이해하는 사람일 가능성이 크다.

중요한 것에 대하여 잘 생각하기

철학은 논리학을 포함하고 있는 학문이므로 학생들이 단순히 사고하는 것에서 잘 사고하는 것으로 나아갈 수 있도록 사고과정에 탁월성의 범주를 도입하고자 한다. 동시에 기원적 6세기까지 거슬러 가는 전통을 지닌 철학은 언제나 인간의 삶에 중요하거나 인간의 지식과 관련되는 것으로 간주된 특수한 개념들을 다뤄왔다. 예를 들면, 정의, 진리, 선, 아름다움, 세계, 인격 동일성, 인간성, 시간, 우정, 자유 및 공동체 등이 그것이다. 이들 개념 중 일부는 여전히 잘못 정의되기도 하고, 상당수는 논쟁의 여지가 다분하다. 그러나 이들 개념에는 오랜 세월 동안 우리의 이해에 질서와 명료함을 제공하고자 했던 무수히 많은 철학자들의 노력이 들어 있다. 규제 이념으로서 기능할 이들 개념이 없었더라면 우리는 우리의 경험을 이해하는 데 상당한 어려움을 겪게 되었을 것이다. 문명인들이 아름다움과 추함, 선과 악, 참과 거짓, 정의와 불의의 차이에 대해 관심을 갖는 것에서 문명과 야만의 구획 지점을 찾을 수 있다. 사람들이 미에 대한 개념을 대단한 것으로 생각하지 않았다면 왜 그들이 아름다운 도시를 건설하고 아름다운 예술 작품을 만들려고 노력했는지 이해할 수 없을 것이다. 그들이 정의를 믿지 않았다면 그들은 수용할 만한 형태의 사회 조직을 창조하고자 노력하지 않았을 것이다. 우리는 살면서 우리가 행하는 것들을 이해하고자 한다. 철학은 이러한 우리의 이해에 대한 이들 개념의 규제 방식을 다루려는 것이다. 그 때문에 아이들이 삶의 사회적·미학적·윤리적 측면을 알고자 한다면 그런 개념에 대한 습득은 필요불가결한 것이다.

아이들은 철학적 개념에 관심이 없고 사소한 것에 대해 떠들거나 사실 차원의 것만 학습할 것이라는 생각은 잘못된 통념이다. 어른들은 아이들이 사물의 존재 방식에 대한 근거를 이해하기보다는 단지 구체적인 정보를 습득하는 데 관심이 있을 것으로 흔히 생각한다. 유감스럽게도 전통적으로 철학은 어른의 것으로 여겨졌다. 아이들은 추상적인 주제에 관심이 없고, 철학이 다루는 주제가 매우 기술적이어서 철학을 할 수 없을 것이라고 간주되었기 때문이다. 그러나 사실은 철학적 문제는 어른들의 관심사항만도 아니고, 이를 아이들이 다룰 수 없는 기술적 방식으로 만들 필요도 없는 것이다. 실로 철학에 관한 아주 놀라운 사실 중 하나는 어떤 연령이든 유익하게 철학적 문제를 반성하고 토론할 수 있다는 것이다. 아이들은 어른들만큼이나 우정이나 공정함과 같은 개념을 좋아하고, 지금까지 어느 누구도 이 주제에 대해 최종적인 답을 내리지 못했다는 것을 모두들 알고 있다. 어른과 아이들 모두 철학을 탐구할 수 있다는 그 가능성은 초등 어린이 철학의 가장 참신하고 고무적인 의의 가운데 하나이다.

철학적 사고 기능 프로그램은 아이들이 비판적일 수 있도록 장려할 뿐만 아니라 그들이 풍부한 상상력으로 사고할 수 있도록 도와준다. 아이들이 사태의 존재 방식을 토론할 때 동시에 사태가 어떻게 진행하게 될지 그들과 함께 탐구하는 노력을 해야 한다. 사태는 그 외의 것으로는 있을 수 없다는 생각을 아이들에게 제시해서는 안 된다. 사실의 경우에서조차 그런 사실이 존재하지 않았다면, 어떤 종류의 세계가 되었을지 아이들에게 생각할 기회를 주지 않는다면, 그것은 독립적이고 창조적인 사고 능력을 강화시킬 기회를 박탈하는 것이다.

오늘날 교육 실천이 갖는 가장 심각한 문제 가운데 하나는 아이들의 교육적 경험을 통합시키지 못한다는 것이다. 아이들에게는 일련의 비연속적인 전문적 사실들만 소개한다. 오전 수업에서 국어가 수학 다음에 나올 때 아이들은 이들 교과 사이의 어떤 연관성도 찾을 수 없다. 물론 그들은 국어와 그다음의 사회 교과에서도, 사회 교과와 이후의 과학 수업에서도 연관성을 찾지 못한다.

학교생활의 분열은 경험의 일반적 파편화를 반영한다. 즉, 그 경험은 학교 안에서든 밖에서든 만연한 현대적 삶의 특징이다. 그러한 파편화는 사실적 차원에서 인간 지식이 범람한 것에 기인한다. 왜냐하면 교육이 아이들에 대한 정보의 전수와 관련되어 있는 한 그것은 전문가에 의해 단순화되고 도식화될 것임이 틀림없기 때문이다. 결과적으로, 단순히 개별 영역에 대한 개요만 제시하려고 해서는 각각의 교과는 자기 교과에 국한될 가능성이 크고, 인간 지식의 총체성과 연결될 경로를 잃게 될 것이다.

그러한 분화는 가까운 장래에 일반화될 것이기 때문에, 학교 교육과정을 구성하는 여러 교과 사이에 연속성을 세울 수 있는 방법들을 고안해야 한다. 일반적으로 연속성을 확보하는 과제는 유감스럽게도 다양한 과목에서의 연속성을 찾는 훈련을 거의 받지 못한 교사들이 맡게 된다. 그 때문에 교과 사이의 연속성을 확립할 것을 교사들에게 기대하는 것은 합당하지 못하다. 교사들은 문법, 수학 및 논리학 사이의 형식적 유사성을 인식하는 훈련을 받지 못했다. 그들은 과학과 사회에 걸쳐있는 방법론적 연속성을 인식하는 훈련도, 사회적 삶에 대한 문학적 기술description과 사회학적 기술의 연관성을 파악하는 교육도 받을 기회가 없었다. 오랫동안 전문가들도 조직할 수 없었던 그러한 연속성을, 교사에게 아이들을 위해 만들라고 요구하는 것은 비현실적이다.

궁극적으로 교과를 통해 그 밖의 인간 지식과의 연관성을 인식할 수 있어야 한다. 모든 전문 교육과정은 교과들의 가교가 되어야 한다. 이러한 가교로 아이들은 이상에 대한 실현성 없는 희망이 아니라 하나의 사실로서 인간 지식의 상호 연관성을 직면할 수 있을 것이다.

그다음 취해야 할 즉각적인 조치는 연속성을 확립해야 할 책무의 일부를 교사에게서 덜어서 아이들에게 주는 것이다. 이것이 가능한 것은 아이들의 탐구가 정해진 교과 범위에 있든 그렇지 않든, 그것이 아이들의 천부적인 호기심, 전체성에 대한 천성적인 욕구, 만족할 때까지 질문을 던지는 타고난 경향성에 토대하기 때문이다. 아이들에게는 자신의 이해를 통합하고 완전하게 만들려는 동기와 흥미가 있다. 그러므로 아이와 교사 모두에게 필요한 것은 그들이 찾고 있는 연결하는 방법을 시사할 교육과정의 지침이다.

이제 우리는 '어떻게 철학이 교사와 아이들에게 연속성의 요청을 만족시켜줄 수 있는가?' 하는 물음을 제기할 수 있다. 답은 분명한 것으로 보인다. 교육에 대한 아이의 주요한 공헌이 그들의 집요한 물음에 있고 철학의 특징이 물음을 제기하는 것이라면, 철학과 아이는 자연스러운 동맹을 맺을 것으로 보인다. 전통적으로 다양한 지적 교과들의 상호작용에만 관심을 가진 교과보다는, 인간 경험이 어떻게 이해되고 해석될 수 있는지에 관해 지속적으로 질문을 제기하는 교과가 인간 지식의 형식적 구조와 아이들을 더 잘 연결시켜주지 않을까?

바꿔 말하면 철학은 지적인 사고의 풍성함과 유연성을 장려하여, 아이들과 교사는 기존 교육과정이 갖는 비연관성과 파편성을 극복할 수 있다. 전통적으로 윤리, 지식의 본성, 실재의 본성에 관한 철학의 관심은 한편으로는 기존 교과를 뛰어넘는 관심이지만, 동시에 그것은 기본적으로 기존 교과가 다루는 주된 문제와도 관련되어 있다.

철학의 특성은 제기하는 질문이 말하자면 철학과 무관한 주제를 제시하는 것과는 전혀 다른 방식으로 인간 지식의 본성을 다루는 데 있다. 즉, 지식 분야를 물리학, 생명과학, 수학, 역사와 같은 기존의 학문 분류 방식에 따를 경우, 아이들은 (어떻게든 질문을 해보게 하면) '식민주의란 무엇인가?', '중력이란 무엇인가?', '12 이상의 수로 나누는 장제법長除法이란 무엇인가?'와 같은 질문을 하게 될 것이다.

반면에 철학자는 형이상학적, 인식론적, 미학적 혹은 윤리학적 질문을 던지는데, 이들 질문이 독특한 것은 다양한 주제 영역을 횡단한다는 점이다. 윤리적인 것에 대해 묻는 것은 과학, 예술, 직업, 다른 모든 인간 활동에 동일하게 적용되는 질문을 던지는 것이다. 마찬가지로, 모든 주제 영역은 미학적·인식론적·형이상학적 차원을 갖는다. 수학자는 아이들이 단순한 산수 조작을 배우는 것으로 시작한다고 주장할지 모르지만 아이들은 '수란 무엇인가?'와 같은 - 크고 심오한 형이상학적 - 질문을 던지며 교사를 놀라게 한다. 역사 교사는 아이들에게 로마 제국의 역사에 초점을 두고 가르치고 싶을지 모르지만 아이들은 순수한 표정으로 먼저 '역사란 무엇인가?'라는 질문을 던지며 역사에 대해 알고자 하고, 이에 대한 설명 없이 진행되는 수업에 대해서는 당연히 의심스럽게 볼 것이다. '사실을 알아야 한다'고 주장하는 교사들은, "그런데 사실이란 무엇이죠?"라고 질문하는 아이들과 토론에 적극적으로 참여해야 한다. '설명이란 무엇인가?', '복종이란 무엇인가?', '선함이란 무엇인가?'와 같은 질문도 마찬가지다. 다시 말하면 언제나 아이들은 자신들이 공부하는 주제에 대하여 기본적인 가정에 이의를 제기하며 형이상학적 질문을 한다. 왜 부모나 교사는 '제임스 본드'보다는 '톰 소여'를 권하는지 알고자 할 때 아이들은 이미 미학적 질문을 던지고 있는 것이다.

물론 '수란 무엇인가?' 아니면 '사실이란 무엇인가?'와 같은 질문에 대한 우리의 답변은 상당히 논쟁의 여지가 있다. 아니 우리 모두는 역사가 무엇인지, 설명이 무엇인지, 마음이 무엇인지, 혹은 개성이 무엇인지 명백히 알지 못한다. 사실 철학은 단순한 답을 허용하지 않는, 끊임없이 재진술과 재규정을 요구하는 질문들을 이해하기 위해 부단하게 노력을 기울여 왔다. 그러나 아이들이 지속적으로 제기하는 철학적 질문에 준비된 답이 없다는 사실이 아이들의 그러한 물음을 각하시킬 것을 정당화하지는 못한다. 그런 질문은 전체성과 완전성에 대한 아이들의 탐구를 보여주고, 인위적인 범주와 이해의 장벽을 무시하는 건강함을 나타낸다. 아이들에게 호기심이 커지고 통찰이 명료해질 수 있는 철학적 대화를 체계적으로 도입하여 이해력을 키우고 교육하지 않는다는 것은, 아이들이 선호하는 질문이 제안하는 풍부하고 종합적이며 포괄적인 철학적 견해보다는 기존 학교에서 발견되는 분화된 지식관의 무미건조함을 억지로 받아들이도록 강요하는 것이나 마찬가지다.

이렇게 어린이 철학의 접근은 아이들의 질문이 그 범위와 크기에서 대단히 광범위한 경향이 있다는 시각을 취한다. '세계는 어떻게 시작되었는가?' 혹은 '모든 것은 무엇으로 만들어졌는가?' 아니면 '사람은 죽을 때 어떻게 되는가?'와 같은 질문은 거대한 형이상학적 함의를 지닌 문제를 제기하는 것이다. 아이들이 그런 질문을 할 수 있다는 사실은 그들이 전체적 설명에 갈증을 갖고 있다는 것을 가리키며, 백번 양보하더라도 그런 질문과 개념을 발달시킬 수 있도록 도우려고 하지 않는 것은 아이들을 어리다고 무시하는 것이다. 그 때문에 철학은 효과적으로 삶의 경험을 표현할 수 있는 개념을 형성하고자 하는 이들에게는 헤아릴 수 없을 정도로 도움이 될 것이다. 아이들이 요구하는 전체성에 대한 감각을 인식하거나 존중하는 교사는 아이들을 도와 지적인 유연함과 풍부함을 발달시키고자 노력할 것이다. 아이들은 자신들의 질문을 진지하게 받아들이는 교사를 존경할 것이다. 비록 이것이 또 다른 질문으로 질문에 대한 답을 대신하는 것을 의미할지라도 말이다. 가령 아이가 "세계는 물질로 구성되어 있나요?"라고 질문을 하면 교사는 "너는 물질이란 무엇이라고 생각하니?"라고 답할 것이다. 혹은 아이가 "세계는 어떻게 시작했나요?"라고 물으면 교사는 "세계가 시작이 있었는지 너는 어떻게 알았니?"라고 되물을지도 모른다.

이렇게 교사는 아이와 마찬가지로 질문자 혹은 탐구자의 역할을 수행한다.

아이가 "죽음이란 뭔가요?"라고 물으면 삶이 무엇인지 스스로 물어보게 해야 한다. 아이가 "마음이란 뭔가요?"라고 물으면 물질이 무엇인지 스스로 물어보게 해야 한다. 다시 말해 존재의 한 측면, 부분적인 시각을 함축한 모든 질문은 보다 포괄적인 답변을 요구하는데, 이런 질문 덕분에 우리는 풍부하고 다양한 관점으로 그 문제를 탐구할 수 있게 된다.

요컨대 우리 교육에 고질적인 것으로 보이는 파편화와 지나친 전문화를 개탄하는 것은 아무나 할 수 있는 일이다. 그러나 문제는 특정 기술을 가진 전문가들이 이를 해결해줄 것으로 보이지 않는다는 것이다. 왜냐하면 그들은 해결책을 만들어내는 데 지나치게 전문화되었기 때문이다. 또한 보다 일반적인 질문을 하도록 혹은 다양한 주제들 사이의 연속성을 찾도록 훈련받은 경험이 부재한 교사들에게 일반화와 연속성의 짐을 지우는 것 또한 실정에 맞지 않다. 어린이 철학은 교육 체제에 만연된 지나친 전문화에 대항하는 힘으로 간주되어야 한다. 그리고 철학이 나타내는 의미들은 아이들이 가장 소중히 여기는 것들 가운데 하나이기 때문에 철학을 교실에 도입하는 부담은 아이들 스스로 기꺼이 지고자 할 것이다. 분명 어린이 철학의 미래는 교사들의 연수에 전적으로 달려 있다. 그 연수로 교사들은 현재 학교에서 가르치는 교과의 주제에 대한 철학적 차원의 이해는 물론, 아이들의 이러한 철학적 물음을 (단순히 참아내는 것이 아니라) 체계적으로 교육하고 심화시켜줄 방법 또한 배우게 될 것이다.

  아이들은 포괄적 이해와 관점에 대한 감각을 필요로 한다. 그러나 아이들은 교육과정이 아이들의 상상력을 자극하고 지적인 과정의 범위를 넓히며, 동시에 다양한 교육과정의 주제들을 통합시킬 수 있는 통로를 제공할 때에만 이런 능력을 키울 수 있다. 이는 일반적인 교육 프로그램에 대해 두 가지 본질적인 요구를 하는 것이다. 실제로 어린이 철학은 이들 요구를 모두 만족시킬 수 있다. 어린이 철학은 아이들에게 필요한 지적이고 상상력이 풍부한 도구를 제공한다. 또한 그것은 특정 주제를 아이들이 학교생활을 하는 동안에 접하게 되는 다양한 교과들을 연결시켜주는 주제로 전환시키는 양식을 제공하기도 한다.

1   [역주] 여기서 역자가 원문의 'schools of education'을 대학이라고 옮겼지만, 엄밀한
     표현이 아니다. 미국에서 school of education은 교사 자격증을 제공하는 대학원을
     일컫는다. 교사는 이 '교육대학원'에서 Master of Arts(M.A.), Master of Education
     (M.Ed.), 혹은 Master of Arts in Teaching(M.A.T.) degrees 등의 학위와 함께 교사 자격
     증을 취득한다. 마찬가지로 초등 어린이 철학 교사가 되기 위해서는 이 책 말미의
     '부록 A. 교사교육의 개혁'에 자세히 소개되어 있는, 대학원 프로그램을 이수해야
     한다.

2   [역주] 원래 이 술어는 비트겐슈타인의 제자 피터 기치(1916-2013)에 의해 사용된
     것으로, 인간 정신에서의 사건들을 의미하였다. 우리의 책 8장 3절에 정신적 행위
     에 대해서 다루고 있는데, 이에 대한 보다 자세한 소개는 거기서 다시 다룰 것이다.

3   [역주] 이 책에서 언급하는 어린이 철학은 모두 '어린이를 위한 철학(Philosophy for
     Children, PfC)'을 가리킨다. 그러나 엄밀하게 말해서 '어린이를 위한 철학'이 어린
     이 철학의 전부는 아니다. 어린이 철학은 아이들의 존재 물음(과 성인과의 대화)을
     통해서 고래로부터 비형식적으로 존재해왔다. 현대에서도 어린이 철학은 다양하
     지만(가령 페다고지 차원에서 교재와 교육과정에 자유로운, 그러나 자유로운 철
     학적 대화를 적극적으로 이끌 수 있는 철학적 능력을 많이 요구하는 '어린이와 함
     께 하는 철학(Philosophy with Childre)'이 있지만), 페다고지 차원에서, 그리고 철학
     함에서 PfC는 가장 영향력이 있을 뿐만 아니라, 독보적이다. 역자는 PfC를 '어린이
     철학'의 대표로 간주하여 이후 이 책에서 이를 어린이 철학으로 옮길 것이다. PfC는
     한편으로는 어른과 아이 사이의, 혹은 아이들 사이의 철학함으로, 다른 한편으로
     는 학교교육에 대한 '혁신교육'으로서의 페다고지를 함축한다. 국내에서는 어린
     이 철학 담론이 1980년대에 도입되었지만, 그간에 참된 의미의 '어린이 철학' 실천
     은 충분하지 않았다. 그것은 대체로 국내의 어린이 철학이 페다고지로서의 어린이
     철학, 넓은 의미의 교수방법론에 치중해왔기 때문이다. 국내에서는 상대적으로
     PfC의 다른 한 축인 철학으로서의 어린이 철학이 소홀하게 취급되었다. 이 책 부록
     에서 소개하듯이 어린이 철학 교사는 철학 강좌를 적지 않게 수강하기를 기대되는
     데, 그것은 교실에서의 철학수업이 토론수업이 아니기 때문이다. 많은 이들의 오
     해와는 달리, 철학수업은 토론수업을 함축하지만, 어린이 철학 교사는 단순히 '토
     론수업'을 하는 교사가 아니다. 철학으로서의 어린이 철학이 가능하기 위해서는
     철학과 아이들의 관념, 대화를 연결시킬 수 있는 최소한의 연수, 인식과 기능을 요
     한다. 그런 의미에서 여전히 우리에게 어린이 철학은 철학과 페다고지를 모두 아

우르는 온전한 의미의 '어린이 철학'으로서 안착되지 않았다. 역자는 국내 어린이 철학 교사 연수에서 페다고지와 함께, 철학 연수를 집중적으로 제공한다는 소식을 들은 바가 없다. 어린이 철학을 표방하지만, 대체로 철학 없는 어린이 철학이 되곤 하는 것은 이 때문이다. 요컨대 이 책에서의 어린이 철학은 PfC로, 그것은 철학으로서, 그리고 페다고지로서 어린이 철학 '함'의 고유성을 가리킨다. 특기할 것은 PfC와 듀이 철학과의 관련성인데, PfC는 듀이와 같이 합당성의 인식론을 공유하고, 탐구와 의사소통의 공동체를 추구하며, 이를 PfC의 방법론(methodology), '철학적 탐구공동체'와 '철학 소설'에 적용하고 있다. 이에 관한 자세한 내용은 역자의 논문 참조(박찬영). 「어린이 철학 도덕교육론 정초에 관한 연구 – 립먼의 듀이 철학 수용과 변용을 중심으로」, 서울대 박사학위 논문, 2020.

3장 철학 :
교육에서 잃어버린 차원

3장

철 학
교육에서 잃어버린 차원

철학은 경이에서 시작한다

어른으로서 우리는 일상에서 발생하는 당혹스런 일들을 받아들였고, 이를 아주 당연한 것으로 간주하도록 배워 왔다. 우리 대부분은 존재 자가 왜 그런 식으로 존재하는지 더 이상 궁금해하지 않는다. 우리는 삶의 일부분을 영문을 알 수 없는 것으로 받아들이게 되었다. 왜냐하 면 그것은 항상 그런 식으로 존재해왔기 때문이다.

많은 어른들은 더 이상 궁금해하지 않는다. 왜냐하면 그럴 시간이 없다고 생각하기도 하고, 변화시킬 수 없는 상황에 대해 성찰을 하는 것은 무익하고 비생산적이라는 결론에 도달했기 때문이다. 많은 어른 들은 자신의 삶을 변화시키는 경이와 반성에 몰두해본 경험이 없다. 그 결과 그들은 질문하기를 그만두고 경험의 의미를 더 이상 이해하고자 하지 않았다. 결국 그들은 아이들에게 수동적인 수용자의 모델이 되었다.

그렇게 더 이상 궁금해하지 않는 현상이 세대를 거쳐 전해진다. 머지않아 지금 학교에 다니는 아이들 또한 부모가 될 것이다. 그러나 만약 우리가 경이에 대한 아이들의 선천적 감각과 의미를 찾는 신속함, 그리고 사물의 존재 방식을 이해하려는 그들의 갈망을 지켜줄 수 있다면 적어도 이 후속 세대는 자신의 아이들에게 수동적인 수용자의 역할 모델을 더 이상 하지 않을지도 모른다는 일말의 희망이 있다.

삶의 매 순간 당혹스럽고 수수께끼 같은 사건들이 아이들에게 영향을 끼친다. 잠에서 깬 바로 그 순간의 여자 아이를 생각해보라. 아이는 엄마가 자기 때문에 화가 났다는 것을 알아채지만, 이렇게 화낼 만한 일을 한 것은 없다고 생각할지 모른다. 그래서 아이는 당혹스럽다. 아마도 아이는 학교에 가면서 의미가 모호한 여러 상황들을 관찰할지 모른다. 가령 소방서의 깃발이 조기로 걸려 있고, 쓰레기통이 길가에 구르며, 아이가 아는 몇몇 아이들은 등교를 하는 것이 아니라 학교를 빠져 나온다. 그리고 길모퉁이에는 물이 넘쳐흐르며, 가게 주인은 열쇠로 가게 문을 열고 있다. 아마도 이 아이에게 지금 상황이 야기하는 질문들에 답하기 위해 시간을 내줄 어른이 있다면 아이는 세계가 어떻게 작동하고 있는지 보다 더 종합적으로 이해할 수 있을 것이다. 아이들에게 그러한 이해를 제공하는 것이 교육의 목적이라고 한다면, 교육의 최대 자원은 아이들의 끊임없이 계속되는 호기심이다.

설명할 방법을 생각해낼 수 없을 때 우리는 그 상황에 경이를 느낀다. 그것은 마술사의 마술 카드일 수 있고, 유충의 나비로의 변신이나 슈베르트 삼중주 같은 것일 수 있다. 그것은 외계 우주에서의 퀘이사나 현미경 아래의 바이러스의 활동일 수 있다. 그러나 그것이 무엇이든 그에 대해 설명할 수 없으면 우리는 그것을 경이롭다고 하고, 그에 경탄한다.

우리가 세계를 경이롭게 여기는 것은 그것이 해결 가능한 문제여서가 아니라 완전한 신비 앞에 마주한 것처럼 보이기 때문이다. 우리는 유전에 대해 꽤 많이 알 수 있다. 그러나 거울 앞에 서서 얼굴을 보면 그런 것은 별로 중요하지 않다. 오히려, '아, 신비롭다!'는 생각을 한다. 그건 어디에서 왔나? 어떻게 그렇게 된 것일까? 우리는 이런 결과에 어느 정도로 책임이 있을까? 등의 물음이 때때로 우리에게 일어난다.

아이들에게 그런 물음은 언제나 일어난다. 왜냐하면 아이는 자신뿐만 아니라 세계에 대해서도 경이를 느끼기 때문이다. 그건 어디에서 왔나? 어떻게 그렇게 된 것일까? 우리는 이런 결과에 어느 정도로 책임이 있을까? 우리가 책임이 없다면 누구에게 책임이 있는가?

아이들은 손톱을 보고 손톱은 어디에서 왔는지 궁금해한다. 어떻게 손톱 같은 것이 우리 몸에서 자라났을까? 아이의 몸에 관한 모든 것은 아이에게 매혹적이다.

마찬가지로 달팽이도 매혹적이며, 혹은 진흙 웅덩이, 아니면 달 표면의 어두운 부분 또한 아이들에게 매혹적이다. 그러나 아이들의 마음에 점차 껍질이나 딱지가 앉고 그들은 이런 상황들을 점점 당연하게 여기다가, 어느 순간 모든 것에 경이감을 갖던 그들은 어떤 것에 대해서도 놀라지 않게 된다.

경이와 의미

어떤 것을 설명하기 위해서는, 그리고 이렇게 당혹스러움을 추방하기 위해서는 어떻게든 그것을 설명해줄 배경 상황과 조건들을 발견해야 한다. 그렇지 않으면 우리는 난감한 문제가 들어 있는 맥락이나 참조 틀을 발견해야 한다. 왜냐하면 그것이 보다 큰 전체의 유의미한 일부분이라면 이해할 수 있기 때문이다.

예를 들면, 영화를 보러 가기로 했는데 우리가 늦게 도착한 경우를 생각해보자. 영화 마지막 부분이어서, 우리는 뭐가 뭔지 알 수가 없다. 영화관에 불이 켜지자 친구에게 몸을 돌려 "그거 어떤 의미야?"라며 묻는다. 친구는 우리가 도착하기 전에 있었던 장면들에 대해 이야기해준다. 갑자기 마지막 장면이 이해가 된다. 그것을 보다 큰 전체 속의 부분으로서 보기 때문에 마지막 장면의 의미가 우리에게 분명해진다.

그러나 우리가 영화 시작 시간에 늦지 않았다고 하자. 제시간에 도착했고 친구와 처음부터 영화 전부를 다 보았다고 하자. 그러나 영화는 시종일관 분명하지 않은 내용들이 있어 친구에게 몸을 돌려 "그거 무슨 의미야?" 하고 묻는다. 안타깝지만 그 친구는 말해줄 것이 없다. 우리는 영화 전부를 보았고 영화를 설명해줄 더 큰 이론적 틀도 없다. 이런 의미에서 우리가 할 수 있는 것은 의미를 부여할 더 큰 맥락을 결여하고 있기 때문에, 그것을 말 그대로 이해하고자 노력하는 것이다.

아이들은 경험이 발생할 때 경험을 평가할 수 있는 완선한 참조 틀을 갖고 있지 않기 때문에 각각의 경험은 수수께끼로, 당혹스러운 성질로 받아들여진다.[2] 말할 것도 없이 그때 아이들은 세계에 대해 경이감을 가질 것이다.

그런데 아이들이 주위에서 발견한 신비한 것이나 놀라운 일에 대처하는 데는 세 가지 방식이 있다. 첫 번째는 과학적 설명을 경유하는 것이다. 두 번째는 상징적 수준에서 유익한 설명을 제공해주는 동화나 이야기를 통하는 것이다. 세 번째는 철학적으로, 다시 말해 질문의 형식으로 문제를 형성함으로써 다가간다.

과학적 설명

과학적 접근은 대체로 아이들을 만족시킨다. 그러나 그것이 부분적으로만 설명할 경우 아이들의 이해 욕구는 채워질 수 없을 것이다. "왜 웅덩이 표면에는 무지개가 있어요?" 아이가 물을 때, 우리는 "물 위에는 기름 층이 있어서 그래"라고 답한다. 그 아이는 더 이상 아무 말을 하지 않을지도 모른다. 그러나 의문은 여전히 남아 있을 수 있다. "기름이 무지개와 같이 있는 건 왜 그렇지?" 왜 하나의 질문은 또 다른 질문을 야기하는가? 그것은 우리가 아이를 위해 그 문제를 참되게 다루지 않았기 때문이다. 우리는 문제를 단지 지연시켰을 뿐이다.

우리가 잘못한 것은 없다. 우리가 필요 이상으로 가르쳐줄 경우 아이들의 호기심은 파괴될 수 있다. 우리가 원하는 것은 아이들이 현재 다루고 있는 문제에 대해 알고자 하는 것보다 훨씬 더 많이 말해주어 호기심 자체를 훼손시키는 것이 아니라, 필요한 지식을 발견할 수 있도록 돕는 것이다.

일부 사람들은 아이들이 과학적 설명, 즉 원인에 의한 설명을 듣는데는 그렇게 흥미를 보이지 않는다고 말한다. 그들은 아이들이 단순한 원인이 아니라 모든 것의 배후에 숨은 목적을 알고 싶어 한다고 주장한다. 두 살 된 아이에게 하늘이 얼마나 예쁜지 묻는다면, 아이는 "응, 예뻐. 그런데 그것은 누가 그렸어?" 하고 응수할지 모른다. 아이는 예쁘게 만든 사물들을 보며, 유비에 의해 하늘도 누군가가 같은 목적으로 만들었을 것으로 결론짓는다. 예쁜 사물들은 예쁘게 그린 사람들이 만든 것이다. 하늘은 예쁘다. 따라서 그것은 누군가가 칠했음이 틀림없다. 아이는 이런 식으로 추론한다.

그러나 아이가 반드시 원인보다는 목적의 관점에서 설명을 요구한다고 가정하는 것도 잘못일 것이다. 예를 들면, 아까 그 여자 아이가 칸탈로프 멜론 껍질에 왜 줄이 나 있는지 묻는다고 하자. 우리는 아이를 놀려주려고 이렇게 말한다. "그건 칼로 자를 곳을 가리켜주려고 그런 거야." 그러나 아이는 이를 농담이 아니라, 아주 진지하게 받아들일지 모른다. 파이어스톤이 주장했듯, 어린아이도 **추론**은 할 수 있지만 안타깝게도 **정보**와 경험이 부족하다. 아이가 우리의 말을 믿는다는 사실이 그가 멜론 줄무늬의 목적에 관해 답을 원했다는 것을 의미하지 않는다. 그것은 아이가 원인에 의한 설명과 목적에 의한 설명의 차이를 구별할 수 없다는 것을 단순히 의미할 뿐이다. 물론 아이는 여전히 자신의 질문에 대해 인과적 혹은 과학적 답변을 찾을지도 모른다.

그 아이의 입상에 서보사. 무언가가 우리를 당혹스럽게 한다고 가정해보자. 집에 불이 났다. 우리는 설명을 원한다. 그래서 설명을 위해 어떤 사람, 예를 들면, 방화범이나 담배를 피면서 잠들었던 건물 속의 누군가를 생각할 수 있다. 혹은 단순한 물리적 원인, 즉 배선 누전 같은 것을 찾을 수도 있다. 그러나 누군가가 의도적으로 불을 놓았건 우연히 불이 났건 더 중요한 것은 불이 어떻게 일어났는가에 관해 마음이 편안하게 될 설명이다.

아이들도 마찬가지이다. 그들은 상황이 어떻게 발생하는지 알고 싶어 한다. 그래서 왜냐고 묻는다. 아이들은 과학적 설명을 찾고 있고, 혹은 과학과 무관한 다른 설명을 찾고 있다고 가정해서는 안 된다. 그들은 단지 마음을 편안하게 해줄 설명을 찾을 뿐이다.

우리가 하고 있는 말이 농담이라는 것을 아이들이 알 수 없다면, 아이들에게 해서는 안 되는 것이 농담이다. 아이가 우리에게 코가 왜 있는지 물을 때, "안경을 쓰려고"라고 답할 수 있다. 아이는 그 말에 웃음을 터뜨릴 것이다. 그러나 아이의 질문에 답이 된 것은 아니다.

혹은 아이가 "왜 차를 타고 갈 때 달은 우리를 따라와?" 하고 물을 때, 우리는 "그건 달이 우리를 좋아해서 그래"라고 답하며, 그것을 적절한 답이라고 생각할지 모른다. 아니면 그 물음에 다른 익살스러운 말로 대답할 수도 있다. 그러나 이러한 대답은 답할 수 없는 질문에 대해 단지 회피해버린 것에 지나지 않은 것이다. 우리는 아이들의 호기심을 만족시켜주지 못한 것이다.

상징적 해석

아이들은 종종 세계에 관해 호기심을 갖는다. 그들의 호기심은 사실적 정보와 사물의 원인이나 목적을 제공해주는 설명으로 부분적으로 충족된다. 그러나 그들은 때때로 더 나은 것을 원한다. 아이들은 문자 그대로의 설명뿐만 아니라 상징적 해석도 원한다. 이를 위해 그들은 환상과 연극, 동화와 전설, 그 밖의 무수한 예술적 창작품에 눈을 돌린다.

아이들의 전래 이야기는 그 자체로 하위문화이다. 아이들 세대는 대대로 그 문화를 경험하고 짓궂은 엉터리 글을 좋아하며 그 시절을 보내지만, 청소년 혹은 성인이 될 때 거의 완전히 잊어버린다.

혹시 여러분은 어릴 때 알았던 속요, 외설적인 농담과 수수께끼, 말도 안 되는 가사를 기억하고 있는가? 아마도 다 잊었을 것이다.

신사 숙녀 여러분
내가 하라는 대로 하세요
바지를 내리고
얼음지치기를 해보세요

학생들에게 이 이야기를 아는지 물으면 그들은 안다고 인정할 것이다. 그들은 우리가 그런 시시한 일에 대해 알고 싶어 한다는 것에 놀랄지도 모른다.

아이들의 전래 이야기는 때때로 상스럽고 바보같이 보인다. 그러나 한 가지 분명한 것은, 그것은 어른들이 아이들을 위해 쓴 어린이 문학이 아니라는 것이다. 그것은 아이들 자체에서 나온 것이다. 꽤 많은 괴상한 변형들 가운데에는 블랙 유머나 풍자 유머와 같은 음울한 것들도 있지만, 그것은 아이들이 생래적으로 갖고 나온 코믹 버전이다. 오피에 부부는 풍부한 옛이야기를 자세하게 나타냈고, 에릭슨은 아이들의 경험에 부합되는 그들의 노력으로서 연극과 놀이가 어떻게 이해될 수 있는지 충분히 보여주었다.

반면에 어린이 문학은 일반적으로 아이들**이** 쓴 것이 아니라 어른들이 아이들을 **위해** 쓴 것이다. 어린이 문학 세계에서 제일로 치는 것은 동화다.

동화 주제는 인간, 어린이나 어른의 환상에 기초하고 있어 그 기원은 문화 자체의 기원이라고도 할 수 있다. 마치 잘생긴 왕자가 키스하면 잠자던 미녀는 잠에서 깬 미녀로 바뀌듯이 아름다운 여자를 사랑하면 짐승은 잘생긴 왕자로 바뀐다. 우리는 아름답지만 마음속으로는 자신을 두꺼비라고 확신하거나 두꺼비이지만 마음속으로는 자신을 아름답다고 확신한다. 그러한 주제는 무수히 많으며 각각은 무한할 정도로 풍부한 설명을 제시할 해석 가능성이 있다.

그러나 기억해야 할 것은 동화 작가는 성인이며 모든 성인은 그런 이야기의 잠재적인 작가라는 점이다. 아이가 "이야기 해주세요"라고 애걸한다. 그런 간청을 들었을 때 누가 자상함을 보이지 않을 수 있겠는가?

그러나 그렇게 함으로써 사람들은 자기가 무엇을 하고 있는지 알아야 한다. 동화는 매혹적이며 기분을 전환시킨다. 동화는 듣는 사람을 유혹하여 "옛날 옛적에~"라는 말로 아이들에게 주문을 건다. 그러나 동화를 만드는 부모는 아이의 상상력을 선점하기 위하여 자신의 상상력에 탐닉하는 위험을 감수한다. 우리는 그런 이야기에서(그리고 이야기 속 삽화에서) 우리 자신을 표현할 때 창조의 기쁨을 느낀다. 그러나 아이들에게 그렇게 상상하게 함으로써 우리는 어느 정도로 아이들에게서 **그들의** 창조력을 **빼앗는** 것일까?

만일 어른들이 아이를 위해 글을 **써야 한다면** 그들은 읽고, 쓰고, 자세히 묘사하는 아이들의 힘을 해방시키는 데 필요한 정도에서 그쳐야 한다. 예를 들면, 우리는 우리가 출판하는 어린이 책에 삽화를 넣는 것을 거절했다.[3] 왜냐하면 우리는 그렇게 하는 것이 스스로를 위해 해야 할 일을, 즉 읽기와 해석을 수반하는 이미지 제공을 하는 것이라고 생각하기 때문이다.

물론 우리 어린이 책 또한 어른이 저자라는 것은 엄연한 사실이다. 이에 대한 우리의 첫 번째 변명은 어른들이 아이들의 힘을 자극시켜주는 것은 아무런 잘못이 아니라는 것이다. 다만 그런 자극은 아이들을 압도하기보다는 고무적인 것이 되어야 한다. 우리는 어린이 책이 아이들의 상상력을 점유하기보다는 장려하기를 기대한다.

둘째, 우리의 목적은 불멸의 어린이 문학을 세우는 것이 아니라 아이들을 스스로 생각하도록 만드는 것이다. 만일 이 목적이 달성되면 그 수단은 마치 불이 붙으면 성냥이 타버리듯 자기 파괴적이어도 괜찮다. 우리의 접근이 옳다면 전문 작가가 쓴 동화나 전문 학자가 쓴 교과서는 아이들의 발달 단계에서 얻게 되는 상상력과 통찰력 그리고 이해력을 통합시킨, 교사와 아이가 직접 쓴 어린이 책에 자리를 내주어야 할 것이다.

중요한 것은 상상력이 전문화에서 벗어나야 한다는 것이다. 다시 말해 어른들이 항상 어린이를 위해 계속 생각하고 창조하기보다는 아이들 스스로 생각하고 창조하도록 장려해야 한다. 아이의 창조성을 선점함으로써 자신들의 창조성을 고수하려는 어른들의 사고는 유해할 뿐만 아니라, 심지어는 기생적이기까지 하다.

아이들 스스로 사고할 수 있는 효과적인 방법을 개발할 때까지 우리가 할 수 있는 최소한의 것은 그들의 창조성을 손상시키지 않고, 진작시킬 어린이를 위한 책을 쓰는 것이다.

철학적 탐구

끝으로 아이들은 (과학적 설명과 같은) 문자 그대로의 뜻도 아니고 (동화와 같은) 상징적인 것도 아닌, 철학적인 것이라고 불릴 수 있는 의미를 찾는다.

아이들이 우리에게 물을 수 있는, 철학적인 대답을 요구하는 철학적인 물음이라고 불릴 수 있는 여러 유형의 질문이 있다. 분명 우리는 그러한 철학적 물음에 답하기가 쉽지 않을 것이다. 그것은 마치 우리가 산수에 관한 지식이 전혀 없을 때, 산수 질문에 답하는 것이 쉽지 않은 것과 같다.

아이들이 자주 던지는 철학적 질문은 형이상학적, 논리학적, 윤리학적인 것이다. 몇 가지 간단하게 살펴보자.

(1) 형이상학적 질문들

형이상학적 질문은 매우 광범위한 질문이며 이해하기가 아주 어려운 것이다. 형이상학은 철학에서 가장 포괄적인 것이다. 그것은 가장 일반적인 것에 대한 문제를 다룬다.

어린아이가 그렇게 큰 문제를 제기할 수 있다는 것에 사람들은 놀랄지 모른다. 사실 그들이 하는 것을 보면 대단하다. 그러나 그만큼 놀라운 것은 우리도 한때는 그랬는데, 이제는 그 방법을 잊었다는 것이다.

예를 들면, 우리가 아이들에게 몇 시인지 묻는다고 하자. 그것은 단순한 질문이고, 그래서 단순한 대답을 들을 것으로 기대한다. 그러나 그 반대로 우리는 심문을 받는 것 같은 느낌을 받는다. 아이는 "시간이란 무엇이에요?" 하고 묻는다. 우리가 그 질문에 대해 생각할 때 뜻밖의 물음에 어안이 벙벙해진다. "시간이란 무엇인가?" 하고 물으면 사람들은 어떻게 답할까? 아이들에게 아우구스티누스나 아인슈타인에 대해 말해줄까? 아우구스티누스의 글이나 아인슈타인에 관한 책을 읽힐까? 어떤 것을 취하든 도움이 되지 않을 것으로 보인다. 그래서 우리는 아이에게 이렇게 말한다. "얘야, 나는 시간이란 무엇인지 물은 것이 아니라 몇 시냐고 물은 거야." 이제 이 어린 것을 꼭 붙잡아야 한다. 그러면 잠깐 동안은 이 물음에서 모면할 수 있다. 그러나 우리는 아이란 결코 만만치 않은 존재라는 것을 인정하지 않을 수 없다.

혹은 아이에게 집에서 식료품 가게까지 거리가 얼마나 되는지 묻는다고 하자. 우리는 매우 구체적인 질문을 했기 때문에 매우 구체적인 답, 가령 '사분의 일마일'이나 '여섯 블록'과 같은 답을 기대한다. 그러나 놀랍게도 아이는 "거리란 뭐예요?" 하고 묻는다. 특정한 거리가 아니라 일반적인 거리 말이다. 이제 철학적인 질문, 정확하게는 형이상학적 질문이 생겼다.

일상적인 대화를 보다 일반적인 단계로 도약시키는 이런 방식이 형이상학의 전형이다. 아이들이 우리에게 물었을 수 있는, 아니면 조용히 준비하고 있는 그 밖의 형이상학적 질문들은 다음과 같다.

공간이란 무엇인가?
수란 무엇인가?
물질이란 무엇인가?
마음이란 무엇인가?
가능성이란 무엇인가?
실재란 무엇인가?
사물이란 무엇인가?
정체성이란 무엇인가?
관계란 무엇인가?

모든 것은 시작이 있는가?

죽음이란 무엇인가?

삶이란 무엇인가?

의미란 무엇인가?

가치란 무엇인가?

이와 같은 질문에 대해 답하기 어려운 것은 질문들이 포함하는 개념이 너무 넓어 이 질문들을 넣어둘 범주를 찾을 수 없기 때문이다. 그 때문에 우리는 질문을 다룰 수가 없다.

일반적으로 낱말을 정의할 때 우리는 주어진 낱말이 속해 있는 보다 넓은 맥락을 발견함으로써 정의한다. 예를 들면, 아이에게 '사람'을 정의하도록 요청받았다고 해보자. 우리는 사람은 동물이라고 말할 것이다. 그러나 아이들은 계속해서 사람은 어떤 종류의 동물인지 물으면, 우리는 사람은 생각하는 동물이라고 답할 것이다(혹은 사람은 웃고 우는 동물이라는 등 가능한 또 다른 답을 할지도 모른다).

그러나 분명한 것은 학생이 우리에게 "공간이란 무엇인가요?" 하고 묻는다면, 우리는 공간 개념이 들어갈 수 있는 보다 더 큰 맥락을 찾는 것이 아주 힘들다는 점이다. '시간'과 '수'와 같은 낱말도 마찬가지이다. 이와 같은 개념을 우리에게 묻는다면 우리는 매우 당혹스러울 것이다.

우리는 이렇게 말할 수 있다. "그런데 우리 반 학생들은 어떻게 대답해야 할지 모를 질문들만 하니, 그 애들은 나중에 철학자가 되지

교실 속 어린이 철학

않을까요? 그런데 분명한 것은 그들은 자신들이 형이상학적 질문을 하고 있다는 것을 모른다는 거예요."

물론 그들은 모를 수 있다. 그러나 중요한 것은 그것이 아니다. 중요한 것은 아이들이 친진무구함과 함께 전체성과 포괄성에 대한 요구로, 완전한 답변에 도달할 방법을 찾는다는 것이다. 그것은 그들에게 전부 혹은 무라는 것이다. 즉, 단지 이것 혹은 저것이 어떻게 시작되었는지가 아니라 모든 것이 어떻게 시작되었는지 묻는다. 혹은 '따뜻함' 혹은 '차가움'을 묻는 것이 아니라 온도가 무엇인지 묻는다. 보다 좋은 것 혹은 보다 나쁜 것이 무엇인지가 아니라 어떤 것이 완전하다는 것이 무엇인지 묻는다.

예를 들면, **완벽**에 대한 대화가 최근에 6학년 교실에서 보고되었다.

선생님: 토니가 말한 것처럼 만일 모든 것이 산수와 같이 명석하고 단순하다면 어떻게 될까?

1학년 학생: 완벽하겠죠!

2학년 학생: 그러나 완벽하다면 아무것도 할 필요가 없겠지!

3학년 학생: 아무것도 할 것이 없으면 지겨울 거야!

4학년 학생: 맞아, 그 외에 다른 모든 것이 완벽하다면 선생님에게는 완벽한 바보들과 완벽한 엉망인 상황들이 있겠지…

아이들은 **완벽**이 실제로 어떤 것인지 묻는 지점에 얼마나 빨리 도달했는가!

(2) 논리적 질문

논리적 질문은 일반적으로 추론을 다룬다. 5학년 어린이 철학 교재, 『해리 스토틀마이어의 발견』에서 아이들은 주로 질문을 할 때는 가령 '그래서?', '그래서 결과가 어떻게 되니?' 혹은 '우리가 알고 있는 것에 기초해서 무엇을 이해할 수 있을까?' 등과 같은 식으로 논리적 질문을 제기한다.

예를 들면, '일요일은 쉽니다'라는 글귀를 읽을 때 우리는 논리를 사용하고 있다. 일요일이 지나고 월요일이 되면 문을 열 것이라고 이해할 수 있다.

'스패니얼이 짓는다'는 문장은 '개는 짓는다'와 '스패니얼은 개다'라는 진술들에서 도출되었다는 것을 이해할 때 우리는 논리를 사용하고 있다.

논리와 사고의 관계는 문법과 언어의 관계와 거의 같다. 문법은 우리가 말을 잘하고 싶을 때 적합한 규칙들을 설정해놓는다. 논리는 우리가 추론을 잘하고 싶을 때 적용할 기준을 세워놓는다.

논리가 관여하는 기준 가운데 하나는 무모순성이다. 학생이 우리에게 숙제를 다 했다고 말한 다음 잠시 후에 아직 다 하지 못했다고 말한다면 그들은 확실히 모순되게 말하는 것이다. 논리가 할 수 있는 것은 우리의 사고, 말하기, 행위에서 무모순성의 중요성을 강조하는 것이다.

(3) 윤리적 질문

아이들은 무엇이 선하고, 무엇이 옳으며, 무엇이 공정한지 알고 싶어 한다.

아마도 아이들은 우리에게 이런 질문을 하지 않을 것이다. 아마도 친구들끼리도 이런 질문을 해본 적이 없을지 모른다. 그러나 그들은 자신에게는 그런 질문을 던진다. 학생들과 철학적인 토론에 참여할 경우, 우리는 학생들이, 대부분의 사람들처럼 도덕에 대해 관심을 갖고 있다는 것을 바로 발견하게 된다. 학생들은 무엇이 문제이며, 문제가 되지 않는지 알고자 한다. 학생들은 어떤 것이 중요하고, 그래서 추구할 만한지, 그리고 중요하지 않은지 알고 싶어 한다.

일반적으로 학생들은 옳은 일을 알고 싶을 때 우리를 성가시게 따져 묻지 않는다. 그들은 단지 우리가 하는 것을 지켜볼 뿐이다. 예를 들면, 학생들에게 정직의 중요성에 대해 강조한다고 하자. 그리고 그들 또한 우리가 다른 사람의 소유권을 존중하는지 관찰하고 있다고 하자. 그들은 우리에게서 무엇을 배울까?

그들은 두 가지가 아니라 세 가지를 배운다. 학생들은 우리처럼 정직을 옹호하는 것을 배울 것이다. 또한 그들은 우리처럼 다른 사람의 소유권을 존중하도록 배울 것이다. 끝으로 그들은 말과 행위를 일치시키는 법을 배울 것이다.

학생들을 데리고 수학여행을 간 뒤 호텔을 나서기 위해 짐을 꾸린다고 가정했을 때 그들은 우리가 배낭 속에 호텔 수건과 재떨이를 집어넣는 것을 목격했다고 하자. 그들은 우리에게서 무엇을 배울 것인가? 그들은 다시 한번 앞에서 말한 세 가지를 배울 것이다. 그들은 우리처럼 계속 정직을 옹호할 것이다. 또한 그들은 우리가 그러하듯 그것을 실천하는 데 실패할 것이다. 그때 학생들은 말과 실천 사이에는 모순이 있어야 한다고 생각할 것이다.

만일 아이들이 도덕적 성실함을 배우고자 한다면 무모순성에 대한 이해는 매우 중요하다. 그러나 무모순성은 아이가 올바른 행위의 모델로서 간주한 사람들에 의해서 실천되어야 한다. 무모순성에 대해 말로 옹호하고 가르치기만 한다면 효과적일 수 없을 것이다.

그러나 무모순성의 본질, 즉 특정 사고와 그 밖의 사고들이 모순되지 않는 것, 사고와 행위가 모순되지 않는 것, 특정 행위와 그 밖의 행위들이 모순되지 않는 것을 가장 잘 설명해줄 수 있는 것은 논리이다. 아이들은 논리 연습으로 도덕적 통합성의 기본 조건인 무모순성에 대해 이해할 수 있다. 그리고 그들은 논리 연습으로 건전한 추론을 인식할 수 있다. 이러한 추론이 가능하면, 아이들은 무모순성으로부터의 일탈이 요구될 때 그런 일탈에 대한 합당한 이유가 있어야 한다는 것을 인식할 것이다.

1 [역주] 정식으로는 준항성상 천체(準恒星狀 天體, quasi stellar object)로 퀘이사 (quasar) 혹은 준성(準星)이라고 한다. 퀘이사는 항성처럼 보이는 천체이다. 현재는 전파 강도의 규모에 관계없이 밝은(기준으로 절대 등급이 -23등 이하) 활동 은하핵 은 모두 퀘이사라고 한다. 처음으로 확인된 퀘이사는 1962년이고, 퀘이사 중심에 는 1억 태양질량 이상의 블랙홀이 있을 것으로 추정된다.
다음 참조. 『天文学辞典』, http://astro-dic.jp/level-senior/

2 [역주] 여기서 립먼 등은 경험의 '성질(quality)'을 논한다. 당혹스러운 성질은 듀이 에 의하면 일차적 경험에 해당한다. 듀이는 경험을 일차적 경험과 이차적 경험으 로 나누기도 했는데, 일차적 경험은 반성적 사고를 요하는 경우의 그 원천, 반성의 제일 자료를 제공하는 경험이다(John Dewey(1925), *Experience and Nature. The Later Works of John Dewey*, 1925-1953, edited by Jo Ann Boydston, vol. 1, Carbondale: Southern Illinois University, 1988, p.16). 이 일차적 경험의 대표적인 것이 문제 상황 이다. 반면 이차적 경험은 반성에 의거한 경험이다. 그런데 경험을 '성질'의 관점에 서 읽는 독법은 로크에게서 비롯되었다. 로크는 고체성, 연장, 형태, 수, 운동 및 정 지 등을 제1성질로, 사물의 색깔, 소리, 맛 등은 사물과 유사하지 않는 제2성질이라 고 하였다. 듀이는 로크의 제1, 제2성질이 갖는 관념성을 비판하면서, 경험에서 얻 는, 문제상황 속에 스며들어 있는 제3성질을 제시한다. 듀이는 1930년의 논문「질 성적 사고(Qualitative Thought)」에서 그것은 우리 생활에서 일반적이기 때문에, 오 해만 피할 수 있다면 상식의 사고(common-sense thinking)로, 혹은 직관과도 가깝 다고 하였다(John Dewey(1930), "Qualitative Thought," *The Later Works of John Dewey*, 1925-1953, edited by Jo Ann Boydston, vol. 5. 1988, pp.243-249). 그러나 1980년의 이 책에서는 경험을 '성질' 차원으로 나누어 제시하는 것은 물론, 성질과 '사고'를 관련 지우는 논의까지 나아가지 못한다. 립먼의 어린이 철학에서 사고를 비판적 사고와 창조적 사고로 나누고, 이를 반성적 경험과 제3성질의 질성적 경험에 대비시키는 논의는 그의 후기 저서, 1991년의 『교육에서의 사고』를 기다려야 한다.

3 [역주] 어린이 철학 교재는 전부 글로 되어 있다. 본문 중에 어떤 삽화도 없다. 심지 어 유아, 초1,2 용 철학교재 『인형병원』에서조차 삽화는 없다.

4장   어린이 철학의
         몇 가지 교육적 전제

4장

어린이 철학의
몇 가지 교육적 전제

초등학교 교과로서 철학교육의 가능성에 관심을 둘 때 우리는 이 흥미로운 교육 혁신이 전제로 해야 하는 것에 주의를 기울여야 한다. 그러한 전제에 대한 탐구는 교육과 철학 사이의 불분명한 관계에 대한 새로운 시각을 제공할 것이다.

지금까지 어린이를 위한 철학 토론은 중등 학생 정도는 되어야 가능할 것으로 가정했다. 초등 아이들에게 철학적 성찰을 장려할 가능성은 문자 그대로 생각하지 못했다. 나아가 철학 토론은, 학생들이 철학을 어렵게 여기는 이유가 철학이 갖는 따분하고 으스스한 추상성 때문임은 말할 것도 없고, 특히 교과 내재적인 복잡한 특징에 있다고 가정해왔다. 결과적으로 학생들에게 철학을 소개하는 노력은 과목을 좀더 단순하고 아이들 마음에 드는 방식을 찾는 것으로 제한되었다. 지금까지 우리 교육은 그런 방향으로만 나아갈 수밖에 없었고, 그 결과 일부 영민한 고3 학생들에게 철학 수업을 충실히 제공하는 것에 집중해야 한다고 가정했다.

이런 전제들은 오래된 교육 이론의 일부분이자 일단이다. 이 이론에서 학습 과정은 마치 어미 새가 새끼들 입속으로 먹이를 떨어뜨리는 것처럼 어른이 아이들에게 지식을 전수하는 것에 지나지 않는다. 그에 반하는 교육의 대안 이론은 교육과정이 학생들에게 사고활동을 일으켜야 한다는 것이다. 이는 대체로 어린이 철학 지지자들에게서 당연한 것으로 받아들여졌다. 그 이론은 참된 역사 수업이 역사적 사고를 일으키고, 참된 수학 수업이 수학적 사고를 일으키듯, 참된 철학 수업 또한 학생들의 나이와 상관없이 철학적 사고를 낳을 수 있어야 한다고 전제한다. 이 접근의 특징은 철학적 사고는 한편으로 관념, 논리적 주장, 개념 체계에 대한 이해와, 다른 한편으로는 개념을 분리하여 새롭게 조합할 수 있도록 철학적 개념을 능숙하게 다루는 기능과 관련 있다고 가정하는 데 있다.

어린이 철학이 아이들의 철학적 사고를 장려할 수 있다고 주장하는 이들은 일반적으로 모든 아이들은 실제로 철학적 사고 활동에 참여하고자 하는 흥미를 갖고 있을 뿐만 아니라, 그럴 수 있는 능력 또한 있다고 확신한다. 아이들과 철학적 문제를 토론하기를 거부하는 우리의 전통은 낡은 교육 이론에 의존한 결과이다. 칸트에 관한 책을 뒤적이거나 아리스토텔레스의 보다 살아 있는 글귀를 숙독하는 아이들은 찾아볼 수가 없고, 최대다수의 최대행복원리가 미치는 영향과 그 절박함을 아이들에게 가르치는 우리의 노력 또한 성공하지 못했기 때문에 우리는 철학이라는 훈련된 성찰과 아이들 특유의 자유분방한 경이 사이에는 극복할 수 없는 간극이 존재한다고 어쩔 수 없이 결론을 내리게 되었다. 그러나 오늘날 이러한 추론의 타당성에 대해서는 비판이 제기되고 있다.

이러한 새로운 접근의 기저에는 철학적 레퍼토리에 아이들을 참여시킬 방법은 다양하다는 생각이 놓여 있다. 그들은 헤라클레이토스나 파르메니데스의 글과 씨름하기 전, 아마도 십 년 혹은 이십 년 전 어린 시절부터 현상과 실재, 영원과 변화, 일과 다의 역설에 매료되었다. 아이들의 말은 소크라테스 이전 시대의 철학자들처럼 간결한 경향이 있다. 아이들이 참여하는 살아 있는 교실 토론에서는 그러한 어법의 경제성이 토론에 생기를 더해준다. 아이들은 그들에게 정식으로 철학을 가르치려고 드는 책에 대해서는 극도로 혐오하지만, 그것을 이야기 형식으로 바꾸어놓았을 때는 동일한 철학적 관념에 대해서 힌트를 얻는다. 우리는 철학에세이를 쓰는 것을 상상도 못한 아이들에게 철학적 개념을 운문 형식으로 표현하도록 도울 수 있다. 어린이 철학이 당연하게 여기는 교육적 전제 중 하나는 '어떤 주제에 관한about 사고'와 '어떤 주제로의in 사고'에는 분명한 차이가 있다는 것이고, 또 다른 전제는 쉽게 구분되지는 않지만 '사고'와 '자기 자신에 대한 사고thinking for oneself'는 다르다는 것이다. 후자는 전자의 한 가지 사례이기 때문에 논리적 기준에 의해 전자 못지않게 평가되어야 한다. 그러나 보다 넓은 의미에서 사고가 함의하는 것 중의 하나가 전제로부터 따라 나오는 것을 이해하는 것이라고 한다면 '자기 자신에 대한 사고'가 함의하는 것 역시 그 자체의 전제에서 따라 나오는 것을 추론하는 것이다. '자신에 대한 사고'는 아이들에게 매력적인 방식으로 철학을 제시할 때 필수불가결한 아이들의 흥미와 관점을 대단히 중시한다. '자기 자신에 대한 사고'로 아이들은 자신의 신념을 형성하고, 자기 정당화의 좋은 이유를 발견할 수 있다. 또한 그것으로 아이들은 가정에서 도출되는 것을 설명하고, 마음속으로 세계에 대한 자신의 관점을 세우며, 자신의 가치관, 자기 경험을 해석하는 자신만의 방식이 확실해질 수 있다. 어린이 철학은 '자기 자신에 대한 사고'는 적절하게 응용된 사고이기 때문에 아이들에게 일반적인 추론 기능을 습득하도록 필요 이상으로 강조하지 않는다. 확실히 아이들에게 이렇게 강조할 필요는 없다.

어린이 철학은 이질성이 가득한 교실로 번영할 것으로 예상된다. 거기서 학생들은 다양한 삶의 양식과 경험을 이야기하고, 중요한 것에 대한 신념들을 솔직하게 표현하며, 사고 양식의 다양성은 비난받을 것이 아니라 그 자체로 가치 있는 것으로 간주될 것이다. 철학 교실에서는 건전한 주장을 펴며 느리게 사고를 전개하는 아이가 자신의 견해를 빠르고 분명하게 표현하는 아이들만큼 존중받는다. 신념의 정당화와 같은 특정 목적에 대해 하나의 지적 양식이 또 다른 지적 양식보다 더 우선시될 수는 있겠지만, 분석적으로 의견을 갖게 된 아이는 직관적으로 의견을 갖게 된 아이들보다 더 존중받지도, 그렇다고 덜 존중받지도 않는다. 이렇게 다양한 배경, 가치 및 삶의 경험과 결부된 교실의 다양한 사고 양식은 탐구공동체의 형성에 유의미하게 기여할 수 있다. 게다가 함께 하는 탐구는 '자신에 대한 사고'에 의심할 여지없는 또 다른 요소로 간주된다. 문제에 대한 서로 다른 접근이 받아들여질 때 심기 불편한 경쟁은 사라지고 다양한 참가자들의 발언이 환대받는다. 아이들이 철학을 할 때 가장 큰 걸림돌이 되는 것이 감당하기 힘든 전통적인 철학적 술어이다. 대학생이나 대학원생으로서 철학 활동에 참여하는 것은 2,500년 동안 관례적으로 인가된 전문 용어로 문제를 다루는 법을 배우는 것이다. 그런 기술어의 위엄과 힘은 압도적이다. 그것은 철학책을 뒤적여보고자 하는 아이들을 위협하기에 충분하다. 바로 이런 이유에서 어린이 철학은 전문 철학 용어를 무시하고 지나칠 것을 요구한다. 아이들이 편안하게 여기는 일상 언어와 개념으로 철학적 사고를 할 수 있도록 장려되어야 한다.

교과목으로서 철학의 통합성을 보존하기

새로운 접근의 지지자들이 어떤 작업을 수행해야 하고, 각각의 작업에 할당된 우선순위는 어떤 것인지에 관해 진퇴양난에 빠지는 것은 흔한 일이다. 어린이 철학으로 알려진 교육 혁신의 경우에서도 이런 종류의 당혹감은 꽤 일반적이다. 일례로 학생의 나이와 무관하게 교과로서 철학의 통합성을 유지하는 데 관심을 갖는 이들과 철학의 가치를 기존 교육과정에 대한 반성적 차원을 강화하는 것에서 찾는 이들 사이에 긴장이 있을 수 있다. 후자를 지지하는 이들은 역사, 정치, 수학, 언어

수업에 대한 철학적 접근으로 아이들이 보다 사려 깊고 비판적일 수 있도록 장려해야 한다고 주장한다. 그들은 철학의 도구적 장점을 높이 산 것이다. 반면 전자를 지지하는 이들은 철학의 내재적 가치를 주목하고, 철학을 독립교과로서 개정된 교육과정에 도입하고 유지시켜가야 한다고 주장한다.

실제로 고유한 장점을 가진 이들 두 접근 중에서 하나만을 고집할 필요는 없다. 왜냐하면 양자는 통약 불가한 것이 아니기 때문이다. 아이들에게 철학을 독립교과로서 가르쳤던 이들은 철학이 필연적으로 다른 교과들로 흘러들어간다는 것을 알아차렸다. 질문을 체계적으로 하고 반성적 사고가 자연스럽게 되도록 배운 아이들은 다른 교과의 학습 활동에서도 그와 같이 행위하는 경향이 있다. 어린이 철학의 전제에 대해 탐구하면, 이 두 접근이 가진 정당성을 모두 고려해야 할 것이다. 그러나 보다 위협받고 있고, 그래서 더 많은 지지 논증이 필요한 접근은 철학을 초등학교에서 완전한 교과로서 유지시켜야 한다는 접근이다.

모든 교과는 완성적 측면, 즉 교과 내용이 그 자체로 즐길 수 있고 이해되는 측면이 있다. 그 때문에 전체 교과 속에 여러 가능한 부분들의 배치를 발견하는 즐거움, 즉 구성의 내재적 가치를 통일성을 갖춘 교과로서 가르치지 않으면 구성이 갖는 도구적·공리적인 가치는 위태롭게 될 것이고 우리 삶에 미치는 영향도 덜해질 것이다. 어린이 철학 또한 마찬가지이다. 아이들이 철학을 할 때 다양한 형태가 있을 것이다. 거기에는 때때로 우연적이고 자연발생적인 관념의 역할이 있

교실 속 어린이 철학

을 것이고, 때로는 학습과 체계적인 접근도 있을 수 있을 것이다. 그러나 철학적 활동이 어떤 구체적인 형식을 취하든, 그들에게 그 자체로 소중한 것을 추구하게 하고, 다양한 생각으로 철학 활동을 하도록 장려하지 않는 것은 교육적으로 부책임한 것이다.

철학의 도구적 기능을 강조하는 이들 중에는 어린이 철학으로 다양한 교과목에서 학업 성취도를 높일 수 있다고 주장하는 이들이 있다. 이런 주장이 옳은지 여부는 적절한 교육적 실험과 측정에 의존한다. 그러나 인문학에서 그와 같은 연구는 많은 사람에게 부적절한 것으로 비쳤다. 그 때문에 인문학 연구는 학문적 진전을 가져오는 경험적 증거로 정당화해서는 안 된다는 적절한 주장이 일부 제기되었다. 예를 들면, 문학은 그 학습으로 사회과나 수학에서 더 나은 점수를 얻는다는 것을 보여줌으로써 스스로를 정당화해서는 안 된다는 것이다. 사람들은 철학의 경우도 마찬가지라 생각할 것이다. 철학은 그것의 습득이 더 이상 다른 정당화를 필요로 하지 않는 풍요함을 나타내는 인문학이라는 것이다.

그러나 이런 식의 논증은 새로운 교육과정을 도입하고 삭제할 것을 결정해야 하는 대다수의 학교 행정가들에게는 별로 설득력이 있을 것 같지 않다. 철학이 현 상황에서 교육과정으로 받아들여진다면 그것의 성공은 아이들의 전체적인 수행에서 유의미한 영향을 끼칠 수 있다는 것을 학교 운영자에게 제시할 수 있을 때에만 가능할 것이다. 철학 학습은 읽기의 탁월성, 추론 그리고 창조성에 어떤 결과를 낳는가? 철학 학습이 자신과 학교생활 그리고 친구들에 대한 태도에서 변화를 만든다면 그것은 어떤 것인가? 그런 결과가 유효하지 않다면 그리고 그런 결과가 본질적으로 중요한 것이 아니라면 교육 행정가들이 서둘러 교실에 철학을 도입할 것이라고 착각을 해서는 안 된다.

교실을 탐구공동체로 전환하기

아이들을 철학적으로 사고하도록 장려할 때 교실은 탐구공동체로 전환된다. 그러한 공동체에서는 탐구 절차는 물론, 증거와 추론에 대한 개방성을 전제로 하는 책임 있는 탐구 기법에 대해서도 전념한다. 어린이 철학 지지자들에 따르면, 이런 공동체의 절차는 그것이 내면화될 때 개인의 성찰적 습관이 되는 것으로 추정된다.

탐구공동체의 건설은 단순히 열린 환경을 제공하는 것 이상의 실질적인 성취이다. 어떤 조건들은 선결조건이다. 가령 그것은 추론에 기민하고, 교사와 아이 간에, 그리고 아이들 간에도 서로 존중하며, 교화를 배제할 것을 요구한다. 이러한 조건들은 철학 그 자체에 내재되어 있어서, 다시 말하면 철학이 가진 본성의 일부이기 때문에 교실이 아이들의 철학적 성찰을 효과적으로 장려하는 장소가 될 때 언제나 교실이 탐구공동체가 된다는 것은 놀랄 일이 아니다.

그렇다고 어린이 철학에서 교사와 학생의 지위가 동등한 것은 아니다. 교사는 교실 대화와 같은 평소의 철학적 탐구 수업에서 철학적 탐구가 이루어질 수 있는 기술과 절차에 관해 권위를 갖고 있는 것으

교실 속 어린이 철학

로 간주된다. 적절한 절차를 잘 지키고 있다는 것을 보증하는 것은 교사의 책임이다. 물론 교사는 철학적인 토론 중에 학생들의 다양한 견해에 열려 있어야 한다. 교사는 학생들에게 견해를 분명하게 표현하고, 견해의 토대와 그것이 함의하는 바를 찾도록 촉구해야 한다. 그러나 그는 아이들이 자신의 생각이 어디로 향하는지 확인할 기회도 갖기 전에 아이들의 생각을 중단시키는 일은 삼가야 한다. 교사 개인의 신념에 맞춰 학생들의 토론을 조율하는 것 또한 마찬가지로 비난받을 수 있다.

일부 교사들은 아이들에게 자기 자신에 대한 사고를 촉구하고 교사에게 열린 견해를 권하는 것에서 아무 생각 없는 상대주의보다 훨씬 더 해롭고 파괴적인 성찰적 상대주의를 악용하고 있다는 느낌을 받을 수 있다. '다원주의'의 기치 아래 의견 수렴과 동의 및 거부가 배제되고, 지적인 다양성이 유행이 된다는 반론이 있을 수 있다. 그러나 이는 거부는 권리이지만 의무가 아니라는 철학 실천의 전제를 무시하는 것이다. 물론 동의하지 않을 권리가 동의할 권리보다 더 큰 것은 아니며, 만장일치를 추구할 권리는 지적인 다양함을 추구할 권리 못지않게 존중되어야 한다. 게다가 교사는 지적인 다양성을 장려하면서, 탐구 절차에 대한 공동의 실천 또한 균형 있게, 일관되게 강조해야 한다.

교사에게는 학생들이 철학 토론 중에 자신을 방어할 수단을 확보할 수 있도록 조치할 책임이 있다. 이렇게 논리 수업은 아이들에게 엄격하게 생각할 수 있게 해줄 뿐만 아니라, 그들이 상대방에게도 엄격하게 생각하도록 강제할 수 있게 해준다. 이는 논리 수업에 대한 한 가지 정당화이다. 아이들이 철학적 개념을 이용할 수 있도록 가르치는 것 역시 동일하게 말할 수 있다. 아이들은 철학적 개념 덕분에 탁월한 수사학이나 논리적 능력을 갖춘 다른 아이들과 토론을 할 때 무력해지지 않을 수 있다. 예를 들면, 어떤 교사가 학생들이 아무도 반대하지 않는 한 가지 제안, 가령 토론 중의 형이상학적 문제를 투표로 '결정하자'는 제안에 직면했다고 하자. 교사는 정치적 문제가 아닌 철학적인 문제를 두고 투표를 하는 것에 대해 절차의 적절성에 의문을 제기할 수 있다. 요컨대 교사는 학생들의 대화가 제대로 실현되지 못할 경우 철학적 탐구를 온전하게 지키기 위하여 철학과 관련된 고려 사항을 도입함으로써 이에 개입할 수 있다.

교사와 교육과정 준비하기

그러한 철학교육의 수행은 분명히 상당한 정도의 기능과 기민한 통찰을 요구한다. 현재 초등학교 교사에게 그러한 책임을 지울 수 있을지 의심이 드는 것도 당연하다. 극히 예외적인 경우를 제외하고는 오늘날의 교사들에게 그런 책임을 지우기는 어렵다. 적절한 연수가 없이는 엄격한 논리학이나 민감한 윤리학적 문제, 혹은 복잡한 형이상학을 다룰 수가 없다. 이는 교사들이 그런 문제를 자신들이 가르치는 수준으로 적절하게 다룰 수 있도록 배울 수 없다는 것도 아니고, 교사가 초등학교 교실에서 유능한 철학 교사가 될 수 있는 지적인 잠재력을 갖추지 못했다는 것도 아니다. 말하고 싶은 것은 기존 교사 양성 교육 과정이 이러한 책임을 교사들이 질 수 있도록 교육을 시키지 못했다는 것이다. 예를 들면, 교사들은 때때로 교육 철학 수업을 듣는다. 드문 경우지만 그들은 논리학이나 철학 강좌를 수강하기도 한다. 그러나 그런 강좌들이 있다 하더라도, 아이들을 철학적으로 생각하도록 장려하기 위한 문제로서 보면, 그 강좌들은 그 자체로 무가치하다. 왜냐하면 대학 수준의 철학 강의는 철학의 개념과 용어를 아이들이 이해할 수 있도록 제시하는 데 적합하지 않기 때문이다. 훗날 자기 교실에서 그대로 적용할 수 있도록 기대한 것과 똑같은 방식의 교수법으로 훈련받지 않는다면 대학의 철학 강좌는 실패로 돌아갈 것이다. 교사가 철학적인 대화를 잘 유도하려면, 그들 자신이 철학적인 대화에 참여할 기회가 있어야 하고 철학적인 방식으로 토론을 촉진하는 방법을 잘 아는 모델과 접촉해야 한다. 교사가 학생들에게서 질문을 끌어내고자 한다면, 교사 양성 과정에서 이러한 활동을 모델링하는 교수로부터 잘 배워야 한다. 교사가 아이들을 잘 추론하게 하려면 자신들이 학생들에게 기대하는 것과 같은 추론 연습을 해야 한다. 그리고 말할 필요 없이, 학생들이 탐구 절차에 관심을 갖도록 하려면 교사 양성 교육과정에서 탐구 절차를 존중하도록 장려해야 한다.

마찬가지로 효과적인 교실 철학 수업을 위해, 교사가 배운 기본 철학교육 과정은 이후 초등학교에서 사용할 교육과정의 구성요소와 본질적으로 다르지 않아야 한다. 이는 교사들이 아이들보다 더 깊이 훈련할 필요가 없다는 말이 아니다. 아이들은 논리학과 철학의 뉘앙스와 복잡함에 대해 교사와 함께 더 자세히 살펴볼 수 있지만, 대부분의 상황에서 이는 교실에서 분명히 나타나지 않을 것이다. 그러나 교사가 교사 양성 과정에서 철학적 사고를 장려하기 위해 사용할 교재에 익숙해지지 않으면 이를 다시 아이들의 언어로 고치는 문제는 교사들의 어깨에 놓일 것이다. 그러나 교사에게 이를 전적으로 지고 가도록 요청해서는 안 된다.

가치 물음은 철학의 다른 분야에서도 자주 접하고, 그것은 아이들에게도 매우 중요하기 때문에 도덕교육을 다루지 않고서는 어린이 철학 프로그램을 만들 수 없을 것이다. 다른 한편으로 어린이 철학에 도덕교육을 구성요소로서 포함시킬 경우, 그것을 윤리적 탐구 이외의 것으로는 정의하기가 어려울 것이다. 우선 학생들에게 중요하다고 생각하는 것에 대해 자신의 신념을 표현할 수 있도록 장려해야 한다. 나아가 그들에게 아마도 처음의 신념보다 더 확고한 근거를 갖고 옹호할 수 있는 성찰적 가치 판단에 도달할 때까지, 그 신념에 대해 찬성하는 이유와 반대하는 이유를 고려하며, 그것을 토론하고 분석하도록 장려해야 한다. 그러한 탐구는 필연적으로 특정 가치를 다른 가치보다 선호할 때 사용한 기준을 검토하게 하고, 심지어 이는 기준 자체를 선택하는 그 기준에 대한 아이들의 탐구로 이어질 수도 있다. 아이들에게 성인의 철학 강좌에서 다루는 전통적인 윤리학 학파를 소개하는 것보다 도덕적 신념을 정당화할 때 특정 이유가 더 선호되는 근거를 밝히는 연습과, 그들에게 논증의 일관성을 인식하게 하는 훈련 및 이론과 실천 사이의 관계를 파악하게 하는 수업이 더 가치 있을 것으로

교실 속 어린이 철학

보인다.

　우리는 윤리학이 없이는 철학을 쉽게 가르칠 수 없다고 말해왔다. 반대로 철학의 여러 분야를 다루지 않고서 도덕을 가르칠 수 있다는 가정 또한 의심스럽다. 윤리적 탐구에서는 필연적으로 전 범위에 걸쳐 인식론뿐만 아니라 일관성과 동일성과 같은 논리학, 개인이나 공동체의 개념과 같은 형이상학, 부분－전체의 관계와 같은 미학까지 모두 고려된다. 아이들은 쉽게 놀이에 빠져든다. 그런 그들이 철학 교실에서 놀이의 규칙이 작용하는 방식과 도덕 행위에 적용될 것으로 간주되는 규칙의 작용 방식 사이에 유사성과 차이가 있다는 것을 발견할 수 있도록 도와야 한다. 아이들의 도덕적 상상력은 성인과 영웅의 이야기를 듣고 불타오를 수 있다. 그러나 우리가 아이들을 성찰적이면서 책임 있는 방식으로 도덕적 행위에 참여시키려면 그들은 성인다움과 영웅주의가 무엇인지에 대해 어느 정도 철학적 이해를 갖추어야 한다. 요컨대 철학적 해석의 도움이 없이는 아이들은 윤리학의 주된 개념을 성인 수준 정도로 이해할 수 없을 것이다.

　어린이 철학의 전제에 관한 우리의 논의는 철학 프로그램이 실패할 수 있는 사회적 환경에 초점을 두고 진행되었다. 우리는 초등 어린이 철학이 성공할 수 있는 선결요건이라 할 수 있는 사회적 환경에 대해서는 어떤 언급도 하지 않았다. 어린이 철학을 학교에 도입하고자 한 야심찬 사람들은 그 프로그램에 소개되어 있는 공동체의 가치와 기대에 대해 충분히 알고 있어야 한다. 철학은 열린 탐구에 대한 헌신을 전제로 하는데, 이는 지역에 따라 환영을 받을 수도 있지만, 그렇지 못할 수도 있다. 그래서 이런 것을 이유로 어린이 철학을 제한적으로만 보급시키는 것이 좋겠다고 주장할 수 있다. 그러나 그렇지 않다. 이는 일종의 교육 혁신에서의 타이밍의 문제이다. 인습적 가치가 강한 지역에서 어린이 철학 지지자들이 학업 성취의 분명한 기록을 보여줄 수 없다면 그곳은 어린이 철학 프로그램을 도입할 때 어려움을 겪을 수도 있다. 반면에 일단 프로그램에서 학업 성취의 결과를 증명할 수 있고, 철학이 부모 자식 사이의 긴장을 강화시키거나 부모의 가치를 훼손시킬지 모른다는 부모의 우려를 덜어내 준다면 어린이 철학의 도입에 큰 장벽은 없을 것이다. 그럼에도 까다로운 행정가나 부모의 경우가 있을 수 있다. 만일 어린이 철학이 좋은 교육이 아니라면 학교에서 그것이 설 자리는 없을 것이다. 이제 증거의 부담은 어린이 철학 그 자체로 넘어왔으니, 어린이 철학은 가르치는 학생에게서 변화를 이끌어낸다는 것을 증명해야 한다.

교실 속 어린이 철학

2부   어린이 철학의
       목적과 방법

5장   어린이 철학
교육과정

5장

어린이
철학교육 과정

교육과정에 대한 기술

대학에서 가르치는 철학이라는 학문을 초, 중등교육에 들어올 수 있도록 만들어야 한다고 생각해보자. 당연한 것이지만 이를 위해서는 초중등 교사들이 철학을 가르칠 수 있도록 준비하기 위한 공동의 노력과 함께, 새로운 교육과정도 요구될 것이다. 교사 양성에 관한 논의는 다음 장과 부록 A에서 다룰 것이다. 여기서는 교육과정에 대해서만 간략하게 살펴볼 것이다.

지금까지 어린이 철학교육 과정은 어린이 철학개발연구소the Institute for the Advancement of Philosophy for Children(이하 IAPC로 칭함)에서 출간한 것이 유일한 것이었다. 이하에서는 어린이 철학 프로그램에 대한 사례와 제안 사항을 소개하고자 한다. IAPC 프로그램은 1969년에 발족하여

1974년 이후 꾸준히 확대되었다. 지금은 전 세계 수천 개의 교실에서 실시되고 있는 중이다.[1] 현존하는 IAPC 프로그램에 대해 검토하면, 이후 프로그램이 완전히 발전되었을 때 그 모습이 어떠할지 가시적으로 그려볼 수 있을 것이다.

먼저 유치원에서 고3까지 어린이 철학의 도입이 어떻게 진행될지 살필 것이다.

> **유치원~2학년 단계:** 이 교육과정은 교사용 활동지와 연습문제가 있는 교사용 지도서가 딸린 한 가지 혹은 여러 가지 이야기들로 구성된다. 아이들의 일상적 담화에 함축된 추론 형식에 특히 관심을 갖고 언어 습득에 강조를 둔다. 그 외에도 강조하는 것으로는 지각적 인식의 강화, 대화와 분류 및 구분을 통한 관점 공유, 감정에 관한 추론이다.
>
> **3~4학년 단계:** 이 교육과정은 교사용 활동지와 연습문제를 포함한 교사용 지도서를 갖춘 철학 소설로 구성되어 있다. 이 교육과정은 유치원~2학년 단계에서 강조한 내용을 계속 유지하고 다음 단계인 형식적 추론을 도입하기 전의 3~4학년의 수준을 높이는 데 목적을 둔다. 가령 애매함과 관계 개념과 같은 의미론적, 통사론적 구조, 인과성, 시간, 공간, 수, 개인, 집합과 군과 같은 추상적인 철학 개념을 다룬다.
>
> **5~6학년 단계:** 이 교육과정은 소설『해리 스토틀마이어의 발견』과 교사용 지도서『철학적 탐구』로 구성되어 있다.[2]

교실 속 어린이 철학

여기서는 형식 논리와 비형식적 논리의 습득을 강조한다. 소설은 아이들 간의 그리고 아이들과 어른들 간의 대화 양식으로 되어 있다. 이야기 배경은 행성이 그러하듯 혜성 또한 태양 주위를 공전한다는 것을 들은 적이 있던, 수업 중에 딴생각을 하던 해리가 혜성을 두고 행성이라고 말하는, 논리적 추론의 기초를 이해하기 시작하는 아이들의 교실에 맞춰져 있다. 교실에서 그리고 학교 밖에서 일어난 사건들은 아이들이 스스로 생각하고 행동하는 방식들을 재현하고 있다. 이야기는 교수 모델이고, 비권위적이며 반교화적이다. 그것은 탐구와 추론의 가치를 존중하고, 사고와 상상력의 대안 양식을 발전시키도록 장려하며 아이들에게 서로 배울 수 있는 방법을 제안한다. 나아가 그것은 아이들이 작은 공동체에 살고 참여하는 것이 어떤 것인지 그리고 있다. 아이들은 그곳에서 자신만의 관심을 갖고 있으면서도 서로를 존중하고, 때로는 공동의 탐구에 참여한다. 『해리 스토틀마이어의 발견』의 교사용 지도서 『철학적 탐구』는 이야기 텍스트의 각 장에서 중심적인 철학 개념이 무엇인지 보여주고, 교실에서 시행될 수 있도록 각각의 사고에 대한 다양한 연습 문제와 활동들을 제공하고 있다. 이런 식으로 소설에서 모델로 보여준 것과 같은 탐구공동체를 교실에서 형성할 수 있도록 토론 계획과 활동을 통해서 교재의 내용을 실현하고 있다.

6학년 단계: 이 교육과정은 과학적 탐구의 기본적인 전제들을 탐구한 소설『토니』로 구성된다. 거기서 아이들은 과학의 가능한 목적과 이익을 인식할 수 있는 과학적 활동의 기본 전제에 대해 토론한다. 아이들은 객관성, 예언, 검증, 측정, 설명, 기술description 및 인과성과 같은 개념을 토론할 기회가 있어서 과학 수업을 보다 잘 준비할 수 있을 것이고 과학적 탐구에 참여할 때에도 동기부여가 더 잘 될 것이다. 이 교육과정은 교사용 지도서『과학적 탐구』와 같이 갈 것이다.

7~9학년 단계: 이 과정에서는 윤리적 탐구, 언어 교과 및 사회과 영역에서 기본적인 철학적 전문화에 초점을 둔다. 각 교과는 하나의 소설과 교사용 지도서로 이루어져 있다. 해당 학생들을 위한 윤리적 탐구의 교육과정은 소설『리사』와 교사용 지도서『윤리적 탐구』로 구성된다.『리사』는 5~6학년 교과서『해리 스토틀마이어의 발견』을 잇는 것으로 공정성, 자연스러움, 거짓말과 진실말하기, 규칙과 표준의 본질과 같은 윤리적, 사회적 문제에 대해 초점을 둔다. 또 다른 문제로는 어린이 권리, 직업 차별 및 성차별, 그리고 동물권 등을 다룬다.『리사』는 논리와 도덕의 상호 관계도 다루는데, 이 교육과정으로 아이들은 행위의 정상 패턴에서 이탈된 출발점을 정당화하는 것뿐만 아니라 자신의 신념을 정당화하는 좋은 근거를 찾을 수 있다.[3]
『수키』는 고등학생 신입생들에 관한 소설이다. 산문과 시 쓰기의 숙제를 마주한 해리 스토틀마이어는 자신은 도저히 쓸 수가 없다고 항의한다. 그 이야기는 글 쓰는 이가 부딪히는 벽과 그것을 극복하는 방식을 탐구한다. 동시에 그것은 경험과 의미, 쓰기에 대한 평가 기준, 사고와 쓰기의 관계, 정의definition의 본질 및 기예와 예술의 차이점과 같은 기본적인 문제를 다룬다.[4] 교사용 지도서『쓰기: 방법과 이유』는 풍부한 연습 문제와 활동을 통해서 시 쓰기에 집중시킨다.

8~10학년 단계:『마크』의 소설 속 인물들은 고등학교 2학년에 재학 중이다. 그들 중 한 명인 마크는 기물을 파손한 것으로 비난을 받는다. 누가 진범인지 찾기 위한 과정 중에 마크 반의 학생들은 법의 기능, 관료제의 본질, 현대 사회에서 범죄의 역할, 개인의 자유, 그리고 정의justice의 대안적인 개념과 같은 여러 가지 일반적인 사회 문제를 탐구해야 한다는 것을 알게 된다.[5] 교사용 지도서『사회적 탐구』는 이들과 그 밖의 많은 개념들을 교실 활동과 연습 문제를 통해 실제 적용을 목적으로 한다.

11~12학년 단계: 이 교육과정은 여러 접근들로 이루어질 것이다. 각각은 보다 상급의 철학적 전문화 영역을 나타낸다. 교사용 지도서도 각각 별도로 갖추어, 다섯 가지 서로 다른 소설로 윤리학, 인식론, 형이상학, 미학 및 논리학의 영역을 구성하게 될 것이다. 이들 소설들은 이전 학년까지 다루어왔던 어린이 철학의 사고 기능과 그런 기능을 응용한 기법을 계속해서 강화시켜갈 것이다.[6]

어린이 철학의 목적과 목표

어린이 철학 프로그램의 주된 목적은 아이들이 자신에 대해 생각하는 법을 배우게 하는 데 있다. 그러나 우리는 어떻게 이 목적을 이룰 것인가? 아이들에게 철학적인 사고 수업을 제공함으로써 구체적으로 어떤 것을 이룰 수 있는가?

유치원-2	3-4	5-6	6	7-10	11-12
일반적인 철학적 토대			기초적인 철학의 전문화		상급 철학의 전문화
언어 습득	언어 습득	형식적 비형식적 논리 습득			

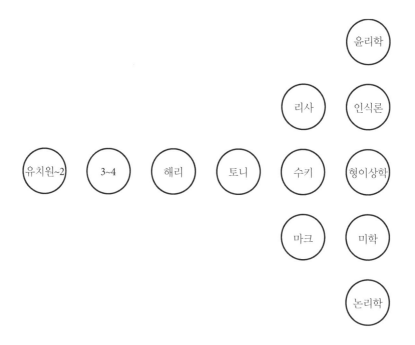

추리 능력의 향상

(1) 추리의 기원

추리는 짧게 논하기에는 너무나 광대한 주제이다. 추리 능력의 함양은 추리 그 자체만큼 많은 문제를 제시한다. 어떤 의미에서 추리는 의술이 몸을 위해 행하는 것을 마음을 위해 행하고자 하는 것이다.[7] 이 둘은 모두 몸과 마음이 약해지거나 해를 입었을 때 치료하는 치료 기술이다. 수천 년 동안 내려온 의학의 역사를 생각해보자. 특정 질병의 치료법을 찾기 위해 얼마나 많은 시간을 보냈고, 그리고 지금도 보내고 있는가? 어떤 부족(혹은 의사들)은 독극 물질에 대한 해독제를 찾았고, 다른 곳의 부족은 병을 막아줄 묘약을 고안했다. 수백, 수십만 년 동안 이러한 예방적·치료적 방법이 그야말로 엄청나게 집적되었다. 치료 현장에서의 극단적인 치료 방식은 의학적 이해의 지류가 되고, 결국에는 의학의 주류가 되는데, 그때에 비로소 체계적인 학문이 등장한다.

그러나 야만인들은 신체적 질병이 존재한다는 것만큼 확실히 추리의 착오 또한 있다는 것을 잘 알고 있었음이 틀림없다. 그들이 그렇게 생각하지 못했다면, 그래서 그 둘 모두 교정 가능하다고 생각하지 못했다면 어떻게 우리가 야만의 상태를 벗어날 수 있었을까? 그러나 그 길은 결코 쉽지 않았다. 야만인은 문제를 해결하는 적절한 접근이 결과보다 원인을 다루는 것임을 알아차렸을 것이다. 그는 또한 오물이 감염을 일으키고 청결이 치료에 필수적이라는 것을 인식할 수 있었을 것이다. 그러던 어느 날 두 경우 모두를 알아차릴 기회가 생겼을 것이다. 그는 상처가 났고, 여기에 그것을 야기한 칼이 있다. 그는 상처 이상으로 칼을 깨끗이 하고 문지른다.

합리성을 향한 길은 쉬운 길이 아니다. 앞서 말한 오류는 야만인은 물론, 오늘날 문명인이라고 하는 사람들도 흔히 저지르는 것이다. 그러나 중요한 것은 교정하고자 하는 노력, 바로잡고자 하는 투쟁, 개선시키고자 하는 충동이다. 원시인들은 먹을 수 있는 버섯과 독버섯의 차이를 알아차린 것처럼, 보다 나은 추리와 보다 나쁜 추리의 차이를 서서히 인식했음이 틀림없다. 우리는 여기서 수천 년 역사에 지나지 않는 형식 논리의 발명을 이야기하려는 것이 아니다. 우리가 말하려는 것은 마치 사냥꾼이 파놓은, 다른 사냥꾼들도 알고 있어야만 하는 함정의 존재처럼, 다른 사람의 말을 들을 때 주의해야 할 일종의 함정이 있다는 느리고 고통스러운 인식의 성장이다. 실제 초기 인류의 책략은 단순히 덫을 잘 놓는 데 국한되지 않았다. 그들은 동료보다 더 기지 넘치는 책략들을 고안했어야만 했다. 그리고 그러한 기막힌 책략은 다시 그것을 극복할 책략을 발명하게 했음이 틀림없다. 여기서 우리가 말하고자 하는 것은 비형식 논리로서 알려진 독특한 형식의 민간전승 이야기이다. 이는 비생산적인 사고 형식을 제거하고, 그가 실패했던 사고 형식에서 벗어나기 위한 초기 인류의 노력에서 시작되었을 것이다.

추리는 인간에게만 국한되는 것은 아닐 것이다. 인간은 발견하고, 탐색하며, 추론하는 자신의 능력을 발견했다고 보는 것이 더 타당할 것이다. 인간이 도구를 발명했다는 사실은 아마도 그들이 도구와 그 밖의 것을 발명할 **능력**이 있다는 사실을 발견한 것보다는 덜 중요했을

교실 속 어린이 철학

것이다. 또한 그들이 언어를 발명했던 것도 그들이 언어를 사용하여 분석하고, 토론하고, 성찰하며, 숙고한 것보다 아마도 덜 중요했을 것이다. 언어를 통한 분석과 토론, 성찰과 숙고는 이후 인간이 발명한 언어를 확대하고 반복해서 강화시켰다.

그 때문에 우리가 추리라고 부른 것 중의 일부는 해당 주제에 관한 권위를 갖지 못한 사람에게서 조언을 받는 것의 위험에 대한, 혹은 쉽게 아첨하는 말을 듣고 잘 속는 문제에 대한, 아니면 한 가지 사건이 다른 사건으로 이어질 때 앞엣것이 뒤엣것의 필연적인 원인이라고 잘못 생각하는 것에 대한 고래로부터 내려온 친숙한 경고이다. 대화의 위생을 염려한 초기 인류, 다시 말해 "자네가 훌륭한 낚시꾼이지만, 그 때문에 자네가 멧돼지 사냥을 잘 아는 것은 아니야", "자네가 저녁마다 주문을 외운다고, 밤에 별을 불러내고 말고는 할 수 없어", "나에게 듣기 좋은 소리를 한다고 날 설득할 수는 없어"라고 말했을 그 초기 인류가 없었더라면, 오늘날 문명이라고 부르는 것은 발생하지 않았을 수도 있다.

이런 종류의 민간 이야기의 전부가 우리가 말하는 비형식 논리이다. 거기에는 일부 추리 형식이 건전하지 못하거나 피해야 할 것으로 의심을 사는 것도 있다. 비형식 논리는 올바른 추리에 대한 권장사항보다는 부정확한 추리의 금지사항을 더 많이 포함하고 있다. 그것은 오류를 추리의 배가 종종 좌초하게 되는 암초와 모래톱과 같은 것으로서 간주한다. 그 추리의 배는 돛대도 키도 없는 배와 같은 것이다. 이런 것들은 철학의 시작과 함께할 때에만 나타난다.

우리는 무미건조한 삶보다는 화려하고 다채로운 삶의 측면에 더 끌린다. 추상적인 논리 구조보다 권선징악의 드라마나 도덕적 가치가 충돌하는 내용을 더 마음에 들어 한다. 우리는 "거짓말을 해서는 안된다"라는 말에 귀를 쫑긋 세우지만, 그러한 금지 명령의 인간적 맥락이 담론의 일관성에 대한 필요와 관련이 있다는 사실을 잊고 있다. 그러나 경험이 준 거친 교훈으로 점진적으로 진화해온 인간은 비일관성이 골칫거리라는 것을 알 수 있을 정도로 충분한 지혜를 갖게 되었다. 우리는 이야기를 잘 정리해야 한다. 다시 말해, 사실과 일치시키고, 이야기의 구성 부분을 서로 일관되게 연결시켜야 한다. 도덕주의자들은 거짓말을 비도덕적인 것으로 비난하지만, 민간전승의 이야기는 거짓말을 부당한 것으로 간주한다. 실천적 지혜의 관점에서 보면 거짓말을 하지 말라는 조언은 자기모순이 꽤 유해하다는 것만 빼면 자기 자신과 불일치되지 말라는 조언이다. 물론 우리가 중시해온 것은 논리적 측면보다는 도덕성과 더 많이 관련되어 있다. 지금까지 언급하지 않았던 것들 중에 자기 존중과 타자 존중의 요소가 있다. 그러나 문제는 자신과 타인에 대한 존중은 충분히 정당한 것이지만, 이를 아이들에게 자기모순을 피하고 일관성을 추구할 필요처럼 쉽게 보여줄 수 없다는 것이다. 아이들에게 상호 존중을 설명하거나 촉구하는 것보다, 그 장점을 스스로 발견할 수 있는 여러 활동에 참여하게 함으로써 가장 잘 배우게 할 수 있다. 그렇게 일관성은 실천적이면서 또한 설명적일 수 있다. 그 때문에 초등학교 교육에서 도덕의 논리적 토대를 강조하는 것은 분명한 장점이 있다.

당연히 이상의 접근과 관련해서 이의를 제기할 수 있다. 그것은 그와 같은 접근이 인성, 양심 및 의무보다는 아이들의 이기적 관심과 방편에 호소하는 것처럼 보인다는 것이다. 그러나 의무와 양심에 대한 권고는 도덕적 성향의 근원으로서 점점 더 그 유망함을 잃어가고 있다. 도덕적 인성을 함양하고자 한다면 아이들의 흥미를 도덕적 인성의 수단과 자료로서 이용해야 한다.

일관성은 철학을 지향하는 교육이 강조하는 특징 중 하나일 뿐이다. 아이들이 관련성을 파악하고 구분할 수 있도록 돕는 것은 중요할 뿐만 아니라 일반적인 것이다. 우리는 아이들이 분류와 나누기 연습을 할 때 관련성을 지각할 수 있도록 돕고, 실제 일상의 행동이 그러한 분류를 할 수 있는 능력을 어떻게 전제하고 있는지 그들에게 보여준다. 우리는 주어진 집단, 즉 집합 속에 **무엇이** 속해 있지 않는지, **왜** 속해 있지 않는지에 대해서도 말해보게 하며 그들이 구분할 수 있도록 도와준다.

관련성은 또한 관계로서 간주될 수도 있다. 사례 집합 유형에 따라 교육에서 대단히 중요한, 교사의 특별한 주의를 요하는 다른 주된 두 가지 계열이 있다. 하나는 원인−결과 관계이고 다른 하나는 부분−전체 관계이다. 우리는 과학을 강조하며 전자에 대해서는 주의를 상당히 쏟았지만, 유감스럽게도 후자 유형에 대해서는 대체로 무시하였다. 지능에 대한 우리의 개념은 실무에 관한 실질적 통제의 문제에만 국한되며, 원인−결과 관계에 대한 이해는 그러한 통제에 꽤 적절한 것처럼 보인다. 그러나 지능은 상황의 구성 요소가 무엇이며 그것들이 어떻게 서로 간에, 그리고 그것들이 속해 있는 전체와 관련되어 있는지를 지각하는 문제이기도 하다. 나아가 그것은 부분으로 기능하는 재료로 전체를 **구성하는** 방법을 이해하는 문제이기도 하다. 모든 예술 수업은 그러한 지능을 위한 실험실이며, 그때 부분—전체 관계의 이해는 원인과 결과의 관계에 대한 이해만큼 강조되어야 한다. (과학은 원인과 결과를 강조하고 예술은 부분과 전체의 관계에 대해서 강조하는데, 이와 달리) 철학은 지능의 두 형식 모두 타당하고 중요한 것으로 다루기 때문에, 이는 교육 실천의 방법론으로서 특히 가치 있다.

(2) 아동기의 추리

아이는 몇 살이 되면 추리를 시작할지 묻는 물음은 태아는 얼마가 지나면 인간이 되는지 묻는 물음과 거의 같은 것이다. 두 질문은 모두 기념비적인 변화가 일어나는 특정 나이를 구체적으로 명시할 수 있을 것이라고 전제한다. 그러나 우리는 유아가 태어나기 전, 그리고 직후의 삶에 대해 아는 바가 거의 없기 때문에 유아의 추리의 기원을 명시하기란 지극히 어렵다.

추리는 추론과 함께 시작한다고 말할 수 있지만, 추론적 행동과 본능적 행동의 초기 단계를 구분하기란 쉽지 않다. 고대 로마의 저자 섹스투스 엠피리쿠스의 것으로 간주되는, 그러나 출처가 불분명한 일화가 있다. 그에 따르면 개도 추론을 할 수 있다고 한다. 사냥개가 냄새를 따라 세 갈래로 나뉘는 길에 서게 될 때, 첫 번째, 두 번째 갈래길을 먼저 킁킁거리며 사냥감의 냄새를 맡은 뒤에 없다는 것을 확인하고, 세 번째 갈래 길은 **냄새도 맡지 않고** 곧장 뛰어간다는 것이다.[8] 그러면 자신을 안고 있는 누군가에게 가슴을 찾아 손을 뻗치는 아이의 경우는 어떠한가? 우리는 그것을 본능이라고 하지만, 왜 그것은 실천적 삼단논법의 결론이 될 수 없는가? 다시 말하면, 이런 식이다. 과거에 엄마의 가슴은 나에게 젖을 주었다. 이것은 가슴이다. 그러므로 내게 젖을 줄 것이다. 가슴으로 손을 뻗치는 행위는 추론의 결론이 아닐까? 아이가 언어로 전제를 형성할 수 있는 능력을 가지지 못했다는 것은 말할 것도 없다. 그러나 아이가 언어로 전제를 만들 수 있는 습관을 획득하기 전에는, 언어적 능력이 필수적인 것은 아니다. 바꾸어 말하면 아이는 언어를 사용하기 훨씬 이전에 귀납적으로 그리고 연역적으로 생각하고 있다고 말할 수 있다. 언어가 하는 것은 그러한 행동을 상징화하여 형식화하는 것이다.

마찬가지로 일반화의 비언어적 대응물인 습관이 적용불가하다는 것을 유아에게 알려주기 위해서는 단 하나의 반증 사례로도 충분할 것이다. 그 때문에 유아는 부모로 식별될 수 있는 행동 양식에 대한 특정의 습관적인 반응을 보였을 수 있다. 이러한 반응은 이를테면 신뢰 반응이다. 그런데 트라우마를 초래할 정도의 사건이 일어났다고 하자. 부모가 실수로 너무 뜨거운 욕조에 아이를 넣은 것이다. 그럴 경우 아이는 부모에 대한 신뢰를 상당부분 상실할 것이다. 부모에 대해 가져왔던 신뢰성의 일반화가 더 이상 견지되지 못하고, 그 결과 아이는 자신이 갖고 있는 신뢰 반응이 더 이상 필요가 없다고 추론한다.

분명 습관적 규칙을 익히고, 반례를 통해서 수정되는 이런 종류의 사례를 더 찾을 수 있다. 우리는 심리적 연상의 기초, 혹은 지각 패턴을 완성시키는 아이들의 경향성을 탐구할 수도 있다. 왜냐하면 이 모든 것은 아이가 직접적으로 주어진 것에서 그렇지 않은 것으로 나아가는 방식을 나타내고 있기 때문이다. 따라서 이 모든 것은 추론inference의 기초를 나타내고, 다시 이 추론의 기초는 추리reasoning의 기초를 나타내게 된다.

그러나 이러한 물음도 가능하다. 아이들은 **철학적으로** 언제 추리를 시작하는가? 모든 철학적 활동은 추리를 포함하지만 그렇다고 해서 추론하는 모든 사람이 철학적 활동에 참여하고 있는 것은 아니다. 아이들이 철학적으로 생각하기 시작하는 시기는 왜라는 물음을 던지기 시작할 때이다.

'왜'라는 낱말은 분명 유아가 가장 좋아하는 낱말 가운데 하나이다. 그러나 그때의 그 낱말은 아주 단순한 것에 지나지 않는다. 일반적으로 '왜'라는 질문이 수행하는 두 가지 주된 기능이 있다고 한다. 하나는 인과적 설명을 끌어내는 것이고, 다른 하나는 목적을 결정하기 위한 것이다.

무언가를 인과적으로 설명한다는 것은 상황이나 사건을 야기한 조건을 언급하는 것이다. 우리는 전날 폭우가 내렸을 때 왔던 한랭전선을 언급하며 길 위의 얼음을 설명할 수 있다. 또한 우리는 화재의 원인으로 성냥을 가리키며 혹은 벼락을 맞았던 사실에서 공장 화재를 설명하기도 한다.

목적을 알기 위해 묻는 것은 어떤 것이 무엇으로 만들어졌는지 혹은 무엇 때문에 어떤 활동을 하게 되었는지 묻는 것이다. 가령 다리의 목적은 이동하기 위한 것이고 펜의 목적은 필기하기 위한 것이며, 문풍지는 단열을 위해 설치하는 것이라는 식이다.

목적을 결정하기 위한 질문들 중에는 이런 질문도 있다. 그것은 자신이 선택한 일을 무슨 목적으로 하는 것인지 묻는 것이다. 선택에 대한 설명은 정당화로 불리며, 이는 원인보다는 이유를 제공하려는 것이다. 방화범에게 불을 왜 질렀는지 묻는다면, 그것은 짐작컨대 그의 이유를 묻는 것이다. 그러나 그 답은 목적이기도 하고 원인일 수도 있다. 만일 그 답이 그가 방화광으로 통제 불가능한 강박에 의한 것이라고 한다면 우리는 그의 행동에 대한 인과적 설명을 제시하는 것이다. 그러나 그 답이 보험금을 타기 **위해** 고의로 불을 지른 것이었다고 하면 그 답은 이유 형식의 답변이 될 것이다.

아이들은 목적과 이유 모두에 관심을 갖는다. 그래서 항상 '왜'라는 질문을 하며 이 둘을 섞어 쓰고, 때로는 이들을 구분하기도 한다. 아이들은 우박을 동반한 폭풍이 왜 있는지 묻기도 하고, 선생님이 그에 대해 제시하는 기상학적 설명을 받아들이기도 한다. 그러나 아이들은 설명보다는 때때로 정당화를 더 찾기도 한다. "무슨 행동을 했기에 벌을 주려고 우박 폭풍을 보냈냐고요?"와 같은 물음이 그가 생각한 물음일 수 있다. 물론 정반대의 경우도 있을 수 있다. 아이는 드림이 사라진 것에 대해 인과적 설명을 원하는데, 우리는 정당화의 답변만을 제시하기도 한다.

우리가 '고의로' 이루어진 것과 '우연히' 이루어진 것의 차이를 아이들에게 가르치고자 할 때 그때 우리는 정당화와 설명을 구분할 수 있도록 아이들을 도우려는 것이다. 아이들은 우연히 일어난 일이 아니라, 자신들이 의도적으로 한 일에 대해 책임이 있다고 배웠다. 우연은 설명될 수 있다. 그리고 자신이 우연한 사건에 관여되었다 하더라도 자신의 행위를 정당화할 필요는 없다. 반면에 아이들은 하지 말도록 권고 받았던 것을 일부러 목적을 갖고 한 것에 대해서는 벌을 받을 수 있다는 것도 잘 알고 있다.

고대의 스토아 철학자에게 이러한 구별, 즉 할 수 있는 힘 안에 있는 것과 그렇지 않은 것 사이의 차이를 아는 것은 특히 중요했다. 왜냐하면 내 힘을 벗어나 일어난 일에 대해서는 우리는 책임을 전혀 느낄 수 없기 때문이다. 아이들의 '왜?'라는 질문 역시 이유에 의해 설명되어야 할 것을 명시하는, 그리고 이를 인과적 설명의 영역과 구분하고자 하는 유사한 노력으로 간주될 수 있다.

아이들은 아주 어린 시절부터 '왜?'라는 물음을 던지며, 그렇게 그들은 철학적 활동 속으로 일찍부터 참여하고 있다고 간주된다. 실로 유아들은 이런 물음을 아주 집요하게 던진다. 어른들의 특징이라고 할 수 있는 호기심의 결여를 떠올리면, 우리는 인간의 철학적 행위는 나이가 들수록 사라져가는 경향이 있다고 말하고 싶은 유혹을 받는다. 이는 나이가 들수록 개념 도구를 사용하는 능력과 정보가 증가하는 아이들과 극명한 대조를 이룬다.

분명 실험자들이 준비한 특정 과제를 수행하는 아이들의 능력은 상대적으로 단순한 산수 과제부터 보다 복잡한 과제에 이르기까지 나

교실 속 어린이 철학

이가 들수록 증가한다. 실험자들은 지능의 발달이 이들 과제를 수행하는 능력의 발달과 일치될 것으로 가정하기 때문에 그들은 성장을 무능력에서 능력으로의 단선적 발달로서 본다. 그 어디에서도 능력의 상실에 대해서는 고려하지 않는다. 책임감 있는 성인의 특징으로서 간주되는 '과제 수행하기'와 성숙을 동일시할 때, 그 밖의 상상력의 감소, 주변 상황과 조화를 이루는 감각 및 세계에 대한 호기심의 쇠퇴, 이런 것들은 전혀 상실로 간주되지 않는다.

그 때문에 사람들은 정상적인 아이들은 언어 습득을 통해서 성장한다고 말하지만, 아이들이 언어를 습득하고 이용할 수 있는 성향이 없었더라면 언어는 소용없었을 것임을 잊고 있다. 마찬가지로 사람들은 아이들이 합리성을 획득한다고 말하지만, 아이들에게 습득한 정보의 타당성과 의미를 발견하기 위한 정보 처리의 성향이 없었더라면 합리성은 아무런 소용이 없었을 것이다. 사람들은 오직 예술 분야에서만 아이들이 가진 능력을 인정한다. 가령 그들에게는 형태에 대한 감정과 구성할 수 있는 힘이 있다고 생각한다. 그러나 이들 능력은 점차적으로 붕괴되면서, 마침내 상실될 위험에 처하게 된다. 그러나 예술을 합리성의 지표로서 간주하지 않을 경우, 중기 아동기에 나타나는 예술적 능력의 퇴보는 지능 발달과 무관하고, 어떤 경우에서든 큰 손실이 없는 것으로 여겨진다.

우리의 문화는 질문하는 능력이 아니라, 질문에 대해 답할 수 있는 능력의 관점에서 지능을 정의하기 때문에 당연하게도 철학과 아동기를 배타적인 관계로 여겨왔다. 철학은 전통적으로 나이든 이들의 전유

물로 간주되었다. 우리는 논리가 가진 기이한 도착에 의해, 아동기에 나타나는 철학적 추론의 참된 징후를 무시하고, 아이들이 철학적 능력을 발달시키기 위해 아이들의 도전과 우리의 지원이 필요하다는 것을 사실상 무시한다. 그 결과 우리는 철학은 아이들에게 본질적으로 알맞지 않으며 그들은 철학에 대한 재능도 흥미도 없다고 결론 내린다.

사람들이 생각하는, 전형적으로 아이들의 지적 진보가 일어나는 시기는 아이들이 자신에 대해 생각하는 법을 배울 때가 아니라 그들의 사고 내용이 우리와 비슷해졌다는 것을, 다시 말해 그들의 세계 개념이 우리의 개념과 유사해졌다는 것을 우리가 회심의 미소를 지으며 알아차릴 때이다. 아이가 현실을 어른들이 보는 것처럼 볼 때까지, 사람들은 세계에 대한 아이들의 풍성하고 귀중한 시각을 반복해서 폄훼하고 무시한다. 이는 '도덕 발달'의 일반적 개념에서 특히 그러하다. 도덕 발달 이론에서 보편화 가능성과 같은 특정 개념들은 도덕적 사고의 정점을 나타내는 것으로 간주되었다.[9] 바꾸어 말해 심리학 연구자의 도덕적 관점과 비슷한 도덕적 관점을 지닌 아이들은 연구자들과 다른 도덕관을 나타내는 아이들보다 도덕 발달 수준이 더 높은 것으로 평가되었다.

사고의 독창성과 독자성을 보여주는 아이는 사람들이 공유하지 않는 결론에 도달하기 쉽다. 그리고 실제 잘못된 결론에 도달할 때도 있다. 잘못된 결론을 바로잡는 것은 대단히 쉬운 일이지만, 독창성을 유지하는 것, 혹은 독창성이 억눌려진 아이에게 독창성을 되살리는 것은 전혀 다른 일이다.

교실 속 어린이 철학

철학적 함의와 철학적 독창성에 대한 감수성이 뛰어난 어른들은 그러한 경험과 감수성이 결여된 어른보다 아이들의 사고와 통찰력을 키울 가능성이 훨씬 높다. 얼마 전 철학을 어느 정도 배운 바 있는 시카고의 한 어머니는 네 살 된 딸에게 욕조 물을 잠그라고 했다. 그때 아이는 이렇게 말했다고 한다. "엄마, 걱정 마. 물은 넘치지 않을 거야. 수도꼭지하고 욕조 사이가 조금씩 줄어들고 있어." 제논의 역설에 익숙하지 않은 사람들은 세계에 대한 이와 같은 색다른 방식, 아킬레우스와 거북의 우화에서 나타난 것과 같은 시각에 익숙하지 않을 수 있다(아킬레우스가 거북이를 따라잡기 위해 나아갈 동안 거북이와 아킬레우스의 거리는 처음의 거리보다 조금 줄어들 것이다. 거북이는 아킬레우스가 다가올 때까지 그때만큼 다시 앞으로 최소한은 나아가기 때문에 아킬레우스는 거북이를 영원히 따라잡지 못할 것이다). 물론 이 사례에서 아이의 결론은 **그야말로** 잘못이다. 왜냐하면 물은 넘**칠 것이기** 때문이다. 그러나 그 사고가 사려 깊은 것임에는 틀림없다. 잘 들어보면 이 어린아이의 말은 (물을 잠근 뒤에) 자연의 방식과 과정에 관한 흥미로운 토론의 출발점이 될 수 있다.

파리의 어떤 아버지는 일곱 살 된 아들의 말을 다음과 같이 전한다. "우리가 죽으면, 우리가 죽었다고 꿈꾸는 거야." 그런 말은 철학에 관심을 갖고 있지 않은 어른들에게는 무의미한 것으로 여겨져 무시될 수 있다. 그러나 그것은 아이가 꽤 사려 깊은 상상을 할 수 있다는 것을 보여주면서, 형이상학적 함의가 가득한 통찰로 보일 수 있다. 아이들은 일반적으로 체계적인 통찰을 전개하지 않는다. 그러나 교사는 아이들에게 자신들의 독창적인 통찰이 갖고 있는 함의를 계속 탐구해 보도록 장려할 수 있다. 그 결과 그들의 보물 같은 지각과 직관은 상실되지 않을 것이다.

최근에 우리는 녹화한 교실 대화를 다시 보면서 인격 동일성에 관한 열 살 된 두 남자 아이들의 대화를 찾았다. 한 아이는 지금의 나를 나로 만들어주는 것이 생각이라고 말했다. 그러자 다른 아이는 이렇게 대답했다. "아니야. 어제 나는 내가 죽은 꿈을 꿨지만, 지금 나는 여기에 있어." 분명 이 후자의 아이는 이 말로 자신이 표현한 것보다 훨씬 더 체계적인 관념을 시사했다. 그의 발언은 다음과 같은 정교함과 해석을 더 필요로 한다. 즉, '그는 다름 아닌 그의 생각**이고**', 그가 죽었다고 생각했다(꿈꿨다)면, 그는 실제로 죽었음이 틀림없다. 그러나 그는 죽은 것으로 꿈을 꿨지만, 지금 살아 있다. 그 때문에 그는 단순히 그의 생각일 수 없다. 여기에 ('만일 ~라고 하면, 그때 ~'라는) 가설을 언급하며, 후건을 부정하면 전건은 거짓이 된다는 것을 보여주는 중요한 논리적 패턴이 사용되었다.

우리는 5, 6학년 아이들의 교육과정의 일부로서 다음과 같이 시작하는 어린이의 권리에 대한 토론 수업 안을 제시한다. "여러분은 태어나게 해달라고 요구했나요?" 그 질문은 많은 아이들이 제기한 것이다. 우리는 교실 토론의 맥락에서 그 질문을 다시 그들에게 되돌려줬고, 아이들은 처음에 이 문제를 조소하며 다루었다. 아니 어떻게 아직 태어나지 않은 사람이 태어나도록 **요구할 수** 있나? 그때 다른 목소리들도 나왔다. 가령 아마도 그 질문은 들리는 것만큼 그렇게 어리석은 것은 아닐 것이고, 태어나게 해 달라고 했는지 여부에 관한 아이들의 동의 문제는 진지한 토론 없이는 무시되어서는 안 된다는 것이다.

유년기 아이의 지능에 대한 조사는 문제를 관찰하고 객관적으로 접근하는 연구자들의 작업이 대부분이었다. 그러나 우리는 종종 아이들이 스스로 선택한 것을 할 수 있는 능력이 아니라, 우리가 원하는 것을 할 수 있는 아이의 능력을 재곤 한다. 우리는 그들에게 과제를 주고 난 뒤에 응답을 측정한다. 그러나 이러한 과제는 그들에게 피해야 할, 하기 싫은 일처럼 보일 수 있다. 어른의 요구에 아이들이 어떻게 반응하는지를 단순히 관찰하는 것은 아이들이 자기 자신의 관심과 문제가 전면에 나왔을 때 수행하는 것에 대한 평가와 비교해볼 때, 실로 부족한 대체물이다. 어린이 철학의 장점은 꽤 많은데, 그중 하나는 교실을 아이들의 여러 문제들과 관련된 이슈를 토론하기 위한 포럼으로 만든다는 것이다. 이는 어린이 지능의 조작적 측면뿐만 아니라 사색적, 창조적 측면도 고려하기 위한 것이다. 여기서 어른의 개입은 아이들을 어른의 현실 지각에 엄격하게 맞추기 위해서가 아니라, 풍부한 철학적 전통에서 파생된 철학적 기법으로 아이들 고유의 사고와 경험에 대한 그들의 탐구를 촉진하기 위해서이다.

(3) 추론과 추리

초등학생이 겪는 난관 중 하나는 추리 영역에 있다. 아이들은 지각 추리, 논리 추리, 혹은 증거 추리의 문제를 겪을 수 있다.

단순 지각 추리: 아이들은 시력이 정상일 수 있지만 자신들이 본 것에서 추론하는 것은 어려울 수 있다. 아이가 집으로 돌아왔을 때 평소에는 문이 잠겨 있는데, 그날은 열려 있었다. 그러나 아이는 뭐가 달라졌는지 알 수 없다. 아이는 적절하게 지각은 하였지만 지각 추리를 끌어내지는 못한 것이다. 이런 것도 있다. 아이의 청력은 완벽하고, 그래서 지나가는 자동차 경적 소리를 들을 수 있다. 그러나 차가 자기 쪽으로 온다는 것을 추론하지는 못할 수 있다. 이러한 어려움은 아이들에게 국한되는 것만은 아니다. 어른들 역시 자신이 보거나 듣는 것에서, 혹은 맛보거나 냄새 맡는 것에서 기본적인 추론을 끌어내는 어려움을 겪기도 한다.

논리 추리: 아이들이 겪는 또 다른 유형의 애로사항은 하나 혹은 그 이상의 문장에서 추론을 끌어내는 것과 관련되어 있다. 예를 들면, 아이가 적도의 겨울이 춥지 않다는 것을 알고 있었다면 아이는 '지난겨울의 적도는 추웠다'는 문장이 거짓이라는 것을 추론할 수 있었을 것이다. 그리고 아이는 '일부 사람들은 키가 크다'는 문장이 주어질 때, 그 문장에서 '모든 사람은 키가 크다'는 것이 따라 나오지 않는다는 것을 알아야 한다.

다양한 자료 유형 추리: 때때로 사람들은 다양한 종류의 사실들을 마주한다. 예를 들면, 어떤 아이가 외국을 방문하여 퍼레이드 및 깃발을 든 아이들과, 연설하고 노래를 부르는 광경을 보며 '국경일 같은 날일 거다'고 결론을 내린다. 이는 다양한 관찰에서 끌어낸 추론으로 종합적 사고 능력을 요구한다.

아이들이 위에서 언급한 추리 유형의 전부나 일부에서 어려움을 겪는다면 그들은 학교교육에서도 어려움을 겪을 가능성이 크다. 아이는 글을 잘 읽을 수 있지만 자료 추리에 대한 어려움으로 읽을 것을 해석하지 못할 수 있다. 아이는 특정한 지시에 따라 실험실에서 실험을 잘 수행할 수 있지만 아이에게 수행한 것에 대한 의미를 물으면 어쩔 줄 몰라 한다. 왜냐하면 아이는 결과는 보지만 원인을 추론하는 것이 어렵기 때문이다. 혹은 아이는 같은 종류의 무수한 사례를 관찰할 수 있지만, 관련된 규칙이나 법칙이 있다는 것은 추론하지 못할 수 있다.

이상의 아이들은 '추론 장애'를 경험할 것이며 이런 종류의 장애는 반복 연습이나 사고 규칙의 암기로는 해결할 수 없을 것이다. 사실 '추론 장애'에 대한 쉬운 해결책은 없다. 아마도 우리의 철학적 사고 수업이 아이들을 추론 과정에 참여하도록 도와주고, 그렇게 참여할 수 있는 환경을 만듦으로써 문제 완화에 기여할 수 있을 것이다. 어린이 철학은 보다 나은 추론을 하도록 아이들을 장려하고, 그들이 증거를 확인하고, 잘못된 추론을 인식할 수 있도록 도와줄 것이다. 만일 아이들이 자신의 경험을 통해 추론 능력을 키워 자신들이 보고 읽은 것 이상으로 넘어갈 가능성을 이해할 수 있다면 많은 것이 성취될 수 있을 것이다. 아이들이 자기 주위의 구체적인 지각과 언어 표현에만 집착하는 한, 그들은 그런 것에 압도되어 결과적으로 내용과 사실을 넘어서는 그 이상의 것을 가져올 수 없고, 사고 과정으로 들어갈 수도 없다. 이런 이유로 탐구 과정을 제외하고 내용만을 강조하는 수업은 길게 보았을 때 아이들에게 매우 나쁜 영향을 주게 된다.

창조성의 발달

전통적인 교육의 유감스러운 측면 가운데 하나는 논리 훈련이 상상력과 창조성을 희생시킬 것이라고 가정하는 데 있다. 이는 아이들의 논리 숙달을 위해서는 자발성과 상상력을 억압할 필요가 있다고 가정하는 것과 같다. 그러나 어린이 철학은 그와 반대로 논리적 사고는 창조적 활동에 의해 촉진되며, 역으로 창조성은 논리적 능력의 발달에 의해 촉진될 수 있을 것으로 가정한다. 이 두 가지는 함께 간다.

우리는 어린이 철학 프로그램에서 다양한 창조적 놀이 활동, 즉 놀이, 각색, 인형극, 그 밖의 다양한 형태의 예술들을 제안하기 위해 노력해왔다. 이 모두는 아이들이 경험을 표현하고, 그러한 표현의 결과와 의미를 탐구하는 그들의 능력을 발달시키는 데 직간접적으로 기여한다.

어른들은 아이들의 자유로운 상상력과 창조성에 대해 사회가 내리는 무거운 형벌에 대해 지나치게 과소평가하는 경향이 있다. 아이들의 삶이 불안정할수록, 그들을 에워싼 환경이 위험할수록, 주어진 상황의 암울한 현실에 직면하는 것 대신에 가능한 상황을 상상하는 풍성한 판타지 삶에 참여하는 일은 더욱더 사치로 여겨진다. 도시 빈민가에 사는 아이, 다시 말해 가난, 범죄, 그 밖의 사회적 혼란에서 생긴 위험에 노출된 일상을 살아야 하는 아이는 현실의 분위기를 쉽게 떨쳐낼 수가 없어서 이야기의 즐거움과 상상 세계의 아이들과 주인공들의 모험을 향유할 수 없다.

과거에 우리는 타당하지 않은 사고에서 결과한 잘못된 추론을 지적인 쓰레기로 취급했다. 아이들이 어떤 환경하에서는 타당하지 않은 추리의 결과를 탐구하는 것이 그에게 유익할 수 있다는 것을 우리는 깨닫지 못했던 것이다. 물론 이는 엄격한 논리적 사고를 필요로 하는 많은 상황들이 존재한다는 것을 부정하는 것은 아니다. 그러나 환상과 상상이 적절한 그 밖의 경우들도 적지 않다. 예를 들면, 아이들은 논리적 오류로 반사실적 상황을 생각할 수도 있다. '모든 양파는 야채다'라는 문장에서 '모든 야채는 양파다'라는 문장을 끌어내는 것은 논리적으로 타당하지 않다. 그러나 아이들에게 모든 야채가 양파인 것과 같은 세계를 생각해보게 하면, 그들은 양파 세계의 자세한 모습을 묘사하며 즐거워할지도 모른다. 예를 들면, 당근을 벗기면 눈물이 나고, 감자를 자를 때마다 양파 냄새가 난다는 식으로 말이다. 분명 이는 아이들의 상상력을 보다 자유롭게 만들고, 그렇게 그들의 창의력을 해방시킨다.

아이를 성장하도록 돕는다는 것은 각 단계에서 그 단계에 어울리는 도전을 고안해야 한다는 것을 의미한다. 그러나 논리적 사고의 발달이 중요한 것이기는 하지만 아이들의 논리적 사고만을 발달시키는

것으로는 충분하지 않다. 아이들의 성장은 독창성과 창조성의 발달에
도 의존하기 때문이다. 아이들이 상황이 어떻게 되고, 자기 자신도 앞
으로 어떻게 될 것인지 상상할 수 없다면, 자신이 성장할 수 있는 목표
를 설정하기는 어려울 것이다.

개인의 성장과 대인관계의 성장

어린이 철학 수업이 아이들의 정서, 관심, 태도 및 그 밖의 개인적 발달
의 측면에 어떠한 영향을 미칠지는 아직 정확히 알려지지 않았다. 지
금까지 시행해온 시범사업은 일반 교실에서는 볼 수 없는 전혀 다른
정신을 보여주었다. 그 정신은 쉽게 주변 사람들에게 영향을 주고, 배
우고자 하는 고양된 열망으로 전환되며, 다른 사람과 함께 개성의 여
러 측면을 발달시킬 수 있는 것이다. 그러나 이 프로그램이 아이들에
게 그 밖에 자신감과 정서, 일반적인 자기 이해를 발달시킬 수 있다고
확실히 주장할 수 있기 위해서는 더 많은 조사연구가 필요하다.

　이 수업에서 대부분의 아이들은 주로 토론 과정과 토론을 통한 성
찰에서 철학적으로 사고하는 법을 배운다. 교재인 철학 소설만 읽고,
친구들과 선생님과 함께 그에 대한 자신의 해석을 토론할 기회를 갖지
못한 아이들은 그 책이 제언할 수 있는, 그리고 오직 토론만이 줄 수
있는 풍성한 의미를 놓치게 될 것이다. 사실 기존 초등학교 교과서는
대부분 서로 간의 의사소통을 증진시키기 위한 매체로서 간주될 수
없다. 그러나 『해리 스토틀마이어의 발견』, 『토니』, 『수키』, 『리사』, 『마

크』는 가치 있는 읽을거리일 뿐만 아니라 함께 토론할 수 있는 교과서이기도 하다.

토론은 여러 장점이 있다. 특히 그것은 서로의 인격, 관심, 가치, 신념 및 편견에 대한 아이들의 자각을 증진시킨다. 이 증가된 **감수성**은 교실 대화가 낳은 가장 가치 있는 산물 중 하나이다. 아이들이 자신과 삶을 나누는 이들의 본성에 대해 어느 정도 통찰을 하지 못한다면 그들에 관한 건전한 판단을 내릴 수 없을 것이다. 아이가 감수성이 없어서 언제 어떻게 사회 규칙을 사용할지 알지 못한다면, 그들에게 규칙을 가르치는 것은 의미 없는 일이다. 아이의 사회적 발달을 위해 대인관계의 감수성이 선결조건으로서 강화되고 장려되지 않는다면 사회적 발달은 방해받을 것이다. 대인관계의 통찰을 먼저 기르지 않으면, 아이들의 건전한 사회적 판단을 기대할 근거를 찾기 힘들다. 그리고 그러한 통찰은 종종 성공적인 철학적인 대화의 산물이다.

어린이 철학으로 아이들의 감수성과 판단력이 향상된 것으로 밝혀지면 그 프로그램은 단지 아이들의 성장만 가속화하는 것이 아니라, 성장을 위한 역량도 키워주었다고 해도 좋을 것이다. 여기서 교사는 필수불가결한 역할을 한다. 모든 아이들은 성장 과정을 겪지만, 성장을 위한 역량의 증가는 배려하고, 염려하는, 식견 풍부한 교사의 영향 아래에서만 일어난다. 공이 저절로 비탈길 위로 올라가지 않듯이 성장을 위한 역량 역시 저절로 커지지 않는다. 교사는 아이들의 힘을 대척시키는 것이 아니라 서로를 강화시켜주는 방식으로 그들을 대해야 한다. 적절한 교육 조건 아래에서, 이러한 강화의 과정은 그들의 지적이고 정서적인 활동을 서로 강화시킬 것이다. 이런 활동으로 아이들은 역량 요인들을 따로 키웠을 경우보다 훨씬 더 발달할 것이다.

윤리적 지성의 발달

오늘날 도덕과 교육 사이의 관계를 두고 많은 갑론을박이 있다. 논쟁의 전선들은 일반적으로 다음과 같이 형성되어 있다. 한편에는 모든 교육은 도덕적 측면을 갖고 있다고 주장하는 이들이 있다. 다른 한편에는 교사들은 어떤 상황에서도 도덕을 교실에 도입해서는 안 된다고 주장한다. 왜냐하면 그러한 교실 도입은 필연적으로 교화가 될 것이라는 우려 때문이다. 또 다른 이들은 건전한 교육은 도덕교육의 요소를 포함할 수 있을 뿐만 아니라, 포함해야 한다고 주장한다.

도덕성과 교육 간의 문제가 이런 식으로 형성될 때 우리는 그것들 중 어떤 입장도 취하지 않을 것이다. 이들 각각은 도덕성이 도덕적 원리와 원칙으로 구성되어 있다는 것을 전제로 하고 있다. 이들 사이의 불일치는 대부분 어떤 규칙을 가르쳐야 하는지 혹은 가르칠 수 있는지에 관한 의견 불일치에 기인한다. 우리의 관점에 따르면 윤리학에 대한 철학적 접근은 특정 도덕 규칙보다는 윤리적 탐구의 **방법**을 강조하는 접근이다. 철학 교사는 논리가 적용되는 문제에 대한 아이들의 추론이 도덕적 문제를 포함해서 인간의 문제를 해결하는 데 도움이 될 것으로 가정한다. 마찬가지로 철학 교사는 형이상학, 인식론, 미학 그리고 그 밖의 인간 경험의 측면들을 알지 못한 채 윤리만을 탐구하는 것은 근시적일 뿐 아니라 건전하지 못한 것이라고 생각한다. 또한 철학 교사는 학생들에게 건전한 도덕 판단의 중요성을 알도록 가르친다. 이는 학생들에게서 윤리적 감수성과 배려 그리고 염려의 발달을 요구한다. 그 때문에 윤리학이 어린이 철학의 맥락에서 제시될 때, 그 관심은 실질적인 도덕 규칙 혹은 도덕 원리로 간주되는 것을 가르치는 것이 아니라, 학생들에게 도덕적 탐구의 **실천**을 익히게 하는 데 있다.

확실한 것은 아이들에게 도덕적 결정을 강요하거나 도덕적 의사결정의 '보다 높은' 단계로 '나아가게 하는' 것보다는 도덕적 판단의 본질을 알 수 있도록 도와주어야 한다는 것이다. 우리의 관점에서 보면 판단은 단지 윤리적 개인의 삶에서 한 가지 측면에 지나지 않는다. 그러한 판단은 도덕적 자각과 도덕적 지성이 길러야 한다. 게다가 도덕적 개인은 판단을 '올바르게' 잘할 수 있는 사람일 뿐만 아니라, 판단을 필요로 **하지 않을** 때를 알고, 그러한 상황에서 판단을 피할 줄 아는 사람이기도 하다.

이 책 9장과 10장은 철학과 도덕교육의 관계에 대해 좀 더 논의를 진행할 것이다. 이런 주제를 다루는 것은 꽤 많기 때문에 이들 장조차 단지 서언에 지나지 않을 것이다. 그렇지만 이들 장은 윤리적 질문의 문제와 차원을 이해하는 데 몇 가지 지침은 줄 수 있을 것이다.

경험의 의미를 발견할 수 있는 능력의 발달

우리는 앞서 많은 아이들이 학교생활이 '무의미'하다고 불평하고, 학교뿐만 아니라 전반적인 삶 자체에 대해서 비판한다고 지적했다. 이러한 비판이 타당하다고 하면 이 아이들이 자신의 삶의 경험이 포함하는 의미를 발견할 수 있도록 우리는 무엇을 할 수 있을까? 여기서 우리는 아이들에게 삶의 의미를 '주기' 위해 무엇을 할 수 있을까 라고 말하지 않았다는 것에 주의해야 한다. 아이들이 존중해야 할 유일한 의미는 누군가가 그들에게 줄 수 있는 것이 아니라, 그들 스스로 자신의 삶에서 찾아야 하는 의미이다.

의미를 발견하는 한 가지 길은 연관성을 찾는 것이다. 어떤 사람이 자신에게서 다소 심각한 의학적 징후를 발견하였다고 하자. 그런데 그는 "그게 무슨 의미인지 모르겠다"라고 말한다. 그러나 그가 자신이 일하는 실험실에서 독극물에 노출되었다는 것을 알았을 때, "그래, 이제 알겠어"라고 말한다. 그는 연관성을 알았기 때문이다. 혹은 누군가가 의견을 피력할 때, 일부 사람들이 "당신이 뭐라고 말하는지 모르겠습니다. 그렇게 말하는 근거는 뭔가요?"라고 말할 수 있다. 그 이유를 말해주면 그들은 "아, 이제 말씀하시는 것을 조금 이해할 수 있겠습니다"라고 말할 것이다. 혹은 어떤 이가 선택해야 할 때 선택지가 하나밖에 없을 경우가 있다. 그 경우는 실제로 선택이 무의미하다. 반면에 대안들을 발견하고 그로부터 나올 수 있는 결과뿐만 아니라 그것들 사이의 연관성까지 살피는 경우도 있다. 물론 그의 선택은 유의미할 것이다. 나아가 사람들이 일화의 맥락을 알지 못할 경우, 어떤 것이 무의미하게 보일 수 있다. 한 문장은 그것과 어울리는 문단에서는 대단히 의미 있지만 그 자체로는 파악하기 힘든 경우가 있다. 아이들에게 그들의 경험에서 부분−전체의 관계를 발견할 수 있도록 돕는 것은 그들에게 별개의 것으로 떨어진 경험들의 의미를 찾도록 돕는 것이다.

의미를 발견할 수 있는 많은 방식들이 있다. 즉, 대안의 발견, 공정성의 발견, 일관성의 발견, 믿음에 대한 이유를 제시할 가능성의 발견, 포괄성의 발견, 상황의 발견, 부분−전체 관계의 발견이 그것이다.

대안의 발견

어떻게 아이들은 '새로운 선택지'를 생각하는 법을 배울 수 있을까? 어떻게 그들은 자신들이 생각하는 방식이 생각**할 수 있는** 유일한 방식이 아니라는 것을 배울 수 있을까?

그들이 할 수 있는 한 가지 길은 자신의 사고를 부정하는 것도 맞을 수 있다는 것을 항상 염두에 두는 습관을 들이는 것이다. 이를테면 어떤 아이가 해가 뜨는 것을 보고 '해는 지구를 중심으로 돈다'고 생각할 때, '해는 지구를 중심으로 돌지 않을 수도 있다'라는 생각을 해보는 것이다. 그리고 이는 오래전에 누군가가 그에게 실제로 해가 지구 주위를 돌지 않는다고 말해준 것이기도 하다. '지구가 평평하다'고 생각하는 아이는 그러나 동시에 비판적으로 그 역도 가능하다고 생각하여, '지구는 평평하지 않을 수 있다'는 가능성에 대해 생각할 수 있다. 모든 사실적인 진술은 참일 가능성이 있는 역을 지닌다.

보다 손쉬운 길은 어떤 것에 대한 관념, 다시 말해 진술이 아니라 어떤 것 혹은 활동에 대한 사고에 대해 그것의 부정을 찾는 것이다. 가령 '놀이하기'의 부정은 '놀이하지 않기'이며, '웃기'의 부정은 '웃지 않기'이다. 심지어 우리는 '의자'의 부정은 '의자가 아닌 것'으로, '탁자' 는 '탁자가 아닌 것'이라고 말할 수 있다.

이러한 개념을 갖고 작업하는 아이는 특정 사고와 그것에 대한 부정을 같이 잘 생각할 경우, 그것들이 대안의 패턴을 제시하고 있다는 것을 알아차릴 것이다. 예를 들면, '일하기'에 대해 생각하는 아이는, 그 부정을 생각하며, 결과는 '일하지 않기'임을 발견할 것이다. 그러나 아이는 '일하지 않기'에 대해서 그것을 '놀이하기'로 해석할 수 있다. 그래서 그 아이는 두 가지 사고가 생겼다. 즉, '일하기'와 '놀이하기'이다. 이제 이에 대해서는 네 가지 조합이 가능하다. 즉, (1) 일하기 및 놀이하기, (2) 일하기 및 놀이하지 않기, (3) 일하지 않기 및 놀이하기, (4) 일하지 않기 및 놀이하지 않기이다. 아이는 짝으로 이루어진 관념들, 가령 우유와 퍼지, 악어와 삼각형, 고드름과 민들레도 그것이 어떤 유형이든 네 가지 선택지로 제시할 수 있다는 것을 알게 될 것이다.

지금까지 아이들은 선택지에 대해 모호하게 알았을 뿐이고, 그것들을 가능성으로서 완전히 알아차리지는 못했다. 아이가 '아프다'와 '배고프다'에 대해 생각할 경우, 그는 어렴풋하게 '아프지만 배고프지 않다', '배고프지만 아프지 않다' 그리고 '아프지도 않고 배고프지도 않다' 정도를 알 뿐이다. 그래서 아이에게 오늘날 세계에는 병과 굶주림이 있는지 묻는다면 아이는 그렇다고 대답할 것이다. 그러나 그 밖의 세 가지 **가능성**에 대해 묻는다면, 아마도 아이는 고개를 가로저으며 답할 것이다. 병과 굶주림이 제거된 세계는 실제로 불가능해요! 그러나 아이 자신의 논리에서 제시한 단순한 증명은 비록 그것이 이 순간

교실 속 어린이 철학

실제적이거나 그럴 것 같지 않을지라도 어떤 것이 가능할 수 있다는 것을 보여줄 것이다.

그리고 우리가 말하는 새로운 대안을 발견하는 것을 배운다는 것은 이런 의미이다. 그것은 모든 가능성을 고려하는 것을 의미한다. 그 밖의 가능성은 이전의 사례에서처럼 이상적일 필요는 없다. 자신이 건강하면서 토실하다는 것을 잘 알고 있는 아이는 '토실하지만 아프고', '건강하지만 배고픈' 혹은 '배고프면서 아픈' 것에 대해 많이 생각하지 않았을 수 있다. 혹은 아이의 가족이 휴가 여행을 계획 중이라면 그들은 버스로 갈지, 기차로 갈지 논의할 수 있을 것이고, 아이는 그때 둘 중의 하나로 간다면 갈 때 올 때 다르게 갈 수 있고, 아니면 그 둘의 교통수단 중 어느 것도 사용하지 않고, 다른 방식으로, 가령 비행기로 갈 수 있다고 지적할 수 있을 것이다. 중요한 것은 아이에게 그렇지 않았으면 간과했을지 모를 **대안**의 해법에 대한 상황 검토의 실천을 제공하는 것이다.

공정성의 발견

어른으로서 우리는 우리 자신이 때때로 공정하기보다는 불공정할 때가 많다는 것을 잘 알고 있다. 우리는 우리 편을 열성적으로 응원하면서 상대편에 대해 편파적인 심판이나 심사위원을 비난한다. 사건이 일어나면 우리는 일반적으로 우리 자신은 결백하고 상대편이 잘못했다고 생각한다. 선거에서 우리는 자신이 지지하는 후보가 잘못한 것이 아니라, 상대편 후보가 잘못한 것이라고 생각한다.

그러한 편파성 그 자체는 전혀 잘못이 없다. 왜 어머니는 자기 아이에게, 변호사는 고객에게 혹은 어린 여자 아이는 자기 남자 친구에게 편파적이 되어서는 안 되는가? 분명 편파성을 요구할 수 있는 상황이 있다. 그러나 그러한 편파성이 확실히 잘못인 상황 또한 있다. 우리는 편파성을 보여주는 판사를 원하지 않을 것이다. 우리는 특정 자녀를 편애하거나 항상 희생양으로 삼는 부모는 용납하기가 어렵다. 그리고 어떤 사람이 싸움을 중재하고자 한다면, 그것이 개인 간이든 국가 간이든, 그 사람이 편파성을 보여서는 안 된다.

그래서 언제 편파적이고 언제 편파적이어서는 안 되는지 아는 것이 중요하다. 문제는 편파성은 대부분의 사람들에게 쉽게 드러나지만 사람들이 공정성을 알아차리기란 매우 힘들다는 것이다.

공정성이 특히 어울리는 상황이 있다. 그것은 우리가 무언가를 이해하고자 하는 상황이다. 우리는 우리 자신의 관점으로만 이해하고자 한다. 우리는 다른 사람이 그 문제를 어떻게 경험했는지 거의 주의를 기울이지 않는다. 한 친구가 새로운 규칙에 대해 말해주었다고 하자. 그 규칙은 말도 안 되는 것임을 확신하고 있기 때문에 우리는 그것에 대해 단단히 화가 났다. 그러면 먼저 해야 하는 것은 모든 사람에게 지금 우리의 기분이 어떤지 말해주는 것이다. 우리는 그 문제에 대해 솔직히 다 털어놓은 뒤에 다른 사람들의 말에 귀를 기울이기 시작할 것이다. 일부 사람들은 동의할 수 있고 다른 사람들은 그렇지 않을 수 있다. 어쩌면 우리는 새로운 규칙에 대한 우리의 판단이 너무 성급했다고 비로소 생각할 수도 있다. 아마도 그 규칙은 우리가 처음에는 몰랐던 일부 장점을 갖고 있을 수도 있다. 아니면 처음에 생각한 것보다 훨씬 더 문제가 많을 수도 있다. 그러나 어떤 경우든 우리는 다른 사람의 경험에서 배웠다. 우리는 우리 자신의 관점뿐만 아니라 타인의 관점으로부터 사물을 보는 법을 배웠다. 우리는 자신의 견해를 존중하는 만큼 타인의 의견에 대해서도 존중하게 되었다. 우리는 보다 객관적이고 공정한 평가자가 되기 위해 상황에 대한 원래의, 편파적인 평가를 넘어서게 되었다.

우리가 아이들에게 제공할 수 있는 것은 이와 같은 공정성 경험이다. 아이들이 저절로 객관적이고 공정하게 될 것으로 기대하는 것은, 물론 일부는 그럴 수도 있지만, 지나친 바람이다. 그러나 그들은 모두 그렇게 배울 수 있을 것이다. 게다가 자신들의 문제에 대해 객관적이고 공정하게 이야기할 수 있는 상황을 만들어주면서 이를 장려한다면 그들은 훨씬 더 빨리 객관적이고 공정하게 될 수 있을 것이다.

공정성의 유용함에 대한 발견은 이전의 6학년 아이들이 발견한 다음의 한 상황을 언급함으로써 제시할 수 있다.

교사: 리사와 프랜은 해리와 같은 태도인가요?

남자 아이: 그는 리사를 괴롭히지만 프랜은 괴롭히지 않죠.

교사: 왜 리사를 괴롭히는 거죠?

여자 아이: 리사가 남자아이들을 안 좋아해요.

교사: 왜 그렇게 말하는 건가요?

여자 아이: 몰라요. 아마도 남자 아이들이 언제나 여자보다 더

잘한다고 주장하니까, 그 말에 동의하지 못했나 봐요.

남자 아이: 남자가 여자보다 더 잘하지!

여자 아이: 아니야, 절대 안 그래!

교사: 다른 사람 생각은 어떤가요? 남자 아이가 여자보다 더 잘한다고 생각합니까? 잘 알겠지만, 모두가 한 번에 답할 수는 없습니다. 한 번에 한 명씩.

남자 아이: 네, 남자가 여자보다 더 잘하죠.

교사: 모든 면에서 그렇다는 건가요, 아니면 특정한 측면에서 그렇다는 건가요?

남자 아이: 스포츠할 때 남자가 더 잘하죠.

여자 아이: 어떤 것은 그렇겠지. 그러나 배구 같은 스포츠는 우리가 남자 아이들보다 더 잘해요.

남자 아이: 여자 스포츠에서도 여자보다 더 잘하는 남자 아이들이 많아.

여자 아이: 일부는 그렇겠지. 그러나 대부분의 여자 스포츠에서는 대부분 여자 아이들이 남자보다 더 잘해.

남자 아이: 그래. 하지만 대부분의 남자 스포츠에서는 남자 아이들이 여자들보다 더 잘하지.

교사: 그렇다면 일부 여자 아이들은 남자보다 더 잘한다는 말이군요? 남자들 스포츠 중에서도 말이죠?

남자 아이: 그럴 수 있죠.

여자 아이: 네가 처음에 말한 것, 남자 아이들이 여자보다 더 잘한다는 것은 결코 사실이 아니야!

아이들의 대화는 이 이후에 다른 주제로 넘어갔지만 학급의 모든 학생들은 중요한 점을 분명하게 파악했음이 틀림없다. 남자, 여자 아이를 막론하고 그들은 모두 '모든 남자', '모든 여자'와 같이 지나치게 일반화하는, 포괄적인 진술로 시작하였다. 그러나 점차적으로 그들은 예외를 인정해야 했다. 아이들은 남녀 아이들의 상대적인 힘에 대해 보다 더 사실적이고, 객관적이며 공정한 태도를 취하기 시작했다. 그들은 태도와 의견을 비교했고 편견을 교환했지만, 이후 나타난 것은 처음보다 훨씬 더 공정한 입장을 취하는 남녀 아이들 간의 일종의 합의였다.

일관성의 발견

만일 누군가가 다음과 같이 말한다면 그것이 어리석은 것임을 우리는 동의할 것이다.

골리앗은 매우 컸다.
이스라엘은 크지 않았다.
그러므로 골리앗은 이스라엘보다 더 컸다.

위 추리의 문제는 골리앗이 다른 **사람들**에 비해 '컸'던 것에 반해, 이스라엘은 다른 **나라**에 비해 크지 않았다는 데 있다. 그렇게 '크다'는 각각의 진술에서 다른 것을 의미하며, 결과적으로 결론이 거짓이 된다. 화자는 '크다'는 낱말을 **일관성 없이** 사용했다.

이번에는 또 다른 사람이 다음과 같이 어리석은 말을 하고 있다고 하자.

어떤 사람no man도 영원히 살지 않는다.
그런데 여자는 남자man가 아니다.
그러므로 여자는 영원히 산다.

여기서도 한 낱말이 일관성 없이 사용되었다. 첫 번째 문장의 '맨 man'은 모든 인간을 의미는 것으로 사용되었다. 그다음 문장에서는 남성을 의미하는 것으로 사용되었다. 그 때문에 추리는 타당하지 않고 비논리적이어서 결론이 따라 나오지 않는다.

이제 다른 종류의 비일관성을 살펴보자. 누군가가 '올라가는 모든 것은 모두 내려 와야 한다'고 포괄적인 문장을 만들었다고 하자. 그러나 그는 거기에 '우리가 우주 밖으로 로켓을 쏘아 올리면 그것은 돌아오지 않는다'고 문장을 덧붙였다. 그는 두 번째 진술이 첫 번째 진술과 모순될 것이라는 점을 몰랐을 수 있다. 그러나 두 번째 진술이 참이기 때문에 첫 번째 진술은 결코 참이 될 수 없다. 따라서 여기서도 우리는 어떤 사람의 비일관성의 잘못을 확인할 수 있다. 그는 어떤 입장을 취한 뒤 그 주장을 견지하지 못하는 문제에 직면하게 된 것이다.

앞서의 경우는 부주의한 사고를 나타낸다. 우리가 부주의한 방식으로 (비일관성은 대체로 정신적 부주의의 한 가지 사례이다) 생각하고 있다는 것을 알아차릴 때 우리는 그 문제로 재미있을 수 있고 혹은 부끄러울 수도 있으며, 때로는 둘 모두를 느낄 경우도 있다. 아이들에게 곱셈과 나눗셈 연산을 잘못하도록 장려해서는 안 되는 것처럼 추리에서도 비일관성을 갖도록 장려해서는 안 된다. 어느 날 4와 5를 더하여 9를 얻었는데, 다른 날에는 그 결과가 17이나 3이라고 한다면 어떻게 될 것인가? 그 사람이 내 은행계좌를 관리하고 있다고 상상해보라.

아이들은 아주 어린 시기부터 말을 주의 깊게 사용하도록 장려되어야 한다. 아이들은 어떻게 문장이나 문단에서 낱말의 의미가 바뀌게 되는지 알아차려야 한다.

사람들이 비일관성을 고집한다면, 그때 우리가 할 수 있는 것은 그들에게 그렇게 하는 이유를 설명해 달라고 요구하는 것밖에 없다. 아마도 그들이 비일관성을 고수하는 이유를 찾지 못한다면 비일관성을 고집하는 일은 변명할 수 없다고 생각할 것이고, 가끔은 합당해지려고 노력할 것이다.

다음은 비일관성에 대한 또 다른 사례인데, 잘 알려진 교육자가 신문 기사를 다시 풀어낸 것이다.

인플레이션은 고등교육의 영역에서 심각한 문제를 낳지만, 불행 중 한 가닥 밝은 희망이 있을 수 있다. 교육비가 비싼 결과, 가난한poorer 학생들은 대학에 다닐 수 없게 될 것이다. 그런데 대학은 지금까지 실력 없는poorer 학생들을 없앨 수 있는 방법을 모색해왔다. 따라서 결과는 모든 것이 다 좋을 것이다.

분명 첫 번째 낱말, 경제적으로 '가난한'이라는 의미를 가진 'poorer'와 학력 면에서 '실력 없음'을 뜻하는 두 번째 낱말 'poorer'는 그 쓰임에서 의미가 다르다. 원래 위 문장을 처음 썼던 사람은 분명 대학은 경제적으로 가난한 학생들을 흔쾌히 제거해야 한다는 의도를 의식적으로 갖지 않았을 것이다. 그러나 그 문장은 바로 위와 같이 추론되었다.

언어적 비일관성뿐만 아니라 말과 행동 사이의, 그리고 행동들 사이의 비일관성도 있다. 어떤 선생님이 아이에게 자신은 그 아이의 안녕을 염려하고 있다고 말하면서 그 아이를 못 본 척할 경우, 혹은 어떤 사람이 누군가를 위해 문을 잡아주지만, 마지막에 잡았던 문을 놓아 얼굴에 부딪히게 한다면 우리는 그의 말과 행동 사이의, 혹은 상치되는 행동들 사이의 비일관성을 발견할 것이다. 예를 들면, 그런 말과 행동은 모순으로 기술될 수 있다("그녀는 티미를 염려하면서 염려하지 않는다." "그가 너를 위해 문을 잡아주었니?" "글쎄, 그는 잡아주면서 잡아주지 않았어."). 아이들은 언어적 비일관성을 알아차림으로써 행위들 간의 비일관성을 지각하게 된다.

물론 모든 비일관성이 문제가 되거나 불안한 것은 아니다. 한쪽 다리는 의자에 걸치고 몸을 숙여서 다른 쪽 다리의 신발을 묶는 어릿광대나 지금부터 하는 이야기는 진짜라고 맹세하는 코미디언은 유쾌한 비일관성을 제시하는 데 전문가들이다. 분별 있는 철학자들은 철학이 시작된 이후에 등장한 역설이라 불리는 비일관성에 대해 머리를 쥐어짰다. 비일관성을 알아차리기 위해서는 일관성에 대한 요구가 언제나 적절한 것은 아니라는 인식이 높아져야 한다. 이는 비일관적인 것이 언제 혼란스럽고 기만적이며 우리를 오도하는지, 그리고 언제 유쾌하거나 심오한지에 대한 인식과 관련되어 있다.

신념에 대한 근거 제시의 가능성 발견

시간에 맞춰 등교하는 데 어려움을 겪고 있는 경우를 생각해보자. 알람시계가 고장이 났고 자동차 배터리가 방전이 되었다. 그런데 교장 선생님은 우리에게 내일 아침 1교시 전체 모임 시간에 제때 올 수 있는지 묻는다. 우리는 '올 수 있다'고 대답한다. 놀랍게도 교장 선생님은 **왜** 제시간에 올 수 있을 것이라고 생각하는지 묻는다. 우리는 '알람시계도 고쳤고, 배터리도 새것으로 갈았으니 늦을 이유가 없다'고 대답한다. 우리의 신념에 대한 이유를 제시해야 해서, 그렇게 말했다.

물론 일반적으로는 아무도 우리에게 신념의 근거를 제시해보라고 요구하지 않는다. 그러나 때때로 우리는 자신에 대한 일부의 신념이 무너졌다는 것을 자각할 수밖에 없다. 가령 내일 아침, 제시간에 학교에 갈 것이라고 어떤 의심도 하지 않았지만, 타이어에 구멍이 난 것을 알게 되었다고 해보자. 제시간에 도착할 수 있을 것이라는 우리의 신념에 무슨 일이 일어나게 될까? 우리는 아침 일찍 도착할 것이라는 신념을 계속 가질 수가 없다. 왜냐하면 이용 가능한 다른 교통수단이 없기 때문이다. 다시 말하면 우리는 시간에 맞춰 일하러 갈 수 있다는 신념에 대한 어떤 근거도 갖고 있지 않다. 그래서 그러한 신념을 계속 가질 수 없는 것이다. 우리는 누군가가 차를 태워줄 가능성을 기대할 수는 있을 것이다. 그러나 우리에게는 누군가가 실제로 그렇게 할 것이라고 믿을 만한 어떤 근거도 없다.

우리의 행동과 사고 중 많은 것은 우리의 신념에 달려 있다. 우리는 학교가 계속해서 거기에 있을 것이라는 신념으로 매일 학교에 가고, 집이 그 자리에 있을 것이라는 신념으로 매일 귀가한다. 만일 사태가 그와 같은 방식으로 되어 있다고 믿지 못한다면 우리는 습관에 따라 하던 많은 것을 더 이상 하지 못하게 될 것이다.

그러나 이는 우리의 신념이 가능한 한 건전해야 할 이유이다. 그 건전함에 대해 확인할 수 있는 좋은 방법은 그에 대한 증거 혹은 근거를 제공하는 것이다. 우리의 신념은 삶과 삶의 방식에 관한 우리의 전체 전망의 토대이다. 누가 이러한 신념의 토대가 흔들리기를 원할까?

다음과 같이 생각해보자. 집을 사게 된다면 분명 지하실 주위를 체크하고자 할 것이다. 집은 엄청 좋지만 토대가 약할 수 있다. 가령 물이 새고 균열이 갈 수 있다. 마찬가지로 지적인 집도 그러하다. 단단한 토대 위에 짓고 싶지만 그것은 우리의 신념 체계가 단단할 때에만 그렇게 할 수 있다.

바로 이런 이유로 아이들에게 서로의 생각에 이의 제기하도록 하는 것이 유익하다. 일부는 즐거운 마음으로 할 것이고, 일부는 경쟁심에서 혹은 호승심에서 할 것이다(어떤 경기든 관련된 사람들이 거칠어질 수 있는 가능성은 항상 있다). 그러나 대화는 단순히 질문을 하는 이가 아니라, 답을 생각하는 이(다시 말해 자신이 믿고 있는 신념에 근거를 제시하도록 요구받는 사람)에게 꽤 유익할 수 있다. 그리고 그것은 지금 일어나고 있는 것을 잘 듣고, 알아차리는 사람에게 유익하다. 이는 그들에게 자신이 믿고 있는 것을 왜 **자신이** 그렇게 믿고 있는지 좀 더 깊이 생각해보게 할 것이다.

항상 염두에 두어야 할 것은, 말을 하는 아이들은 자신을 표현할 **권리**를 나타내는 반면, 앉아서 열심히 듣는 아이들은 무슨 일이 일어나고 있는지 들을 **권리**를 표현하고 있다는 것이다. 그리고 말하는 아이를 침묵하게 하여 그의 권리를 침해한다면, 동시에 그것은 화자가 말해야 했던 것을 들을 청자의 권리 또한 침해하는 것이기도 하다. 물론 교사로서 우리는 학급 토론에 적절한 것이 무엇이고 그렇지 않은 것이 무엇인지 판단하는 사람이다. 부적절한 주제에 대해 계속해서 말하고자 하는 아이가 있다면 우리는 그에게 그것을 그만두게 해야 한다.

요컨대 신념에 대한 이유를 제시해야 하는 세 가지 분명한 근거가 있다. 첫째, 우리의 신념이 확고하고 믿을 만하다는 사실을 아는 것은 좋은 일이다. 왜냐하면 우리는 매일 신념에 따라 행동해야 하기 때문이다. 무언가가 잘못되면 우리의 신념을 잘 확인해두는 것이 좋다. 둘째, 토론하는 과정에서 우리의 신념에 대한 이의 제기가 있을 수 있다. 우리는 신념에 대한 근거를 제시하도록 요청받을 수 있다. 조금 전에 한 논의 덕분에 우리는 그러한 요청에 대해 더 잘 준비해서 응할 수 있을 것이다. 셋째, 우리는 특별한 신념에 대해 좋은 이유를 가지고 있을 수 있지만, 이유는 특정한 방식으로 우리의 믿음을 정당화하기에 충분하지 않을 수 있다. 이유가 언제쯤이면 충분하다고 할 수 있을지 정확히 말하기는 어렵지만, 분명한 것은 많으면 많을수록 좋다는 것이다.

포괄성의 발견

어떤 사람이 이런저런 주제에 관한 건전한 생각, 다시 말해 그런 것에 관한 신념을 갖는 것으로서는 충분하지 않다. 왜냐하면 이 모든 세세한 부분들은 **그것의 집합만으로** 어떤 것이 될 수는 어렵기 때문이다. 사람들은 일반적으로 잘 조직된 신념과 관념의 집합, 미래의 행동에서 확신할 수 있는 사고와 가치의 집합체를 **원한다.** 그래서 아이들이 생각을 사랑하고 존중하며, 그것을 건전하고 합당하게 할 뿐만 아니라, 생각들 사이의 연관성 또한 잘 알 수 있도록 장려해야 한다. 다시 말해 어떻게 생각들이 서로 연결되어 있고, 서로 만나며, 지지해줄 수 있는지 알 수 있도록 아이들을 장려해야 한다. 오직 그럴 때에만 아이들은 지속적으로 이용 가능하고 유용한 사고의 네트워크를 만들 수 있다.

여기서 교사의 역할이 특히 중요하다. 그는 일반적으로 아이들에게 결여된 세계에 대한 경험을 하였다. 그는 세상에 일어나는 사태들이 어떻게 서로 연결되어 있는지 꽤 잘 알고 있다. 그래서 그는 아이들에게 (관련성이 있다고 생각하는) 일부 생각들 사이의 연관성을 볼 수 있도록 질문을 던지고, 자신의 생각을 삶에서 일어나는 상황과, 자신이 살고 있는 세계와 연결시키도록 도와주며 아이들을 안내할 수 있다. 그는 아이들이 암중모색하고 있을 때, 그들이 가진 생각들의 연관성과 그것이 갖는 가능한 함의 혹은 결과를 보여주어 그들을 도울 수 있다. 그는 아이들의 생각을 의미 있게 해줄 어떤 맥락 속에 그 생각을 놓아두고자 한다. 왜냐하면 생각의 배경이 포괄적이면 포괄적일수록 그 생각의 의미는 더 풍성해질 것이기 때문이다.

교사들은 아이들이 철학 소설의 일화들이 나올 때 그들이 이를 강렬하게 의식한다는 것을 알게 될 것이다. 그러나 문제는 그 의식의 강도가 교과서의 초기 사건에 대한 기억을 차단시킬 수 있다는 점이다. 그 때문에 교사는 아이들에게 질문을 딘지며 이전의 것과 앞으로 등장할 사건 사이의 연관성을 살펴보도록 장려할 수 있다. 아마도 적절한 자아 개념을 발달시키기 위한 훈련으로, 현재, 과거, 미래를 연결하여 그것을 하나의 연속된 삶으로서 보는 것보다 더 나은 것은 없을 것이다.

어른으로서 우리는 어른의 세계와 아이들의 세계가 얼마나 다른지 알 필요가 있다. 아이들은 흔히 자신이 처한 상황의 영향력을 하나의 전체로서 느낀다. 예를 들면, 아이는 상황을 즐겁거나 우울하게, 우호적이거나 적대적으로, 위협적이거나 매력적으로 경험한다. 그러나 일반적으로 아이들은 그러한 상황을 분석하지 않는다. 반면에 어른들은 이미 존재하는 사태들 사이의 관계와 연관성을 알고 있기 때문에 상황의 개별적인 특징들을 따로 따로 지각한다.

그래서 어른들은 아이들도 자기처럼 각 부분을 차례차례로 구성하여 상황을 종합하듯, 세부사항에 초점을 맞추는 식으로 지각할 것이라고 생각하는 경향이 있다. 그러나 아이들이 할 수 있는 것은 상황을 탐구하고, 상황이 포함하고 있는 부분들을 발견하며, 그것들을 따로 구분한 뒤, 그것들 사이의 연관성을 이해하는 것이다. 부분에서 시작하여 궁극적으로 전체에 도달할 것을 강조하는 어른들은 전체에서 시작하여 그것의 구성요소를 파악하는 아이들의 경향성과 정반대로 치닫는다.

다시 말해 아이들은 차이에 대한 분석적이고, 감각적인 경향보다
는 사색적이고 포괄적인 자연스러운 경향을 갖고 있다. 교사가 할 수
있는 가장 좋은 일은 아이들이 요구하는 전체성에 대한 자연스러운
감각을 기반으로 하면서 동시에 전체성이 어떻게 구성되는지 발견할
수 있도록 그들을 돕는 것이다.

상황의 발견

요즘 아이들에게 의사 결정 교육을 시킨다는 이야기를 많이 듣는
다. 이는 적어도 일부 지역지만, 경찰서장, 쿼터백 및 기업체 간부가
결정을 내리듯이, 아이들도 그런 식으로 결정을 내릴 수 있어야 한다
고 생각하는 이들이 있기 때문이다. 물론 아이들은 선택이 요구되는
상황에서 가능한 한 현명하게 선택할 수 있어야 한다는 것에는 의심의
여지가 없다. 아이들에게는 여러 놀이, 읽어야 할 책, 탐구해야 할 것
등 다양한 선택 기회가 있는데, 선택을 잘못하면 주어진 기회를 이용
하지 못하는 경우가 생긴다.

반면에 사태가 어떻게 전개될지 지켜보는 것이 더 좋거나, 더 많은
사실을 입수해야 할 상황도 있다. 그런데 그런 상황에서 아이에게 결
정을 강요한다면 아이는 성급하게 결정하여 이로운 것이 아니라, 해로
운 결과로 끝날 수도 있다. 이는 자주 있는 일이다. 아이에게 상황을
설명할 때 지나치게 구조나 체계만을 제시하고, 세부 사항을 빠뜨리곤
하는데, 그 누구든 몇 가지 사실만으로는 합당한 결정을 내리기 어렵

교실 속 어린이 철학

다. 그런데도 사람들은 아이들에게 인위적 상황에서 무엇을 해야 할지 결정하도록 강요하면 그것으로 의사 결정 연습이 될 것이라고 가정한다. 그러나 의사 결정의 중요성을 과장하면 자칫 과정에 대해서는 간과하고 결과만을 중시할 수 있다. 우리는 아이들이 의사 결정이 요구되는 상황에 대해 충분히 이해하고, 상황의 특성을 정확히 파악할 수 있도록 도와야 할 것이다. 만일 아이들이 상황의 구조와 요구사항에 대해 잘 이해했다면, 바로 그런 이해 때문에 그들이 내려야 하는 선택은 한결 더 쉬울 수 있고, 분명 보다 더 나을 것이다.

때때로 우리의 철학적 사고 프로그램은 아이들에게 도덕적 상황의 사례들을 제시한다. 예를 들면, 데일은 국기에 대한 경례를 해야 할지 말아야 할지 고민하고, 앤은 친구 수키를 나비처럼 흥미로운 대상처럼 대하며 부모님이 수키를 좋아할 거라고 여겨 집으로 데려가려고 한다. 빌리 벡은 해리에게 돌을 던지고 리사는 미키가 서류가방을 훔쳤다고 고발한다. 그러나 우리는 이러한 도덕적 상황을 읽었던 아이들에게 그들이 책 속의 인물이라면 어떻게 할 것인지 묻지 않을 것이다. 아이들은 도덕적 딜레마의 복잡성에 대해 자유롭게 논의하고, 분석하고, 해석하며, 탐구할 것이다. 이런 식으로 아이들은 책에서 만나는 상황의 미묘함과 차이에 대해 더 많이 민감해질 수 있다. 또한 그러한 과정에서 아이들은 일상에서 만나는 도덕적 상황의 성격에 대해서도 보다 정확히 알게 될 것이다.

철학은 의사 결정을 위한 자기개발 수업이 아니다. 사실 철학은 두 가지 행동 사이에서 양자택일의 선택에 세우기보다는 선택해야 할 대안의 범위를 **확대함으로써** 결정을 더 어렵게 할 수도 있다.

의사 결정을 위한 올바르고 적절한 수단이 발달되지 않은 아이에게 인위적이든 이상적이든 결정을 강요한다면, 아이는 좌절감, 심지어 굴욕감을 경험할 수도 있다. 아이들이 준비가 되지 않은 상황에서 그러한 접근은 아이의 자존심을 키우는 것이 아니라, 오히려 헤아릴 수 없을 정도로 자존심을 떨어뜨릴 것이다.

그러면 아이들에게 길러주어야 할 윤리적 판단을 위한 **수단**은 무엇인가? 그것은 서로의 관점에 대한 존중, 다른 사람과 공감할 수 있는 능력, 일관되게 추론할 수 있는 능력, 대안의 가능성을 상상할 수 있는 능력, 대인관계의 상황을 구성하는 작지만 중요한 여러 요인에 대한 감수성, 끝으로 과거에 비슷한 상황이 다르게 다뤄졌지만, **그 상황**에 옳은 것이 무엇인지 그리고 특정 상황의 고유성에 대한 감각이다. 이러한 영역을 발달시키고 장려하지 않는다면, 아이들은 도덕적 상황을 위협적이고 충격적인 것으로 간주하여 이를 피하려고 할지 모른다.

도움이 될 수 있는 방법으로서, 아이들에게 다음과 같은 상황을 연기해(팬터마임을 하여 무성영화의 코믹한 상황을 나타내)보게 하는 것이다. 가령 화가 난 버스 운전사가 모는 만원 버스에 야단법석을 떠는 다자녀를 데리고 탄 여성, 방학 여행 중에 허기를 달래기 위해 들이닥친 아이들을 다루는 두 명의 맥도날드 종업원, 온몸이 가려워 근질대는 줄타기 곡예사를 보는 관객의 반응, 어느 교사가 집에서 시험지를 매기고 있을 동안 한 아이는 집을 엉망으로 만들고, 다른 아이는 텔레비전을 보며, 또 다른 아이는 설거지를 한다고 투덜거리는 교사 가족의 생활을 연기하는 것이다. 즉흥적으로 할 수 있는 무수히 많은 상황이 있으나, 중요한 것은 아이가 결정하도록 강요하는 스트레스를 받지 않고 상황의 인물들과 동일시하여 그 상황을 실제 해보는 것이다. 물론 결단이 필요하면 자연스럽고 차분하게, 자의식 없는 마음으로 상황에 따라 결정하도록 한다. 요컨대 결정할 것을 두고 법석을 떨지 않고, 대신에 아이들에게 가상의 상황에 참여하게 하여 삶의 상황을 준비시키는 데 집중하게 해주어야 한다. 가상의 상황에서 강조해야 하는 것은 각 상황에서 해야 한다거나 하지 말아야 하는 그런 선택보다는 상황의 미묘한 차이를 파악하게 하는 것이다.

아이들이 상황을 평가하고, 상황의 성격을 통찰하며, 불만스러운 점을 개선하기 위해 무엇을 해야 할지에 관한 상상력을 키웠다면, 그리고 가장 합당한 것으로 보이는 대안에 따라 행동할 수 있는 용기까지 갖추었다면 아마도 그들은 가치 명료화나 의사 결정 수업을 필요로 하지 않을 듯하다. 왜냐하면 그들은 이미 도덕적으로 책임 있는 개인이기 때문이다.

부분 – 전체 관계의 발견

우리가 학교에 다니는 아이들이라고 상상해보자. 학교 일과 중에는 아이들이 의미 있게 생각하는 여러 가지가 있다. 아마도 유의미한 일화들 중에 제일은 자신이 하는 일이 더 큰 그림의 일부로 경험되는 것이다.

예를 들면, 우리가 무대에서 연기를 하고 있다고 하자. 대사는 몇 줄에 지나지 않지만, 우리의 역할이 참으로 중요하게 여겨지는 것은 그 역할이 전체의 일부를 구성하기 때문이다. 우리가 말하는 몇 줄의 의미는 다른 연기자의 말에 달려 있다. 우리는 이를 절실하게 깨닫고 다른 모든 역할을 다 배우려고 할지 모른다. 왜냐하면 그렇게 하면 전체의 의미와 전체 속에 차지하는 우리 역할의 의미에 대해 더 잘 이해할 수 있기 때문이다.

이제 우리가 학교 야구팀의 일원이라고 해보자. 우리는 타석에 들어선 순간을 즐길지도 모른다. 사람들은 배트와 공을 갖고 홀로 야구장에 서 있는 것(이는 무의미한 경험이다)과 흥미진진한 시합에서 타석에 서는 것의 차이를 잘 알고 있다. 모든 선수는 다른 선수가 무엇을 하고 있는지 보고 있고, 그렇게 각 팀의 선수들은 다른 선수와 교감을 나눈다. 타석에 들어서면, 우리는 외야수들이 '타자를 상대로 경기를 하고 있다'는 것을 느낄 수 있고 투수와 포수가 우리를 잡으려고 사용한 작전을 알아차린다. 동시에 우리 팀의 다른 선수들은 마치 자신이 타석에 들어 선 것처럼 내가 타석에서 느낀 경험을 같이 나누고 있다. 우리에 대한 다른 사람들의 기대를 우리는 느끼게 된다. 우리는 경기와 관련된 모든 사람에 대한 의미의 관점에서, 그리고 경기 그 자체와 우리의 역할 간의 관계라는 관점에서 타자로서 우리의 역할을 이해한다.

혹은 우리가 학교 오케스트라의 단원이라고 하자. 학교 연주회에서 우리가 맡은 파트는 두드러지지 않지만 꼭 필요한 것이다. 우리는 악기로 한 음밖에 연주하지 않지만, 우리가 잘못 연주하면 전체 작품에 심각한 문제가 생길 수 있다. 그래서 각각의 연주는 연주자에 의해, 다른 단원들에 의해, 그리고 전체 청중에 의해 평가된다. 거기서 각 파트는 그것이 참여하는 전체의 관점에서 의미 있고, 또한 전체로서의 작품은 그것을 구성하는 개별 연주에서 그 의미를 찾는다.

이처럼 학교 일과 중에는 부분－전체의 관계를 배울 수 있는 사례들이 많이 있다. 그러나 유감스러운 것은 학교 일과 중에 하나의 전체는 있다고는 하지만, 우리가 하는 것이 전체에서 떨어져 있는 것처럼 보일 때가 많다는 것이다. 그래서 우리가 무엇을 하고 있는지 혹은 왜 하고 있는지 이해할 수 없을 때도 적지 않다. 통합 교육과정이 구현된 학교 일과라면, 그러한 경험은 거의 일어나지 않을 것이다. 거기서 우리는 우리가 듣는 과목들과 전체 교육의 관계를 이해할 것이고, 각 과목의 학습 단계를 과목 전체 학습에 필수적인 것으로서 이해할 것이다. 우리는 지적 활동과 신체 활동을, 규율 활동과 창조적 활동을, 같이 하는 작업과 홀로 하는 작업을, 그리고 활동 시기와 성찰 시기를 오가는 배후의 근거를 평가할 것이다.

그러면 부분－전체 관계에 대한 이해는 어떻게 5장 앞부분에서 적시한 네 가지 목적, 즉 추리 능력의 향상, 창조성의 발달, 개인의 성장과 대인관계의 성장, 그리고 윤리적 지성의 발달에 기여하는가?

(1) 추리 능력의 발달

추리를 논리적 추론의 원리와 규칙으로만 가르치면 그 과목은 많은 학생들이 손사래 칠 무미건조한 과목이 될 것이다. 반면에 소설 텍스트 배경에 추리의 발견이 들어 있고, 그때 학습한 추리가 아이들의 삶의 맥락에서 가치 있는 것으로 제시된다면, 추리 원리를 습득하는 일은 훨씬 더 매력적인 것으로 보일 수 있다. 이는 숙달할 수 있는 일종의 게임처럼 수업에서 논리 규칙을 학습하고 응용하는 것을 그 자체로 즐길 수 없다는 것을 말하지 않는다. 그러나 많은 아이들은 논리의 원리를 놀이로 여기지는 않을 것이다. 결과적으로 아이들은 논리 공부를 재미없는 것으로 생각할 것이다. 아이들이 수업에서 배운 추리가 다른 수업에서의 추리로 이어지고, 추리가 특정 과목에서만이 아니라, 운동장에서, 방과 후에도 유용하다는 것을 발견할 때 추리 학습이 미치게 될 전체적 영향은 아주 흥미로운 것이 될 것이다.

(2) 창조성의 발달

미적 관계의 정의란 부분과 전체(혹은 부분과 다른 부분들)의 관계에 대한 정의에 다름 아니다. 예술 활동을 한다는 것, 즉 예술품을 제작한다는 것은 부분을 전체로 구성하는 데 참여하는 것을 의미한다. 분명 이러한 예술 작품의 본질적인 성격에 대해 감수성이 없을 경우 아이의 발달과 창조력은 심각하게 지체될 수 있다. 2세에서 7세 사이의 유아가 부분-전체의 관계를 쉽게 잘 다룬다는 것은 강조되어야 한다. 그러나 유감스럽게도 이 능력은 사춘기가 되면 사라져 버리는 경향이 있다. 그 무렵에는 세부사항만을 까다롭게 살피다 보니 전체 구성을 놓치게 되며, 부분과 전체의 균형에 대한 감각이 종종 상실된다. 사람들은 이러한 결여를, 한편으로는 이 시기에 아동기 패턴의 상실에 기인하는 아이의 혼란스러운 마음과 관련짓고, 다른 한편으로는 그 아이에게 닥쳐오는 청소년기의 문제 많은 패턴과 관련 짓는다. 아이의 학교생활이 유의미한 부분－전체의 관계로 가득하다면, 그리고 교사가 수업에서 아이가 갖는 경험의 보다 큰 맥락과 지식의 요소 간의 관계에 주의를 기울인다면, 부분－전체의 관계에 대한 이해는 줄어드는 것이 아니라 확실히 늘어갈 것이다.

(3) 개인의 성장과 대인관계의 성장

아이들은 인격 동일성, 생애 진로, 성인으로서 미래의 삶의 방식, 가족의 기대, 동료 관계, 교육에 대한 양가감정 등에서 때때로 혼란을 느낀다. 그러나 이러한 혼란은 아이들에게 자신의 삶의 기본 방향을 성찰하고 분석하도록 권장할 때에만 없앨 수 있다. 그러면 어떻게 해야 할까? 어린이 철학이 단순히 논리나 비판적 사고 프로그램에 지나지 않는다고 한다면 이러한 혼란을 없애는 데 크게 도움이 되지 않을 것이다. 어린이 철학은 그 이상의 것이다. 어린이 철학은 과거의 철학자들이 만들었던 대안의 견해들과 연결된, 아이가 이해하고자 애쓰는 이슈와 개념에 관한 대화를 포함하고 있다. 사람들은 아이에게 자연스럽게 행동을 하라고 말하지만, 도대체 자연스러운 것이란 무엇인가? 그들에게 자기 자신이 되라고 말하지만, 자기 자신이란 무엇인가? 그들에게 사회제도를 배우고 존중하도록 권하지만, 제도란 무엇인가?

아이들은 지금 보내고 있는 삶의 경험 시기의 주된 측면을 성찰할 필요를 느낀다. 우리는 아이들이 처방책에 적혀 있는 낱말들을 이해할 수 없을 때, 그들에게 효과적인 사회적 혹은 개인적 행동을 위한 아이용 처방책을 주기만 하면 아이의 문제를 없앨 수 있을 것이라고 잘못 생각한다. 어른들은 아이에게 설명을 하거나 명령하면서, 그때 아이들이 설명과 명령에 포함된 낱말과 개념을 당연히 이해할 것이라고 생각한다. 그러나 이는 당연하게 받아들일 수 없는 것이다. 아이들은 어른들이 세계에 대한 견해를 제시하거나 그 세계에서 아이들이 어떻게 행동해야 할지에 관해 지시할 때 그들은 어른들이 사용하는 언어와 개념을 감지하고, 그러한 언어가 어른들의 세계관과 밀접하게 연결되어 있다는 것을 알아차린다. 기성세대가 젊은 세대들이 받아들였으면 하는 삶의 철학은 그것을 기술하는 낱말 때문에 지금 젊은 세대로부터 의심을 사고 있다. 이런 이유로 아이들은 우리가 이런저런 낱말을 사용할 때 우리가 무엇을 의미하는지 언제나 알고 싶어 한다. 아이들은 낱말 그 자체뿐만 아니라 신념들에 대해서도 관심이 있다. 신념에는 그런 낱말들이 깃들어 있고, 아이들은 더 많은 설명을 해주지 않으면 신념을 받아들이지 않을 것이다. 어린이 철학은 아이들에게 스스로에 대해 생각하도록 장려하고, 삶에 대한 자신만의 철학의 기초를 발견하도록 그들을 도와줄 것이다. 어린이 철학으로 아이들은 자신의 정체성을 보다 더 확실히 느낄 수 있을 것이다.

(4) 윤리적 지성의 발달

우리는 이 절을 시작하면서 부분-전체의 관계를 연극, 야구 경기, 음악 연주를 통해서 설명했다. 각각의 사례에는 그러한 맥락에서 행동이 **옳다**는 것이 무엇을 의미하는지에 대한 명시적 혹은 암묵적 이해가 있다. 연극 감독은 배우의 대사 몇 마디를 듣고 "안 돼, 안 돼. 안 **맞아!**" 하고 말할지도 모른다. 타격코치는 초보자가 방망이를 휘두를 때 몸을 사용하는 **올바른** 방식과 그릇된 방식의 차이에 대해 설명할 것이다. 오케스트라 지휘자 역시 연주자들이 일부 악곡의 파트를 연주한 방식에 대해 계속해서 비판할 것이다. 그때 지휘자는 "바로 그거야, 그게 **맞아**, 이제야 찾았군" 하고 연주를 평할 것이다. 관련된 모든 사람이 이런 식으로 '옳다'라는 낱말의 적절한 사용을 이해하고 평가할 수 있다는 것은 특히 시사적이다. 각 사례에서 옳은 것은 그 자체로 옳은 것이 아니라, 행위와 전체 맥락 간의 관계의 관점에서 옳은 것으로 이해된다.

우리가 아이들의 윤리적 지성을 발달시키기 위해서는 그들에게 자신들이 하고자 하는 것과 자신들이 하고자 할 때의 상황 사이의 관계를 볼 수 있게 해야 한다. 아이들은 부분을 볼 때 그것이 전체 맥락과의 적절성의 관계에서 판단되어야 하기 때문에 그들에게 관계를 볼 수 있도록 장려해야 한다. 이렇게 아이들은 상황에 따라 행동할 때 자신이 하고 있는 것이 적절한지 혹은 부적절한지 알아차릴 때의 방식으로 상황이 갖는 윤리적 측면에 감수성을 가져야 한다. 연극, 야구 경기, 음악 연주회에서처럼 그러한 적절성은 적어도 그 순간에는 '옳은' 것으로 판단될 수 있을 것이다. (타인에 대한, 자신에 대한, 자신의 사회 제도에 대한) 특정 행위의 결과를 고려할 때 우리는 처음의 판단을 수정할 수도 있다. 그러나 전체 도덕적 상황에 대한 주의 깊은 인식과 함께,

제안된 조치가 그러한 전체 배열 속에 어떻게 들어맞을지('올바를지', '올바르지 않을지')에 대한 감각은 윤리교육의 주된 목적 가운데 하나가 되어야 한다. 어린이 철학 프로그램이 부분-전체 이해의 함양을 강조하는 한에서, 그것은 윤리적 개인으로서 아이의 발달에 효과적으로 기여할 것이다.

1 [역주] 현재 어린이 철학의 영향력은 더 커졌다. 어린이 철학에 관한 책들은 45개 언어로 번역되었고(Matthew Lipman, A Life Teaching Thinking, Montclair: The Institute for the Advancement for Children, Montclair State University, 2008, p.167), 중국, 일본, 우리나라를 포함해서. 현재 전 세계 48개국에 지부를 두고 있다(https://www.montclair.edu/cehs/academics/centers-and-institutes/iapc/philosophy/affiliates-2020. 6.30.) 어린이 철학은 유네스코와도 관계를 맺었는데, 1998년 3월 및 2003년 유네스코에서는 어린이 철학의 국제 '전문가 모임'을 가지면서, 유네스코 철학 및 윤리학 분과에서 어린이 철학 프로그램을 진흥시킬 것을 꾀했고, IAPC는 유네스코 분과 세계철학연맹(FISP)의 정회원이 되었다. 2016년 11월에는 유네스코 석좌 프로그램, '어린이와 함께하는 철학의 실천: 문화 간 대화와 사회 변화를 위한 교육적 기반'이 조직되었다. 어린이 철학은 20세기 후반 세계에서 가장 영향력이 있는 페다고지 중 하나이다(박찬영, 2020, p.3).

2 [역주] 한국철학교육아카데미에서 『노마의 발견』과 『철학적 탐구』로 각각 우리말로 옮겼다. 한국철학교육아카데미 역, 『노마의 발견』, 한국철학교육아카데미출판부, 1999; 한국철학교육아카데미 역, 『철학적 탐구』, 한국철학교육아카데미출판부, 1999.

3 [역주] 『리사(Lisa)』가 다루는 논리와 도덕 관계는 이 책의 8장에서 조금 더 자세히 언급될 것이다. 『리사』는 황경식에 의해 『생각하는 나무 - 윤리적 탐구』로 옮겨졌는데(황경식 역, 『생각하는 나무: 윤리적 탐구』, 철학과현실사, 1999), 위 본문에서 언급하는 『리사』는 황경식이 옮긴 것과 내용에서 차이가 많이 난다. 왜냐하면 황경식은 이 책에서 언급하는 『리사』 초판이 아니라, 개정판을 옮겼기 때문이다. 논리와 관련해서 양자의 차이에 대해서는 8장에서 따로 역주를 제시할 것이다.

4 [역주] 『수키(Suki)』는 황경식에 의해 우리말로 번역된 바 있다. 황경식 역, 『시인들의 합창 - 글 쓰는 법』, 철학과현실사, 1990.

5 [역주] 『마크(Mark)』는 우리말 번역이 있다. 황경식 역, 『흔들리는 교정』, 철학과현실사, 1990.

6 [역주] 이러한 기대와 달리 11~12학년용으로 별도의 철학 소설이 간행되지 못했다. 그러나 이후 유치원 및 초등 철학교육 과정은 더 세련되어졌다. 유치원 교육과정으로 『인형병원』이 추가되었고, 초등 과정으로는 여러 권이 더해지며 체계화되었다. 그중에서 우리말 번역서로는 3~4학년용 『픽시』와 교사용 지도서 『의미의 탐색』이 한국철학교육아카데미에 의해 번역되었고, 초등 도덕으로 『누스』가 만들어진 것도 특기할 만하다. 이 또한 한국철학교육아카데미에 의해 교과서와 교사

용지도서가 우리말로 번역되었다. 한국철학교육아카데미 역, 『나의 친구 보임이』, 한국철학교육아카데미출판부, 1999; 한국철학교육아카데미 역, 『도덕적 탐구』, 한국철학교육아카데미출판부, 1999.

7　[역주] 여기서 추리는 reasoning의 번역이고, 이후 등장할 추론은 inference를 우리말로 옮긴 것이다. 추론은 전제인 명제에서 시작하여 결론인 명제로 나아가는 것이다. 반면에 추리는 사용 맥락에서 다르게 의미될 수 있는데, 연구자에 따라 담론이나 논증으로 이해하기도 하고, 담론이나 논증 내에서 일어나는 심리적·정신적 과정으로, 아니면 사회적인 언어적 상호작용의 과정으로 묘사되기도 한다. 추리는 변증법적 추리 및 비변증법적 추리, 진리적 추리 및 인식론적 추리, 정적인 추리 및 동적인 추리, 이론적 추리 및 실천적 추리 등으로 기준과 맥락에 따라 다양하게 정의될 수 있다(Douglas N. Walton, "What is Reasoning? What Is an Argument?" The Journal of Philosophy, Vol.87, No.8(Aug., 1990), pp.400-405).

8　[역주] 회의주의 철학자 섹스투스 엠피리쿠스(생몰연대는 불확실한데, 160~210 추정)는 크리시푸스(기원전 279-206)의 개 이야기를 들려준다. 크리시푸스에 따르면 개도 뛰어난 변증법을 사용한다. 위 본문에서 든 개의 행위를 논리로 제시하면 다음과 같다. 즉, 사냥감은 이 길 아니면 저 길로 갔을 것이다. 그런데 이 길로 가지 않다. 따라서 사냥감은 저 길로 갔다. Sextus Empiricus, Outlines of Pyrronism, Translated, with Introduction and Commentary, by Benson Mates, Oxford University Press, New York Oxford 1996, p.69. 이 예는 동물의 추리능력을 논할 때도 자주 사용된다. 드 발도 이를 놓치지 않고 동물의 추리 능력의 한 가지 사례로 들고 있다. 프란스 드 발, 『동물의 감정에 관한 생각』, 세종, 2019, pp.283-287.

9　[역주] '보편화가능성'을 언급하는 데서 립먼 등은 콜버그 등의 도덕성 발달 단계론자를 염두에 두고 있다. 콜버그의 도덕성 발달 단계에서 최종 단계인 6단계는 '보편화가능하고 가역적이고 규정적인 일반윤리적 원리의 도덕성'으로 간주된다. 콜버그, 김미남·진미숙 역, 『도덕발달의 심리학』, 교육과학사, 2001, pp.161-196; 595-613.

6장   방법론 가르치기 :
가치 고려와 실천 기준

6장

방법론 가르치기
가치 고려와 실천 기준

아이들에게 스스로에 대해 생각하도록 가르치기

아이들에게 철학적 사고를 장려하는 것은 교사로서 쉬운 일이 아니다. 여러 가지 이유로 그것은 기법이라기보다는 일종의 예술로서, 오케스트라 지휘나 연극 감독에 비견될 일이다. 예술이 그러한 것처럼, 어린이 철학 역시 연습을 필요로 하기 때문에 철학 수업이 잘 되지 않는다고 낙담할 필요는 없다.

어린이 철학의 교육과정을 검토해보면 자료를 도입하고 계열성을 갖춘 내용을 제시하는 적절한 타이밍이 어린이 철학의 성공에 얼마나 중요한지 알 수 있다. 철학 수업은 학생들에게서 주제를 끌어내고, 수업이 진행될 때 반복적으로 주제로 돌아가며, 학생들의 토론 구조 속에 주제를 직조하는 것으로 이루어진다. 전체 교육과정을 보면 하나의 철학 소설에 도입된 철학적 주제는 반복적으로 나타나며, 매번 깊이와 폭, 세련됨을 조금씩 더해간다. 지식의 요소를 도입하고, 숙달될 때까지 반복 연습한 뒤, 새로운 것으로 옮겨가는 '요소주의적 수업'과 달리, 이 수업의 '유기적' 접근은 초기에는 철학 개념을 가볍게 다루다가, 이후에 주제가 반복되면서 그와 관련된 개념에 대해 서서히 이해를 심화시킨다.

『해리 스토틀마이어의 발견』, 『리사』, 『수키』, 『마크』 및 『토니』를 읽어보면 교과서 속에 철학 수업의 접근 방식이 이미 들어 있다는 것을 알 수 있다. 이들 교과서의 등장인물들은 추론법칙과 수 세기 동안 제시된 대안의 철학적 견해를 스스로 발견해간다. 그들에게 발견의 방법이란 성찰과 결부된 대화이다. 또래와 교사, 부모, 조부모, 친지들과 나누는, 성찰을 오가는 이 대화는 이야기 속 등장인물들이 학습하게 되는 기본 매체이다. 그것은 실제 학생들이 상황에 대해 이야기하고 생각함으로써 배우게 되는 방법이기도 하다.

그러나 이는 교사의 역할이 필요 없거나 최소한에 지나지 않는다는 것을 의미하지 않는다. 나아가 그것은 철학 소설을 매일 토론함으로써만 학습이 일어난다는 것도 아니다. 또한 지식은 말하자면 이미 '아이들에게' 갖추어져 있기에, 우리가 해야 할 일은 아이들을 교실에 모아두는 것이며, 그러면 지식이 모두 따라 나올 것이라는 주장도 아니다. 오히려 우리는 철학적 배움은 주로 아이와 환경―여기서 환경이란 주로 물리적 교실과 그 밖의 아이들, 부모, 친지, 친구 공동체 사람들, 매체, 교사를 포함한다―의 상호작용을 통해서 일어난다고 가정한다.

그러나 적어도 교실에서 아이들의 철학적 의식을 키워줄 수 있는 환경을 만들어내는 이는 다름 아닌 교사이다. 철학 소설의 각 장에서 주제를 이끌어내고, 학생들이 찾아내지 못한 주제를 지적해주고, 학생들이 주제를 자신의 것으로 만드는 동인 이려움을 겪을 때 주제와 아이들의 경험을 연결시켜주며, 철학이 어떻게 자신의 직접적인 삶의 변화를 가져올 수 있는지―철학이 일상을 보다 의미 있게 해주는 지평을 어떻게 열어줄 수 있는지―일상의 행동으로 증명해서 보여주는 것도 교사의 역할이다. 또한 질문을 통해서 학생들의 지평을 넓혀줄 목적으로 대안의 시각을 도입하는 것도, 자기만족이나 독선적인 태도가 개입되지 않도록 하는 것도 교사의 역할이다. 이런 의미에서 교사는 일종의 등에로, 논의의 주도권을 잡을 수 있도록 학생들을 장려하고, 학생 자신이 표현하고자 하는 것을 기반으로 삼아, 그들이 도달한 내용에 내재해 있는 가정을 재검토하도록 돕고, 보다 종합적인 답에 도달할 수 있는 방법을 제시해주고자 한다. 이 모든 것이 성공할 수 있기 위해서 교사들은 철학을 알아야 할 뿐만 아니라, 이해하기 위해 고군분투하는 아이를 도와줄 수 있는 방식 또한 고민하며, 질문의 형태로 이 철학 지식을 적절하게 도입하는 방법에 관해서도 알아야 한다.

물론 어린이 철학에도 마음의 본성과 아이들의 학습 방법에 관한 몇 가지 근본적인 가정들이 있다. 첫째, 어린이 철학은 마음을 '교육을 받기' 위해 정보나 내용을 채워야 하는 빈 그릇으로 간주하지 않는다. 오히려 그것은 아이들이 능동적으로 탐구에 참여함으로써만 배운다고 가정하고 있다. 나아가 어린이 철학은 지식을 단순히 암기식으로 익히는 것이 아니라, 환경과의 상호작용과 아이들에게 중요한 문제를 해결함으로써 숙달되는 어떤 것으로 가정한다. 토론과 행동을 통해서, 가령 삼단논법을 이해하는 문제든 운동장에서 아이들끼리의 갈등을 다루는 것이든 아이들이 하고 있는 것에 지식을 적용할 수 있음을 보여줄 때만 지식은 아이들의 것이 된다고 가정한다. 아이들이 말을 할 수는 있지만 그것이 나타내는 지식을 사용할 수 없다면 지식은 아이들의 것이 아니다. 철학이 만일 '누가 무엇을, 언제 말했는지' 혹은 '하나의 철학적 관점이 다른 것과 어떻게 비교되는지' 기억하는 것이라면, 그러한 철학은 공허할 뿐이다. 아이들이 스스로 생각할 수 있는 능력을 보여주기 시작하고, 삶의 중요한 이슈에 관해 자신만의 답을 생각할 수 있을 때에만 지식은 의미가 있다. 철학은 아이들이 질적으로 보다 나은 삶, 다시 말해 보다 풍성하고 의미 있는 삶을 살아갈 때 대안의 가능성을 열어줄 수 있고, 그때 철학은 학교 교육과정에서 중요한 위치를 차지하게 될 것이다.

어린이 철학에서는 아이들이 명칭뿐만 아니라 여러 생각들을 참으로 이해할 수 있기 위해서 (철학자의 사상은 소개되겠지만) 철학자들의 이름을 언급하지는 않을 것이다. 그리고 교사들도 교실에서 철학자의 이름을 입에 올리지 않을 것이다. 때가 되면 아이들은 그 사상이 누구의 것인지 알게 될 것이다. 그러나 그러한 앎은 아이들이 자신의 경험을 참으로 이해하기 위해 노력하고, 자신의 지평을 확장시키기 위해 애쓰며, 자신과 타인을 보다 넓게 이해하게 될 때에만 일어날 것이다.

철학적 사고를 가르치기 위한 조건

아이들을 생산적인 철학 토론에 참여시키기 위해서는 네 가지 중요한 조건, 즉 철학적 탐구에 대한 헌신, 교의 주입 피하기, 아이들의 견해 존중, 아이들의 신뢰 환기를 교실에서 확보해야 할 것이다.

철학적 탐구에 대한 헌신

어린이 철학은 아무나 사용할 수 있는 프로그램이 아니다. 무엇보다 아이들의 철학적 탐구는 아이들을 이해하고, 철학적 이슈에 민감하며, 일상에서 철학적 탐구에 대한 깊은 헌신을 보여줄 수 있는 교사에게 의존하고 있다. 어린이 철학은 그 자체로 하나의 목적이 아니라 질적으로 보다 나은 삶을 살기 위한 수단이다. 교사는 의미에 대한, 다시 말해 삶의 중요한 이슈에 대해 폭넓은 답변을 찾는 영원한 탐구 모델로서, 어린이 철학 프로그램에서 가장 중요한 요소이다. 탐구를 향한 교사의 헌신은 통일성, 원칙에 따른 행동, 언행일치에서 입증된다.

철학 수업은 아이들이 말하는 것을 정확하게 파악하고 따라가고, 아이들에게 이러한 사고를 말로 표현하고 객관화할 수 있도록 하며, 사고에 대한 성찰에 필요로 하는 도구를 발달시키도록 돕는 것으로 이루어져 있다. 그러나 이러한 역할은 결국 교사 자신이 이렇게 하는 것이 중요하다고 믿는 사람의 모델이 되지 않고서는 불가능하다. 철학을 잘 가르치는 교사는 궁극적으로 학생들이 철학적인 대화 과정에서 간과하기 쉬운 가치들, 즉 사고의 탁월성과 창조의 탁월성, 그리고 행위의 탁월성에 대한 열정을 전할 수 있어야 한다.

그것이 논리적 탐구이든, 미학적 탐구이든, 과학적 혹은 도덕적 탐구이든, **탐구 과정 자체**에 대한 헌신이야말로 교사가 아이들에게 권장해야 할 헌신임을 기억해야 한다. 아이는 궁극적으로 교사의 고유한 가치와 교사가 구현하고자 하는 탐구 과정을 구분할 수 있어야 한다. 우리가 자주 길을 잃을 때가 있겠지만, 이 탐구 과정이야말로 우리가 계속해서 돌아와야 할 과정이다.

교의 주입 피하기

교육의 한 가지 목적은 질문 없는 무비판적인 정신적 습관으로부터 학생들을 해방시키는 것이다. 이는 학생들이 자신에 대해 생각하고, 세계에 대한 자신의 지향을 발견하며, 준비되게 되었을 때 그에 대한 신념체계를 만들 수 있는 능력을 더 잘 발달시키기 위해서이다. 아이들이 자신에게 갖추어져 있는 지적, 창조적 능력을 완전히 활용하는 것을 배우지 않았다면, 우리는 그들이 자기 자신을 인격으로 존중할 것이라고 기대할 수 없다. 모든 아이들은 사물을 보는 자신만의 방식을 길러야 하고, 이를 정교하게 만들어야 한다. 아이들은 저마다 다른 가치를 갖고 있다. 그러나 그들이 이러한 가치를 사려 깊게 평가해왔고, 왜 그들이 그렇게 생각하고 느끼는지 다시 숙고했으며, 나아가 자신의 필요와 흥미, 활동에 대한 성찰을 더해갔다면, 이는 철학적인 토론이 유익하다는 한 가지 지표가 될 것이다. 아이들이 상황을 서로 다르게 보는 것은 하등의 문제가 아니다. 게다가 그들이 철학적 문제에 대해 서로 의견이 다른 것도, 혹은 교사와 의견이 불일치하는 것도 전혀 문제되지 않는다. 여기서 중요한 것은 아이들이 자신이 생각하고 있는 것을, 그리고 왜 그렇게 생각하고 느끼고 행동하는지, 끝으로 어떻게 효과적으로 추론할 수 있을지에 대해 더 잘 이해하는 것이다.

아이들을 교의의 주입에 맞서 싸울 수 있도록 준비시키는 데는 철학보다 더 좋은 교과는 없을 것이다. 어떤 학문도 철학만큼 아이들에게 중요한 질문에 대한 여러 대안들을 제공하지 않으며, 스스로 판단할 수 있는 힘을 길러주지 않는다. 그러나 철학의 힘과 권위는 큰 책임을 수반한다.

아이들을 대상으로 하는 수업이든 어른들을 대상으로 하는 강의든 교사가 자신의 가치를 아무리 '옳다'고 확신하더라도, 철학 수업을 학생들의 취약한 정신에 교사의 가치를 불어넣기 위한 수단으로서 사용한다면 그 수업은 결코 성공할 수 없을 것이다. 만일 이런 식으로 철학 수업을 한다면, 그것은 수업이 아니라, 철학의 파멸이다.

반면에 수업에서 자신이 갖고 있는 어떤 가치도 드러내지 않으려고 조심하는 교사들이 있다. 그들은 자신의 수업 방법이 '가치중립적'이고, 그래야만 한다고 생각한다. 그러나 그러한 교사는 학생들뿐만 아니라 자기 자신에 대해서도 기만적이다. 왜냐하면 어떤 교육과정도 완전히 가치중립적일 수는 없기 때문이다. 모든 교사는 목소리, 몸짓 혹은 얼굴 표정을 통해서, 학급 운영이나 시험 치는 방식을 통해서 자신의 말과 행동에서 가치를 드러낸다. 그러므로 철학적 사고를 가르치는 교사는 언제나 아이들에게 의식적이든 무의식적이든 자기의 가치를 무비판적으로 받아들이도록 영향을 끼치지는 않는지 자각하고 있어야 한다. 교사는 아이들이 자신보다 세계 경험이 넓고 깊은 사람들을 부당하게 존경하지 않는다는 사실로부터 벗어날 수 없다. 교사의 태도는 그것이 무엇이든 자신의 경험의 의미를 잘 모르는 어린 사람들에게 상당한 영향을 줄 수 있다.

철학 토론에 참여한 학생들은 교사가 일부 논점에서 혹은 전체적인 방향에서 자신의 생각에 동의하든 하지 않든 개의치 않고 자신이 택한 가치를 기탄없이 옹호할 것이다. 교사가 대화 중에 자신의 시각을 덧붙여 시종일관 개입하고자 할 경우, 그것은 교의의 주입이 아니더라도 적어도 조만간 토론 그 자체를 중단시킬 위험이 있다. 학생들이 교사의 견해를 객관적으로 다루고, 그것에 강제되지 않을 수 있을 정도로 의견을 개진할 수 있을 때, 학생들이 교사의 견해가 무엇인지 알고 싶어 할 때, 그에 한에서 교사는 자신의 견해를 제시할 수 있다.

이 지점에서 철학적인 토론에 참여하는 사람은 사고의 정합성과 일관성, 포괄성을 지켜야 한다는 교사의 주장에 관해 자연스럽게 다음과 같은 질문을 제기할 수 있다. "교사가 학생에게 개인적 가치관을 주입시켜서는 안 되듯, 토론에서 정합성과 일관성 및 포괄성도 교사가 강제해서는 안 되는 것이 아닌가?" 이에 대해 두 가지 답변이 가능하다.

첫째는 정합성과 일관성, 포괄성은 가치인데, 그것들은 효과적인 의사소통과 효과적인 탐구의 기준으로서만 타당하다. 이런 기준은 사람이 생각해야 **하는 내용**과 관련된 것이 아니라, 사람들이 생각해야 하는 **방식**과 관련된 것이다. 그래서 그것들은 실질적인 고려가 아니라, **절차적** 고려이다.

둘째, 이들 규칙이 도움이 아니라 방해가 되는 활동 형식들이 있다. 예를 들면, 아이들에게 놀이는 언제나 일관성을 요구하는 것이 아니고, 집안일은 포괄적일 필요가 없으며, 아이들의 시적 충동에 일관성을 요구할 경우 그 충동은 질식되어버릴 수 있다. 다시 말하면 일관성과 포괄성 및 정합성은 앞서 언급한 가치들과 무관한 자연스러움, 우발성 혹은 일상성의 특징을 포함하는 생활의 다른 측면을 위해서가 아니라, 철학적인 토론과 탐구를 위해서 적절한 가치라는 점이다.

그러나 이것만으로는 교의의 주입과 철학에 관한 물음에 충분한 답변이 되기는 어렵다. 나아가 다음과 같은 또 다른 질문이 제기될 수 있다. "아이들에게 논리를 가르치는 것은 그 또한 교의의 주입이 아닌가?" 우리의 답변은 분명 그와 같은 수업에는 어느 정도 위험이 수반될 수 있다는 것이다. 확실히 『해리 스토틀마이어의 발견』과 『리사』에는 아리스토텔레스의 삼단논법 이외에 다른 여러 형식 논리들이 있고, 이들 철학 소설과 그 밖의 철학 소설에는 비형식 논리도 많이 다루고 있다. 그러나 논리는 우리의 심리작용을 개선시키는 데 별로 도움이 되지 않기에, 아이들이 논리를 배운다고 해서 그것이 필연적으로 올바른 추론을 끌어내는 것은 아닐 것이라고 말할 수 있다. 오히려 논리는 추론 평가 기준을 제공함으로써 더 나은 추리 방식과 그렇지 못한 추리 방식을 구분하도록 도와주는 데 의의가 있다. 그것은 우리의 실수를 제거할 수 없지만, 실수를 확인하는 데는 분명 도움이 된다.

논리적 기준에 관해 결정적인 것은 어떤 것도 없다. 그것은 논쟁을 할 때 사전에 동의하는 의회의 토론 규칙과 같은 것이다. 주지하듯 '무관한 이야기 금지', '의사 진행 방해 금지', '물리력 사용 금지' 등과 같은 기본 규칙에 관해 암묵적 혹은 명시적 동의가 있지 않다면 교실 토론조차 진행될 순 없을 것이다. 마찬가지로 논리 역시 합리적 대화를 위한 기본 규칙을 정하는 것이다.

논리가 추론을 평가하기 위한 도구로서 사용된다는 것을 고려하면, 논리 수업을 주입의 한 형식이라고 말할 수는 없다. 우리는 특정 언어의 문법이 말을 잘하는 것과 그렇지 않은 것을 구별할 수 있게 해주는 장치라고 인식하고 있다. 아이들에게 논리적으로 생각하도록 요구하는 것은 말할 때 문법에 맞춰 말하라고 요구하는 것보다 덜 주입적이다. 게다가 앞서 지적한 것처럼, 우리가 타당하지 않은 것으로 간주한 추리 형식은 때때로 그 나름의 가치가 상당히 클 수 있다. 마치 소설가에게 비문법적인 것을 선택할 충분한 이유가 있는 것처럼, 시인 역시 비논리적인 것을 선택할 수 있는 충분한 이유도 있다. 교사가 전해야 하는 것은 **특정 맥락**과 **특정 목적**에서 문법적으로 말할 수 있고 논리적으로 생각할 수 있는 것이 유익하다는 점이다.

그럼에도 어린이 철학은 논리학 이외의 철학 분야를 가르칠 때 주입적일 수 있지 않은지 물을 수 있다. 어린이 철학 프로그램에는 '숨은 의도'가 있는가? 전체 프로그램이 입각하고 있는 어떤 근본 가치 체계가 있는가?

이런 질문에 답하기 위해 우리는 먼저 어떤 교육 프로그램이든 그것은 반드시 명시적 혹은 암묵적 가정 위에 토대하고 있다는 것을 인식해야 한다. 예를 들면, 우리는 교육과정과 탐구 과정 사이에는 공통점이 많다고 가정한다. 우리는 아동 발달의 매 단계에서 자신과 사회 모두를 위해 건전하고 건실적인 방식으로 자유로운 탐구를 해나갈 수 있을 것으로 생각한다. 특정 나이의 아이가 얼마나 탐구를 해나갈 수 있을지는 명료하지 않으나, 그 탐구는 대개 교사의 능력과 감수성에 달려 있을 것이다. 그러나 모든 연령의 아이들을 대상으로 하는 어린이 철학 프로그램은 자신은 물론 타인에 대해 파괴적인 힘을 해방시키는 것을 목적으로 한다. 자유로운 탐구는 그러한 발달을 위해 비할 데 없는 체계를 제공한다.

아이들의 견해 존중하기

아이들의 견해 존중은 많은 점에서 우리가 지식 그 자체에 대한 철학적 견해를 가지고 있다는 것을 전제로 하고 있다. 만일 우리가 모든 답을 알고 있고, 진리에 곧바로 도달할 수 있다고 한다면, 아이들의 견해(혹은 그 문제에 대한 어른의 견해)를 존중하는 것은 어려울 수 있다. 그러나 우리는 개인적 삶에서는 물론, 교육에 관한 학문에서 포괄적인 답을 계속해서 찾아가고 있고, 나아가 지식 그 자체는 우리가 살고 있는 세계를 설명하기 위해 인간이 만들어온 것임을 알게 되면, 우리는 지금 우리가 갖고 있는 것보다 훨씬 더 포괄적이고 의미 있는 설명을 해줄 수 있는 생각을 위해 아이들을 포함하여 모든 사람들에게 귀를 더 잘 기울일 것이다.

한동안 아이들을 가르쳐본 경험이 있는 이들이라면 아이들이 종종 나타내는 놀라운 통찰력을 경험했을 것이다. 아이들은 사회성이 결여되어 있거나 자기 억지력은 없지만, 그럼에도 그들은 신선한 방식으로 문제에 접근하는 탁월한 능력을 보여주곤 한다. 그리고 이러한 통찰은 이슈를 올바르게 만들어내는 데 단서가 되기도 한다.

게다가 아이들은 분명 사실적 지식에 토대하지 않는 견해를 표출하기도 하지만, 그럼에도 아이의 성장에 대한 우리의 헌신이 실천 지침이 되어야 할 것이다. 아이들을 깎아 내리는 것이 아니라, 신뢰와 공감의 상호관계를 구축하는 것이 보다 더 생산적일 것이다. 이러한 신뢰와 공감은 아이들에게 자신이 모든 답을 알지 못하고, 우리가 그러하듯이 그들 또한 때때로 세계를 혼란스럽고 불만스러운 것으로 경험한다는 것을 인정하게 할 것이다. 일단 이러한 상황이 구축이 되면 우리는 아이들에게 자신의 관점을 명료하게 하도록 돕고, 그 관점이 가정과 결론의 관점에서 무엇을 의미하는지 볼 수 있게 하며, 대안을 제시하고, 관심사에 관해 스스로 생각하는 데 필요한 도구를 제공하는 일련의 느린 과정을 시작할 수 있다.

아이들의 신뢰 환기

신뢰 문제에 관해서 말하면, 아이들에게 철학적 사고를 장려하는 것은 필수불가결할 뿐만 아니라, 건전한 교사-학생의 관계를 마련해 주는 토대이기도 하다. 대부분의 아이들은 어른들이 자신을 무시하고 굴욕을 주는 모든 형태의 수업 기법에 대해 극도로 예민하다. 모욕이나 '경멸'은 일시적인 학습 충격을 줄 수 있지만, 그것은 상처만 남긴다. 그 상처란 학습과정에서의 본질적인 신뢰 상실을 의미한다. 일부 사람들은 다른 사람에게 곧바로 신뢰를 얻기도 하지만, 우리들 대부분은 신뢰를 얻기 위해 *끈기* 있게 노력해야 한다. 신뢰를 얻기 위한 절대적인 확실한 방법은 없다.

우리는 다음 세 가지 교실 상황을 구분해야 한다. 가장 바람직하지 못한 것은 학생들이 애정이나 존중의 상실을 염려하여 교사 앞에서 마음을 터놓지 못하는 상황이다. 어쨌든 이러한 상황은 학생들이 자신에게 동의하든 그렇지 않든, 교사 자신이 학생들을 있는 그대로 존중한다는 뜻을 제대로 전하지 못한 것이다.

좀 더 나은 상황은 학생들이 추상적 문제에 대해서는 거리낌 없이 토론하지만 선생님이 갖고 있을지 모를 가치에 이의 제기할 만한 말을 하지 않으려고 조심해하는 것이다. 아무튼 이런 상황은 교사의 호감을 사려면 학생들은 교사의 견해에 도전하지 않아야 한다는 뜻을 교사가 전한 것이다. 이러한 (전형적인 비언어적) 소통은 아이들의 철학적 성장에 심각한 장애가 될 수 있다.

최고의 상황은 학생들이 교사의 수업 방법과 가치에 대해 비판의 위험을 감수할 정도로 교사를 충분히 신뢰하는 상황이다. 왜냐하면 그들은 교사가 그러한 비판을 공정하게 고려할 것임을 잘 알고 있기 때문이다. 학생들을 존중하는 교사라면 항상 그들에게 배울 준비가 되어 있어야 하고, 어떻게든 자신의 행동을 통해서 자신이 존중한다는 것을 학생들이 알 수 있도록 해야 한다. 그는 학생들의 비판적 혹은 악의적 발언은 교사의 반응을 두고 그를 시험하는 것임을 알고 있어야 한다. 아이들은 자신이 없거나 방어적이며, 아이들의 비판을 견디지 못하는 교사는 신뢰할 만한 사람이 아니라고 바로 알아차린다. 그 때문에 자신이 없거나 방어적인, 이런저런 이유로 자신의 견해를 독선적으로 갖거나 학생들에게 방어적으로 다가가는 교사는 아이들을 철학적으로 사고하도록 장려할 수 없을 것이다.

이는 학생들의 무례를 용납하라는 것이 아니다. 존중은 쌍무적이다. 교사가 자신의 학생들, 그들의 견해, 필요, 흥미를 존중하지 않으면서, 그리고 그러한 존중을 매일 교실에서 행동으로 나타내지 않으면서, 자신이 교사라는 이유로 학생들이 존중해줄 것으로 생각한다면 그런 기대는 비현실적이다.

아이들을 철학적인 사고에 참여하도록 돕는 교수 행위

모든 사람들은 '생각하다'라는 기호에 친숙하다. 그러나 사람들은 기호가 사고를 촉진시키지 않으며, 때로는 사고를 가로막는다는 것도 잘 알고 있다. 생각은 강제적으로 만들 수 없다. 우리가 **할 수 있는** 것은 생각할 수 있도록 분위기를 만들고, 아이들이 다양한 정신적 행위를 한다는 것을 인정하는 것이다. 다양한 정신적 행위는 다양한 방식으로 길러져야 한다.

이런 의미에서 사고는 예술이다. 모든 예술가는 각자 자기 스타일로 나아간다. 예술을 가르치는 교사는 아이들의 창조적 경향을 식별하고 그것을 실현할 수 있도록 장려할 수 있어야 한다. 마찬가지로 철학을 가르치는 교사 역시 아이들의 사고방식을 풍성하게 기르고 계발할 수 있도록 준비되어야 한다. 그는 아이들의 사고 **내용**이 문제기 없는 한 그 사고는 가능한 한 명석하고, 일관되며, 포괄적이어야 한다고 주장할 것이다. 교사의 적절한 역할은 지적인 엄격성뿐만 아니라 지적인 창조성까지 촉진하는 것임을 염두에 두면, 철학 교사는 모든 아이들이 『해리 스토틀마이어의 발견』과 그 밖의 소설 교과서를 동일한 방식으로 다가가야 한다는 결론을 취하지 않을 수 있을 것이다.

우리가 미술 수업을 참관하면서 모든 아이들이 똑같은 그림을 그리고 있는 것을 본다면 우리는 그 교사가 미술 교육의 본질에 대해 잘못 이해하여, 창조성을 장려하는 것이 아니라 학생과 작품 모두를 천편일률적으로 만들어버렸다고 생각할 것이다. 철학교육도 마찬가지이다. 철학 수업을 참관했는데, 모든 아이들이 같은 관점만을 키우고 있는 것을 발견했다면 그것은 뭔가 잘못되고 있다는 것을 보여주는 것이다. 아이들은 각자 서로 다른 사고방식을 갖고 있다. 나아가 그들은 서로 다른 삶의 기대, 다른 목표와 목적을 갖고 있기에, 그들에게서 다양한 철학적 관점을 기대할 수 있다.

이렇게 다양한 철학적 통찰과 접근을 장려하는 일은 교사에게 달려 있다. 철학에서 다 같이 주장하는 것은 목적이 아니라 수단이다. 다시 말해, 철학은 합당한 대화를 주장한다. 그것은 학생들이 자신만의 관점과 결론에 도달할 수 있는 수단이다. 또한 철학은 논리적 엄격함을 주장한다. 그것은 사고를 보다 효과적으로 만드는 수단으로서, 모든 사람의 생각을 다른 사람들의 생각과 획일적으로 일치시키는 것과는 전혀 다른 것이다.

이렇게 교사의 역할은 아이들이 논리적 추리 규칙과 교실 토론에서의 예절과 같은 수단을 숙달할 수 있도록 돕는 것이다. 아이들에게 삶의 철학이 어떠해야 한다고 지시하는 것은 교사의 역할이 아니다. 철학 소설의 아이들은 서로의 견해를 이해하고자 애쓰며, 그것을 잠정적으로만 견지한다. 그리고 그들은 새로운 제안에 열려 있고, 자신의 경험뿐만 아니라 서로의 경험으로부터 배울 수 있는 탐구공동체에 헌신한다. 학생들이 이러한 절차에 동화될 수 있도록 장려할 수 있다면, 아이들에게 생각하도록 하는 것을 너무 염려할 필요가 없다. 왜냐하면 아이들은 진심으로 자기 뜻대로 그 과정에 착수할 것이기 때문이다.

관련성 유지하기

생각하는 것이 예술인 것처럼 가르치는 것도 예술이다. 가르침 예술의 상당 부분은 진행 중인 철학 토론에서 적절한 것과 그렇지 않은 것을 구분할 수 있는 교사의 인식과 관련되어 있다. 일반적으로 토론과 관련된 논의와 토론과 무관한 논의를 구분하는 것은 그렇게 어렵지 않다. 그러나 그 사이에는 교사가 꽤 많은 주의를 요해야 하는 애매한 영역이 있다. 10세에서 14세의 아이들은 토론을 할 때, 다소 심리학적으로 자연스러운 것이지만, 종종 개인적 경험을 도입하는 경향이 있다. 교사는 토론에 집중하기 위해 그러한 발언을 허용할지, 아니면 그 발언을 더 광범위한 이슈 처리의 **실례**로 삼을지 선택지를 갖고 있다. 전자의 경우는 토론이 철학 문제가 아니라 심리 치료의 문제가 될 위험이 있다. 교실은 치료를 위한 장도 아니고, 교사나 아이들 역시 치료하는 사람이 아니다.

그러나 아이가 일부 경험에 대해 관심을 공유하거나 자서전적 설명을 제시하는 것이 나쁜 것은 아니다. 교사는 관련된 개인의 이야기가 철학적 이슈에 대한 구성원 모두의 객관적이고 공정한 이해로 향할 수 있다고 인정한다. 개인의 이야기는 철학적 이슈에 관해 문제 해결의 빛을 던져 주기 때문이다. 이런 경우 개인의 이야기는 철학적 이슈를 자세하게 해명하는 실례가 되며, 학급의 모든 아이들은 단순히 한 개인의 이야기에 관심을 갖는 것이 아니라, 탐구를 통한 이해를 얻을 수 있는 것이다.

남자 아이가 여자 아이들 몇몇에게 놀림을 받았다고 말하는 경우를 가정해보자. 이는 교사가 철학적 사례를 다룰 수 있는 기회일 수 있다. 물론 자칫하면 이는 그 남자 아이에게 다시 한번 더 굴욕감을 줄 수 있는 경험이 될 수도 있다. 토론이 나아갈 수 있는 한 가지 길은 왜 그 사태가 일어났는지, 그가 놀림을 받을 만한 일을 했는지, 어제 그 아이가 여자아이들에게 무엇을 했는지 탐구하는 것이다. 토론이 취할 수 있는 또 다른 방향은, 교사가 주의 깊게 이끌 경우 놀림 그 자체에 대한 토론으로 나아가는 것이다. 다시 말해, 놀린다는 것은 무엇이고, 왜 사람들은 다른 사람을 놀리며, 놀리는 것은 어떤 것에 대한 증후인가 하는 것이다. 궁극적으로 그와 같은 토론은 공정함이란 무엇인가라는 일반적인 철학적 이슈로 향할 수도 있다. 그러나 교사가 구체적인 것에서 일반적인 논의로 안내 역할을 잘하는 경우가 아니라면 이런 일은 자주 일어나지 않을 것이다.

이 나이의 아이들은 성에 관해, 옳고 그름이 무엇인지에 관해, 가족 관계 및 그 밖의 여러 문제에 관해 서로의 생각을 공유하고자 한다. 교사에게 특히 중요한 것은, 이런 주제가 철학적인 토론을 위한 비옥한 토대가 될 수 있지만, 그때의 토론 방향은 지나치게 사적이고 개인적인 이야기가 아니라 보다 포괄적이고 건설적인 측면에 초점을 두어야 한다는 것이다. 철학적인 토론은 현재 상태의 논의에서 이후의 달라질 가능성으로, 혹은 특정 사례에서 보다 넓은 이해로 나아갈 때 유익하다. 아이들이 단지 개인적 문제만을 말하거나, 자신의 정서만을 토로하거나, 서로 부당한 이야기만 장황하게 늘어놓으며 시간을 보내거나, 개인적 이야기로 관심을 끌고자 한다면, 그것은 철학적인 토론이 아니다. 그러나 이러한 개인적 이야기는 유능한 철학 교사의 관리 하에서 철학적인 토론을 위한 출발점이 될 수 있다. 이야기가 철학적 함의를 갖는지, 암묵적인 철학적 주제가 무엇인지 결정하는 것은, 그리고 아이들을 점진적으로 이런 주제의 토론으로 이끄는 것은 교사에게 달려 있다.

한 아이가 다른 아이에게 "너 멍청해"(혹은 "아파 보여", "불공평해", "뚱뚱해")라고 말한 것을 교사가 들었을 때, 이는 건강한 것이 무엇인지, 공정한 것이 무엇인지, 혹은 아름다운 것이 무엇인지 결정할 수 있는 기준을 찾을 좋은 기회가 생긴 것이다. 바꾸어 말하면 교사가

　　　　　　　　　　　교실 속 어린이 철학

해야 하는 것은 아이들이 "아파 보여", "불공평해", "뚱뚱해"라고 말할 때 그런 말을 하게 하는 자신들의 기준이 무엇인지, 그러한 주장을 할 수 있게 한 기준이 무엇인지 제시하도록 하는 것이다. 토론이 기준과 표준을 중심으로 진행된다면 그것은 이제 확고한 토대 위에 선 것이다.

궁극적으로 교사는 개인적인 이야기를 이용할지, 아니면 금해야 할지를 판단하는 사람이다. 한편으로 토론에 기여하고자 하는 아이들의 바람은 같은 말을 반복하고, 장황하게 하며, 피상적이거나 아니면 토론을 지배하고자 하는 욕구를 드러내는 징후적인 것일 수 있다. 다른 한편으로 그 바람은 개인적인 이야기이지만, 토론에 참여하는 구성원 모두에게 이슈에 대한 폭넓은 통찰을 암시하는 함의로 가득한 것일 수 있다.

교실 속 아이들은 토론에 적절한 것과 적절하지 않은 것의 구분과, 교사가 신중하게 토론을 운영하는 방식에 대해 꽤 주의를 기울일 것이다. 아이들은 짧은 시간 동안 교사를 자극하지 않으면서 얼마나 개인적 이야기와 일화, 주관적인 이야기를 해도 괜찮을지 시험하고 도전할 것이다. 교사가 자신들의 이야기를 활용하여, 철학적인 토론으로 가져간 경험을 했다면, 아이들은 아마도 계속해서 그와 유사한 경험을 하고 싶어 할 것이다. 혹은 반대로 교사가 자신들의 이야기로 방향을 잃은 토론을 진행한다는 것을 알게 되면 아이들은 이야기를 장황하게 하다 결국 지겨워할 것이다.

질문하기

대부분의 아이들은 호기심이 많고 지적으로 활기차다. 그러나 아이들은 성장할수록 사려 깊지 못하고 성찰을 하지 않을 가능성이 더 크다. 그러한 변화는 매일 조금씩 점진적이어서 나중에는 그러한 상실을 알아차리지 못하게 된다. 천천히 총기가 퇴색되고 잠재적인 능력이 사라진다. 아이들은 자신의 행동에서 상상력도 없어지고, 질문도 하지 않으며, 무비판적으로 되어간다는 것을 갑자기 알아차릴 수 있다.

분명 우리는 학생들이 생각할 수 있을 뿐만 아니라 스스로에 대해서도 생각할 수 있기를 기대한다. 우리는 그들이 합리적일 뿐만 아니라 합당한 개인이 되기를 원한다. 우리는 아이들이 자신의 삶이 공허한 것이 아니라 의미가 있다는 것을 알아차렸으면 한다. 그러나 아이들에게 추론을 장려하고, 자신에게 일어나고 있는 것과 자신이 하고 있는 것의 의미를 탐구하도록 장려할 때, 우리는 심한 무력감을 느낄 수도 있다.

아이들은 자신이 동일시할 수 있는 모델이 필요하다. 그들이 미래의 지도자를 꿈꾸기 위해서는 리더십 모델이 필요하다. 그들이 정직의 의미를 알기 위해서는 진실성 모델이 필요하다. 그들이 대화의 가능성을 믿기 위해서는 지적인 어른-아이의 대화 모델이 필요하다.

아이들이 스스로 생각하고, 독립적이고, 지략이 있으며, 자족할 수 있는 사람이 될 수 있도록 우리는 다음과 같은 질문을 던져야 한다. "아이들이 질문을 할 때마다 신속하게 답을 제공하는 것은 무슨 도움이 될까?" "관련된 개념이나 근본 전제를 이해하지 않은 채 교과서의

교실 속 어린이 철학

내용을 암기하는 것이 무슨 도움이 될까?" "나는 항상 질문을 던지고, 충분한 답을 찾으며, 사실에 대한 기억보다 대화와 발견에 흥미가 있는 모델의 역할을 잘하고 있는가?"

『리사』에서 우리는 어른은 물론 아이에게도 상호 발견의 모델일 수 있는 어른−아이의 대화 모델을 만날 수 있다. 동시에 거기서 우리는 질문의 본성에 관해 일부 통찰을 얻는다.

"아빠." 해리가 불렀다.

"음." 아빠가 답했다.

"아빠." 해리가 다시 불렀다.

"음?" 아빠가 대답했다.

"아빠, 질문이 뭐예요?"

"지금 네가 나한테 하고 있는 것이지."

"알아요. 아빠한테 질문하고 있다는 거. 그런데 제 질문은 그게 아니에요."

"네가 묻는 질문이란 게 뭐니? 우리 지금 코미디언 애봇과 코스텔로의 '1루수가 누구야'처럼 쳇바퀴를 돌고 있는 것 같아."

"아빠!"

"왜?"

"진심으로 묻는 거예요. 질문이란 뭐예요?"

"왜 알고 싶니?"

"아빠는 내 말의 핵심에서 벗어났어요. 왜 내가 알고 싶은 것이 문제가 되죠? 나는 그냥 알고 싶은 것뿐이에요."

"넌 언제나 이유를 물어. 그렇다면 나는 왜 이유를 못 물어보니?"

"아빠. 내가 물었던 것은 모두 단순한 질문이었고, 아빠는 쳇 바퀴 돌듯 돌고 있어요. 난 우리가 질문을 던질 때 무슨 일이 일어나는지 알고 싶었을 뿐이에요."

대화는 조심스럽게 진행되었고 양측 모두 조금은 힘들었다. 그러나 진전되는 느낌이 있다. 결국 해리는 질문자는 아마도 문제가 있어서 질문을 하는 것이라고 말한다. 그러면서 잠시 자신이 한 말을 숙고하면서 이렇게 묻는다. "그게 아빠가 나한테 말하던 것인가요? 문제가 생겼기 때문에 우리는 질문을 한다는 건가요?"

"우리가 질문을 갖게 된 거니? 질문이 우리를 갖게 된 것이니?

"아빠, 진심이세요?"

"그래, 진심이야."

"그러면 질문과 문제의 관계는 뭔데요?"

"빙산과 빙산의 일각의 관계는 뭐지?"

"빙산의 일각은 눈에 보이는 것이고, 나머지는 물 안에 있는 것이죠."

"그러면, 네 질문은 문제의 일각일 수 없는 거니?"

"질문은 제 것이지만, 문제는 제 것이 아닌 거죠?"

"그럴지도."

교실 속 어린이 철학

"그러면 문제는 누구 것인데요?"

"어느 누구의 것도 아닐 수 있어. 잘 봐. 학교를 졸업한 뒤 그다음 무엇을 해야 할지 잘 모른다고 하자, 그러면 당혹스러울 것이고, 질문을 시작할 거야. 그런데 아무것도 할 게 없으면, 그건 문제지. 그러나 그건 네 자신만의 문제는 아니야. 내가 말한 건 그 때문이야. 네가 문제를 갖는 것이 아니라, 문제가 널 가질 수 있어."

"이렇게 제가 질문을 던지는 이유는 답을 얻기 위해서가 아니라, 문제가 뭔지 알고 싶어서예요."

"나도 완전히 너와 같은 생각이야." 하고 해리 아버지는 해리 머리를 손가락으로 툭 치며 말했다.

모든 아이들이 소설 속의 해리만큼 꼬치꼬치 질문을 던지지는 않는다. 그러나 교사가 아이들에게 스스로 질문을 하고 사고를 키울 수 있도록 하면, 결과적으로 아이들은 자신이 경험하는 모든 것에 대해 스스로 생각할 수 있게 된다는 것이다. 아이들은 자신이 누구이고, 왜 학교를 다녀야 하며, 마음이란 무엇이고, 죽음이란 무엇이며, 무엇을 해할 수 있고, 무엇을 해서는 안 되는지 알고 싶어 한다. 그러면 바로 그런 문제를 가지고 시작하는 것이 좋지 않겠는가?

질문의 기술은 꽤 복잡하다. 물론 답할 만한 가치가 있는 질문이 일부 있기는 하다. 아이들이 도서관이 어디에 있는지 묻는다면 쉽게 답해줄 수 있다. 그러나 아이도 우리도 사전이 어디에 있는지 다 알고 있을 때, 낱말의 의미를 묻는 질문은 전혀 다른 것이다. 마찬가지로, 아이가 '공정함이란 무엇인가'와 같은 철학적 질문을 할 때, 우리가 공정함을 정의하는 방법을 말해주며 답한다면, 아이의 질문이 열어갈 탐구를 닫아버릴 위험이 있다. 탐구는 우리가 스스로에 대해 생각하기 위한 토대이다.

예를 들면, 6학년 아이들의 철학 수업에서 다음과 같은 대화가 있었다고 하자.

교사: "학교에 왜 다니나요?"

1학년: "교육을 받기 위해서요."

교사: "교육이 뭔가요?"

2학년: "모든 답을 아는 거예요."

교사: "교육받은 사람은 답을 다 아나요?"

3학년: "물론. 알죠."

교사: "선생님도 교육받은 사람인가요?"

1학년: "그럼요."

교사: "그러면 선생님은 답을 다 알고 있겠네요?"

3학년: "모르겠어요. 선생님은 항상 우리에게 질문을 하는 걸요."

교사: "그래요. 선생님은 어른이고 교육을 받았지만 질문을 합니다. 여러분은 아이들이고 답변을 하죠, 그렇죠?"

2학년: "우리가 교육을 더 받는다면 답을 하는 것이 아니라 질문을 더 많이 한다는 것인가요? 그런 뜻인가요?"

교실 속 어린이 철학

교사: "여러분은 어떻게 생각하나요?"

모든 것을 다 아는 것처럼 가르치는 교사는 학생에 대해 이중의 해악을 가하고 있다. 하나는 아이들 스스로 발견해야 할 답을 제공함으로써 어른이 더 이상 도움을 줄 수 없을 때를 대비하여 아이들을 준비시킬 수 없고, 아이들의 재능은 펼쳐지지 않을 것이라는 점이다. 전지전능한 교사 모델이 붕괴될 때, 다시 말해 교사들이 모든 답을 갖고 있지 않다는 것을 아이들이 알게 될 때, 안도감과 신뢰는 깨질 것이고, 다시 한번 그들은 무력감을 느낄 것이다. 왜냐하면 아이들은 자신의 답을 찾기 위해 필요로 하는 도구를 발달시키도록 장려되지 않았기 때문이다. 다른 하나는 그러한 교사는 지적으로 열려 있고, 호기심을 가지며, 자기 비판적이고 무지와 우유부단함을 기꺼이 인정하는 사람의 모델보다는 모든 것을 아는 교육받은 사람의 모델 혹은 이상을 아이의 마음에 새겨 넣을 것이기 때문이다.

나아가 교사가 전지전능한 것처럼 가르치면, 아이는 지식을 발견하고 만들어가는 어떤 것이라기보다는 답변, 다시 말해 우리 밖에 존재하는 기억해야 할 어떤 것이라는 시각을 갖게 될 것이다. 지식 획득 과정에 아이를 참여시키지 않는, 모든 지식을 갖춘 교사(혹은 아이들에게 답변을 반복하게 하는 교사)는 아이들에게서 훗날 유용할 수 있을 기쁨, 즉 스스로 답을 찾는 것에 대한 만족감을 빼앗아버린다. 상상력이 풍성하고 호기심 있는, 지적으로 활기찬 사람과 만족 사이의 관련성은 매우 크다.

아이는 항상 어른을 건전한 지적인 태도의 모델로서 삼고 어른의 행동을 동일시한다는 것을 기억해야 한다. 우리가 아이들의 호기심을 키우고자 한다면, 성숙한 질문하는 어른의 이미지를 아이들에게 보여주어야 한다. 그러한 이미지는 아이들이 자유롭게 탐구하고, 추가 질문을 던지고, 이용할 수 있는 다양한 대안을 찾으며, 마침내 잠정적인 답변에 도달할 수 있다는 것을 보여준다. 자신의 답변을 독단이 아니라 잠정적인 것으로 취할 수 있는 능력이야말로 아이들이 우리에게서 쉽게 배울 수 있는 것이다. 그러나 우리가 아이들에게 자신의 모든 답이 '옳은' 것임을 시사하는, 모든 것을 다 알고 있는 사람의 이미지를 제시한다면, 그들은 우리가 모든 것을 다 아는 사람으로 생각하여, 그 때문에 탐구와 질문, 포괄적인 해법에 대한 탐색을 그만두려고 한다.

우리가 아이들에게 '왜?'라는 질문을 하게 될 때, 그들은 자기의 가정을 더 깊이 파내려 가고, 자신의 지적인 자원을 이용하여, 그들에 대한 우리의 입장이 사실 제공자의 입장이었을 때 생각할 수 있는 것보다 훨씬 더 상상력이 넘치고 창조적인 제안을 할 수 있게 된다. 비록 답을 제시하는 것이 적절한 상황도 있지만, 아이들의 탐구를 가로막는 것이 아니라 이슈를 제시하고 탐구를 끌어내는 방법은 다양하게 존재한다.

아이들에게 철학적인 사고를 하도록 장려할 때 중요한 이와 같은 질문의 특성은 교사가 아이들에게 답하는 방식에서뿐만 아니라 일과 중의 수업에 참여하는 방식에서도 잘 나타난다. 교사가 아이들에게 답을 무비판적으로 수용하게 하고, 이해하지 못하는 사실을 암기시키

　　　　　　　　　　　　　교실 속 어린이 철학

며, 학생들의 창조성이나 능동적 이해를 끌어내지 못하는 평가에만 전력을 기울이면, 학생들은 더 많은 사실을 외울수록 교육받은 사람이 될 것이라는 인상을 받을 가능성이 높다. 그러나 이는 교육에 대한 최선의 인식이라고 할 수 없다.

끝으로, 결과적으로 교재에 대한 아이들의 태도가 보다 살아 있게 된다면, 교사는 아이들의 가정에 동의할 때조차도 그들이 내리는 추정에 대해 이의 제기하는 것을 주저해서는 안 된다. 예를 들면, 다음과 같은 경우이다.

학생: "조지 워싱턴은 언제 태어났어요?"

교사: "사전을 찾아보려무나."

학생: (몇 분 지난 뒤) 1733년이네요."

교사: "그것이 정확한 연도이니?"

학생: "물론. 정확해요. 사전에 있으니까요."

교사: "조지 워싱턴이 실제로 있었니?"

학생: "당연하죠. 있지 않았다면 어떻게 우리는 버넌 산기슭의 집에서 본 그의 이름이 적힌 글, 그를 목격한 이들의 이야기, 그의 집과 옷을 설명할 수 있겠어요?"

이 대화의 핵심은 아이들에게 워싱턴과 같은 역사적 인물이나 역사적 사건의 실재에 대한 그들의 믿음의 근거가 되는 증거를 제시할 수 있게 하는 데 있다. 그들은 역사의 본질에 대한 통찰을 갖게 된다.

아이들은 조지 워싱턴의 실존에 대한 믿음이 틀렸다고 한다면 무엇을 해명해야 할지 알고 있다. 교사는 일견 충격적인 물음으로, 학생들에게 역사에 대한 관람자spectator의 태도[2]에서 역사적 사실이나 사건에 대해 해명하는 방법을 이해하는 방향으로 이끌고 간다. 관람자에서 참여자로의 변화로 아이들은 탐구 그 자체의 과정에서 보다 능동적인 역할을 취하게 된다.

그런데 무엇을 질문을 해야 할지, 올바른 질문을 언제, 어떻게 해야 할지 알기란 쉽지 않다. 게다가 몇 가지 물음을 반복해서 던지는 것만으로 충분하지도 않다. 그러나 아이들에게 질문을 순서대로 하는 것은 그만큼 중요하다. 이때 순서는 토론을 정점으로 나아가게 해야 한다.

우리의 교사용 지도서는 교사가 다음에 무엇을 말해야 할지 계속해서 염려하지 않고서도, 그들에게 전략적으로 토론을 이끌 수 있는 토론 계획을 제공한다. 이 계획은 주로 중심 생각 중 하나를 중심으로 진행된다. 이는 아이들에게 개념을 심층적으로 탐구하고 이를 개인의 경험과 연결시킬 수 있도록 계획되었다.

답변하기

질문을 하는 교사는 자신이 모델이 되어서 아이들에게 질문을 하도록 장려하지만, 그렇다고 해서 그것이 아이들에게 답을 찾도록 장려하는 것을 막는 것은 아니다. 답이란 탐구 과정에서 일종의 만족 단계이다. 다시 말해, 그 단계는 우리가 이해하려고 노력하는 과정에서 잠시 쉬어가는 안정기이다. 물음과 답변을 찾는 것은 일과 휴식처럼, 혹은 다시 한번 날기 위해 잠시 쉬어가는 새처럼 삶의 리듬 중 하나이다. 아이가 도달하는 답은 정확하지 않을 수 있지만, 비록 일시적이라고 해도 그것은 아이가 경험하고 있는 당혹스럽고 불확실한 시기에 대한 하나의 해법이다.

아이가 답을 찾고자 하는 것을 교사가 만류한다면 그것은 정당화될 수 없는 것이다. 보다 중요한 것은 아이들이 유효하지 않는 답변을 효과적인 답변으로 교체하기를 열망하도록 개방성과 유연성을 발달시키는 것이다. 이런 의미에서 답변은 일종의 믿음이다. 우리의 믿음이 삶에서 직면하는 문제들을 해결하는 데 효과적인 한, 우리가 그것을 포기할 이유가 없다. 서로 충돌하는 증거에 직면했을 때조차, 비록 이때는 아이들이 보다 충분한 설명을 찾기 시작할 시기일 수는 있지만, 그렇다고 해서 아이들이 믿음을 포기해야 할 긴급한 이유는 없다.

교사가 아이에게 "문제는 네가 사실을 제대로 알지 못한다는 거야"라고 말하는 상황을 가정해보자. 그때 아이가 "어디서 그것을 알 수 있어요?"라고 말한다. 한 아이가 "나가서 찾아봐"라고 제안한다. 그러나 다른 아이는 "백과사전을 찾아봐야지"라고 말한다. 분명한 것은 사실의 존재에 관해 질문이 나왔다는 것이다. 그러한 대화에서 교사의 역할은 계속 해서 질문을 하고 명료화하게 하여 아이가 가능한 한 분석을 수행할 수 있도록 장려하는 것이다.

그러나 정의에 관한 한, 궁극적인 답이 존재할 수 없는 경우도 적지 않다. '우주란 무엇인가? 시간이란 무엇인가? 공간이란 무엇인가? 빛이란 무엇인가? 사실이란 무엇인가?'라는 질문이 이런 종류의 질문이다.

정의를 제시하며 답할 수 있지만, 그 정의는 다른 반대의 정의와 대립될 수 있다. 아이들이 도달하게 되는 해답은 교사의 관점에서는 불완전하게 보이더라도 그것은 존중받아야 하고 한동안 그대로 두어야 할 것이다. 나중에 그 문제를 다시 검토할 때가 올 것이다. 어떤 신념도 최종적일 필요가 없다. 토론과 탐구의 목적은 일반적으로 유용하고 만족스러운 답변과 신념을 얻음으로써 잠정적인 해결에 도달하는 것이다.

듣기

우리가 좋은 청자가 될 수 있는 능력을 키우지 못했다면 사람들이 우리에게 한 말의 의미를 파악하는 것은 쉽지 않다. 예를 들면, 어떤 사람이 우리가 잘 알지 못하는 어떤 것에 대해 말한다면, 우리는 아마도 그 말에 주의를 기울이지 못할 것이다. 이는 심리학자들이 '선택적 부주의'라고 부르는 것이다. 이는 우리가 아이들의 말을 알아듣지 못하는 데서 흔하게 일어난다.

예를 들면, 최근 어린이 철학 실험 학급의 10세 아이는 심신의 관계와 '자몽과 자몽 맛'의 관계를 비교했다. 일부 어른들은 그 말을 듣고 '귀엽다'고 생각했을지 모른다. 다른 사람들은 아예 주목을 하지 않았을지도 모른다. 그러나 철학적 사고의 본성에 대해 잘 알고 있는 교사는 그 말이 가진 직관력과 통찰력을 알아차리고, 아이에게 더 생각해보도록 격려했을 것이다. 다시 말해 아이에게 그런 통찰의 중요성을 인식할 수 있도록 생각을 다듬어 발전시켜보라고 격려해주지 않으면 그 말을 한 아이는 자신의 말에 내재해 있는 가능성을 알지 못할 수도 있다. 교사가 먼저 아이의 말을 경청하지 않으면 아이는 자신의 사고가 가진 중요성과 유의미성에 대한 믿음에 확신이 생기지 않을 것이다. 그럴 경우 아이의 통찰은 너 전개되지 못하고 사라질 것이다. 아마도 다음에 그와 비슷한 통찰을 하게 된다 하더라도 아이는 그것을 드러내지 않을 것이다.

아이의 말을 알아들을 수 있는 능력이 교사에게 있다 하더라도 그들은 대개 자신의 관점으로 그 말을 해석하려는 경향이 있다. 이런 해석은 아이가 말하고자 하는 의미와 꽤 다를 수 있다. 그 때문에 교사가 길러야 하는 습관은 아이들이 말하고자 하는 내용을 정확히 표현할 수 있도록 그들을 장려하는 것이다. 아이들의 철학적 사고를 장려하는 데 능숙하지 못한 신규 교사는 분명 아이의 말을 당혹스럽고 애매모호한 것으로 여길 것이다. 신규 교사는 아이의 말에 철학적 중요성이 있는지 확신할 수 없을지도 모른다. 이는 부분적으로 아이의 말은 철학적이지 않을 것이라는 선입견이나 복잡한 것을 싫어하는 성향 때문일 수 있다. 아니면 교사 자신이 이전에 철학적 사고를 접하지 않았기 때문일 수도 있다. 교사가 철학적 식견이 쌓이고 학생들이 말하는 것에 대해 주의 깊게 경청할 수 있는 능력이 생기면, 아이와 교사 모두에게 그 과정이 점점 더 풍성해질 것이다.

교사는 일견 관련성이 부족해 보이거나 단편적인 아이의 발언을 이해할 수 있는 능력을 키워야 한다. 아이의 발언은 진행되고 있는 교실 대화의 한 부분이다. 바꾸어 말하면 교사는 가치 있는 토론이 태동하고 있고, 지금 시작한 이야기는 앞으로 전도유망할 것이며, 적절한 안내를 받아 발전할 것이라고 생각해야 한다. 교사는 토론 진행에 많은 경험을 쌓고 난 뒤에야 비로소 아이들의 대화가 어디로 갈 것인지 추측할 수 있는 능력이 생긴다.

교사-학생의 비언어적 의사소통

교사는 아이들이 궁금한 것을 말로 표현할 때까지 기다릴 필요가 없다. 그들의 표정과 행동이 이미 궁금증을 나타내고 있기 때문이다. 때때로 찌푸린 얼굴로, 치켜 뜬 눈썹으로 혹은 의아해하는 표정이 나타내는 것은 '왜?'라는 질문이나 근거를 요구하는 온전한 질문에 다름 아니다. 교사는 말이 아이의 소통 가능한 유일한 언어가 아니라는 것을 잘 알고 있어야 한다. 다시 말해, 말 이외에 몸짓 언어도 있고, 얼굴 표정의 언어, 동작 언어 및 행위 언어도 있다. 동시에 학급의 아이들 또한 의미를 파악하기 위해 교사의 온갖 몸짓과 표정을 파악하려고 노력한다는 것을 교사는 잘 알고 있어야 한다. 그 때문에 철학교사는 다른 교과교사보다 고려해야 할 소통의 비언어적 측면이 많다.

의사소통의 비언어적 요소가 중요한 이유 중 하나는 많은 경우 그것이 언어의 구어적 측면과 일치하지 않기 때문이다. 엄마가 애정 어린 아기 투의 말로 말하지만, 아이에게 전해진 몸짓은 가까이 오는 것을 원치 않는 것으로 비춰질 경우, 그것은 애매모호한 행동이 될 것이다. 우리 모두는 '예스'라고 말하지만, 그 의미가 '노'를 의미하는 경우를, 그리고 그 역의 경우에 대해서도 잘 알고 있다. 교사는 비일관성을 피하는 법을 배워야 할 것이다. 종종 아이는 우리가 말하고 있을 때 응시하지 않는 것처럼 보이지만, 아이는 우리말을 잘 알아듣고 있다는 것을 우리는 알고 있다. 혹은 아이들은 이해했다고 말하기도 하지만, 우리는 아이들의 얼굴 표정을 보면 그렇지 않다는 것도 알 수 있다.

교사는 자신의 비구어적 언어와 구어적 언어를 일치시키기 위해 노력해야 한다. 아이들 역시 자신이 말하는 것과 의미하는 것 사이의 비일관성이 있을 수 있다는 것을 의식하고 있어야 한다. 교사는 아이들이 적어도 학습 상황에서 자신이 말하고자 하는 것을 정확하게 표현할 수 있도록 장려해야 한다. 그러나 의사소통은 많은 목적을 갖고 있고, 다양한 층위에서 작용하고 있다. 혼란이나 모호함이 아이에게 해를 끼치거나 부끄러움을 느끼게 하거나, 혹은 이용당하고 있다는 느낌을 주는 경우를 제외하고는 그것의 풍성함을 제거할 필요는 없다. 예를 들면, 때때로 어른들은 어떤 측면에서는 아이들에 의해, 다른 측면에서는 어른들에 의해 해석될 수 있는 어떤 것을 말하며 아이들을 놀리곤 한다. 그때 어른들은 즐겁게 웃지만 아이들은 왜 웃는지 모르고 자기가 휘둘리게 되었다고 의심한다.

만일 모든 일이 제대로 된다면 아이들은 머지않아 자신이 속해 있는 상황의 성격을 읽을 수 있을 것이다. 이는 아마도 아이들이 표정과 행동, 상황 자체의 분위기를 읽을 수 있는 것과 관련이 있을 것이다. 교사는 아이들이 교실의 감정적 분위기를 느낄 수 있도록 자신이 먼저 일종의 모델이 되어야 한다. 그 모델은 아이들이 자신의 의견을 표현하는 것을 기다릴 필요가 없는 그런 사람의 모델이다. 아마도 그런 교사는, 말은 안 하지만 욕구를 나타내고 있는 아이들에게 무관심한 교사보다 훨씬 더 아이들의 신뢰를 불러일으킬 수 있을 것이다. 이상적으로 말하면 그때 교사는 아이들에게 주의를 기울이고, 명시적인 것은 물론 암묵적인 서로의 의도에 대해서도 이해하는 법을 배우도록 장려할 것이다.

어린이의 모델로서 교사

우리는 아이들에게 일관성이 얼마나 중요한지 종종 간과하곤 한다. 아이는 어른들이 자신이 약속한 것을 실행하고, 자신들이 역설한 바람직한 사람의 이상이 되기를 기대한다. 아이는 역할 모델로서 삼은 어른이 말과 삶이 일치하지 않을 때 낙담할 수 있다. 윤리적 모델로서 어른은 통일성의 모델이어야 한다.

아이는 자신들이 신뢰하고 확신할 수 있는 모델을 기대한다. 그러나 단순히 일관성 충족만으로는 아이들이 필요로 하는 어른들 지침이 되기에 충분하지 않다. 모델은 아이들이 도움을 필요로 할 때 어른의 경험이 가진 이점을 제공할 수 있어야 한다. 흐리터분한 교사는 아이들이 구분을 제대로 하지 못했을 때, 혹은 같은 것끼리 모으지 못했을 때 아무런 지적도 하지 않는 사람이다. 이는 아이들에게 나쁜 영향을 준다. 왜냐하면 교사가 구분과 정확한 분류의 중요성을 보여주고, 일상에서 그러한 구분에 대한 애정을 나타낼 때에만 아이들도 그와 같이 따라할 수 있기 때문이다. "어제 나는 저녁으로 감자와 야채를 먹었어"

라거나 "공원도로에 쉐보레와 차가 있어"라는 아이의 말을 들었다고 하자. 그때 교사가 그러한 분류에 대해 어떤 지적도 하지 않는다면, 그것은 철학 수업의 중요한 책임 중 하나를 다하지 못한 것이다. 반면 구분하는 모델의 사례를 보여주는 교사는 아이에게 일생 동안 남을 지적인 주의 깊음의 모델을 제시하는 것이다.

교사가 모델 역할을 하는 또 다른 의미는 아이의 생각에 성실히 응답하고, 아이의 생각을 진지하게 받아들여야 한다는 것을 기꺼이 전하려는 마음에서 나온다. 일차적인 문제는 어떤 생각을 비인습적인 표현 방식이라고 무시하기보다는 하나의 생각으로서 진지하게 검토하는 것이다. 그러나 단순히 그 생각에 주의를 기울이는 것만으로는 충분하지 않다. 교사는 그 생각을 전개할 수 있도록 도울 수 있어야 한다. 아이들은 통찰을 드러내는 데 그치는 경우가 종종 있다. 바로 그때 교사는 아이들이 아주 잠깐 가지고 있었을지 모를 생각을 정교하게 다듬을 수 있도록 도울 필요가 있다.

교사는 명랑한 정신을 가질 수 있어야 한다. 교사는 아이들의 쌓기 놀이가 자유로운 형태로 구성되듯이, 생각의 전개 역시 자유로운 의미 구성을 포함한다는 것을 알아야 한다. 교사는 그러한 창조적 기획에 대해 냉정하게 즉각적인 유용성만을 강요해서는 안 된다.

아이들에게 중요한 모델이 되기 위해 필요한 또 다른 특성은 공정성이다. 교사는 아이들을 인격으로서 대할 때는 물론, 학급에서 나타나는 여러 생각들에 대해서도 공정해야 한다. 아이들의 철학적 능력을 발달시키고자 하는 교사의 관심은 열린 마음에 기초해야 한다. 그리고 이는 어려운 일일 수 있다. 무엇보다 아이의 생각이 틀렸다는 것을 확신하기 때문에 그것을 승인하지 않을 때도 있지만, 아이의 생각을 부정할 때 아이 자체를 부정한다는 인상을 주지 않도록 신중해야 한다. 그 밖에도 아이가 토로한 생각들이 틀렸다고 느낄 경우들이 있다. 그러나 그때 교사는 교실에서의 대화가 점차적으로 아이에게 그 생각이 틀린 이유를 제시해줄 것이라는 바람으로 침묵을 선택하는 것이 좋을 것이다.

교사가 아이들이 제시한 견해에 동의하지 않을 경우가 있을 수 있다. 또한 학급 아이들이 제시한 반대 이유가 설득력이 부족한 것처럼 여겨질 때도 있다. 아이들은 자신의 고유한 의견을 선택해서 말할 수 있지만, 전체 토론의 관점에 볼 때 단순한 또 다른 의견에 지나지 않을 수 있다고 친구들에게 밝힐 수도 있다. 그러나 후자의 대안은 학급의 아이들이 충분히 성숙하여, 자기 생각을 또 다른 생각으로서 받아들이고, 아이들이 말한 여러 관점과 동등한 입장에서 다룰 수 있다고 확신이 들지 않는다면 취하지 않는 편이 낫다.

교실 속 어린이 철학

1 [역주] '1루수가 누구야(Who's On First)?'는 애봇과 코스텔로가 연기한 유명한 코미디 프로이다. 애봇이 코스텔로에게 야구팀 선수의 이름을 알려주는데, 코스텔로는 알아듣지 못하고 다시 질문하며 답변과 질문이 겉돈다. 이를테면, 1루수 이름이 '누구(Who)'이어서, "1루수가 누구야?"라고 물으면, "'누구'가 1루수야"라고 답하는 식이다.

2 [역주] 어린이 철학이 듀이 철학, 특히 그의 인식론과 윤리학에 빚지고 있다는 것은 여기서도 확인된다. 듀이는 지식의 대상을 선재하는 불변의 것으로 가정하지 않고, 또한 인식 주관 역시 대상에 대한 지각을 인지적 임무로 간주하며 객관과 동떨어진 존재로 간주하지 않았다. 듀이는 수동적 지각자로서의 인식 주체를 관람자(spectator)로서 표현하는데, 어린이 철학도 이를 따른 것이다. John Dewey(1929), The Quest for Certainty: A Study of the Relation of Knowledge and Action, The Later Works of John Dewey, 1925-1953, edited by Jo Ann Boydston, vol. 4. Carbondale: Southern Illinois University, p.19.

7장　　철학적인
　　　　토론 이끌기

7장

철학적인
토론 이끌기

철학과 대화의 전략

철학이란 행위와 만들기, 말하기에 대한 대안의 방식을 고려하는 학문
이다. 철학자는 이 대안을 찾기 위해 자신의 가정과 전제를 지속적으
로 평가·검토하고, 다른 사람이 당연하게 여기는 것을 의심하며, 보다
포괄적인 준거 틀을 상상력을 더해 숙고한다. 철학자들이 참여하는
이런 행위는 철학적 훈련의 결과이다. 철학교육은 사람들에게 비판적
질문과 창조적인 성찰에 참여하도록 장려할 때 가장 성공적이다. 우리
의 교육 목적으로서 이러한 철학적 행위를 고려할 때, 다음과 같은
직접적인 문제가 나타난다. 즉, 어떤 교수 방법론이 어린이에게 가장
섬세한 사고와 가장 적합하고 일관적인 질문을 보장해줄 것인가?

이러한 필수요건을 만족시키는 조건에 교사와 교실이 포함된다.

교사는 학생을 자극하고, 질문을 계속해서 던지며, 부주의한 사고를 용납하지 않아야 한다. 교실은 학생들이 대화에 열성적으로 참여하고, 사고하며, 관념을 만들어낼 수 있는 환경이어야 할 것이다. 아이들을 철학적으로 사고하게 하는 적절한 환경의 최소 구성요소는 질문하는 교사와 함께, 자신들에게 실제로 문제가 되어 있는 것을 토론할 준비가 되어 있는 아이들이다.

철학을 가르치는 방법론, 즉 질문과 토론은 철학적 본성에 따라 만든 것이다. 아이들에게 철학적으로 사고하게 하는 방법론은 어린이 철학 프로그램의 교재, 철학 소설에서 예시된 발견적 접근으로 나타났다. 교사는 무엇보다 토론 과정의 조정자라는 의미에서 권위를 가진 인물이다. 그러나 교사는 조정자 이외에도 교실 토론을 통해 아이들이 자신의 문제에 대해 추론하도록 자극을 주는 촉진자로서 간주되어야 한다.

만일 어린이 철학 교사가 이 프로그램에는 매일 진도를 나가야만 하고, 교재 일화에서 추출한 것으로 결국 학생들이 숙달해야만 하는 상당한 분량의 학습내용이 있다고 느낀다면 이는 유감스러운 일이다. 오히려 대화가 처음의 논리에서 꽤 멀어졌다 하더라도, 학생들이 책에서뿐만 아니라 그 밖의 것에 대해서도 활기차게 토론에 참여한다면, 그 학급은 대체로 성공적인 학급이라 할 수 있다. 그런 토론은 아이들에게 오래도록 잊히지 않는 인상을 줄 수 있다.

철학교육에서는 아이들이 습득하는 정보나 지식의 양보다는 지적인 판단력을 발달시키는 것이 더 중요하다. 일부 자료를 기억하는 것보다 그 자료를 효과적으로 생각하는 것을 배우는 것이 더 중요하다. '모든 차이가 차이를 만든다'는 것이 바로 이것을 말한다. 즉, 아이들의 사고 양식에서 어떤 차이든, 그것이 아무리 사소하다 하더라도 그 사고 양식은 전체 사고 과정을 바꿀 수 있을 것이다. 예를 들면, 어떤 아이가 지금까지 사물은 보이는 그대로 똑같은 것이라고 가정하다가, 갑자기 일부 사물은 보이는 것과 전혀 다를 수 있다는 것을 알게 되었다고 하자. 외양이 우리를 속일 수 있다는 발견은 아이의 전체 삶을 바꾸어놓을 수 있다.

어린이 철학 프로그램은 토론 **과정**을 중시하고, 특정 결론에 도달하는 것을 목적으로 하지 않기 때문에 교사는 자신을 많은 정보를 갖고 있는 이로서 학생들에게 비칠 필요가 없다. 그보다 교사는 학생들에게 토론을 자극하고 촉진하는 데 관심을 가진 질문자로서 서 있는 편이 더 낫다. 교사는 또한 학생들에게 옳다거나 그르다고 주장할 필요도 없다. 그러나 교사는 관점의 차이에 대해, 특정 견해의 확인이나 모순에 관해서는 관심을 나타낼 필요가 있다. 그러한 지적인 의견 교환의 분위기에서 학생들은 철회하거나 유보했던 자신의 견해를 비로소 제시하기 시작한다. 왜냐하면 그러한 분위기에서 각자의 견해는 존중받고 진지하게 간주될 것이기 때문이다. 그러한 아이들은 이후의 토론에도 기꺼이 참여하고자 하고, 견해에 대한 논거 또한 더 잘 제시하려고 할 것이다.

아이들에게 철학적 주제를 **가르치지** 않았지만, 그들에게서 철학적 행위의 특징이라고 할 수 있는 경이를 품고, 질문을 하는 행위를 일으킬 수는 있다. 아이들은 점차 철학적인 토론이 다른 유형의 토론과 다르다는 것을 알아차리기 시작한다. 그것은 단순히 마음 속 이야기를 털어놓거나, 자기표현에 열중하는 문제가 아니다. 아이들은 자신들이 관련 정보, 경험, 관점을 비교할 수 있다는 것을 자각하기 시작한다. 점차 그들은 사물의 존재 방식에 대한 객관적인 그림 속에 부분들이 맞춰 들어간다는 것을 인식한다. 나아가 그들은 다른 사람의 견해에 대한 인식 및 자신의 견해에 대한 근거 제시의 중요성을 이해하기 시작한다. 거기서 피상적인, 혹은 구변만 좋은 의견 제시에 만족하기보다 문제를 철저하게 생각할 필요와 공평무사의 가치에 대한 감각이 나타난다.

어린이 철학은 논리의 규칙과 원리 등 일부 엄격한 측면을 포함하고는 있지만, 아이들이 취한 방향이 어떤 유의미한 방향에서 벗어난다고 하더라도 불안해할 필요가 없다. 물론 우리는 토론의 적절성에 관해서, 그리고 특정 토론에 할애된 시간 배분이 적절한지에 관해서 잘 판단해야 한다. 게다가 자유토론과 철학적인 토론 사이에는 큰 차이가 있다는 것도 알고 있어야 한다. 철학적인 토론은 누적적이다. 그래서 그것은 성장하거나 발달하며, 참여자들은 토론을 통해서 끊임없이 새로운 지평을 찾을 수 있다. 여기서 교사의 기술은 토론이 잘 구축될 수 있도록 능숙하게 아이들의 발언을 끌어내고, 가능한 한 많은 학생들을 토론에 참여시키는 데 있다. 토론이 진행될 때 교사는 유능한 질문자의 역할을 취해야 한다. 교사는 토론의 논의를 수렴적으로 (때로는 발산적으로) 조심해서 장려하고, 대화는 결론이 열려 있고, 다소 비

교실 속 어린이 철학

구조적이라는 것을 인식해야 한다. 이러한 교사는 아이들이 새로운 전망을 탐구할 기회를 포착해야 할 것인데, 그것은 어떻게 관념이 서로 잘 맞고, 강화시킬 수 있는지 보여줄 기회를 포착하는 것과 같다.

　적절한 상황에서 교실의 아이들은 한 무리의 새끼 고양이들이 지기들에게 던진 털실 공에 달려들듯이 어떤 생각을 붙잡으려고 할 것이다. 아이들은 생각이 발달하고 정교해질 때까지, 교사의 능숙한 안내가 없이는 도달할 수 없는 일상적 상황에 대한 적용에 이르게 될 때까지, 그 생각을 논의할 것이다. 그러나 토론이 끝났을 때 아이들은 이제껏 해온 것이 수업, 학습, 혹은 지적인 기량의 발견이 아니었던 것처럼, "이제 학교 숙제 할 시간이야"라고 말할지도 모른다. 그들은 철학을, 학교 경험에서 만날 수 있는 지적인 교육으로 느끼는 것이 아니라, 재미와 놀이로서 받아들일 수 있다.

교실 토론 이끌기

사려 깊은 토론은 쉽게 얻을 수가 없다. 그것은 연습을 요한다. 그것은 듣기와 성찰하기의 습관 형성을 요구한다. 그것은 토론 과정 동안 자신의 생각을 표현하는 아이들이 무의미하게 횡설수설하지 않도록 사고를 조직하는 데 노력해야 한다는 것을 의미한다. 아주 어린아이도 한번에 모든 것을 다 말하고 싶을 수도 있고 아무 말도 하지 않으려고 할 수도 있다. 아이가 좋은 토론이 요구하는 계열적 과정을 배우기 위해서는 많은 시간을 요한다.

토론 과정을 익히기 어려운 이유 중 하나는 아이들이 자신과 동일시할 수 있는 좋은 토론 모델이 부족하다는 데 있다. 가정이나 학교는 아이들에게, 어른과 아이들 사이의, 혹은 어른과 어른들 사이의 사려 깊은 토론의 사례를 제시하지 않는다. 아무도 토론을 어떻게 하는지 보여주지 못하기 때문에, 아이들은 실제 전체토론 과정을 직접 만들어 내야 한다. 요컨대 대화가 유의미하게 교육과정 안에 들어가기 위해서는 아이들이 무의식적으로 흡수할 수 있고, 동일시할 수 있으며, 참여할 수 있는 토론의 전통을 확립하는 것이 유용하다.

어린이 철학 교재, 철학소설의 장점 중 하나는 그것이 아이들 사이의, 아이와 어른 사이의 대화 모델을 제공한다는 것이다. 그 모델은 비권위주의적이고 반교화주의적인 모델이다. 또한 그것은 탐구와 추론의 가치를 존중하고, 사고와 상상력의 대안 양식의 발달을 장려하며, 아이들이 작은 공동체에 살고 참여하는 것이 어떤 것인지 묘사해 준다. 공동체에서 아이들은 자신만의 흥미를 갖고, 서로를 인격으로서 존중하며, 때때로 다른 이유가 아니라 그 자체로 만족스럽기 때문에 협력적 탐구에 참여할 수 있다.

아마도 어린이 철학 프로그램의 가장 뚜렷한 특징 가운데 하나는 그것이 아이들에게 서로에게서 배울 수 있는 방법을 시사한다는 데 있다. 오늘날 모든 급별의 학교 교육에서 부딪히는 문제는 이런 것이다. 즉, 초·중등 및 대학생들은 토론을 통해서 쉽게 얻을 수 있을 때조차도, 서로에게서 배우거나 서로의 삶의 경험을 흡수하려고 하지 않고, '오직 혼자서만 하려는' 것이다.

일부 학생들은 거침없이 말하지만 다른 아이의 말을 주의 깊게 듣지 않는다. 반면, 다른 아이들은 열중하여 듣고, 토론의 흐름을 따라가며, 단순히 들었던 것을 반복하는 것이 아니라 그 이상으로 나아가는 기여를 함으로써 토론에 부응한다. 물론 교사는 잘 듣지 않는 아이도 범상치 않은 생각을 전개할 수 있고, 잠시 동안 생각을 위해 대화를 소홀히 할 수 있다는 것도 알아야 한다(일부 아이들이 듣지 않아서 자신에게 끼치는 해악은 상대적으로 적다. 오히려 아이들이 대화의 흐름을 따라가지 못해서 남들이 했던 말을 항상 똑같이 하게 되는 것이 자신에게 더 큰 해악일 것이다). 다른 한편 거의 말은 하지 않지만, 학급 토론에서 다른 아이들의 말을 경청해서 적극적으로 듣는 아이들도 있다. 그들은 토론에 참여하지는 않더라도 기민하며 열성적이다.

토론은 자체 동력에 의해 구축되어야 한다. 운동장에서 서로를 기대어 피라미드를 쌓는 아이들처럼 토론 역시 구성원들 간의 기여를 기반으로 만들어진다. 질문을 할 때 교사는 이미 알고 있는 답을 단순히 끌어내고자 하는 것이 아니다. 철학적 사고를 장려한다는 것은 아이들이 새로운 방식으로 성찰하고, 대안의 사유, 행동 방식을 고려하며, 창조적이고 상상력을 갖추어 숙고하게 하는 문제이다. 교사는 아이들이 제출하게 될 답을 사전에 알 수 없다. 사실 이 놀라운 요소는 항상 철학 수업에 신선함을 제공해주는 것이다. 다음에 어떤 생각이 나올지 어떤 교사도 알 수 없는 것이다.

물론 토론을 계속 진행해나가는 것은 중요하다. 아이들은 서로의 경험에 대해 듣고 서로에게서 배우게 될 때, 그들은 서로의 관점을 평가하게 되고 서로의 가치를 존중하게 된다. 그러나 교재 일화의 중심 개념에 대한 토론이 더 이상 생산적이지 않을 때, 교사는 토론을 다른 주제로 기민하게 이끌 준비가 되어 있어야 한다.

철학적인 대화에서 관념의 역할

철학적인 토론의 특징이 무엇인지 궁금할 수 있다. 철학적인 토론은 그 밖의 토론과 어떤 점에서 다른가? 여기서 우리는 철학적인 토론과 그 밖의 토론, 즉 과학적, 종교적 토론과의 차이를 구분할 것이다.

과학적인 토론

과학적인 토론은 일반적으로 사실의 문제 및 사실의 문제에 관한 이론과 관계한다. 과학적 토론에서 제기되는 물음은 원리상 답변할 수 있는 질문이다. 그것은 관련된 증거를 발견하고, 널리 인정된 과학적 권위를 참조하며, 적절한 관찰과 관련된 자연법칙을 인용함으로써, 혹은 실험을 수행함으로써 답할 수 있다. 과학적 토론은 특히 증거 해석 방법의 문제를 두고 혹은 주어진 이론이 관련된 사실의 자료를 설명하는지를 두고 의견이 나뉠 때 아주 강렬하고 활기찰 수 있다.

대체로 과학자들은 세계의 일부분이 어떻게 기술되고 설명되는지를 다룬다. 그 때문에 과학수업은 태양 흑점의 원인은 무엇이고, 드라

이아이스의 온도는 몇 도이며, 심장은 어떻게 작동하고, 혈액 순환은 어떻게 이루어지는지, 석기 시대란 무엇이고 지진의 원인은 무엇인지 등의 논의를 포함할 수 있다. 일반적으로 이런 질문이 제기한 이슈는 적절한 토론과 기초과학이론의 분석 및 이용할 수 있는 과학적 증거에 의해 밝혀지고 파악될 수 있다. 그렇게 과학적 토론은 경험적 증거의 권위에 종속되어 있다. 그러한 증거는 일반적으로 인정된 과학적 이해의 틀 속에서 해석되기 때문이다. 따라서 원칙적으로 과학적 논쟁의 해결은 언제나 가능하다.

종교적 신앙에 대한 토론

많은 아이들은 부모와 종교학교에서, 친구들과 나눈 대화에서, 그리고 자신의 관찰에 근거하여 일련의 종교적 신앙을 이미 갖고 있다. 이러한 믿음은 세계 운명의 목적, 개인의 부도덕성 문제, 신의 존재, 신의 심판에 대한 기대 문제와 연결되어 있다. 이런 종류의 질문은 일반적으로 이런저런 사실적 증거에 의해 결정될 수 없는 것이다. 철학 교사의 역할은 아이의 종교적 신념을 비판하는 것도, 혹은 간접적으로 그것을 무너뜨리는 것도 아니다. 교사가 아이의 종교적 믿음의 영역을 침해한다면 그것은 교의 주입의 오류를 범하는 것이다. 다른 한편으로 아이에게 전 세계 사람들이 신앙으로 선택하는 대안의 여러 시각들을 제공하는 것은 크게 문제가 되지 않을 것이다. 결국 다신교를 믿는다거나 무교라고 고백하는 아이들에게 가능한 여러 대안들이 있다고 시사하는 것이 교의의 주입이 아니라면, 혼자만의 초현실적 존재를 믿는 사람에게 무수히 많은 대안이 있다고 시사하는 것은 왜 가능할 수 없는 것일까?

교사가 독선적이거나 무지해서 아이들의 종교적 신앙을 교정하고 자 한다면 그것은 안타까운 일이다. 아이의 지적 통일성에 대한 그러한 침해는 아이에 대한 존중이 결여된 것일 뿐만 아니라 과학, 철학 및 교육의 본성에 대한 교사의 오해 또한 보여주는 것이기도 하다. 일부 사람들은 아이의 종교적 신앙이 과학과 철학의 관점에서 볼 때 건전하지 않다고 여겨, 건전한 과학적·철학적 정보에 의해 교정되어야 한다고 생각한다. 그러나 이런저런 식으로 종교적 신앙을 없앨 수 있는 그런 과학적 사실은 없다. 종교적 신앙이 신앙의 문제인 한에서 그것이 과학이나 철학에 의해 해결될 수 있는 문제인지는 의문이다.

물론 아이들이 자신의 가족, 친구, 공포, 기쁨, 사적인 문제를 논하는 것처럼 종교적 토론을 하는 것은 가능할 수 있다. 아이들의 비형식적인 종교 토론은 종교에 관한 생각과 느낌을 서로 비교하고 대조해보는 것이다. 그러나 대체로 그것은 철학적 탐구의 특징이라고 할 수 있는 **기저에 놓인 가정**에 대한 탐구, 개념의 의미 분석, 혹은 명료한 정의에 대한 탐구가 포함되지 않는다. 다시 말해, 종교적 토론은 종교적 신앙이 전제하는 가정을 탐구하지 않는다. 그에 반해 철학적인 토론은 가정을 탐구하지 않을 경우 만족하지 않는다.

다시 말하면 교사들은 이 철학적 사고 수업이 일부 아이들의 종교적 신앙을 폄하할 수 있는, 교사 혹은 아이의 수중의 도구가 되지 않도록 신중해야 한다. 철학 수업은 아이들이 **자신의 신앙을 위해** 보다 확고한 토대를 찾고 밝힐 수 있는 도구 역할을 해야 한다. 교사의 역할은 이중적이어야 한다. 한편으로 그것은 아이의 신앙을 교정하는 것이 아니라, **아이 자신이** 신앙을 위해 선택한 것에 대해 보다 나은 충족 이유를 찾을 수 있도록 도와주는 것이어야 한다. 나아가 그것은 자신이 견지한 신앙에 포함된 문제에 대해 자신의 이해를 강화시켜주는 것이어야 한다.

철학적인 토론

우리는 지금까지 과학과 종교가 교실과의 관련성이라는 관점에서 사람들의 관심이 전혀 다른 영역을 나타낸다는 것을 보여주고자 했다. 바꾸어 말하면, 교육적 관점에서 볼 때 과학적 토론과 종교적 토론은 별개의 것이며, 이것과 철학적인 토론을 혼동해서는 안 되는 것이다.

철학 토론은 과학과 종교가 멈춘 그 지점만을 취할 필요는 없다. 철학적인 토론은 다른 주제로 바뀔 수 있는 것처럼, 그것은 종종 과학과 종교의 물음을 포함할 수도 있다. 철학은 종교적 현실 해석에 대한 사실적 기술을 둘러싼 논쟁에 참여할 수도 있고, 그렇지 않을 수도 있다. 심판이 게임에 참가하지 않듯이 객관적 방관자로서의 철학자 역시 이들 논쟁에 관여하지 않는다. 관여할 경우가 생기면 심판은 게임이 가능한 한 가장 공정한 방식으로 진행되는지 보기 위해 공평무사의 정신을 드러낸다. 이와 유사한 방식으로 철학 역시 의미를 밝히고, 가정과 전제를 드러내고, 개념을 분석하고, 추론 과정의 타당성을 고려하며, 관념의 함의와 인간적 삶에서 갖는 특정 관념의 결과를 탐구하는 것과 관계되어 있다.

이는 철학이 개념의 명료화에만 관여하다는 것을 의미하는 것은 아니다. 철학은 새로운 사상의 풍부한 원천이기도 하다. 인간 지식의 문지방이 있는 곳에서, 특정 주제 영역에 관해 생각하는 이들은 거기에 무엇이 있는지 이해하기 위해 사변적으로 암중모색하여 찾을 수 있다. 점차적으로 새로운 주제 영역에 대한 탐구 방법이 발달하고, 관찰, 측정, 예측 및 통제 방법이 완벽해짐에 따라 철학적 사변은 과학적 이해로 대체되었다. 이런 의미에서 철학은 모든 학문의 어머니이다. 왜냐하면 철학적 사변이 점점 더 엄격해지고, 입증되며, 측정과 실험, 검증이 일어나기 시작할 때, 철학은 과학으로 변하기 때문이다. 이런 의미에서 철학은 모든 새로운 과학적 기획의 전개에 앞서는 사상의 원천이다.

그러면 이 모든 것은 **철학적인** 토론을 이끄는 교사의 역할에 대해 어떤 의미를 갖는가? 첫째, 교사는 과학적·종교적·철학적인 토론 사이의 차이를 유념하고, 아이들을 철학적으로 사고하도록 촉진할 때 이 미묘한 차이를 이정표로서 삼아야 한다. 교사들은 철학적인 토론으로서 시작했지만 수업은 이용할 수 있는 경험적 증거를 조사하는 것으로써 해결될 수 있는 사실적 정보를 둘러싼 논쟁으로 쉽게 변할 수 있다는 것을 잘 알고 있어야 한다. 토론이 이런 식으로 일어날 때 사변적으로 계속 나아가기보다는, 경험적 증거를 어디선가 발견할 수 있다는 것을 알려주는 것이 교사의 역할이다. 예를 들면, 논쟁이 252+323의 합을 구하는 것으로 전개될 경우, 그것은 철학적 논쟁이 아니다. 그러

교실 속 어린이 철학

나 "덧셈이란 무엇인가?" 혹은 "합이라는 무엇인가?"라고 묻는 것은 철학적 질문이다. 콜럼버스가 서반구에 언제 도착했는지는 책에서 쉽게 찾을 수 있다. 그러나 "서반구를 처음 발견한 사람은 누구였는가?"라는 질문은 이런 식으로 해결할 수 없다. 거기에는 모호싱이 많아 명료화가 필요한 개념이 있다. 우리는 빛이 태양에서 지구까지 도달하는 데 시간이 걸린다고 알고 있다. 그러나 우리는 시간 그 자체에 대한 과학은 갖고 있지 않다. 그 때문에 아이들이 "시간이란 뭐예요?"라고 물을 때, 그들은 철학적 질문을 하는 것이다. 또래와 교사와의 대화를 통해서 철학자들이 이에 대해 제시해온 대안의 시각들을, 아이들이 이해할 수 있는 언어로 바꿀 수만 있다면, 아이들에게 제시하지 않을 어떤 이유도 없다.

　철학적인 토론은 어떤 관념의 **의미**에 대한 아이들의 무수한 요구로부터 진화할 수 있다. 이러한 기회를 붙잡고 그것을 철학적 탐구의 시작으로 삼는 것은 교사에게 달려 있다. 만일 아이가 '권위', '문화', '세계', '존중', '권리'라는 낱말이 무엇을 의미하는지 알고자 한다면, 교사는 교실의 아이들만큼 많은 관점을 얻기 위한 출발점으로서 이런 질문들을 택할 수 있다. 아이들에게 철학자들이 생각해온 여러 관점을 제시하고, 한 가지 견해를 그 밖의 것과 비교해서 결과를 검토하며, 각각의 견해의 의미와 내재한 가정을 밝히면서 말이다.

철학은 과학교육과 어떻게 관련되어 있는가?

　교실에서 과학적 '사실'이 마치 최종적이고 절대적인 것처럼 제시된다고 때때로 지적되곤 한다. 그러한 접근은 과학적 탐구의 정신과 대립된다. 왜냐하면 과학적 탐구 정신에서는 어떤 사실도 의심할 나위가 없다고 말할 수 없기 때문이다. 과학적 탐구의 결과를 의심할 학생의 권리를 부정하는 것은 그러한 탐구의 지속을 가로막는 것이다. 다른 한편 교사가 언제나 확실히 해야 하는 것은 그가 가르치는 '사실'이 언제나 재현 가능한, 혹은 증명할 수 있는 방식의 증거여야 한다는 것이다. 경험적인 절차의 한계를 무시하는 식으로 과학을 가르칠 때, 과학은 교의의 주입이 된다.

그러므로 과학교육에 대한 어린이 철학의 기여는 모든 과학자들이 소중하게 여기는 비판적 기질을 장려하는 데 있다. 아이들이 과학에서 얻은 사실에 대해 의문을 던질 때, 그러한 행위는 과학적 기획력과 정확히 궤를 같이 한다. 실제 철학적 정신의 틀은 과학적 독단에 대한 해결책으로서, 그리고 과학적 탐구가 따라야 할 신선하고 도발적인 새로운 사상의 원천으로서 극히 중요하다.

오늘날 과학교육 프로그램이 겪는 많은 어려움은 과학이 무엇인지를 이해하는 젊은이가 많지 않다는 것이다. 그들은 과학이 무엇인지 거의 알지 못한다. 그들은 방법론을 이해하지 못하고, 정확한 추론 방법과 부정확한 추론 방법의 차이에 대한 감각이 거의 없으며, 사물을 과학적으로 왜 이해해야 하는지에 대한 일반적인 이해도 거의 없다. 효율적인 추론과 조잡한 추론의 차이를 평가하도록 훈련받지 않은 학생들에게 어떻게 과학적 자료를 효과적으로 사용하게 할 수 있을지 알 수 없다. 자신이 지각한 것에서 혹은 언어적 정식에서 적절한 추론을 끌어낼 훈련을 받지 않은 학생들에게 어떻게 과학 실험에 참여하도록 훈련시킬 수 있을지 알 수 없다.

요컨대, 과학 프로젝트 자체에 대한 예비 교육을 제공해야 하는 과학교육의 접근은 우선 아이들이 과학적 탐구에 전념힐 수 있도록 동기를 부여할 인센티브를 제공해야 한다. 또한 아이들에게 일련의 작업 습관을 제공해서 자신들의 창조적이고 상상력이 넘치는 경향성을 세계에 대한 훈련되고 조직된 방식으로 생각하고자 하는 자신들의 욕구와 연결시킬 수 있게 한다. 철학을 교육과정에 포함시키는 것은 이러한 목표를 달성하기 위한 합당한 한 가지 방책일 수 있다.

철학 고유의 질문은 과학 수업의 성공을 위한 필요불가결한 전제조건이다. 과학수업이 순조롭게 진행될 때까지 철학적 질문을 미룰 경우 너무 늦어져 성공적인 과학교육이 견지해야 할 높은 수준의 호기심을 유지하는 것이 어려워진다. 어린이 철학은 아이들이 자신의 삶의 경험에 대해 가지고 있는 많은 질문들을 다루면서, 그들이 받는 과학 수업이 그들과 계속해서 관련성을 가질 수 있을 조건을 만든다. 종종 전통적인 과학 프로그램을 위협하는 것은 그런 관련성의 결여에 있다. 철학이 이러한 관련성을 제공할 수 있고, 과학교육 그 자체의 목적을 생각할 때 어린이 철학이 없는 것보다 있을 때 과학을 더 효과적으로 가르칠 수 있다는 것이 우리의 논지이다.

철학적인 대화 함양하기

토론, 좋은 토론 그리고 철학적인 토론

때때로 우리는 점심시간 때 교사들의 다음과 같은 말을 듣는다. "오늘 수업 시간에 좋은 토론이 있었어요." 그런 말은 우리에게 좋은 토론은 자주 일어나지 않는다는 인상을 준다. 그것은 다음과 같은 말을 들을 때와 같은 것이다. "퍼드 삼촌이 지난 주말에는 술을 안 마셨어요." 이는 퍼드 삼촌이 술을 안 마시는 주말이 거의 없다는 인상을 준다.

우리는 좋은 토론을 운에 좌우되는 문제로서 간주하는 경향이 있다. 2월 즐거운 어느 하루에 감사하는 것처럼 우리는 마음에 드는 학급 토론을 가져다 준 행운에 감사한다. 그러면서 우리는 즐거운 2월의 어느 날을 촉진할 수 없듯이 마음에 드는 학급 토론도 촉진할 수 없다고 가정한다.

그러나 이는 확실히 잘못이다. 좋은 토론은 분명히 촉진될 수 있다. 좋은 **철학적** 토론 또한 촉진될 수 있다. 다만 우리는 먼저 우리가 달성하고자 하는 것을 알아야 한다. 우리는 단순한 토론과 좋은 토론을 구분하는 방법과 철학적 토론의 특징이 무엇인지에 대해서 알아야 한다.

우리는 어떤 주제에 대해서든—목적 없고 피상적인 토론과 대조되는—좋은 토론을 할 수 있다. 좋은 토론은 참여한 모든 아이들을 말하도록 할 필요는 없다(일부는 말할 때보다 들으면서 더 많이 배우는데, 그들 또한 말을 하지 않을 뿐이지, 엄연한 참여자이다). 좋은 토론은 참여자가 많이 말을 해서 필연적으로 일어나는 것이 아니다. 또한 교실이 양극으로 나눠져 소수의 참여자들이 공세를 폈기 때문에 좋은 토론을 했다고 흐뭇하게 주장할 수 없다.

좋은 토론은 토론의 최종 결과 혹은 성과가 처음 논의를 시작했던 조건과 대조되는 명확한 진전을 나타내는 것으로서 식별될 때 어떤 과목에서든 일어날 수 있다. 아마도 그것은 이해의 진전일 것이고, 그것은 어떤 종류의 합의에 도달한 것일 게다. 또한 그것은 문제를 분명히 형성했다는 의미에서의 진전일 것이다. 어쨌든 거기에는 진전된 무엇이 있다는 감각이 있다. 무언가가 이루어졌다. 다시 말해 집단의 산물을 이룬 것이다.[1]

반대로 단순한 토론도 참석한 여러 아이들(사실 그들을 '참여자'라고 말하기가 주저된다)의 발언을 야기할 수 있다. 거기서 아이들은 '마음의 만남'을 이루지 않고서도 이슈에 대해 각자 느낀 대로의 관점을 표현할 수 있지만, 관점들은 더 큰 참조 틀의 일부를 형성하기 위해 교차되지는 않는다. 일군의 아이들은 자신들의 신념에 대해 증언할 수 있지만 그들은 자신들의 증언이 서로 갖고 있는 모든 관련성과 무관한 세계들을 점유하고 있을 뿐이다.

그러나 단순한 토론은 좋은 토론이 나올 수 있는 토양일 수 있다. 좋은 토론은 그것이 어떤 주제에 관해서든 철학적인 토론이 나올 수 있는 토양일 수 있는 것처럼 말이다. 중요한 것은 토론이 진행됨에 따라 무엇이 좋은 토론인지 우리가 알 수 있다는 것이다. 단순한 토론은 마치 일련의 사건이 연달아 이어지는, 그래서 어떤 것도 **구축**되지 않는 평범한 악한을 소재로 한 소설처럼 선형적이고 일화적이다. 반면에 좋은 토론은 누적적이다. 아이들의 기여가 다른 것과 수렴되고 조화가 되는 실제적인 일련의 힘과 방향이다. 일화 수업 끝에 전체 의견이 일치되는지 불일치되는지 여부는 상대적으로 중요하지 않다. 중요한 것은 각각의 참여자가 기여한 것들이 서로 관련되고 강화된다는 것이다. 이는 참여자들이 다른 사람이 말하는 것에서 배우고(특히 자신의 기여에 의해 배운다), 토론에 대한 참여자들의 잇따른 기여가 참여자가 축적해온 증가된 이해를 반영할 때 그러하다.

브레인스토밍 시간의 리더가-혹은 일반 토론의 사회자가-한 말을 주의 깊게 듣고 그것을 철학 교사의 질문이나 발언과 비교하면 그 차이에 아연하지 않을 수 없다. 가능한 한 많은 사람들의 발언을 끌어내는 것이 유일한 목적인 사람은 참여자들에게 다음과 같은 질문을 할 것이다.

이 문제에 대해 여러분은 어떻게 생각하나요?
이 주제에 관해 여러분의 생각은 무엇인가요?
지금 말한 것에 동의하나요?

다시 말하면 위에서 언급한 질문은 단지 견해를 끌어내는 데 그칠 뿐이다. 그런 질문은 추론을 촉진시키지 못한다. 그것은 참여자들에게 자신의 견해를 합리적으로 발언하게 하는 것이 아니라, 이를테면 입 밖으로 토해내라고 권장한다.

교실 속 어린이 철학

한편 철학적 토론에서 교사는 다음과 같이 질문을 할 것이다.

그렇게 말하는 건 무슨 근거죠?
왜 그 점에 대해서 동의합니까(혹은 동의하지 않습니까)?
지금 사용한 그 말을 어떻게 정의하고 있습니까?
그 말은 무슨 뜻입니까?
지금의 말과 앞에서 한 말은 일관되나요?
말을 좀 더 명확하게 해주겠습니까?
지금 한 말은 무엇을 의미하나요?
방금 한 말에서 어떤 결론이 따라 나오나요?
둘이 서로 모순될 가능성이 있습니까?
여러분은 자기 자신과 모순되지 않는다고 확신합니까?
그러한 처방에 어떤 대안이 있습니까?

철학적인 토론을 이끌기 위해서는 어떤 종류의 질문이 각 상황에 적절한지에 대해서, 그리고 그런 질문을 할 수 있는 상황에 대해서도 감각을 키워야 한다. 철학교사는 어떤 학생의 발언에 대해서는 잠시 멈추고, 뒤쫓아가며, 탐구할 수 있지만, 어떤 학생의 논평은 그 이상의 분석이 역효과를 낼 수 있기 때문에 추가적인 탐구 없이 그 자체로 가치를 인정해야 한다고 판단할 것이다. 완벽한 토론 기술을 위한 비법은 없다. 그런 모델을 찾는 데 흥미를 가진 교사는 플라톤의 『대화편』을 읽는 것도 나쁘지 않을 것이다. 그 책에서 소크라테스는 철학의 마스터 교사, 다시 말해 생산적인 대화를 이끄는 기예의 마스터로 그려져 있다.

학생들을 말하게 하기

아이들을 철학적 토론에 참여하게 만드는 것은 하나의 예술이다. 어떤 예술이든 어느 정도의 지식은 필수조건이다. 이 경우 교사는 언제 토론에 개입하는 것이 적절한지 이해할 필요가 있다. 때로는 우리가 토론을 이끌기 위해서 할 수 있는 최고의 것이 아무것도 말하지 않고 상황을 내버려두어야 하는 경우도 있다. 사실 철학적 토론이 나아가야 할 목표는 **학생과 학생 간의** 대화가 최고조에 이르는 상태여야 한다. 반대로 토론 시작 즈음에서는 **교사와 학생 간의** 대화가 최고조에 이르러야 한다.

견해나 의견 끌어내기

우리는 학급 토론은 아이들의 관심에서 시작해야 하고, 학생들에게 이야기를 읽히는 것은 그들의 관심을 자극하고 확고히 해줄 경험을 만드는 방법이라고 누차 강조했다. 우리는 자신의 관심이 자극을 받고 이끌리지 않는 한, 시들해지는 경향이 있다는 사실을 잘 알고 있다. 페다고지 차원에서 예술 작품의 유용성은 그렇지 않았으면 자고 있거나 무력했을 우리의 관심에 활기를 넣어준다는 데 있다.

일단 아이들이 이야기 교과서를 읽으면 우리는 그들에게 어떤 점에 관심이 있는지 물을 것이다. 학급의 아이들이 답을 할 때, 칠판에 그 내용을 쓰고 칠판에 적시된 생각을 정확히 하기 위해 아이들에게 물어보는 것도 도움이 될 수 있다. 이 아이들이 밝힌 일련의 '흥미로운 점들'은 이제 학급 토론을 위한 의제가 될 것이다(교사가 중요하다고 생각한 어떤 것을 학생들이 간과한 것처럼 보이면 교사가 조금 더 언급해주는 것도 도움이 될 수는 있지만, 주의해야 할 것은 그것은 교사의 의제가 아니라, 본질적으로 학생들의 의제라는 것이다).

이제 학급 토론 의제의 최초의 사항을 채택하게 되었다. 교사는 학생들에게 견해를 제시해보도록 질문할 것이다. 아이들이 의견을 잘 제시하지 못하면, 교사는 다음과 같은 질문을 던지며 그 논의 사항을 제안한 학생에게 조금 더 다듬어보도록 요구할 것이다.

왜 그 사건에 관심을 갖게 되었나요?
평소에 이런 종류의 사건을 잘 알고 있나요?
학생은 어떤 견해에 대해서는 동의하고, 어떤 견해에 대해서는 반대하나요?
이야기의 이 부분은 나머지를 이해하는 데 어떻게 도움이 되었나요?
이 이야기에 관해 도저히 이해할 수 없는 것이 있나요?
이 이야기는 우리가 토론해야 할 이슈를 제기하나요?

물론 교사는 위에서 언급한 일반적인 질문보다 학생들이 제안한 논의 사항과 더 관련되고 구체적인 많은 질문을 찾을 수 있을 것이다. 그는 논의 중의 의제에 가장 직결되는 질문을 망설이지 말고 시작해야 할 것이다.

자신의 생각을 표현하도록 돕기: 명료화와 재진술

교사는 때때로 수업 중에 학생들이 자기표현에 어려움을 겪는 것을 발견할 것이다. 아마도 학생들은 적절한 낱말을 찾지 못해서 그럴 수 있다. 아니면 부끄러움이 많아서 그럴 수도 있다. 어쨌든 교사는 그런 경우에 학생들을 토론에 참여시키고자 할 것이다. 다음과 같은 질문을 학생에게 던지는 것이 도움이 될 것이다.

> 학생은 …라고 말하는 것처럼 보이는데요.
>
> 그것은 …라는 것인가요?
>
> 학생이 말하는 것은 …인가요?
>
> 학생이 말한 것은 … 이렇습니다.
>
> 학생의 말에서 … 같은 인상을 받았습니다.
>
> 학생이 말한 것이 …라는 것이 아닌가요?
>
> 듣기에, 학생은 …를 말하고 있습니다.
>
> 보다시피 그것은 …입니다.
>
> 내가 틀렸으면 바로 잡아주세요. 그런데, 이건 …이 아닌가요?

교실 속 어린이 철학

그러면, 학생의 관점에서는 …

내가 이해하기로는 학생은 ….

학생이 …를 말하고 있다고 가정해도 괜찮겠습니까?

학생의 입장을 이런 것이라고 말해도 합당합니까?

학생이 말한 것을 이런 식으로 말해도 될까요?

이런 식으로 학생의 견해를 표현해도 되겠습니까?

위 진술들은 학생들에게 자신이 했던 말을 **명료하게** 나타낼 수 있도록 사용된 것임에 유념해야 할 것이다. 그것은 학생들의 발언이 지닌 함의나 이유를 묻는 것이 아니라, 설명이 필요한 발언에 대해 한 번 더 부연하게 하는 활동이다.

교사가 위와 같이 말하기보다는 아이들이 스스로 자신의 견해를 명확하게 나타내는 것이 더 바람직한 건 말할 것도 없다. 그러나 학생들은 자신이 한 말을 더 잘 표현할 수 있는 방법에 대해 당황스러워 하는 경우가 있으며 교사는 학생들의 발언을 좀 더 이해하기 쉬운 형태로 재구성하게 해줌으로써 이를 도울 수 있다.

이렇게 하는 것의 이점은 토론을 촉진한다는 것이다. 그러나 아이의 견해를 보다 알기 쉽게 이해할 수 있도록 정식화한 선의의 번역이 원래 아이가 의도했던 것에 대한 **왜곡**이 될 수 있는 위험도 있다. 우리 모두에게는 의식하든 않든 조작적 경향이 있다. 이런 경향은 다른 사람들이 말하려는 것이 엄밀히 말해서 우리가 듣고 싶어 하는 것이라고 설득하여 우리가 믿는 것을 그들도 믿도록 만들고자 애쓰는 데서 나온다. 그러나 교사의 의무는 아이들에게 자신이 생각한 것을 표현할 수 있도록 돕는 것이다. 비록 아이들의 생각이 교사가 생각했으면 하는 것이 아니더라도 말이다. 교사가 아이들의 생각에 동의하지 않는다면 동의하지 않는다고 말하고, 그 이유까지 설명해야 할 경우도 있을 것이다. 그러나 학생의 견해를 미묘하게 다시 재정식화하여 왜곡시키는 것은 조작이고 교의의 주입일 뿐이다. 이는 철학적 대화에 부적절한 또 다른 방식의 말하기이다.

학생들의 견해를 자세히 설명하기

다른 한편으로 교사는 학생들의 견해를 재구성하여 그들의 의견을 명료하게 나타낼 수 있도록 도울 뿐만 아니라, 그 이상의 것을 하고 싶을 수 있다. 교사는 단순히 학생들이 말한 것뿐만 아니라, 그들이 한 말의 **의미**를 탐구하고 싶을 수 있다. "학생은 …을 말하고 있는 것이죠?"와 "학생은 …라는 것을 의미하는 건가요?" 사이에는 분명한 차이가 있다. 이는 주장하는 내용과 그 주장에 대한 해석 방법 사이의 차이이다.

그러나 학생의 발언을 해석하는 것과 관련된 것을 토론하기 전에 교사는 **설명**에 대해 어느 정도 주의를 기울여야 한다. 설명은 학생이 발언한 내용을 왜곡되지 않게 재수정하는 것과 해석 사이에 있다. 우리는 학생이 주장한 것에 대한 일부 특징을 선택하고 강조할 때 설명한다. 혹은 학생들에게 자신이 말한 내용을 설명하도록 장려할 수 있다. 다음 발언들은 설명을 위한 단서이다.

학생이 주장하는 바는 …인가요?

학생이 말한 것 중에서 특히 어떤 점을 강조하고 싶습니까?

그래서 그다음의 논의는 …이 중요하다는 거죠.

다음과 같이 학생의 논거를 정리해도 될까요?

지금 주장하는 바를 간략하게 요약해줄 수 있나요?

바로 이 점이 … 학생 발언의 핵심이라고 생각합니다.

해석

교실에서의 토론은 이제 누군가가 발언한 것의 **의미**, 혹은 학생들이 읽은 한 문단의 **의미**에 달려 있다. 우리가 의미를 풀어낼 때 우리는 해석에 참여하는 것이다.

우리가 말하는 것은 아마도 우리의 참조 틀, 다시 말해 삶의 경험에서 우리에게 의미를 가질 것이다. 그러나 우리 발언에 대한 사람들의 해석은 우리가 말했던 것에 대한 우리의 해석과 꽤 다를 수 있다. 바꾸어 말하면 우리는 우리의 발언에 한 가지 의미만 부여하지만 다른 사람들은 또 다른 의미가 있다고 생각할 수 있다.

그런데 철학적 토론을 이끌 때는 말하고 있는 것뿐만 아니라 그 말에 대한 학급 구성원들의 여러 해석 방법에 대해서도 주의를 기울이는 것이 꽤 중요하다. 의미를 끌어내는 두 가지 방법이 있는데, 하나는 논리적으로 함축된 것을 추론하여 말한 것에서 의미를 끌어내는 것이고, 다른 하나는 논리적으로 함축되지는 않지만 시사된 것을 추론하여 끌어내는 것이다.

논리적 함의를 추론하기

우리는 논리를 배움으로써 논리적으로 추론될 수 있는 내용과 주어진 진술 혹은 진술들을 식별하는 방법을 배울 수 있다. 논리를 통하여 식별할 수 있는 것은, 가령 '어떤 개도 파충류가 아니다'라는 진술에서 '어떤 파충류도 개가 아니다'는 진술은 추론할 수 있지만, 거기서 '모든 개는 척추동물이다'라거나 '어떤 파충류도 털이 없다'는 진술은 추론할 수 없다는 것이다.

우리는 논리를 통해서 다음 형식의 두 진술을 식별할 수 있다.

모든 디스크자키는 인간이다.
모든 인간은 죽는다.

우리는 위 진술들로부터 '모든 디스크자키는 죽는다'는 진술을 정당하게 추론할 수 있다. 바꾸어 말하면 논리를 통해서 우리는 우리가 말한 내용에서 함의된 것을 알 수 있다. 우리가 말한 내용을 주의 깊게 정식화하고 그것을 논리의 규칙에 따라 배열할 수 있다면 말이다. 그러나 이러한 엄격한 조건은 철학 토론 중에서는 얻을 수 없다. 대신 우리는 『해리 스토틀마이어의 발견』 1장의 해리처럼 이상적인 사례를 학습할 수는 있다. 해리는 1장에서 타당하지 않은 연역 추론의 사례를 발견한 뒤, 적어도 두 가지 사례를 더 지적한다. 실제 토론에서 논리적 추론에 대한 엄격한 검토는 자주 일어나지 않는다. 그럼에도 논리를 숙달하는 것은 독자에게 읽었던 내용에서 엄밀한 의미를 끌어내는 강력한 도구를 제공한다.

전제된 것을 추론하기

해석은 누군가의 표현 속에 함의되거나 시사된 것을 발견하여 의미를 발견하는 문제이다. 사람들은 **추론**을 하고, 표현은 **함의**를 갖는다는 것을 주목해야 한다. 표현의 함의는 유의미한 결론이다. 다시 말해 이 유의미한 결과 중 일부는 논리적으로 함축된 것이며, 일부는 단순히 시사된 것이다.

예를 들면, 반의 한 학생이 "아니에요, 조니는 선생님의 펫[2]이 절대 아니에요. 똑똑해서 성적이 좋은 것일 뿐이에요"라고 말한다면, 교사는 학생이 말한 내용이 아이러니하고, 조니가 선생님의 펫이라는 것을 (분명 논리적이지는 않을지라도) **암시하는 것으로** 의심할 수 있다.

그런데 어떤 아이가 "어제, 프랑크가 맨 앞줄로 갔어. 오늘은 앞줄 전체가 교실 뒤로 갔어"라고 말한다면, 분명 앞줄의 학생들이 프랑크가 자리를 앞으로 옮겼기 때문에 자리를 떠났음을 시사한다. 그러나 프랑크가 앞자리로 갔다는 것이 이를 논리적으로 함축하는 것은 아니다.

또한 비언어적 추론도 찾을 수 있다. 비언어적 추론을 읽어내는 것은 빗대어하는 말이나 특별하게 강조하는 것으로부터 파악하는 것에서 학생들의 몸짓이나 표정을 보고 말한 내용에 대한 반응으로서의 의미를 해석하는 것까지 다양하다.

해석은 시사하거나 함축한 내용을 끌어내는 추론의 문제이기 때문에 교사는 그에 대해 학생들이 말한 내용을 적절하게 해석함으로써 토론을 이끌어갈 수 있다. 해석은 다음과 같은 말로 제시할 수 있다.

지금까지 말한 것에서, 나는 …라고 추측합니다.

내가 잘못 안 것이 아니라면 학생의 입장은 이런 식으로 해석될 수 있을 것 같습니다.

내가 잘못 알고 있다면 바로잡아주세요, 요컨대 학생은 …라는 것이 아닙니까?

학생이 말한 것을 보면, 논리적으로 …가 될 것 같습니다.

학생은 …를 제안하고 있는 건가요?

학생은 …를 뜻하는가요?

내가 이렇게 말하면 학생의 말을 왜곡하는 건가요?

학생이 의미하는 것은 이런 식으로 말할 수 있지 않을까요?

지금 말한 것이 무엇을 의미하는지 설명해줄 수 있나요?

지금 한 말이 옳다면 …라는 결과가 나오지 않을까요?

지금 한 말이 옳다면 학생은 …라는 사실을 어떻게 설명할 수 있나요?

방금 한 말을 고려할 때, 학생은 …라고 생각하는 것이 아닌가요?

방금 한 말을 고려할 때, 학생은 …라고 생각하나요?

교실 속 어린이 철학

내 생각에 학생이 한 말은 … 때문에 중요하게(혹은 중요하지 않게) 보입니다.

학생의 말이 갖는 함의는 … 때문에 크나큰 영향을 끼칠 것으로 보입니다.

학생의 발언에 대한 이러한 해석에 학생은 반대합니까?

일관성 추구

철학 토론에서 일관성에 관한 물음을 제기하는 것은 유용하다(여기서 '일관성'이란 낱말을 같은 맥락에서 여러 차례 사용할 때 같은 의미를 갖게 하는 것을 의미한다). 우리는 누군가가 견해를 제시할 때 일관성이 없다고 생각할 수 있고, 혹은 몇몇 학생들의 견해들이 불일치한다고 일관성이 없다고 느낄 수도 있다. 어느 경우든 다음과 같은 질문이나 발언으로 그러한 가능성을 탐구하는 것이 좋을 것이다.

조금 전에 ~라는 낱말을 썼을 때 그것은 지금 사용한 것과는 다른 의미로 사용된 것이 아닌가요?

여러분의 생각은 실제로 서로 다른 건가요? 아니면 다른 방식으로 같은 것을 말하고 있는 건가요?

두 시각은 완전히 모순된 것으로 보입니다.

그 시각을 정교하게 해보자면, …를 덧붙이는 것이 일관성 있지 않을까요?

물론 학생의 시각은 일관성이 있습니다. 그러나 … 때문에 여
전히 틀릴 가능성이 있습니다.

정의 요구하기

토론에서 사용하는 낱말이 이해를 돕기보다 더 혼란스럽게 하는 경우
가 있다. 그런 경우에 정의를 위해 토론을 잠시 멈추는 것도 좋을 것이
다. 아니면 문제의 낱말을 폐기하는 것도 괜찮을 것이다.

때때로 아이들 사이에 논쟁이 일어나는 것은 같은 낱말을 서로 다
른 방식으로 정의하면서 사용하는 사실에 기인한다. 아이들은 이런
사실을 알게 될 때 그들은 같은 정의를 사용하거나 더 적절한 다른
낱말을 찾으려고 한다. 아이들은 어떤 영화를 두고 그것이 좋았는지
나빴는지 의견이 나뉠 수 있다. 아니면 그들은 오리너구리가 물고기인
지, 새인지 혹은 포유류인지에 대해 견해를 달리할 수 있다. 후자처럼
단순한 경우에는 사전이 가장 좋은 해결책이다. 그러나 그 밖의 경우
가장 논란이 많은 낱말은 대안의 의미가 풍부한 낱말이다. 교사는 ─ 그
런 단계가 필요할 경우 ─ 다음과 같은 질문을 하며 학생이 암묵적으로
사용하는 정의를 파악해야 한다.

~라는 낱말을 사용할 때 그건 무슨 뜻인가요?
조금 전에 사용한 ~라는 낱말을 정의해주겠습니까?
~라는 낱말은 무엇을 가리키는 건가요?

교실 속 어린이 철학

어떤 것이 ~라면, 그것의 주된 특징은 무엇입니까?

대체로 교사는 정의를 요구하는 것에 주의해야 할 필요가 있다. 왜냐하면 그렇게 할 경우 **단순한** 정의 논쟁으로 토론이 곁길로 샐 위험이 있기 때문이다. 예를 들면, 학생들이 전쟁의 문제에 대해 토론하고 있고, 대화가 순조롭게 잘 진행되고 있다고 하자. 그때 교사가 "전쟁이란 어떤 의미인가요?"라고 질문을 던지며 개입한다. 분명 그 질문은 훌륭한 질문이기는 하지만, 반드시 적절한 순간에 던져야 하는 것이다. 다시 말해 그런 질문은 학생들이 그 낱말과 관련된 문제를 알아차리기 시작했을 때 던져야 한다. 어떤 낱말의 의미를 당연한 것으로 받아들여, 대화가 부드럽고 생산적으로 진행될 때는 이를 지양해야 한다.

다른 한편으로, 여러 기본 낱말이 토론의 처음 단계에서 정의되어 있지 않을 경우, 토론을 시작할 수 없을 것처럼 보이는 토론도 있다. 예를 들면, 학생들은 『해리 스토틀마이어의 발견』 5장에서 일어나는 것에 대해 토론할 수 있는데, 거기서 학생들은 '교육'이라는 낱말의 의미에 대해 어느 정도의 이해나 의견의 일치를 보는 것이 중요하다는 것을 알게 된다. 그럴 경우 교사는 주요 낱말이나 정의되어야 할 낱말에 대해 물음을 던지며 시작할 수 있다.

가정 찾기

철학적 대화의 주된 특징 중 하나는 말한 것의 **함의**(말한 것으로부터 논리적으로 따라 나오는 내용)를 발견하는 데 있다고 한다면, 또 다른 특징은 말한 내용의 기저에 있는 가정을 탐색하는 것이라고 할 수 있다. 철학자가 모든 질문과 주장의 근저에 있는 가정을 찾는 것은 전형적인 일이다. 그리고 이러한 탐색은 마찬가지로 철학적 토론의 특징이기도 하다.

가정을 제시하는 것이 필연적으로 학생들에게 그러한 가정을 포기하도록 야기하는 것을 의미하는 것은 아니다. 그러나 그것은 학생들에게 그들이 말한 것이 무엇이든 그러한 가정에 토대한 것을 다시 생각해보도록 야기할 수 있다.

질문자가 전제하고 있는 것을 드러내서, 질문이 대답할 수 없게 보이는 이유를 밝혀줄 때가 종종 있다. 확실히 누군가가 우리에게 여기서 네버랜드까지의 거리가 얼마인지 묻는다면, 우리는 다양한 이유를 들어 그 질문을 물리칠 수 있다. 그것은 네버랜드가 존재하고, 거기까지의 거리가 측정될 수 있으며, '여기'는 특정 지점임을 가정하고 있기 때문이다. 또는 누군가가 겨울과 도시 중에서 어느 쪽이 더 따뜻한지 물으면 우리는 그 질문은 겨울과 도시를 온도의 관점에서 비교할 수 있다고 가정하고 있다고 이의 제기할 것이다. 혹은 "세상은 어떻게 종말을 맞게 될 것인가?"라는 질문을 할 경우, 질문자가 왜 세계가 종말을 맞게 될 것으로 가정하는지, 그 이유에 관해 탐구하는 것이 타당할 것이다. 아이들에게 전제가 무엇인지, 그리고 그것들 중에서 어느 것이 부적절한 것인지 알아내기 위해 질문과 주장에 관한 엄밀한 비판 모델을 제기할 수 있다. 다음과 같은 질문들이 그것이다.

> 학생은 …라고 가정하지 않나요?
> 학생이 말한 것은 …를 전제하는 것이 아닌가요?
> 학생이 말한 것은 …라는 개념에 근거하고 있지 않은가요?
> 조금 전에 한 말은 …라는 믿음에 근거한 것입니까?
> 학생이 …를 믿지 않았다면 그것을 말할 수 있습니까?

아이가 우리에게 "곰은 포유류와 어떻게 다르나요?"라고 묻는다면, 그는 포유류를 단순히 동물의 다른 종으로 가정하고 있는 것일지 모른다. 그런 경우에 우리는 그의 잘못된 가정을 바로잡아줄 수 있다. 그러나 또 다른 경우, 우리는 아이의 가정이 옳은 경우를 발견할 수 있다. 그러나 거기서 추론한 내용이 잘못될 수 있다. 예를 들면, 어떤 어린아이가 나무는 죽지 않는다고 주장할 수 있다. 아이에게 무슨 생각으로 그렇게 믿고 있는지 물었을 때, 그가 "살아 있는 것만이 죽어요"라고 답했다고 하자. 이런 경우 아이의 전제는 옳지만 그는 '나무는 생명체가 아니다'라고 잘못된—이 경우 그릇된—가정을 했던 사실 때문에 잘못된 추론을 끌어낸 것이다.

오류 지적하기

만약 교사가 교실 토론 중에 논리적 오류를 발견했을 때 앞장서서 그것을 지적하면, 이후에 학생들도 이를 이어 받아 유사한 상황에서 서로의 논거를 바로잡기 시작한다는 것을 발견할 것이다. 예를 들며 교사는 다음과 같이 오류를 지적할 수 있다.

물론 이 외에도 많은 다른 유형의 오류들이 있다. 논리 수업의 목적 중 하나는 꽤 많은 오류들을 인식할 수 있도록 돕는 것이다. 교사가 학생이 저지르는 오류들을 용인해버리면 그는 학생들의 엉성한 사고를 장려할 뿐만 아니라 약한 이유가 무엇인지도 가르칠 수 없게 된다. 결국 그들이 언제나 **최고의** 이유는 찾지 못한다고 하더라도 그들이 최악의 이유를 제공했는데도 그냥 넘어가게 하는 것에는 변명의 여지가 없다.

전 그 애가 역사에 대해 말하는 건 어떤 것도 믿지 않을 거예요. 그 애 할아버지가 교도소에서 수감 생활을 했다는 걸 모두 다 알고 있어요.	논거 그 자체보다는 논거를 제시하는 사람을 공격하는 인신공격의 오류
물론 나는 정치에 관한 그의 말을 믿어요. 그는 전국 리그에서 타격률 1위 타자거든요, 안 그래요?	문제의 그 사람이 특정 이슈에 관해 권위자가 아닐 때 권위자에 호소하는 오류
나는 그의 노히터 피칭에 대해 계속 생각하고 있었어요. 그 때문에 그가 노히터를 하지 못했어요. 그는 결국 마가 끼었어요.	이 경우는 생각이 발생한 일에 선행했다는 이유만으로, 생각이 발생한 일을 야기했음이 틀림없다고 가정하는 결론으로의 비약이다.

이유 요구하기

철학적 토론의 여러 차원 중 하나는 관념의 체계적 진술을 발전시키는 것이다. 예를 들면, 이론은 단순히 한 가지 개념이 아니라 개념들의 네트워크이다. 마찬가지로 철학에서 **논증**이라고 불리는 것은 그것이 여러 이유들에 의해 뒷받침된 **결론**으로 구성된다는 점에서 관념의 체계적인 진술이다.

아이들은 대체로 자신의 신념이나 견해를 뒷받침하기 위해 애 쓰지 않은 채 이를 제시할 것이다. 교사는 그러한 신념이나 의견을 뒷받침할 준비가 되어 있는 이유를 학생들에게서 끌어내어야 한다. 점진적으로 다른 학생들이 이러한 역할을 떠맡을 것이고, 같은 반 친구들에게 이유를 요구할 것이다. 시간이 지나면 많은 학생들은 **오직** 이유가 뒷받침되었을 **때에만** 의견을 제시하는 습관이 길러질 것이다.

이유는 결론과 형식적으로 연결될 수도 있고 그렇지 않을 수도 있다. 예를 들면, 아이가 화성에는 작은 초록 인간이 존재한다고 믿지 않는다고 말한다면, 그러한 존재에 대한 어떤 증거도 없다는 자신의 이유를 제시해야 할 것이다. 반면에 다음과 같은 논증을 따라 무언가를 (옳게 혹은 그르게) 주장할 수도 있다.

오직 지구 거주인만 인간이다.
화성인은 지구 거주인이 아니다.
그러므로 화성인은 인간일 수 없다.

이는 논리적 논거로서 표준 형식으로 삼을 수 있다. 결과적으로 학생의 이유는 결론을 뒷받침할 **전제**로서 기능할 것이다. 아마도 이 학급 토론은 논쟁의 여지가 많은 제일 전제로 전환될 것이다.

학생들에게 논거를 구할 때 다음과 같은 질문이 꽤 명쾌할 것이다.

…라고 말하는 학생의 논거는 무언가요?

무엇 때문에 학생은 …라고 생각하나요?

무슨 근거로 학생은 …라고 믿는 건가요?

…라는 학생의 주장을 뒷받침할 논거를 제시할 수 있나요?

왜 …라고 말하는 건가요?

왜 학생의 견해가 옳다고 믿는 건가요?

학생의 견해를 옹호하기 위해 무엇을 말할 수 있죠?

학생의 견해가 옳다는 것을 입증하기 위해 말하고 싶은 것이 있습니까?

왜 그것이 그렇다고 생각하는지 말해주지 않겠습니까?

우리가 어떤 견해를 뒷받침할 이유를 제시할 때 그것은 일반적으로 그 이유가 뒷받침할 수 있는 견해보다 덜 논쟁적이고 더 수용 가능하기 때문이다. 다시 말하면 우리는 그것이 타당성이 더 많기 때문에 이유에 호소한다. 다음 대화를 비교해보자.

질문: 왜 칼륨이 미네랄이라고 생각하나요?

답: 왜냐하면 내 과학책에 그렇게 되어 있으니까요.

질문: 누군가가 당신을 해쳤을 때조차도 왜 당신은 그를 해하려 하지 않을 기라고 말하는 건가요?
답: 왜냐하면 악을 악으로 갚는 건 옳지 않기 때문입니다.

질문: 왜 외국인은 비밀스럽다고 생각하나요?
답: 왜냐하면 그들은 언제나 내가 알아듣지 못하는 언어로 말하기 때문이죠.

질문: 애국가는 노래하기 어려우니 그것을 빼면 안 될까요?
답: 내 생각에 그것을 찬성하는 논거는 그것을 반대하는 논거보다 더 커요. 찬성하는 이들은 애국가가 아름답고 남다르다고 생각합니다.

질문: 왜 술 마실 동안에는 라디오를 끄나요?
답: 왜냐하면 과도한 음주가 어떻게 알코올 중독을 야기할 수 있는지에 관한 사람들의 말을 듣는 게 넌덜머리가 나서요.

위에서 언급한 일부 이유는 꽤 그럴 듯하고, 다른 것들은 그렇지 않다. 아니면, 다른 것들은 실제로 입증해야 한다는 생각보다 타당하지 않다. 그 때문에 아이들에게 추론을 이끌어낼 때, 좋은 근거, 다시 말해 꽤 높은 타당성을 갖춘 이유를 요구해야 한다.

당연히 교사는 학생들이 취한 입장과 그들이 자신의 입장을 옹호하기 위해 제시하는 이유 사이를 구분할 수 있도록 도와야 한다. 대화의 예절은 교사가 학생들의 입장에 대해 어떤 평가를 내리든 그와 무관하게 학생들이 자신의 입장에 대해 최선의 이유를 잘 표현할 수 있도록 도와주어야 하는 것이다. 따라서 교사는 학생의 약한 이유를 비판하기보다 학생이 보다 좋은 이유를 구성할 수 있도록 도와주어야 한다. 예를 들면, 교사는 동물 사냥에 대해서 비난할 수 있다. 그러나 『리사』 2장의 토론에서처럼 한 학생이 사냥은 사격 기술의 정확성을 키울 수 있는 절호의 기회라는 이유에서 사냥을 옹호한다고 가정해보자. 물론 이 경우에 그런 논거의 약점을 살피는 데 시간을 많이 쓰지 않을 것이다. 왜냐하면 그 동물이 포식자이거나 개체수의 증식이 위험할 수 있다는 이유와 같이, 사냥에 대한 더 나은 이유가 개진될 수 있는 것을 고려함으로써 더 많은 것을 얻을 수 있기 때문이다. 물론 사람들이 사냥을 반대하는 이유가 사냥을 찬성하는 이유보다 여전히 더 크다고 생각할 수는 있다.

학생들에게 그들이 어떻게 아는지 말하도록 요청하기

"어떻게 알아?"라는 질문은 학생에게서 많은 설명을 끌어내는 데 대단히 유용할 수 있다.

또한 그것은 주장에 대한 근거를 낳기도 한다. 왜냐하면 일부 학생

교실 속 어린이 철학

들은 그 질문을 근거에 대한 요구로서 해석하기 때문이다. 예를 들면 이렇다.

> "비가 올 것 같아."
> "어떻게 알아?"
> "왜냐하면 일기예보에서 비가 온다고 했어."

또한 그것은 주장에 대한 증거, 즉 언급한 것이나 주장한 것을 뒷받침하기 위해 제시된 관찰이나 날짜 등을 인용하게 할 수 있다.

> "비가 올 것 같아."
> "어떻게 알아?"
> "응, 북쪽에 폭풍구름이 있어. 바람도 불기 시작했고. 기압도 떨어지고 있고, 내 발목도 시큰거리기 시작했어. 비가 오려고 할 때는 항상 그래."

"어떻게 알아?"라는 질문은 문자 그대로 '아는 방법'을 다루는 설명을 낳을 수 있다. 예를 들면 다음과 같다.

> "비가 올 것 같아."
> "어떻게 알아?"
> "증거를 생각해보고 내 과거 경험을 고려해도 그래."

분명, 믿고 있는 것을 왜 믿고 있는지 묻는 것—사실상 근거 물음—과 알고 있는 것을 어떻게 알게 되었는지 묻는 것 사이에는 차이가 있다. 후자는 문자 그대로 앎의 과정을 설명해 달라는 요청이다. 그리고 그것은 아이들이 옳다고 확신할 때, 왜 그렇게 느끼는지 말해 달라는 요청이기도 하다.

대안 이끌어내기와 검토하기

만약 아이가 부자가 되기 위해서는 정직해선 안 된다는 시각을 나타낸다면, 분명 우리는 그에게 다른 대안들이 있다는 것을 보여주고자 할 것이다. 즉, 사람들 가운데는 정직한 부자들도 있고, 많은 이들은 인생에서 부 이외의 다른 목표를 찾아 왔다는 것을 보여주고자 할 것이다. 결국 선택은 그의 몫이겠지만, 적어도 우리는 그가 다른 선택지를 볼 수 있도록 도와주어야 할 것이다.

아이들은 자신들이 세계를 보는 방식이 그것이 보이는 가능한 유일한 방식이라고 주장하곤 한다. 그들은 고려할 수 있는 대안이 있을 것이라고 생각하지 않기 때문에 어떤 대안도 고려하지 않는다. 우리는 탐구할 수 있는 또 다른 가능성이 있을 수 있다는 것을 제시해줌으로써, 그리고 그러한 대안의 가능성을 확인하고 검토하도록 도와줌으로써 그들을 좁은 사고방식에서 해방시킬 수 있다.

따라서 어떤 학생이 모든 사물은 땅에 떨어진다고 주장한다면 교사는 학생들에게 그렇지 않을 수 있는 가능성에 대해서 물어야 한다. 어떤 학생이 사후에 살아남을 수 있는 존재가 없다고 주장한다면, 혹시 그런 시각에 대한 대안의 다른 가능성은 없는지 탐구하도록 할 것이다. 마찬가지로 세상은 멋진 신세계라고 진정으로 생각하는 아이는 (혹은 모든 것이 끔찍하다고 여기는 아이는) 아마도 그런 시각에 대한 더 면밀한 검토에 참여할 필요가 있을 것이다.

우리는 다음과 같은 말로써 아이들에게 자신의 시각에 대한 다른 대안이 있다는 것을 깨달을 수 있도록 장려할 수 있다.

> …라고 생각하는 일부 사람들이 있습니다.
>
> 이 주제에 대한 다른 견해가 가능할 것이라고 보는가요?
>
> 이 문제를 다르게 어떻게 볼 수 있습니까?
>
> 누군가 다르게 생각하는 사람이 있습니까?
>
> 누군가가 학생의 시각에 반대한다고 합시다. 그럴 경우 그들은 어떤 입장을 취할까요?
>
> 여러분의 선택이 틀릴 수 있는 그런 상황이 있습니까?
>
> 이 문제를 보는, 더 믿을 만할 다른 시각들이 있나요?
>
> 이 문제를 보는, 비록 틀릴 수 있을지라도 가능성이 있는 다른 시각들이 있나요?
>
> 여러분의 설명 외에도 또 다른 설명이 가능할까요?
>
> … 것도 있을 수 있지 않을까요?
>
> 혹시 누군가가 …라고 제안한다면 어떨까요?

아이들에게 대안을 이용할 수 있게 하는 목적은 그들에게 혼동을 주거나 당황하게 하려는 것이 아니라는 것을 유념해야 한다. 그것은 아이들을 좁고 융통성이 없는 사고방식에서 해방시키기 위한 것이다. 그 목적은 아이들에게 자신이 갖고 있는 신념과 다른 것들을 선택하게 하려는 것이 아니라, 지적인 선택지를 발견하고 평가할 수 있도록 하기 위함이다.

토론 조직하기

교사들은 위에서 제시한 모든 양식의 질문을 배울 수 있고, 그것들을 하나씩 학생들에게 던져볼 수도 있다. 그러나 그럼에도 여전히 참된 철학적 토론이 일어나지 않을 수 있다. 우선 한 가지 이유는 질문이 상황에 적절해야 한다는 것이다. 그것은 학생들 중 한 명이 제기한 아주 놀랄 만한 발언을 나머지 아이들이 서로 다른 식으로 이해하여 그 발언에 대한 명료화를 필요로 하는 상황 같은 것이다. 그러나 그러한 시각이 갖는 광범위한 결과들에 대한 탐구를 수행하기에는 아직 적절한 때가 아니다. 왜냐하면 아이의 견해가 갖는 의미가 명료하지 않기 때문이다. 마찬가지로 아이가 학급의 친구들에게 행한 발언의 함의를 논하게 되었을 때, 그 발언 속의 낱말 정의와 같은 예비적인 고려 사항을 다루는 것은 역효과를 낳을 수 있다.

어떤 질문을 어느 순간에 해야 할지 아는 것은 대체로 수업 경험과 철학적 통찰, 기민한 재기의 문제이다. 교사는 경험을 쌓아 가면 다양한 질문을 개발할 수 있고 적절한 상황을 특별히 숙고하거나 주저하지 않고 쉽게 포착할 수 있다. 게다가 아주 경험 많은 교사는 조금 전에 도달하게 된 토론의 핵심에 맞춘 것처럼 보이는 방식으로 질문을 하는 데 능숙하다. 아이들은 준비된 일련의 질문을 교사가 사용하고 있다는 사실을 빨리 알아차리고, 정해진 질문에 대해 정해진 답변을 할 것이다. 그럴 때 유일하게 의지할 수 있는 방법은 우연적이고 즉흥적으로 다양한 질문을 제기할 수 있는 대화 방식을 채택하여 대화 과정 중에 기계적인 개입처럼 보이게 하는 것이 아니라, 대화를 한층 첨예화하기 위한 기법들을 제시하는 것이다. 그렇게 할 때 토론은 아마도 높은 수준의 보편성에 도달할 수 있을 것이다. 이는 토론을 보다 추상적인 것이 아니라, 보다 포괄적인 것으로 만들기 위함이다. 예를 들면, 학급에서는 투표가 가능한 나이와 극장 관람 연령 등, 성인기를 몇 살로 규정하는 것이 옳은지에 대해 토론할 수도 있다. 혹은 음주 광고가 잡지에는 가능하지만, 텔레비전은 안 되는 것을 두고서도 토론할 수 있다. 이 경우 토론이 진행될 때 교사는 "공정함이란 무엇인가?"나 "일관성이란 무엇인가?"와 같은 질문을 하는 것이 유용하다는 것을 알게 될 것이다. 이런 식으로 학생들은 어떤 주제와 씨름하면서, 처음에는 이해할 수 없었던 것을 알아가기 시작했을 때 커가는 만족감을 느낄 수 있다. 참으로 이런 방식으로 철학적 토론은 인간 경험의 가장 근본적인 것을 다루고자 한다.

철학을 가르치는 기예에 대한 어떤 설명도 연수 중인 교사에게 완전히 만족스러울 수는 없다. 첫째, 철학자 자신도 철학을 가르칠 때에 자신이 무엇을 하고 있는지 잘 알지 못한다는 것을 인정해야 한다. 따라서 우리는 적절한 설명의 근거가 될 수 있는 완전한 이해를 결여하고 있는 것이다. 둘째, 우리에게 그와 같은 설명이 있다 하더라도, 그것은 철학적 대화에 참여하는 것이 무엇인지에 대한 교사의 경험과 결부된, 철학자가 보여주는 능숙한 모델링이 없이는 충분할 수 없다. 이 세 가지 요소, 즉 설명, 모델링, 경험은 초등 수준에서 철학 수업 연수를 할 때 필수불가결한 것이다.

아이들에게 철학을 가르치는 기예는 쉽게 습득할 수 있는 것이 아니다. 교사는 가시적인 성과 없이 수개월을 보내다가 꽤 자연스럽게 보이는 방식으로 자신이 철학 수업을 하고 있다는 것을 불현듯 발견할 수 있다. 이런 경험은 힘들지만 노력할 만한 가치가 있다는 교사의 인식을 확인시켜줄 것이다. 또한 교사가 정체기에 들어서서, 철학 수업을 더 이상 개선시키기가 어렵다는 것을 자각하게 되는 것도 흔한 일이다. 교사는 성공적으로 아이들이 겪은 경험에 대한 그들의 시각을 끌어내고, 대안의 시각을 요구하며, 예를 들어 설명할 수 있다. 그러나 그들은 추론을 끌어내고, 일반화하고, 모순을 지적하고, 전제된 가정을 요구하며 지적 일관성에 대한 필요를 강조하는 등, 철학적 수준의 대화로 나아가는 데는 능숙하지 않을 수 있다. 철학자들은 학생들이 자신의 경험에 대한 보다 더 포괄적인 설명을 탐색하게 해줄 일련의 질문을 고안하는 데 경험이 많다. 전문 철학자들은 학생들의 진전을 칭찬함과 동시에, 학생이 제안한 내용에 대한 부적절함을 지적하는

교실 속 어린이 철학

식으로 학생들의 발언에 능숙하게 반응하기도 한다. 학생들의 눈에는 철학자들이 끊임없이 불만스러워하는 것으로 비칠 수 있다. 그들은 학생들의 발언 속에서 이해될 수 없는 점을 발견하고 발언의 곤혹스러운 점에 대해서도 의문을 제기할 것이다. 이어지는 학생들의 발언에 대해서도 마찬가지 상황이 일어날 것이다. 이해할 수 있는 내용은 더욱더 분명히 확인되지만, 곤혹스러운 것에 대해서는 경탄하여 언급하고, 교사와 학생은 더 나은 탐구가 필요하다는 느낌을 경험하게 될 것이다. 이런 식으로 토론을 통해 주제를 이해할 수 있는 영역은 끊임없이 확장되지만, 그렇다고 해서 그 영역에서 모든 신비가 다 사라진 것은 아니다. 좋은 철학 교사는 더 이상 궁금해할 필요가 없다고 여겨지는 지점에 결코 도달하지 않는다. 기법, 전략, 처방으로 설명하거나 전하기가 매우 어려운 것이 바로 이 궁금해하는 행위이다. 궁금해하는 행위는 그런 척 가장할 수가 없다. 그런 행위는 자신의 경험에서 나와야 하는 것이다. 그런데 그런 경험을 낳을 수 있는 최고의 방법은 교사가 그것의 모델이 되고, 학생들이 이를 접하면서 그 경험을 획득하는 것이다. 일단 우리가 이런 질병에 걸린 뒤 그 병이 제공하는 독단으로부터 해방되는 경험을 했다면, 우리는 이 같은 경험을 학생들에게 전할 때까지 손 놓고 가만히 있을 수만은 없는 일이다.

철학 교실이 토대하고 있는 곳은 지속적으로 새로운 것을 밝혀주기만 하는 일차원적인 면이 아니다. 철학에서 새로운 계시는 일반적으로 심오한 신비에 대한 신선한 감각을 동반한다. 만일 그렇지 않았다면 철학은 오래전에 사라졌을 것이다. 새로운 것만을 밝혀주었다면,

철학이 항상 시작해야만 하는 그 경이에 대한 자극은 철학에서 결여되었을 것이다.

아이들에게 철학적 대화를 끌어내고 촉진시키기 위한 방법과 관련해서 이상에서 제시한 내용은 대체로 전략적인 것이다. 그러나 교사는 다양한 변증법적 전략을 발달시키는 것 이외에도, 보다 일반적인 페다고지 전략을 염두에 두고 있어야 한다.

생각 분류하기

예를 들면, 교사는 학생이 제안한 다양한 제언들을 염두에 두고, 이를 집합으로 혹은 클러스터로 분류하는 것이 유용하다고 생각할 수 있다. 이들 각각은 특정 입장이나 논증 패턴을 대변한다. 이들 입장이나 논증을 정리해주면 학생들에게 도움이 될 수 있다. 왜냐하면 그것은 그렇지 않았으면 학생들이 얻을 수 없었을 균형감 혹은 관점을 제공해줄 것이기 때문이다. 그러나 분명한 것은 학급의 의견이 완전히 양극화되어 학생들이 자신이 취한 서로 다른 입장들을 인식하게 된다면, 그러한 요약은 군더더기 혹은 불필요한 것이 될 것이라는 점이다. 따라서 필요한 경우에 따로 요약을 해두는 것이 좋을 것이다.

의견의 가능한 일치점 혹은 분기점 제시하기

교사가 토론을 조직하는 데 능숙해지면 그들은 이런저런 질문을 하는 자신의 동인이 어떤 전략적 고려에 의해 결정될 거라는 것을 알아차릴 것이다. 그 고려사항이란 학생들이 제시한 견해의 폭을 넓히는 것이거나, 더 큰 수렴점으로 일부 토론의 흐름을 조정하려는 것이다.

교사들은 토론을 열어 의견의 더 큰 분기점을 촉진하기 위해, 학생들의 의견 차를 선명하게 해줄 일부 중요한 사항에서 차이점을 제시하는 것이 유용하다고 생각할 수 있다. 예를 들면,『해리 스토틀마이어의 발견』5장에서 마크는 모든 학교가 나쁘다고 주장한다. 그러나 해리는 마크의 지나친 포괄적 주장보다 더 엄밀한 분석을 고려하는 차이점을 제공하며, 아이들을 이해하지 못하는 사람들이 운영하는 학교만이 나쁘다고 주장한다. 이와 같은 식으로 교사는 아이들에게 열려 있는 선택지를 늘려줄 수 있는 차이점들을 도입할 수 있다. 교사는 또한 '대안 이끌어내기와 검토하기'라는 표제 아래에서 앞서 언급한 발언으로 토론에 추가적인 관점을 도입할 수도 있다.

때때로 교사들은 학급에서 나타난 일부 견해들이 다를 뿐만 아니라 서로 직접적인 충돌을 일으킨다는 것을 보여주고자 할 수 있다. 그들은 이를 위해서 두 관점이 양립불가능하다는 것을 지적하고자 할 것이다. 왜냐하면 그런 관점들의 함의는 서로 모순될 것이기 때문이다. 예를 들면, 한 학생은 "어떤 여자 아이도 스카우트가 아니다"라고 주장하고, 다른 학생은 "일부 여자 아이들은 스카우트다"라고 주장하는 상황을 가정해보자. 교사는『해리 스토틀마이어의 발견』에서의 논리를 사용하며(바꾸어 말하면, 진술의 주어와 술어를 바꿈으로써), 두 가지 진술이 양립불가능하다는 것을 보여줄 수 있을 것이다. 왜냐하면 그것들은 서로 모순되는 진술들로 이어지기 때문이다.

교사들은 때로는 학생들이 그렇지 않았더라면 알아차리지 못했을 연결점들을 보여줌으로써 교실 토론을 주도하고자 할 수 있다. 어떤 교사들은 학생들이 다르다고 생각한 특정 항목들이 같은 것으로 합당하게 분류될 수 있다고 지적하고 싶을 수 있다. 혹은 그들은 서로 다른 학생들이 개진한 두 가지 논증이 실은 같은 것을 말한다고, 다시 말하면 동일한 일반적 입장으로 **수렴한다**고 지적할 수 있다. 그 때문에 교사의 역할은 때로는 필요에 따라 학생들에게 차이점들을 인식하도록 장려하는 한편, 때로는 표현된 견해의 차이에도 불구하고 전체 학생들의 관점을 통합시키는 것일 수도 있다. 어떤 접근법이 강조되어야 하는지에 대한 확실한 방안은 없다. 다만 교사는 동일성이든 다양성이든 토론이 특정 논의 지점에서 현저히 결여된 구성요소를 제공하며 자신의 입장을 토론 리더인 **교정자**로서 고려해야 할 것이다.

토론을 한층 더 높은 일반성 수준으로 옮기기

앞서 우리는 한층 더 높은 일반성 수준으로 토론을 향상시키는 아이들의 질문이 갖는 경향성에 대해 언급했다. 예를 들면, 아이에게 숫자 둘을 더하도록 요구하면, 그는 먼저 **수**에 대한 설명을 요구할 것이고, 집의 크기에 대해 질문을 하면 그 아이는 **크기**란 무엇인지 질문할 것이다.

어린이 철학 이야기 교과서에는 우리가 성찰할 때 사용하는 개념과 낱말을 무반성적으로 사용하는 것이 아니라, 잠시 멈추고 그것을 진지하게 고려하는 아이들의 사례가 자주 나타난다. 교사들은 아이들의 일상 언어에 존재하는 당연하게 여기지만 진지한 분석을 필요로 하는 개념과 관념에 관한 토론을 이끄는 것이 유용하다고 생각할 것이다.

1 다음 참조. Justus Buchler, "What is a Discussion?" Journal of General Education, VIII, no.1 (Oct. 1954), pp.7-17.

2 [역주] 이른바 프랑스 학습에서 일컬어지는 '슈슈'와 같은 존재로, 선생님의 총애를 받는, 또래들이 싫어하는 범생이를 일컫는다.

3부   사고 기능을
학교 경험에 적용하기

8장   아이들을 논리적으로
        사고할 수 있도록 장려하기

8장

아이들이 논리적으로
사고할 수 있도록 장려하기

논리는 어린이 철학에서 세 가지 의미를 갖고 있다. 우선 그것은 문장 구조와 문장 사이의 연결을 지배하는 규칙을 지닌 형식 논리를 의미한다. 또한 그것은 누군가가 행했거나 말한 것에 대해 근거를 찾고 평가하는 것을 포함하는 **이유 제시**를 의미한다. 끝으로 논리는 **합리적인 행위**를, 그리고 합당한 행위에 대한 규준에 대한 관심을 의미한다.

철학적인 사고를 돕기 위한 형식 논리

형식 논리의 규칙이 문장을 지배하기 때문에 그것은 자기의식을 발달시키는 데 도움이 될 수 있다. 규칙은 구조적으로 그리고 냉철하게 자신의 사고를 이해하고 검토할 수 있는 수단을 제공한다. 그러나 규칙은 자신의 사고에 대해 논리 정연하게 생각할 수 있다는 것을 아이들에게 자각시키는 데는 유용하지만, 일상의 적용에는 유용하지 않다. 우리의 사고가 규칙과 실제로 일치되는 경우는 비교적 드물다. 어린이 철학의 형식 논리가 갖는 주된 목적은 자신의 생각을 체계적으로 생각할 수 있다는 것을 발견하도록 돕는 데 있다는 것을 염두에 두는 것이 중요하다.

사려 깊고, 성찰적인 토론에 참여함으로써 아이들은 스스로 생각하는 능력에 자신감을 갖는다. 결과적으로 그들은 자신의 발언뿐만 아니라, 다른 사람들이 말하는 것에 대해서도 더 신중하게 평가한다. 이는 자기 강화 과정이다. 일단 아이들이 활동을 시작하면 건설적인 철학적 사고에 놀랍도록 능숙해진다. 무엇이 아이들에게 그렇게 시작할 수 있도록 돕고, 스스로 생각할 수 있도록 장려하는가? 여기서 형식 논리가 도움이 된다.

형식 논리를 어떻게 형성시킬 수 있는가?

논리 수업을 들은 적이 있는 사람이라면 형식 논리를 사용하여 아이들에게 스스로 생각하도록 장려한다는 것에 대해 일말의 의심을 가질 수 있을 것이다. 형식 논리는 딱딱한 연습 문제를 적용하고 암기할 규칙을 수록한, 종종 교과서 형식으로 제시되어 있기 때문에 성찰적 사고와는 정반대로 전개되는 것처럼 보일 수 있다. 그러나 어린이 철학에서 형식 논리는 교과서가 아니라 이야기 형식으로 제시되고, 아이들에게는 특히 규칙을 설명하기 위한 사례들을 스스로 생각해보도록 장려한다. 이 두 가지 차이가 전체를 완전히 바꾸어놓았다.

아이들은 『해리』와 『리사』의 상당 부분에서 형식 논리의 규칙을 발견하고 검증한다. 또한 그들은 규칙이 어떻게 사용될 수 있을지 응용해내기도 한다. 이 규칙은 추상적인 제계로서 세시되는 것이 아니라, 다양한 장면 속에서 아이들에 의해 개별적으로 발견된다. 『해리』의 후반부가 되면 아이들은 규칙이 일치될 수 있다는 것을 비로소 깨닫기 시작하고, 『리사』 중반부에서 자신들의 행위 방법에 대해 뭔가를 발견하게 된다. 끝으로, 그리고 가장 중요한 것으로 소설에서 규칙은 형식 논리라고 불리는 특수 주제가 아니라 사고를 위한 규칙으로서 기술된다는 것이다. 그 밖의 많은 사고 양식이 『해리』와 『리사』에서 제시되어 있기 때문에, 그 규칙들은 아이들이 규칙에 대한 적용뿐만 아니라 한계를 인식할 수 있는 풍부한 맥락으로 나타난다. 여기서 교사는 규칙을 발견하고 적용하는 극적인 맥락을 지적함으로써, 그리고 학생들에게 그 규칙을 잘 보여주는 사례를 생각해보도록 장려함으로써 기여할 수 있는 것이 많이 있다. 물론 교사는 규칙을 가르치기 위해 소설 교과서와 지도서의 사례를 검토하느라 어느 정도 시간을 보낼 수도 있다. 그러나 어린이 철학의 방식으로 형식 논리를 가르치는 임무는 아이들 각자가 규칙에 대한 자신의 사례를 제출할 기회를 가질 때 비로소 완성된다. 이 최종 단계에 도달할 때 비로소 아이들은 형식 논리에 의해 조직적으로 자기 **자신의** 사고에 대해 생각할 수 있다는 것을 발견할 수 있다. 교사들은 아마도 소설 교과서의 인물을 사용하여, 학생들에게 사례의 극적인 배경을 만들게 함으로써 여기에 살을

붙일 수 있다.

교과서 규칙과 예제 문제를 사용하는 것에서부터 철학 소설에서 규칙 발견에 대해 토론하고 실제 해보게 하는 것으로, 이 단순한 그러나 심오한 관점의 변화는 아이들에게 스스로 생각해보도록 장려한다. 실제 일군의 아이들이 형식 논리의 규칙을 발견하기를 기대하는 것은 비현실적일 수 있지만, 무엇보다 중요한 것은 학생들이―아무리 상상의 것이라고 하더라도―그 규칙을 아이들이 **이해할 수 있는** 어떤 것으로 생각하고 규칙을 검증할 수 있는 자신의 사례를 찾는다는 것이다. 우리 학생들이 이 사례를 고안할 때, 힘겹게 노력하여 결국 규칙을 발견하고 예외 사례를 분명히 보여주는 소설 속 주인공들이 그들을 인도해줄 것이다. 이렇게 해서 우리 아이들은 각각의 규칙을 생각해볼 수 있을 것이고, 아마도 생애 처음으로 자신의 사고에 대해 주의 깊게 경청하기 시작할지 모른다. 그러나 여기에는 주의할 것이 있다.

그 사례들이 스스로 생각한 결과물일 경우, 아이들은 의도하던 효과를 얻지 못할 경우 다른 사람들의 비평에 취약할 수 있다. 교사는 의도하지 않은 비평으로 자기의식의, 조직된 사고의 최초의 산물을 파괴하지 않도록 조심해야 한다. 아이의 사례에 대해 이의 제기를 하기 전에 교사는 먼저 아이들 사이의, 그리고 아이들과 교사 사이의 의견에 대한 신뢰와 상호존중의 관계를 구축해야 한다. 먼저 교사는 소설 속 아이들이 제시한 예시와 규칙 검증을 토론하고, 그런 토론을 주의 깊게 다룸으로써 신뢰와 존중을 키울 수 있다.

아이들은 구조적으로 생각하려는 시도가 실패할 것을 두고 염려할 수 있지만, 성공했을 때는 그만큼 기뻐한다. 형식 논리를 공부하는 아이들에 대해 우리는 그들이 지나치게 진지하거나 '조숙할 것'으로 기대하기 십상이다. 그러나 여기에 그들이 숙달하고, 머릿속에 갖고 있고, 각사 바로 해볼 수 있는 무언가가 있다는, 아이들이 천성적으로 언어에 매료된 것과 관련 있는 그런 인식으로, 특히 어린이 철학 방식으로 가르칠 때 많은 아이들은 형식 논리를 꽤 마음에 들어 한다. 아이들에게 마음의 순수 쾌락을 향유하도록 장려하는 그들 자신의 자기이미지의 중요성에 대해서는 아무리 높게 평가하더라도 지나치지 않다.

형식 논리는 그 규칙이 문장에 관한 규칙이기 때문에 조직적인 사고 발달에 기여할 수 있다. 형식 논리의 규칙을 습득하고 사용하면 자신과 다른 사람들이 말하는 것에 관해 아이들에게 생각해보도록 쉽게 장려할 수 있다. 형식 논리가 갖는 미덕은 형식 논리의 규칙이 명료하고 엄밀하며, 명료한 사고를 나타낸다는 데 있다. 그 규칙의 사용은 이렇게 비판적 사고를 장려할 수 있지만, 그렇다고 해서 그러한 사고가 아직 **철학적**인 것은 아니다.

형식 논리만으로 철학적 사고가 촉진될 것으로 가정한다면 그것은 분명 잘못일 것이다. 형식 논리는 자신이 조직적으로 사고할 수 있다는 것을 인식하게 돕는 데 효과적인 수단으로서 기능할 수 있지만, 그것은 형식 논리의 규칙으로 사고하는 것이 유용하고 적절할 때와 그렇지 않고 단순히 불합리한 때에 관해서 어떤 단서도 주지 않는다. 비판적 사고는 그 자체의 비판적 기준이 갖는 한계에 대해 자각하고 있을 때 한에서 철학적인 사고가 된다. 물론 형식 논리만이 그러한 통찰을 제공하는 것은 아니다.

왜 삼단논법인가?

형식 논리 체계가 조직적 사고 발달에 도움이 되기 위해서는 이해하기 쉽고 사용하기 쉬운 규칙들을 확보하고 있어야 한다. 10세에서 14세 사이의 아이들은 일반적으로 언어의 주된 특징을 잘 알고 있기 때문에, 해당 연령의 아이들에게 특히 도움이 되는 형식 논리의 체계는 **삼단논법**이다. 삼단논법은 주어와 술어의 명사구로 구성된 문장을 지배한다. 어린이 철학에서 사용되는 삼단논법의 형태는 '모든', '일부', '어떤 ~도 ~ 아니다'로 시작되는 문장에만 적용되고, '~이다'와 같은 현재형 복수 형태의 동사를 사용한다. 예를 들면, '모든 초록 드래건은 불을 뿜는 존재이다'와 같은 문장이 이 요건에 들어맞는다. 즉, 주어와 술어는 '초록 드래건' 및 '불을 뿜는 존재'이고, 그것은 양화사 '모든'과 동사 '이다'로 연결되어 있다. 또 다른 것으로 '일부 경주마는 패스트 스타터이다'와 '어떤 고양이도 쥐가 아니다'를 들 수 있다. 이 체계의 규칙은 삼단논법을 부정하는 문장에도 적용된다. 즉, '일부 초록 드래건은 불을 뿜는 존재가 아니다', '어떤 경주마도 패스트 스타터가 아니다', '일부 고양이는 쥐다'는 문장도 그 규칙에 의해 지배된다. '첫인상이 기만적이다'와 같은 직접적으로 일치되지 않은 문장들은 종종 맞추기 위해 재진술될 수 있다(가령 '모든 첫인상은 기만적인 경험이다'와 같은 것이다). 문장을 재진술하여 그것을 논리 체계의 규칙에 맞추는 것을 **표준화**라고 한다.

교실 속 어린이 철학

삼단논법이 적용되는 문장과 그렇지 않은 문장의 경계는 다양한 방식으로 그어질 수 있지만, 많은 문장은 표준화될 수 없다는 일반적인 합의가 있다. 이를테면 '제시 제임스는 도망자이다'와 같은 단칭 명제가 이를 잘 보여준다. 그 밖에 표준화될 수 없는 문장으로는 '로널드는 지미의 오른쪽에 있다'와 같은 관계를 나타내는 문장이 있다. '모든 사람이 어떤 사람을 사랑한다'와 같은 서로 다른 양화사를 가진 문장도 이에 해당한다. 끝으로 '발을 밟지 마세요', '꼭 참석하겠습니다', '오늘 나가면 안 돼'와 같은 기술적이지 않은 문장도 여기에 포함된다.

친숙한 언어 패턴을 사용한다는 점과 함께, 어린이 철학의 형식 논리로서 삼단논법을 사용하는 이유는 그 규칙을 습관화해온 사고 과정에 이해를 도울 수 있다는 데 있다. 예를 들면, 여덟 살 아이는 분류하는 능력을 키워가지만 분류가 같은 방식으로 잘 분류되는 이유에 대해서는 거의 알지 못한다. 분류 패턴의 주요 순서는 삼단논법의 추론 규칙과 일치한다. 예를 들면, '모든 개는 포유류이다. 모든 비글은 개다. 그러므로 모든 비글은 포유류이다'의 순서는 삼단논법의 추론 규칙과 들어맞는다. 그 때문에 삼단논법의 논리 규칙을 학습하면 아이들에게 분류 패턴을 이해하게 할 수 있고, 그들에게 의미 있는 방식으로 분류하도록 도울 수 있다.

삼단논법을 사용하는 또 다른 중요한 이유는 규칙이 단순하다는 데 있다. 그 규칙은 쓰고 외우기가 쉽고, 그렇게 많지 않다. 게다가 그것은 논리학이나 철학에 대한 사전지식을 필요로 하지도 않는다. 앞서 언급한 이유와 함께 이러한 이유는 어린이 철학의 자료 개발에 꽤 많은 영향을 주었다. 그러나 그렇다고 해서 삼단논법만이 아이들에게 조직적으로 사고할 수 있다는 것을 깨닫게 해주는 유일한 방법은 아니다.

형식 논리에 친숙하지 않은 교사가 어린이 철학 소설을 가르칠 때 형식 논리를 역설하는 것이 주저될 수 있다. 그런 이들은 형식 논리를 아이들에게 가르치려는 목적에 대해 성찰해보아야 하고, 삼단논법을 피하기 전에 동일한 결과를 얻기 위해 소설을 사용하는 대안의 방법을 찾아냈는지 확인해야 한다. 형식 논리에 친숙한 교사는 소설에서 주어진 것 이상으로 삼단논법을 도입하거나 대안의 논리체계로 삼단논법을 대체하고자 할지 모른다. 어느 쪽이든 소설의 범위에서 벗어날 경우, 소설이 제공하는 아동 중심적 맥락에서 절연될 위험이 생긴다. 교사가 이런 결론을 피할 수 있는 안전한 방법을 찾지 못한다면 소설 속의 형식 논리를 변경하는 것은 바람직하지 않다.

형식 체계의 관련 속성

논리 규칙 체계는 조직적 사고를 기를 수 있도록 돕는다. 왜냐하면 그러한 체계는 조직적 사고와 유사한 특징을 갖고 있기 때문이다. 삼단논법의 주된 속성들 가운데는 첫째, 일관성, 다시 말해 무모순성이 있다. 다음으로는 논리적 귀결, 즉 그 규칙이 한 문장이 논리적으로 다른 문장으로부터 어떻게 따라 나오는지 기술하는 규칙이 있다. 그다음으로는 정합성이 있다. 즉, 그것은 규칙들이 어떻게 체계적인, 통합된 전체로서 서로 맞아떨어지는가에 관한 것이다.

(1) 일관성

삼단논법의 규칙은 어떤 문장과 그와 모순이 되는 문장을 함께 주장하는 것을 허용하지 않는다. 예를 들면, '모든 고양이는 포유류다'라는 문장과 그와 모순되는 문장, '일부 고양이는 포유류가 아니다'라는 문장은 동시에 허용될 수 없는 것이다. 삼단논법의 규칙에 따르면, 우리가 전자의 문장을 참이라고 받아들일 경우 후자의 문장을 받아들여서는 안 된다. 마찬가지로 우리가 '일부 고양이는 포유류가 아니다'라는 문장을 받아들인다면 그 규칙은 '모든 고양이는 포유류다'는 문장을 용납하지 않을 것이다. 삼단논법의 규칙은 어떤 문장이 참인지 거짓인지 알려주지 않는다. 그러나 그 규칙은 우리가 어떤 문장을 받아들이면 그와 모순되는 것은 받아들일 수 없다는 것은 알려준다.

삼단논법의 일관성은 우리가 일상생활에서 서로에 대해 기대하는 일관성과 같은 것이다. 가령 어떤 사람이 무언가를 주장하면서, 동시에 어떤 설명 없이 그것을 거부한다면 아마도 사람들은 자기모순에 빠져 있는 그 사실에 놀랄 것이다. 4장의 일관성에 대한 논의에서 보았던 것처럼 사람들은 자신이 말한 것에 대해 실제로 생각하지 않았다고 의심할 만한 충분한 이유가 있을 것이다. 형식 논리의 규칙이 배제하는 것은, 그리고 그런 규칙에 대한 학습이 들추어내는 것은 바로 그러한 언어적 비일관성이다.

(2) 논리적 귀결

삼단논법의 규칙은 형식적 추론의 특정 패턴을 지배한다. 문장들 사이의 관계는 논리적 귀결, 즉 한 문장은 논리적으로 다른 문장으로 부터 따라 나오는 사고 흐름의 사례이다. 그런 사고 패턴의 주된 특징은 그것은 참된 문장에서 거짓 문장으로 이어지지 않는다는 것이다.

아이들이 논리적 귀결의 규칙을 갖고 생각하면, 그러한 사고 흐름에 대해 더 잘 자각할 수 있게 된다. 『해리』 5장의 다음 사례를 보자.

"봐봐." 해리가 주머니에서 캔디가 가득한 봉지를 꺼내며 말했다. "마리아, 너는 이 봉지에 어떤 종류의 캔디가 있는지 모른다고 가정해보자. 그런데 넌 내가 봉지에서 캔디 세 개를 꺼내는 걸 봤어, 모두 갈색이야. 그러면 이런 사실에서 봉지 안에 갈색이 아닌 캔디가 더 있을 거라는 주장이 따라 나올 수 있다고 생각하니?"

"넌 보지도 않고 나머지가 무슨 색깔인지 알 수 있을 거라는 말이니? 전혀, 난 절대로 그럴 수 없다고 생각해." 마리아가 대답했다.

"맞아! 캔디 몇 개가 갈색이라는 것이 네가 아는 전부라고 한다면, 일부가 갈색이기 때문에, 다른 건 갈색이 아니라고 결코 말할 수 없어."

해리는 두 가지 사고 흐름에 대해 생각하고 있다. 하나는 '일부'가 들어 있는 참된 문장에서 양화사 '모든'을 지닌 문장으로의 전이이고 다른 하나는 '일부'가 들어 있는 문장에서 '일부는 ~ 아니다'라는 표현의 문장으로의 전이이다.

아이들은 논리적 귀결을 어겼다는 것을 알게 됨으로써 거짓 문장들을 참인 것처럼 잘못 나타내는 사고 흐름에 대해 더 잘 자각하게 된다. 다음 『해리』의 한 구절을 살펴보자.

"리사는 아침에 학교 가기 위해 버스를 탔다. 기쁘게도 프랜이 있었다. 둘은 잠시 이야기를 나누었다. 그런데 앞에 앉은 남자 두 명이 큰 소리로 이야기를 하는데, 무언가에 화가 난듯했다. 둘 중 한 명이 다음과 같이 말하는 것을 듣게 되었을 때, 리사와 프랜은 그들이 정치에 관해 대화한다는 것을 알게 되었다. "우리나라는 정말 엉망진창이 되어 가고 있어. 이는 모두 시민권 찬성을 부르짖는 사람들 때문이야. 신문을 보면, 언제나 급진적인 것을 옹호하는 변호사 기사가 있어. 이 나라 변호사들은 모두 시민권을 지지한다는 거 알고 있었어? 이 나라 급진주의자들이 모두 시민권을 지지하다는 것도 알고 있었어? 모든 변호사들이 급진주의자라는 것에 무슨 증거가 더 필요해?"

프랜은 빨리 공책을 꺼내더니 거기에 이렇게 썼다.

모든 변호사는 시민권을 지지하는 사람이다.
모든 급진주의자는 시민권을 지지하는 사람이다.
그러므로 모든 변호사는 급진주의자이다.

그런 뒤에 프랜은 전에 썼던 다음과 같은 사례를 추가했다.

모든 피라미는 물고기이다.
모든 상어는 물고기이다.
그러므로 모든 상어는 피라미이다.

프랜은 리사에게 자신이 적은 공책을 보여주었고 리사는 그
걸 보고 신나서 소리를 질렀다. "알아, 나도. 나도 똑같이 생각
했어. 거기서 모든 피라미가 상어라는 것이 나오지 않아. 그리
고 모든 변호사가 급진주의자라는 것도 따라 나오지 않아."

물론 그 장면은 소설 주인공의 것이다. 물론 우리는 그 논증에서
추정된 일반화를 두고 논쟁을 하고 싶을 수 있다. 그러나 여기서 교훈
은 분명하다. 아이들이 어린이 철학 방식으로 삼단논법 규칙을 사용하
면 그들은 사고 흐름에서 벗어나는 오류에 대해 더 큰 감수성을 갖게
될 것이라는 점이다.

(3) 정합성

삼단논법의 규칙들은 정합적으로 잘 들어맞는다. 그것은 마치 퍼
즐 조각이 그림을 만들고 엔진을 구성하는 요소들이 에너지를 만들어
내는 것과 같다. 삼단논법 논리의 정합성에 관한 여러 설명이 『해리』
와 『리사』에 나온다. 먼저 그 규칙은 집합들 사이의 수학적 관계로서

교실 속 어린이 철학

제시된다. 다음은 '모든', '일부', '~ 아니다', '~이다'와 같은 논리적 의미를 나타내는 낱말로서 제시된다. 끝으로 사고의 특정 방식을 기술했던 그것이다. 처음 두 가지 설명은 삼단논법 논리의 현대 기준에 꽤 영향을 끼쳤고, 고급 논리 수업의 주제가 될 수 있다. 그러나 세 번째 의미의 정합성은 사고의 특정 패턴에 영향을 끼쳤는데, 이는 어린이 철학 수업과 직접적으로 관련이 있다.

『해리』와 『리사』 곳곳에는 논리 규칙의 발견들로 가득하다. 넓게 보면 이 모든 규칙을 삼단논법으로 분류할 수 있지만, 그림 속의 인물도 이 책을 읽는 실제 아이들도 이런 넓은 관점이 주는 혜택을 얻지는 못할 것이다. 왜냐하면 그런 규칙의 탐구가 어디로 나아갈지는 그들에게 열린 질문이기 때문이다. 이야기 속 주인공들은 이런 불확실성 때문에 규칙에 의해 밝혀진 패턴에 대해 설명하라고 요구한다.

『리사』에는 두 가지 사례가 있다. 6장에서 해리와 토니는 '모든'이라는 양화사가 들어간 문장 셋을 배열하기 위해서 우선 문장 셋을 만든 뒤 그중에 둘을 짝 지워 배열한다. 놀랍게도 그들은 그렇게 만든 조합이 언제나 논리적 일관성을 갖춘 것은 아니라는 것을 발견한다. 그들은 자신들이 발견한 것에 대해 프랜과 리사에게 들려주는데, 리사는 이렇게 말한다. "너희들은 어떤 논증들은 작동이 되고 다른 것들은 작동이 되지 않는다는 것은 잘 보여주었지만, 그 이유를 설명하진 못했어. 왜 그래?" 9장에서 토니는 다음과 같이 설명을 요구한다. "헤더, 넌 정확한 문장들의 배열을 찾는 방법을 말해준다고 했어. 그런데 난 그 규칙이 뭔지 알고 싶어. 넌 우리에게 그 규칙에 대해 말 안 해줄거니?" 이렇게 아이들은 특정 사고 패턴이 규칙에 의해 타당해지는 그 이유를 설명하도록 요구한다.

정합성에 대한 요구 그 자체가 원하는 설명을 제공해주는 것은 아니다. 그러나 정합성을 요구하는 방식은 이런 의미에서 정합성이 무엇이어야 하는지는 잘 보여줄 수 있다. 그것은 규칙이 모두 왜 잘 작동하는지, 그리고 규칙에 의해 지배되는 패턴으로 생각하는 것이 어떻게 의미가 있는지에 관한 것이다. 이런 의미에서 규칙이 정합적이어야 한다는 것은 일부 설명이 제시될 수 있다는 것이고, 그 규칙은 고유하게 탐구**할 만하며**, 그 탐구는 그것이 지배하는 사고에 만족스러운 통찰을 제공하리라는 것을 의미한다. 삼단논법의 규칙은 어린이 고유의 사고 패턴에서 나타나기 때문에, 정확성에 대한 이러한 요구는 어린이의 고유한 사고 패턴이 지적이고 주의를 기울일 가치가 있는 것이라는 확신을 더해준다.

나이와 단계: 왜 10세에서 14세 아이에게 삼단논법을 가르치는가?

형식 논리를 잘 가르치면 철학적 사고의 발달에 도움이 될 수 있다. 그러나 그 규칙이 정확하게 적용되는 실제 상황은 거의 존재하지 않는다. 그것은 형식 논리 체계가 특정 유형의 문장에만 적용되기 때문만은 아니다. 오히려 더 중요한 것은 사람들이 규칙을 거의 **필요**로 하지 않는다는 것이다. 조직적 사고를 발달시키는 데 형식 논리가 기여하는 것은 규칙을 적용시키는 데 있다기보다는, 일관성의 결여를 알아차리는 감수성, 논리적 귀결에 대한 관심, 자신의 사고가 정합적인지 여부에 대한 자각과 같은 자질들을 함양시키는 데 있다. 그리고 이런 자질들은 형식 논리의 범위를 훨씬 넘어선 여러 상황들에 적용된다.

형식 논리로 10세에서 14세 사이의 아이들에게 이와 같은 자질을 발달시킬 수 있다고 하면, 아마도 다음과 같은 질문을 하고 싶은 마음이 생길 것이다. "왜 이 연령대인가요?" 그 답은 간단한데, 그것은 이 연령대 아이들에게 삼단논법이 잘 작동하기 때문이다. 그러나 이것이 삼단논법이 이 연령대 아이들에게 적절한 유일한 형식 논리라는 것을 증명한다고 가정하는 것은 잘못일 것이다. 어린이 철학은 다양한 철학적 주제를 포함하는 소설 형식으로 제공되며, 형식 논리는 그 주제 중 하나에 지나지 않는다. 그 때문에 이 아이들에게서 삼단논법의 성공적인 사용은 그들에게 강렬하게 호소하는 책 속의 비형식 논리적 특징들을 참조하면 더 잘 설명될 수 있을 것이다. 나아가 학급을 참관하거나 비디오테이프를 시청할 경우 우리는 종종 아이들이 전개하는 복잡한 추론에 놀란다. 아이들은 삼단논법보다 훨씬 더 세련된 사고 이행을 보여주기 때문이다. 물론 이로부터 아이들은 사고 이행과 일치하는 복잡한 논리 규칙을 성공적으로 숙달할 수 있다는 주장이 따라 나오는 것은 아니다. 다만 이러한 관찰결과로부터 알 수 있는 것은 삼단논법의 규칙만으로는 아이들의 사고 패턴에 충분하지 않다는 것이다.

어린이의 논리에 관한 많은 심리학적 연구가 있다. 가장 유명한 것은 피아제의 연구이다. 이 연구는 우리 작업에 많은 시사점을 주었다. 그러나 그것은 삼단논법이 10세에서 14세 아이들이 할 수 있는 유일한 형식 논리 유형이라고 추정할 이유를 제공해주는 것은 아니다. 그것은 아이들이 이 논리를 유용하게 사용할 수 있다는 것을 보여주는 것이지, 그들이 그 밖의 다른 논리를 사용할 수 없다고 주장하는 것은 결코 아니다.

이유 제시: 좋은 이유 접근

형식 논리는 아이들에게 그들이 조직적으로 생각할 수 있다는 것을 자각하게 해주는 데 도움을 줄 수 있지만, 실제로 그것이 구조적 사고를 하도록 장려하지는 못한다. 숙의적 사고를 요하는 다양한 상황을 고려하는 제이의 논리 유형이 필요하다. 이 논리 유형은 종종 **좋은 이유 접근**이라고 불린다.

형식 논리의 규칙과 반대로, 좋은 이유 접근에는 특정 규칙이 없다. 그 대신 그것은 주어진 상황에 비추어 **이유를 찾고**, 제시된 **이유를 평가하도록** 강조한다. 주어진 탐구에서 제시되는 이유는 대체로 맥락에 의존하기 때문에 합당한 탐색과 좋은 이유가 될 수 있게 해주는 것 역시 맥락 의존적이다. 결과적으로 좋은 이유 접근은 기본적으로 좋은 이유로 간주될 수 있는 것에 대한 직관에 의존한다. 이 감각은 좋은 이유 접근을 요하는 다양한 상황에 노출됨으로써 가장 잘 길러질 수 있다. 어린이 철학의 교과서는 그것이 이야기 텍스트이든 지도서이든 다양한 상황을 제공하고 있다.

좋은 이유 논리의 주된 목적은 행위나 사건의 관점에서 자신의 사고와 타인의 사고를 평가하는 것에 있다. 어린이 철학에서 이 논리는 아이들에게 폭넓은 구조적, 숙의적 사고를 발견하도록 돕는 데 유용하다. 그러한 발견으로 아이들은 논리적인 사고를 힐 수 있게 되는데, 논리 그 자체는 그러한 사고를 사용하도록 촉진하는 방법과 관련되어 있다기보다는, 사고에 대한 사고의 다양한 적용과 관련되어 있다.

추론 유형

탐구는 어떤 것과도 관련될 수 있다. 즉, 그것은 호기심, 귀찮음, 기쁨, 당혹스러움, 흥미, 짜증, 관심 환기의 근원이다. 좋은 이유 논리는 탐구할 무언가가 있을 때 시작한다. 이유 탐색은 탐구가 일어나는 맥락의 지각적·언어적·증거적 함의에 대한 자각과, 그러한 함의를 추론으로 불리는 사고 이행으로 제시하는 것까지 포함한다. 여기서 우리는 드디어 추론의 다양한 **유형**에 대해서 이야기할 것이다. 추론은 탐구의 중심과 특정 관계에 있는 이유를 제공한다. 그러한 관계는 때때로 귀납, 유비, 설명 혹은 행위 유도 추론으로 기술된다. 이런 것들이 주된 유형이지만 그 밖에도 다양한 유형이 있다. 이 유형들을 모두 자세하게 검토하는 일은 또 다른 연구를 요하는 것이기 때문에 여기서는 좋은 이유 논리에 관한 좋은 느낌을 줄 수 있는 주된 특징만 일별하도록 하자.

귀납 추론은 개별 사례에서 일반론으로 나아간다. 거기서 일반론은 특정 경우에 주어진 증거 토대를 넘어서 나타난다. 이에 대해서는

『해리』5장에 일부 사례가 있다. 먼저 거기서는 특정 귀납에 대해 비판을 한다.

> 마리아는 생각에 잠겨 있는 표정이었다. "그런데 사람들은 언제나 성급하게 속단하곤 해. 사람들은 폴란드인이나 이탈리아인 아니면 유대인이나 흑인을 만날 경우, 바로 그들은 '폴란드인은 모두 이렇다'며, 혹은 '흑인들은, 혹은 이탈리아인이나 유대인은 모두 이렇다'며 성급하게 결론을 내려."
> "맞아. 일부 사람들은 한 가지 사례만 갖고 결론으로 비약하지." 해리가 말했다.

그다음 마크 자호르스키는 자신이 학교에서 겪었던 경험을 예로 들고, 사립학교나 가톨릭부설학교에 다니는 다른 아이들의 말을 인용하면서, '학교는 어디든 끔찍하다'는 자신의 일반화를 뒷받침한다. 마크의 귀납은 개별 사례에 토대한 일반화보다는 훨씬 폭넓고 다양한 증거에 기초해 있다. 그러나 어느 쪽이든 이들 귀납에는 개별 사례에서 일반적인 사례로의 사고 이행이 있다.

유비 추론은 서로 다른 사물의 두 가지 유형 사이의 관련된 유사성을 전제하며, 더 큰 유사성을 결론 내린다. 『리사』1장에는 사람과 동물 사이의 유사성에 관한 일련의 유비 추론이 등장한다. 예를 들면, 동물을 사냥하는 것과 사람을 죽이는 것이 비교되는데, 일부 아이들은 사람과 동물은 비교할 수 있을 정도로 충분히 유사하다는 전제를 받아

교실 속 어린이 철학

들였다. 그러나 다른 아이들은 이 전제를 거부했다. "랜디는 격렬하게 고개를 가로 저었다. '우리는 사람과 동물이 전혀 다른 것이라는 걸 기억해야 해. 동물에게 무엇을 하든 그건 중요한 문제가 아니야. 그러나 사람에게는 그런 것을 절대로 해서는 안 돼'." 이후 이 논의는 동물에게도 권리가 있는지 여부의 토론으로 나아가며, 그 유비를 탐구하게 된다.

설명 추론은 '왜 그것이 일어났는가?', '왜 그런 일이 일어나는가?' 와 같은 질문에 대한 답변과 관련이 있다. 이 추론은 자연이 특정 규칙성을 나타내고 있다고 전제하며, 설명되어야 할 사건과 개별 규칙성을 연결시킨다. 가령 "왜 불이 나갔어?"라는 질문에 대해, "회로차단기가 떨어졌어"라고 답하며 이를 설명할 수 있다. 이는 회로차단기와 불빛 사이의 관련성에 익숙한 사람들에게는 이유가 되며, 적절한 맥락에서 좋은 이유가 될 수 있다. 설명 추론에 관한 몇 가지 사례는 『토니』에도 나온다.

행위 유도 추론은 누군가의 행위를 정당화하고자 한다. 그런 추론은 우선 실천 체계나 행위의 특정 규칙을 전제로 하며, 실천 체계나 행위 규칙에 대한 위반을 정당화하는 특정 상황이 있다는 것 또한 전제 한다. 『리사』에 반복적으로 나타나는 주제 중 하나는 육식을 해야 하는지 여부에 관한 리사의 이유 탐색이다. 이는 몇 가지 행위 유도 추론에 대한 평가를 포함한다. 리사는 자신의 가족이 관습적으로 고기를 먹어왔다는 것을 잘 알고 있다. 이는 육식을 합당하게 정당화할 수 있는 실천 체계이지만, 그녀는 그것이 좋은 이유라고는 생각하지 않는다. 리사는 앞에서 언급한 인간과 동물 사이의 유사성을 받아들이고 있기 때문에 식육 체제를 유지하기 위해 동물을 죽여야 한다는 것을 알아차리고 꽤 곤혹스러워 한다. 리사는 이런 사실을 실천 체계 위반에 대한 좋은 이유와 가까운 것으로 생각하지만, 여전히 자신이 무엇을 해야 하는지에 대해서는 곤혹스러워 한다. 끝으로 그녀는 다음의 행위 규칙을 우연히 생각해낸다. "내가 실제로 동물을 사랑한다면, 나는 고기를 먹지 않을 것이다." 리사의 사유 방식에 따르면 이런 행위 규칙은 식육을 피하는 것을 정당화해준다.

귀납, 유비, 설명, 행위 유도 추론에 대한 평가가 조직적, 반성적 사고를 필요로 한다는 것을 알기란 어렵지 않다. 예를 들면, '학교는 어디든 끔찍하다'는 마크의 귀납 추론을 보자. 우리는 학생들에게 마크가 말한 증거가 그의 일반화를 뒷받침해주는지 물음으로써 그 추론을 평가하게 할 수 있다. 우리는 어떤 귀납 추론이든 학생들에게 일반화가 적절한 상황과 그렇지 않은 상황을 기술하게 함으로써 언급한 증거와 일반적 결론을 비교해보게 할 수 있다. 귀납 추론은 이용 가능한 증거 너머에서 나타나기 때문에 아이들은 좋은 귀납으로 간주되는 것은 그것이 만들어질 때 이용 가능한 정보에 의존한다는 것을 발견할 수 있다. 여기까지 도달하기 위해서는 귀납 추론, 증거 비교, 일반적 결론 및 배경(맥락적) 지식과 같은 꽤 구조적인 사고를 요한다. 이 점은 유비 추론, 설명 추론, 행위 유도 추론과 그 밖의 추론에도 마찬가지로 적용된다.

교실 속 어린이 철학

이유 탐색의 특징

좋은 이유 접근은 형식 논리가 갖고 있는 그런 규칙은 없지만, 이유 탐색과 이유 평가는 모두 일반적 특징을 갖고 있다. 독자들은 좋은 이유 접근의 특징들을 6징에서 다룬 철학적 토론을 이끄는 단서들과 비교하면 유익할 것이다.

우리는 다음과 같이 이유 탐색의 네 가지 특징을 제시할 수 있다.

불편부당함: 탐구 과정은 공평해야 한다. 그 과정은 문제 상황을 편견을 갖고 보거나, 다른 사람의 제언이나 논평을 무시하지 않는다. 이유 탐색은 공정하게 이루어져야 하며, 결과적으로 관련된 모든 이들이 목소리를 낼 수 있어야 한다.

객관성: 탐구 과정은 획득한 결과에 대한 선입견을 갖지 않고, 결과가 이끄는 관련된 함의에 주의하며 객관적이어야 한다. 탐구는 합당한 것으로 간주된 것에 대한 탐구자들의 감각과 불일치할 경우 객관적이지 않지만, 관련된 탐구자들의 공동체에 승인을 얻는다면 객관적이다.

인격 존중: 탐구 과정은 누군가를 모욕하고 난처하게 하지 않는 방식으로 진행되어야 한다. 각 인격은 유의미한 이유의 근원이기 때문에 진행되는 탐구의 범위 밖으로 아이들을 내보낼 경우, 탐구 과정은 그것이 어떤 것이든 정보의 잠재적인 근원을 제거하고, 탐구 과정 그 자체를 왜곡시키게

된다.

더 나은 이유에 대한 탐색: 탐구 과정은 탐구자들의 공동체 구성원들이 결과에 만족하지 못할 경우 더 나은 이유를 탐색하도록 안내하는 방식으로 관리되어야 한다. 이는 어떤 탐구 과정이든 그것은 탐구를 만류하거나 가로막는 것이 아니라 더 촉진할 수 있도록 제한을 두지 않을 것을 요구한다.

이상과 같은 특징들의 사용에서 전제하는 것은 탐구자들은 합당한 것으로 간주된 것에 대한 직관을 공유한다는 것이다. 이 직관을 너무 엄밀하게 정식화하고자 하는 것은 잘못일 수 있지만, 그것을 신비스러운 내감으로 볼 필요까지는 없다. 그것은 단지 합당한 것과 그렇지 않은 것에 대한 대략적인 감각일 뿐이다.

결정하기 어려운 사건이 나타나 있는, 여러 탐구자들의 탐구 사례는 『해리』 7장에 잘 나타나 있다. 수키는 데일이 국기에 대한 경례를 해야 하는가에 관한 이유를 탐색하면서, '규칙은 규칙'이기 때문 경례를 해야 한다고 제안한다. 토론을 사회하던 할시 선생님은 이를 받아들이면서 우리가 규칙을 정하면, 반드시 따라야 한다는 것을 함의하는 것이라고 했다. 그때 미키가 "아닙니다. 규칙은 깨지기 위해서 있는 거죠. 예외, 모든 규칙에는 예외가 있다는 것을 모르시나요? 바로 데일의 경우가 예외예요! 그래서 전 데일이가 하고 싶지 않으면 국기에 대한 경례를 할 필요가 없다고 생각해요"라고 주장했다. 그때 할시 선

교실 속 어린이 철학

생님은 '모든 규칙에는 예외가 있다'는 표현이, 너무 관용적인 말이어서 탐구의 목적에 적절하지 않다고 비판했다. 그때 토니, 샌디, 마크는 관련성이 있는 경우를 제시했다. 즉, 행위 규칙이 그것이 적용되는 사람들에 의해 만들어지지 않았을 경우에는 그 사람들이 따르고 싶지 않은 상황에서 규칙이 예외를 가질 수 있다는 것이다. 이렇게 이야기는 난국으로 빠져 들고 책을 읽는 아이들에게 '모든 규칙은 예외가 있다'는 것이 데일이 국기에 대한 경례를 할 필요가 없는 이유로서 적절한지 여부를 숙고하도록 남겨둔다.

　토론은 논리적 탐구의 좋은 사례이다. 어린이 철학의 이야기 텍스트에는 몇 가지 다른 사례들이 있다. 앞서 언급한 할시 선생님의 사회 중의 토론과 함께, 아마도 좋은 이유 탐구의 최고의 사례 둘을 꼽으라면 하나는 『해리』 마지막 장에서의 스펜스 선생님과의 토론이고, 다른 하나는 『리사』 마지막 장의 패트리지 선생님과의 토론이다. 아이들은 종종 스스로 논리적 탐구에 참여하지만, 이 탐구는 하나의 장면에서 연속적으로 집중해서 탐색된다기보다는 몇 가지 장면에서 따로 나타난다. 한 가지 짧은 장면의 사례는 『리사』 14장에 '남에게 대접을 받고자 하는 대로 너희도 남을 대접하라'에 대한 토론이 있다.

　실제 탐구 과정과 이유 평가는 탐구자들이 전자에서 후자로 왔다 갔다 할 때 서로 뒤섞인다. 그러나 이유 탐색의 특징과 이유를 평가하는 기준을 구분하는 것은 유용하다. 전자는 어떤 것에 대한 이유를 찾으며, 후자는 더 나은 이유와 못한 이유를 구분하고, 주어진 이유가 좋은 이유인지 결정하며 결과를 평가한다. 모든 이유를 좋은 이유로 동일시하는 경향이 있다. 그리고 어떤 것을 믿고 행하는 이유는 그것이 좋은 이유가 아닐 경우 실제로 이유가 될 수 없다고 가정하는 경향 또한 있다. 그러나 이는 우리가 때때로 (어떤 이유도 없이 한다고 보기보다는) 나쁜 이유에 근거해서 행위를 한다는, 그리고 여러 이유들을 더 낮거나 나쁜 것으로 비교할 수 있다는 사실을 간과하고 있다.

좋은 이유의 특징

좋은 이유 논리는 다음과 같은 이유 평가에 대한 기준을 사용한다.

사실에 토대: 좋은 이유는 사실에 토대한 이유이다. 예를 들면, 토네이도 경보 소식을 들은 뒤에 피난하는 것과, 하늘이 떨어진다는 텔레비전 쇼 프로그램의 주인공 치킨 리틀의 고함소리를 귓결로 듣고 피하는 것은 전혀 다른 것이다. 인근에서 토네이도를 목격했다는 토네이도 경보만이 사실에 토대한 것이다. 물론 사실이라고 해서 언제나 이용 가능한 것도 아니고, 쟁점을 완전히 결정하는 것도 아니다. 그러나 사실에 토대한 이유는 그렇지 않은 이유보다 더 낫다.

관련성: 좋은 이유는 탐구 대상과 분명하게 관련되어 있다. 예를 들면, 40층 빌딩 꼭대기에서 뛰어내렸는데 아무런 상해도 입지 않은 일이 실제 있었다 하더라도, 이것이 살기 위해 꼭대기에서 뛰어내리는 것을 선택할 좋은 이유는 되

교실 속 어린이 철학

지 않는다. 오히려 낙하속도, 착륙 지점, 신체의 본성을 모두 고려할 경우, 이들 조건은 뛰어내리지 않을 좋은 이유를 제시한다. 뛰어내리지 않을 이유는 신체가 추락하여 지면에 닿았을 때 일어날 수 있는 것과 관련이 있지, 이전에 상해를 입지 않았다는 것과는 상관이 없다. 주어진 이유와 쟁점이 관련이 있는지 여부를 항상 잘 구별할 수는 없지만, 관련성을 보여줄 수 있는 이유는 그렇지 못한 이유보다 더 낫다.

뒷받침: 좋은 이유는 탐구 대상을 그럴 듯하고, 명료하게 만들어 이를 뒷받침한다. 예를 들면, 학교 건물에서 포테이토칩 50상자를 발견했다고 하자. 이를 포테이토칩 재고 부족을 염두에 둔 사재기와 관련해서 설명할 수 있다. 그러나 조만간 학교 파티가 있을 것이라는 또 다른 설명은 앞의 설명이 제시하지 못한 방식으로 그 많은 포테이토칩 상자의 존재를 뒷받침해준다. 그것이 훨씬 더 그럴듯하기 때문이다. 문제가 되는 쟁점을 이해하기 쉽게 만들어주는 이유는 그렇지 못한 이유보다 더 낫다.

친숙함: 좋은 이유는 탐구 대상을 설명할 때 친숙한 것을 언급한다. 예를 들면, 아이의 풍선이 하늘로 날아갈 때 어떻게 풍선이 줄에서 풀려나갔는지 복잡한 방정식으로 설명할 수 있다. 그러나 보다 더 나은 설명은 아이가 줄을 느슨하게 놓았다는 것이다. 물론 친숙한 것이 때로는 나쁠 수도 있다. 공포 영화를 보면서 소름이 돋을 때 이를 으스스한

공포의 효과와 관련해서 설명하곤 한다. 그러나 실제로 소름은 (고양이가 털을 세우는 것과 같은) 방어 기제로서 기능하는 소름이다. 그러나 일반적으로 말하면 잘 알려진 어떤 것과 관련된 이유는 난해한 것과 관련된 이유보다 더 낫다.

최종적인 것: 만일 어떤 이유가 이상의 기준 중 어느 하나 혹은 그 이상에 부응하지 않는다면 그것은 좋은 이유가 아니다. 모든 이유는 탐구공동체의 구성원들에 의한 평가에 열려 있어야 한다. 이유를 평가할 때 그보다 더 높은 심급, 더 높은 기준은 없다.

따로 떼어보면 이들 각각의 기준은 비판을 초래한다. 조금만 궁리해보더라도 우리는 어떤 기준이 좋은 이유를 어길 수 있는 상황을 쉽게 생각해볼 수 있다. 기준에 대한 철학적 사고를 진전시키기 위해서는 각각에 대해 그러한 상황을 떠올려 보는 것이 유익하다. 이는 중요하지만, 기준들 전체의 중요성을 간과하지 않는 것 또한 중요하다. 우리는 학급 토론에서 좋은 이유 접근을 사용하여 학생들이 조직적인 숙의적 사고의 폭넓은 가능성을 발견할 수 있도록 효과적으로 도울 수 있다.

탐구의 특징에서도 그랬던 것처럼, 좋은 이유에 대한 기준을 사용할 때에도 아이들이 좋은 이유로서 간주되는 것에 대한 대략적인 감각을 공유하고 있다는 것을 전제로 한다. 좋은 이유 접근은 새롭고 낯선 것을 제시하는 것이라기보다는, 아이들에게 탐구와 그 결과에 대한 반응 중에서 보다 유용하고 적절한 것을 구분해내도록 장려하는 것이다.

좋은 이유 논리 가르치기

아이들은 놀라울 정도로 묻기를 좋아한다. 아이들의 천성적인 호기심을 가로막지 않는다면, 아이들에게 철학을 제공해줄 경우 그들은 곧바로 스스로 이유를 찾을 수 있는 능력을 발휘해갈 것이다. 좋은 이유 논리 수업에서 노력을 기울이는 것은 탐구 과정을 유지하고, 이유 평가를 촉진하는 일이다. 그런데 이 두 가지 목표는 대화에 참여하는 탐구자들의 공동체 맥락에서 가장 잘 성취된다. 탐구 과정은 토론을 주고받을 때 활기를 띤다. 탐구 과정의 공적인 장은 이유를 적절하게 평가하기 위해서 반성적 사고의 필요성을 분명히 한다.

원리상, 이유 평가 기준과 논리적 탐구의 특징에 대한 토론을 피할 이유는 없지만, 교사는 추상적으로 언급되는 것에 대해 아이들이 잘 이해할 것으로 기대해서는 안 된다. 아이들은 탐구와 평가에 참여할 때에만 이들 특징과 기준**에 대한** 사고의 기초를 형성할 수 있다. 일반적으로 말해서, 아이들이 좋은 이유에 관한 이야기를 함으로써 좋은 이유를 배울 수 있을 것으로 가정하는 것은 잘못일 것이다. 교사가 염두에 두어야 할 것은 어린이를 위한 좋은 이유 논리가 갖는 제일의 목적은 '좋은 이유 논리'라고 불리는 주제에 있는 것이 아니라, 조직적인 숙의적 사고를 폭넓게 응용할 수 있도록 돕는 데 있다.

좋은 이유 논리를 가르칠 때는 대화를 촉진하는 좋은 이유 논리를 사용할 필요가 있다. 이제 이 수업은 그러한 토론을 장려할 수 있는 교재를 확보하는 데 성패가 달려 있고, 바로 그 때문에 이야기로 되어 있는 철학적 주제가 제공되도록 설계되었다. 교과서 속 인물들의 생각과 행위에 대해 성찰함으로써, 아이들은 추론을 끌어내고, 추론들을 비교, 대조하며, 그렇게 탐구에 함께 참여할 수 있게 된다. 아이들이 이러한 탐구 활동에 효과적으로 참여할 수 있도록 두 가지 탐구 모델이 제공된다. 하나는 이야기 텍스트 속에 좋은 대화의 사례를 제시하는 것이고 다른 하나는 실제 학급에서 토론을 하게 하는 것이다.

좋은 철학 토론 운영에 관해서는 이미 6장에서 충분히 이야기했다. 다만 대화를 촉진하는 중요한 몇 가지 특징은 특히 좋은 이유 논리와 관련이 있기에, 이 특징들을 다시 한번 강조할 필요가 있다.

아이들은 어떤 것에 대해 잘 모를 경우, 그들은 그에 대한 이유를 평가할 수가 없다. 그래서 그들은 쟁점을 논의할 때 서로 경청할 것을 배울 필요가 있다. 특히 그들은 제시된 이유에 대해 이해하고, 탐구 맥락에서 그것에 대해 숙고할 필요가 있다. 이 조건들은 좋은 이유 논리 수업에서도 강하게 요구된다. 아이들에게 자신의 발언에 귀 기울이도록 하는 것은 교사 역시 듣고 기억하는 데 시간을 들일 것을 요구하는 것이다. 다시 말해 아이들을 스스로 경청하도록 만드는 것으로 교사 자신이 아이들의 말을 경청하고 기억하는 것보다 더 효과적인 방법은 없다.

아이들에게 서로의 말을 경청하게 하는 데는 많은 시간과 인내심을 요한다. 아이들은 다른 아이의 발언에 대한 평가를 위해 교사를 바라보는 경향이 있다. 때로는 아이들은 아이의 발언이 다른 아이들의 즉각적인 승인의 신호를 얻지 못할 경우 무시하기도 한다. 아이들이 이런 습관을 극복하게 될 때, 그들은 그 습관 대신에 토론 주제나 구성원과 무관하게 어떤 발언이든 괜찮다는, 떠오르는 생각은 무엇이든 말할 수 있고 말해야 한다는 인상을 갖게 된다. 이러한 반응을 기다리기 위해서는 꽤 많은 인내심을 요할 수 있다. 이에 대한 가장 좋은 그리고 강력한 자원은 다름 아닌 교사의 기억이다. 교사들은 아이들이 논점에서 벗어날 때 진행된 논의를 반드시 회상할 수 있도록 짚어주어야 한다. 그러면서 아이의 언급이 이전의 발언과 어떻게 관련되어 있는지 묻고, 주제에서 벗어나지 않도록 아이들을 장려해야 한다.

탐구자들의 공동체에서 자기 자신과 타인의 말을 경청하는 법을 배우는 것은 좋은 이유 논리에서 대단히 중요하다. 불편부당함, 객관성, 인격 존중 및 더 나은 이유 탐색은 모두 타인의 사고뿐만 아니라 자기 자신의 사고에 대한 주의집중과, 경청할 수 있는 능력 함양에 의존한다. 이유 평가에 대한 기준을 사용할 때에도 자기 자신과 타인에 대한 경청 능력은 필수적이다. 좋은 이유 논리를 잘 가르치기 위해서는 그 밖의 토론 기법이 어떻게 관련되어 있는지 언급해야 한다. 그러나 그에 앞서 좋은 이유 접근과 토론 기법의 사용 사이의 주된 관련성을 먼저 밝혀야 한다.

형식 논리와 좋은 이유 논리는 모두 철학적 토론을 **구조화하기 위한** 지침서로 사용될 수 있다. 일관성, 논리적 귀결, 정합성은 탐구의 특징에서 그러한 것처럼 철학적 토론에서도 근본적이다. 그리고 좋은 이유에 대한 기준은 철학적 토론의 결과를 평가하기 위한 기본 단서이다. 이러한 논리 유형을 가르치는 가장 효과적인 방법은 토론이 진행될 때 그 규범과 기준을 의식적으로 사용하는 것이다. "그 말은 조금 전 학생이 말한 것과 일관되나요?" "지금 그 말은 앞서 학생이 말한 것에서 어떻게 따라 나오죠?" "지금 학생의 말은 우리가 계속 하고 있는 이 이야기와 어떻게 관련이 되나요?" 이런 것은 좋은 이유의 관점에서 만든 질문으로서 교사가 사용할 수 있는 기본 질문 유형이다. 이와 같은 교사의 조력으로, 아이들은 자신이 논리 정연하게 사고에 관해 사고를 할 수 있다는 것을 자각하게 되고, 그러한 사고가 폭넓은 범위로 적용될 수 있다는 것도 알게 된다.

합리적으로 행위하기

형식 논리는 아이들이 구조적이고 명석하게 생각할 수 있다는 것을 보여주고, 좋은 이유 접근은 조직적 사고가 일상에서 다양한 방식으로 응용된다는 것을 보여준다. 이 두 가지 논리는 모두 아이들에게 스스로 반성적 사고를 할 수 있도록 장려하지만, 이것을 주된 목적으로 삼는 것은 아니다. 그런 이유로 어린이 철학 역시 합리적인 행위 논리, 합당한 행위를 위한 지침 제시에 착수한다. 이런 논리의 주된 목적은 아이들이 일상에서 능동적으로 반성적 사고를 하도록 장려하는 데 있다. 이 기능을 수행하기 위해 이 논리가 어떻게 만들어졌는지 알기 위해서는 어린이 철학 수업을 위한 교재를 보는 것으로 충분하다.

교실 속 어린이 철학

역할 모형: 사고 유형

『해리』와『리사』의 중심 주제들 중의 하나는,『해리』마지막 장들에서 반복되는 것으로 일부 사람들은 삼단논법의 규칙에 따른 패턴으로 사고하고, 그런 규칙은 사고의 특정 유형에만 적절하다는 견해이다.『해리』와『리사』에는 꽤 다양한 그 밖의 사고 유형을 대조적으로 선명하게 제시한다. 이 사고 유형의 다양성은 두 가지 교차적 방식으로 제시된다. 첫째, 각각 아이들은 지배적인 자신의 사고 유형을 나타낸다. 둘째, 각각의 아이들은 상황에 따라 자신의 것과는 다른 사고 유형을 사용한다. 이렇게 각각의 아이들에게 하나의 사고 유형이 별개로 지배적이지만, 때때로 다른 아이들에게서도 특정의 사고 유형이 같이 나타난다. 그 결과 사고 유형의 복잡한 매트릭스가 만들어진다. 매트릭스의 어떤 요소에는 형식 논리가 적절하지만, 나머지 요소에서는 그렇지 않다. 형식 논리가 적절하지 않은 나머지 요소들에는 좋은 이유 논리가 응용될 수 있다. 이는 어린이를 위한 논리의 철학적 핵심이며, 이로써 아이들의 섬세한 주의력이 보장된다.

가령『해리』를 일별하면 아이들은 적어도 86가지 정신적 행위를 한다는 것을 알 수 있다.[2] 여기에는 누군가가 자신을 보고 있다는 것을 갑자기 알아차리고, 할아버지가 축구공을 사줄 것이라는 약속을 지킬 것인지 궁금해하는 것에서부터 친구와 특정한 통찰을 나누며, 형식 논리의 규칙을 만드는 것까지 포함된다. (다섯 가지 서로 다른 상황에서 동일한 한 아이가 사용한) 가장 빈번하게 보여준 정신적 행위는 어떤 것에 대한 사고, 자기 자신에 대한 사고, 기억, 불확실함, 형식 논리 규칙의 사용, 의식적인 의견 표현, 제시된 규칙에 대한 사례 만들기, 무언가를 이해하고자 함, (왜인지, 무엇인지, 어떻게 해서인지, ~인지 아닌지) 궁금해 함, 결정 등을 포함한다.

이야기 텍스트 주인공들 중에는 특정 정신적 행위, 특히 논리적 행위가 반복적으로 나타난다. 특정 방식으로 생각하는 경향성에서 서로 다른 사고 유형이 만들어진다. 한편으로 형식적으로 연역하는 사고 유형이 있을 수 있고, 다른 한편으로 변형된 좋은 이유 접근들이 있을 수 있다. 이들 주인공에게 지배적인 정신적 행위로는 경이(해리 스토틀마이어), 형식 논리적 패턴의 사고(토니 메릴로), 예감 혹은 직관적 사고(리사 테리), 설명을 찾고 즐기기(프랜 우드), 타인의 감정에 대한 민감함(앤 토거슨), 창조적인 사고(미키 민코프스키)가 있다. 이상은 『해리』 안에 있는 정신적 행위와 그와 관련된 사고 유형들 중 일부에 지나지 않지만, 우리는 이미 정신적 행위와 사고 유형이 꽤 폭넓은 네트워크를 구성한다는 것을 알 수 있다. 아이들 각각은 정신적 행위와 사고 유형 모두를 사용하고 있다. 정신적 행위는 개별자들에게는 수백 가지의 참조 틀을 생각할 수 있지만 (학교의 교실과 같은) 집단 속 아이들에게는 단지 네 가지만 고려될 수 있다. 정신적 행위에 대한 이와 같은 구체성과 자세함으로 독자들은 앞서 언급한 사고 유형의 다양성을 더 강하게 자각할 수 있다.

사고 형식의 다양성은 때때로 중복적으로 제시된다. 예를 들면, 리사는 예감과 직관을 통해 결론에 이르는 것이 특징이고, 해리는 숙고를 통해 추론한다. 그러나 이들은 모두 이후 오류로 나타나게 될 판단을 순간적으로 내린다는 점에서 동일하다. 그럼에도 그들은 다른 점이 있는데, 리사는 자신의 판단을 모두에게 바로 발설해버리지만, 해리는 새로운 증거를 마주하여 수정하기 전까지 자신의 생각을 말하지 않고 묵혀 둔다는 것이다. 마찬가지로 해리와 앤은 사람에 대한 통찰할 수 있는 능력을 갖추고 있지만, 해리는 대체로 언어적 단서에 의존하는 반면에 앤은 시각적인 것에 의존하는 차이가 있다. 이렇게 해리와 리사는 일부 다른 점도 있지만 같은 점도 있고, 해리와 앤 역시 그러하다. 리사와 앤 사이는 차이가 분명히 드러나지 않는데, 이는 서로 다른 사고 유형의 매트릭스는 완전히 세련되게 구별되지 않으며, 결과적으로 독자들에게 인물들과 그들의 사고 유형 사이의 유사성과 차이점에 대해 스스로 생각해보도록 여지를 남겨준다.

각각의 사고 유형은 합당한 행위 모델을 나타낸다. 실제로 이야기 텍스트의 주인공들은 독자에게 합리적 행위의 직접적인 모델이 되고 있다. 그러나 이는 아이들에게 책 속의 주인공을 단순히 모방할 것을 장려하기 위해서가 아니라, 오히려 반성적 사고를 능동적으로 사용하는 것이 아이들의 말과 행위 속에 얼마나 다르게 나타날 수 있는지 보여주기 위해 인물들이 고안되었다. 이야기 속 인물들은 부분적으로만 정해진 역할 모델을 하고 있다. 그러나 앞서 언급한 것처럼 책 속의 주인공들은 유사성과 차이를 보여주는 것은 아니다. 아이들은 이야기 속 주인공을 상상 속에서 구현할 수 있듯이, 자신의 사고 과정과 정신적 행위 유형을 이야기 속 인물들의 그것과 엮어볼 수도 있을 것이다. 이런 식으로 이야기 속 주인공들과 현실 속 아이들의 경계는 지워져간다. 아이들이 이야기 속으로 점점 더 들어갈 때, 아이들은 합리적으로 사고하고 행동하며, 어떤 점에서는 비슷하지만 다른 점에서는 다른 이야기 속 주인공들과 유사한 사고 유형을 전개할 수도 있을 것이다.

합리적인 행위를 위한 안내

형식 논리나 좋은 이유 접근 어느 하나만으로는 아이들에게 능동적으로 반성적 사고를 하도록 장려할 수 없지만, 이야기 주인공들이 이들 논리를 사용할 경우 이 목적을 달성할 수 있다. 이야기 텍스트에서는 어떤 논리도 추상적인 주제로 제시되지 않는다. 이들 논리는 아이들의 사고 유형과 서로 연결되어 있다. 그 때문에 주인공들이 우리가 말하는 형식 논리나 좋은 이유 접근에 관해 말할 때에, 그들은 단지 다른 사람의 사고에 대해 생각하고, 인지하고, 존중하며, 잘 생각해보고자 하는 것일 뿐이다.

형식 논리와 좋은 이유 접근이 반성적 사고와 행위에 대한 지침으로 어떻게 기능하고 있는지 알고 싶으면 이야기 텍스트를 구성하는 극적인 장면들을 살펴보면 된다. 많은 사례가 있는데,『해리』의 몇 가지 예들이 이를 잘 설명해줄 것이다.

『해리』 16장에는 형식 논리의 논리적 귀결에 대한 두 가지 패턴이 있다. 이 둘은 오류 사고 패턴 둘과 같이 짝으로 주어져 있는데, 아이들은 이들을 식별한다. 형식 패턴은 모두스 포넨스로, 이는 다음의 패턴을 갖는다(P와 Q는 문장 기호이다).

대전제	만일 P이면 Q는	참이다.
소전제	P가	참이다.
결론	Q는	반드시 참이어야 한다.

그리고 다음은 모두스 톨렌스이다(P와 Q는 문장 기호이다).

대전제	만일 P이면 Q는	참이다.
소전제	Q가	거짓이다.
결론	P는	반드시 거짓이어야 한다.

오류의 패턴은 후건을 긍정한다(P와 Q는 문장 기호이다).

대전제	만일 P이면 Q는	참이다.
소전제	Q가	참이다.

그러므로 P는 참이어야 한다고 생각한다―그러나 어떠한 결론도 따라 나오지 않는다. 그리고 오류의 패턴은 전건을 부정한다.

대전제	만일 P이면 Q는	참이다.
소전제	P가	거짓이다.

그러므로 Q는 거짓이어야 한다고 생각한다―그러나 어떠한 결론도 따라 나오지 않는다.

　아이들이 이 패턴을 이해하게 되었을 때 한 학생(제인 스타)이 지갑이 든 서류가방을 훔친 혐의로 다른 학생(샌디 멘도사)을 고발했다는 소식을 듣게 된다. 해리는 자신의 증거와 함께 여러 질문에 대한 제인의 응답을 들은 뒤, 다음과 같은 사실을 입증한다. 즉, 서류가방이 교실 밖에서 발견되었는데, 오후 2시에는 제인이 서류 가방을 갖고 있었고, 샌디 멘도사는 2시에서 2시 45분 사이에 교실 밖으로 나간 적이 없으며, 제인이 서류가방이 사라진 것을 처음 알아차린 것은 2시 45분이라는 것이다. 해리는 그때 모두스 톨렌스를 사용하면서 "샌디가 서류가방을 훔쳤다면 그것은 이 교실에 있을 거야. 그런데 교실에는 없어. 그러므로 샌디는 서류가방을 훔치지 않았어"라고 추론한다. 그때 리사는 자기 생각에 다른 학생, 미키 민코프스키가 서류가방을 갖고 갔을 거라고 말한다. 리사는 직감에 기초한 자신의 생각을, 서류가방을 숨기는 것은 '미키가 종종 하던 것'이라고 주장함으로써 정당화하고자 한다. 그때 토니 메릴로는 그것이 잘못된 후건 긍정 오류의 사례라고 다음과 같이 보여준다. 즉, "서류가방을 갖고 간 것이 미키였다면 그는 분수 뒤에 숨겼을 거야. 소전제는 서류가방이 분수 뒤에서 발견되었다는 거야. 그런데 여기서 뭐가 따라 나오지? 아무것도 없어. 우리는 소전제가 참이라 하더라도, 대전제도 참이라는 것을 입증할 순 없다고 이미 동의했어". 샌디는 미키가 서류가방을 갖고 가서 숨긴 것을 인정한다고 주장하며 미키를 현장에 데리고 온다.

여기서 우리는 형식 논리 규칙에 대한 설명과 함께, 직관적 사고와 담론적 사고가 착종되는 두 가지 현상을 볼 수 있다. 형식 논리 규칙에 대해 토론하던 아이들은 먼저 제인이 샌디를 고발했다는 것을 알게 된다. 그때 그들이 들은 것은, 샌디가 서류가방을 훔쳐갈 것이라고 제인을 괴롭히며 말했던 것은 인정하지만, 실제로 서류가방을 훔치지는 않았다고, 서류가방을 훔친 사실에 대해서 부인했다는 것이다. 제인이 범인으로 지목한 것은 리사가 미키를 지목한 것과 유사하다. 우리는 인물들을 다음과 같이 대략 대조시켜볼 수 있다. 즉, 제인의 (부정확한) 예감 대 해리의 (범인과 관련된) 모두스 톨렌스 규칙 사용, 리사의 (정확한) 예감 대 (범인과 무관한) 후건 긍정 오류에 대한 토니의 지적이다. 이 일화는 부분적으로 좋은 이유 접근과 가깝다. 리사는 자신의 생각이 직감, 예감의 일종임을 인정하고, 이에 대해 선생님이 응수한다.

교실 속 어린이 철학

"그래, 리사. 넌 빈틈없는 추리를 했어. 그때 상황에서는 네가 옳았어. 그런데 만일 틀릴 경우, 샌디 같은 무고한 사람이 고통을 받을 수도 있을 거야. 누군가가 훔쳤을지 모른다고 추측한 것은 결코 잘못이 아니야. 그렇지만 추측하는 것이 신중한 탐구를 대신할 순 없어." 물론 범인을 지목하는 것은 연역적 이유가 아닌 다른 이유에 의해 뒷받침될 수 있다. 그래서 제인은 샌디를 의심할 몇 가지 이유가 있었고, 리사의 직관은 귀납에 의해 뒷받침되었다.

『해리』 2, 3장에는 또 다른 예들이 있다. 토니 메릴로는 우울했다. 해리가 그 이유를 묻자, 아버지가 나중에 커서 아버지처럼 엔지니어가 되는 걸 당연시하기에, 자신은 훗날 다른 일을 하는 사람이 되고 싶다는 마음을 내비쳤고, 아버지가 화를 냈다는 것이다. 해리는 토니에게 왜 아버지가 엔지니어가 되었으면 하는지 묻자, 토니는 이렇게 말한다. "난 항상 수학 성적이 좋기 때문에 그래. 아버지는 내게 그러셔. '모든 엔지니어는 수학을 잘해. 너도 수학을 잘하지. 그러니 너도 어떤 결론이 나올지 잘 알 거야.'" 그러나 해리는 이 전제들에서 토니가 엔지니어가 되어야 한다는 결론을 끌어내는 것은 이전에 발견한 형식 논리의 규칙에 어긋나는 것임을 알아차리고, 이렇게 말한다. "토니, 네 아빠는 '모든 엔지니어는 수학을 잘한다고'라고 했지? 그런데 주어부와 술어부를 바꿀 수 없는 문장들이 있는데, 이것도 그중 하나야. 그러니 거기서 수학을 잘하는 사람은 모두 엔지니어라는 결론이 나오지는 않아." 토니는 3장에서 아버지와 대화하는 중에 해리의 결론을 그대로 전한다. 아버지가 그것에 대해 설명해보라고 하자, 토니는 해리의 설명을 잊어버려 당황하고 불안해하지만, 이윽고 규칙을 기억해낸다. 아버지가 규칙에 대해 물었을 때 토니는 왜 그것이 작동되는지는 설명할 수 없다고 인정한다. 그러자 그때 아버지는 '엔지니어는 모두 수학을 잘하는 사람이다'는 문장에 대해 동심원 그림을 그린다. 토니는 "그래서 '모든'이라는 양화사가 들어가는 문장의 주어부와 술어부를 바꿀 수 없는 거예요 … 사람이나 사물의 작은 집단을 더 큰 집단 안에 넣을 수는 있지만, 더 큰 집단을 더 작은 집단 안에 넣을 수는 없기 때문이죠"라고 결론을 내리게 된다.

처음에 형식 논리의 규칙을 사용하고 정당화하는 것은 비교적 간단한 일처럼 보인다. 그러나 좀 더 자세히 살펴보면 처음에 여긴 것보다 훨씬 더 복잡한 맥락을 볼 수 있다. 어떤 의미에서 토니의 사고는 분명 개선되었다. 그는 오류를 잡아낼 수 있었고, 그 과정에서 두려움과 혼란을 잘 극복하였다. 그러나 보다 넓은 관점에서 보면 이러한 개선은 제한적이다. 토니는 역의 규칙에 대한 아버지의 설명에 만족했지만, 아버지의 해석 규칙에 대해서는 의문을 제기하지 않았다. 그의 사고에서 진전이란 당황스럽고 불쾌한 왜곡된 상황을 기분 좋고 규칙이 지배하는 상황으로 바꾸는 데 그친 것이다. 다시 말해, 그는 규칙 지배적 사고의 잠재적 한계에 대한 감수성이 없었다. 예를 들면, 그의 당혹감이나 불쾌함이 커서 엔지니어가 되라는 아버지의 압력에서 나오는 한, 그는 이 문제의 근원에 도달하지 못할 것이다. 어쨌든 그는 아버지의 방식과 비슷한 방식으로 혼란스러운 점을 해결했고, 그런 의미에서 그는 이전보다 훨씬 더 아버지처럼 되었다. 커서 아버지처럼

교실 속 어린이 철학

되어야 한다는 제언에서 토니가 느낀 불쾌함은 형식 논리의 규칙과 해석에 의해서 전혀 해결되지 못한 채 있고, 두 가지 대조적인 사고 양식이 상충하고 있다. 즉, 여전히 불분명한 감정 대 규칙 지배적 담론적 사고의 대결 구도가 존재하고 있다.

그 밖에도 많은 사례가 있다. 『해리』에서만 형식 논리의 18개 규칙이 발견되고, 실제 사용된다. 또한 좋은 이유 접근 역시 형식 논리의 원리에 의해 구성된 언어적 사고와 좋은 이유 기준으로 판단될 수 있는 언어적 사고 사이의 꽤 많은 비교와 대조의 사례를 갖고 있다. 그 외에 형식적 연역도, 좋은 이유 사고도 사용하지 않는 언어적, 비언어적인 많은 정신적 행위와 관련된 사고 유형이 있다.[3]

결 론

어린이 철학 프로그램에서 각 교재는 독자에게 자기 자신의 사고에 대해, 그리고 그 사고와 성찰이 삶에서 기능하는 방식에 대해 주의를 기울이게 하는 수단을 제공하는 것을 기본 목적으로 삼는다. 이야기 텍스트들은 규칙 지배적 사고와 다양한 형태의 비형식적 사고의 사례들을 통해서 그 목적에 다가간다. 교재에서는 단순히 학습할 논리적 규칙을 언급한 것은 아니다. 오히려 이야기 텍스트는 규칙과 탐색 기법의 사례를 제공해서, 그것을 스스로 사용할 수 있도록 독자들을 장려한다.

규칙 지배적 사고의 사례는 형식 논리의 발견과 전개로 제시된다. 그러나 형식 논리보다는 반성적 사고에 훨씬 더 초점을 두고 있다. 형식 논리에 분명한 규칙이 있는 것처럼, 우리는 좋은 이유 접근에서도 여러 암묵적인 좋은 이유 절차들을 들 수 있다. 즉, 탐구 수행, 타인에 대한 경청 및 자신이 말해야 하는 것에 대한 사고 그리고 자신에 대한 사고와 같은 것들이다.

아이들은 특정 종류의 사고가 규칙 지배적이라는 것을 발견할 수 있어야 하며, 논리적 규칙이 거의 작용하지 않는 상상하기, 꿈꾸기, 흉내 내기 같은 서로 다른 사고 양식들에 대해서도 잘 알고 있어야 한다. 이러한 폭넓은 사고 양식에 대한 평가와 향유를 통해서 그때 그들은 자신들의 사고가 종종 논리적 형식을 갖지만(물론 때때로 논리적이어야 할 때 그렇지 못한 경우도 있지만), 사고의 대부분은 그런 형식을 취하지 않으며, 그럴 필요도 없다는 것을 인식할 수 있다. 이것이 아이들에게 논리를 어떻게 도입하고 전개해야 하는지에 대한 핵심 열쇠이다. 즉, 그것은 무미건조한 형식의 틀이 아니라, 언제나 반성적 사고의 맥락에서, 특히 사고 자체에 대해 보다 명석하게 생각하려는 노력 속에서 도입되고 전개해야 한다는 것이다.

1   삼단논법의 규칙과 표준화(standardization)에 대한 자세한 기술은『해리』,『리사』,『토니』등의 교사용 지도서에 수록되어 있다. 이에 대해서『리사』교사용 지도서 5장 말미에 요약해두었다.

[역주] 이 책이 출간된 뒤 이후 1985년에 나온『리사』2판 교사용 지도서 5장에는 표준화와 규칙에 대한 논의가 있지 않다. 대신, 진리, 유사성과 차이, 일관성, 전제와 결론 사이의 순서에 대한 강조가 제시되는데,『해리』,『리사』는 제2판부터는 논리와 관련된 장들과 중심 내용은, 여전히 일반 어린이 철학 교재에 비하면 적지 않지만, 초판의 것과 비교하면 상대적으로 줄어들었다. 1970년대 후반의 저서와 이후 1980년대 개정판의 내용에 대한 비교 분석은 어린이 철학(PfC)의 중기적 전개를 들여다 볼 수 있는 작은, 그러나 좋은 입각점이 될 것이다.

2   [역주] 정신적 행위(mental acts)는 피터 기치의 철학적 술어로 알려져 있다. 그는 정신적 행위는 마음속에 국한된 것이어서는 안 된다고 하며, 이를 인간이 의식적으로 말하고 행한 것뿐만 아니라, 생각한 것과 느꼈던 방법 및 보고 들은 모든 것을 가리키기 위한 것으로 사용했다. Peter Geach, Mental Acts, Their Content and Their Objects. London, New York: Routledge & Kegan, 1957, pp.2-4. 이 논의는 조엘 프루스트에 오면 잠재적인 것의 실현으로서 정신적 행위, 즉 정신적 사건(기치의 정신적 행위는 이 범주에 해당된다)과 행위 주체적 의미에서, 다시 말해 의도적인 행위 과정으로서 정신적 행위로 대별된다. Joëlle Proust, "Mental Acts" in: T. O'Connor & C. Sandis (eds.) *A Companion to the Philosophy of Action.* Wiley-Blackwell, 2010, pp.209-217. 연구자에 따라 정신적 행위와 언어적 행위를 구분하고자 하거나, 아니면 외적인 언어 행위 그 이상의 것을 포함시키고자 하고, 혹은 메타인지와 정신적 행위를 구분하려고도 한다. 그런데 어린이 철학에서 정신적 행위는 사고 과정 전체, 언어적, 비언어적 사고를 포괄하는 것을 가리킨다. 어린이 철학에서 언급하는 정신적 행위는 기치의 술어를 함축하고 있지만, 이것이 듀이의 술어와도 무관하지 않을 수 있다는 해석을 열어 두는 것이 좋을 듯하다. 듀이는 오래전, 물리적 자극과 정신적 행위를 구분하였는데, 그에 따르면 정신적 행위는 의미에서 사물에 반응하는 일체를 포함하는 것이었기 때문이다. John Dewey(1916), *Democracy and Education, The Middle Works of John Dewey*, 1899-1924, edited by Jo Ann Boydston, vol.9. Carbondale: Southern Illinois University, p.34.

3   지금까지 언급한 내용은 저널지『철학 교수』Vol. I, no. 4(1976 겨울)에 처음 게재되었다. 허가를 얻어 여기 수록한다.

9장 도덕교육은 철학적 탐구와 분리될 수 있는가?

9장
도덕교육은 철학적 탐구와 분리될 수 있는가?

합리성의 가정

추정은 인간 활동의 모든 영역에서 일반적으로 일어난다. 헌법에서 피고인은 유죄로 판결이 확정될 때까지는 무죄로 추정된다. 과학적 탐구에서 원인을 밝힐 증거가 부족할 때, 혹은 설명을 통계적 근거로만 제시할 수밖에 없을 때조차 사건은 초래된 것으로 추정된다.

윤리적 탐구도 마찬가지이다. 어른과 아이를 구분하는 변수 요인은 경험인데, 어린아이가 아무것도 모르고 금지된 혹은 한심한 행위를 했을 때 그것을 두고 비난하는 것은 말이 안 되는 것이다. 이제 걸음마를 배우는 아이가 성냥을 갖고 논다고 꾸짖는 것 역시 잘못된 추정에 해당된다. 왜냐하면 아이는 성냥으로 무엇을 할 수 있을지 알지 못하고, 성냥을 갖고 놀아서는 안 된다는 것 자체도 모르기 때문이다.

다른 한편으로 우리는 아이가 어리다는 이유로 그에게서 이유를 제시해야 하는 의무를 면제해주곤 한다. 그러나 우리가 이렇게 면제해 줄 때, 우리는 아이의 이유 제시를 어떤 식으로든 허락하지 않게 된다. 그리고 실제로 상황은 더 나빠져 버린다. 왜냐하면 아이와 우리의 관계가 도덕적일 때조차 아이를 이성적 존재로 추정하지 못할 경우, 우리의 행위는 비난받을 만한, 아이에 대한 도덕적인 무례 행위가 되기 때문이다.

심리학자들이 아이는 행동은 하지만 추론하지 못한다고 가정할 때 거기에 부적절하다고 할 것은 없다. 그러나 도덕교육의 장에서 아이를 고려할 때는 그러한 가정은 배제되어야 한다. 피아제에 따르면 "어린이의 사고는 논리적 필연성과 참된 함의가 결여되어 있고, 그 사고는 우리의 것보다 행동에 더 가까우며, 다양한 운동처럼 어떤 필연적인 연관성 없이 서로를 따르는, 상상의 수동 조작으로 구성되어 있다"(Piaget, 1928:145-146). 피아제는 아이의 '사이비추론'을 언급하는데, 그것은 "논리에서 벗어나 서로 뒤따르는 일련의 직접적인 판단으로 구성되어 있는"(Piaget, 1928:90) 것이다. 실제로 피아제는 동일한 사이비추론이 어른들의 특징일 수 있다고 말한다. 그는 "어린이 논리의 과제는 어린이의 사고를 성인의 정신 상태의 패턴 위에 재구축"하기 위한 것이라기보다 "어른의 논리를 설명하기 위한 것이 될 것이다"(Piaget, 1928:91)라고 했다.

이렇게 피아제는 아이의 추론뿐만 아니라, 모든 인간의 추론은 "논리적으로 서로를 함의하는 일련의 개념으로 구성되어 있는 것이 아니

교실 속 어린이 철학

라, … 심리학적 법칙에 따라 서로를 작용하게 하는 일련의 태도로 구성되어 있다"(Piaget, 1928:91)라고 임의대로 가정하였다. 그러나 이 가정이 도덕적 경험의 영역으로 이어지게 될 때는 합리성의 가정이 폐기될 것임이 틀림없고, 그 때문에 성공적인 도덕적 평가에 대한 기대 역시 폐기될 수밖에 없다. 왜냐하면 아이가 원칙에 근거한 도덕적 행위를 할 수 없고, 자신의 행위에 대한 근거를 가지지 못하며, 행위에 관해 합리적인 대화를 나누지 못하거나 논리적 추론의 패턴을 사용할 수 없는 것으로 간주될 때, 그들은 하등 동물 혹은 더 하찮은 것과 별반 다를 바 없는 존재로 취급될 것이기 때문이다.

과학자의 경우 엄격한 결정론자일 수 있고 그렇지 않을 수도 있다. 그러나 도덕 교사는 그런 사치스러운 선택을 할 수 없다. 아이는 원칙에 근거를 둔 합리적인 행위를 할 수 없다는 가정은 그를 도덕적 존재로 간주할 가능성을 제거한다. 그러한 가정은 도덕적이거나 교육적일 수 있을 어떤 가능성도 파괴한다. 그 때문에 발달 단계 이론과 철학은 양립불가능하다. 왜냐하면 이는 단순한 편견의 문제가 아니라, 원리의 문제로서 한 편이 다른 한 편을 열등한 것으로 간주할 때 합당한 철학적인 대화가 있을 수 없기 때문이다.

도덕적 성장 단계 준비하기

오늘날 교사는 부모와 사회가 아이의 기본 기능뿐만 아니라 인성의 도덕적 차원 역시 발달시키고자 한다는 것을 알지 못한다. 이를 실현하기 위해서 교사는 부모의 대리 역할을 해야 한다. 물론 부모가 교사의 대리 역할을 하는 것보다 교사가 부모의 대리 역할을 하는 것이 더 쉽다고 말할 수는 없다. 말하자면 교사는 어떻게 학생들을 도덕적으로 장려할 것인가라는 문제는 현대 교육의 가장 어려운 문제 중의 하나이다.

그동안 교육 이론가들은 아이의 도덕적 본성에 관한 광범위한 대안의 이론을 제시해왔다. 그 결과 극단적인 견해들이 사실상 서로를 상쇄시켰다. 한편으로 아이는 길들여져야 하는 작은 야만인으로 간주되었고, 다른 한편으로 아이는 도덕적이고 유덕한 충동을 갖춘 어린 천사로 간주되어, 결과적으로 필요한 것은 그들이 그렇게 될 있는 올바른 환경을 제공하는 것이다. 보다 합당한 시각은 아이는 날 때부터 무한한 경향성을 갖고 있어, 아이를 잘 장려하면 어떤 종류의 행동도 가능하고, 실제 종종 그러하다는 시각이다. 중요한 것은 아이가 자라는 환경은 성장에 기여하지 못하는 행위 양식은 제거하고, 기여하는 행위는 장려될 수 있는 그런 것이어야 한다는 것이다. 이는 아이에게 좋은 환경을 제공하고 그들에게 '자연적으로 선한' 자아로 내버려 두자는 낭만주의 시각과 같은 것이 아니다. 다시 말해, 교사는 명백히 자기 파괴적인 학생들의 행위 양식이 있을 경우, 이를 제거하고, 자기 건설적인 행동 양식은 끌어내야 할 책임이 있다는 것이다. 교사는 아이에 대한 지식에 토대해서 어떤 행동 양식은 권장하고, 어떤 행동 양식은 만류할지 결정해야 한다. 어떤 아이는 잘하고 있다고 격려받을 필요가 있고, 또 다른 아이는 자제력을 더 요구받을 수도 있다. 그러나 그러한 목적은 서로를 방해하고 배제하는 방식이 아니라 서로를 강화하는 방식으로 소질을 키워, 사고와 행위, 제작에서의 창조적인 힘을 발휘하게 하는 것이다.

아이들은 개체이자 동시에 학급의 구성원이다. 교사는 이런 사실을 간과해서는 안 된다. 이 두 가지는 별개의 사실이 아니다. 개체로서 아이들은 고유한 존재이고, 집단에서 해야 할 역할의 견지에서 자신만의 능력을 키울 수 있다. 개별적인 고유성은 학생들이 학급에 끼치는 영향 속에서 그 모습을 드러낼 것이며, **모든 아이는 학급에 영향을 끼쳐야 한다.** 그 때문에 어떤 의미에서 교사의 역할은 각각의 아이들이 영향을 끼칠 수 있는 능력을 갖게 하고 날마다 그와 같은 가정에 근거하여 행동하게 하는 것이다. 교사들은 스스로 학급에서 아이들 한 명 한 명을 보면서 이렇게 질문해야 한다. "이 아이가 나게 되면 교실에서 그 차이가 두드러질까?" 만일 이 물음의 답이 '아니'라고 한다면, 자신이 생각한, 아이들에 관한 교수 역할의 방식에는 분명 문제가 있다. 자신의 고유성을 능동적으로 모색하고, 자신의 힘을 능동적으로 조정하며, 집단에 능동적으로 기여하도록 아이들을 장려하지 못할 경우, 꼭 그만큼 교사는 실패한 것이다.

교사의 어깨에 그렇게 많은 책임을 지우는 것은 가혹하게 보일지 모른다. 그러나 아이들 주위에 그들이 모델로 닮고 싶어 하는 어른이 교실에서 일어나는 일에 대해 책임을 갖지 않는다면 아이들이 책임감을 키우는 것을 기대할 수 없다. 이런 관점에서 단순히 **원인**이라는 의미에서 책임이 있는responsible 것과 **책임을 진다**는 의미에서 책임이 있는 것을 구분할 필요가 있다. 그 때문에 아이의 기본적인 충동과 날 때부터 갖고 있는 경향성은 행위에서 원인이 되는 역할을 하고 있지만, 이런 것들이 행위에 대해 책임이 있는 것으로 간주될 순 없다. 물론 아이는 충동을 통제할 책임이 있다.

다른 한편, 사회가 통제해온 학교 환경, 즉 아이들의 경향성을 장려하기도 하고 금하기도 하는 환경은 사회에 책임이 있을 수 있다. 이 정도로 아이의 도덕 발달은 그들이 자신을 발견하게 되는 사회의 책임과 관련해서만 평가될 수 있다. 학교 환경이 아이들의 도덕적 성장에 도움이 될 것으로(종종 이는 교육에 얼마나 투자하고자 하는지, 예산과 관련해서만 표현된다) 평가하지 않는 사회가 있다고 한다면 그 사회는 도덕관념이 없는 아이들의 행위에 어느 정도 책임이 있다는 것을 솔직하게 받아들여야 한다.

가정환경은 도덕적인 행위를 촉진시킬 수도 있고 그렇지 않을 수도 있다. 그 때문에 교사는 아이들의 가정환경에 의존할 것이 아니라, 학급에서 만들 수 있는 환경에 초점을 두어야 한다. 이른바 교사의 책임은 아이들의 성장을 이끄는 경향성을 받아들이고, 아이와 전체 교실 환경 사이의 상호작용을 촉진하는 데 있다(교실 환경은 아이뿐만 아니라 교사도 포함한다). 과거에 학급에서 생색의 대상이 되고 경멸받아 왔던 아이가 현재에 자기 자신을 존중하지 않을 것이라는 점은 불문가지의 사실이다. 이 아이를 이런 식으로 대했던 아이들은 물론 그에 대한 책임이 있다. 그러나 아이의 담임교사 역시 아이가 과거에 피해자로 취급되었던 것에 반하는, 존중과 지지를 제공하는 환경을 찾을 수 있도록 조치하는 데 책임이 있다. 어떤 아이는 집에서든 학교에서든 무감각한 환경과 교육의 당연한 결과로서 상상력과 호기심을 나타내지 못하는 경우가 있다. 교사의 책임은 이전 환경이 초래한 아이들의 무감각과 무관심을 극복하기 위해 일상의 토대에서 아이를 위한 새로운 환경을 만드는 것이다. 아마도 공격성을 보이는 아이들의 가정환경 때문이겠지만, 어떤 아이는 다른 아이들에게 대단히 공격적인 행동을 일삼는 경우가 있다. 교사의 책임은 손상된 통합성을 보호하거나 회복하기 위해 공격적인 행동을 일삼지 않게 할 환경에 이 아이를 놓아두는 것이다.

"남에게 피해를 주는 아이는 과거에 피해를 입은 아이"라는 속담이 있다. 그러나 이 속담은 부적절하다. 왜냐하면 그 속담은 행위를 낳은 **상황**을 돌아보지 않고, **아이**를 병적인 것으로 진단하기 때문이다. 그 때문에 일단 교사가 책임을 갖고 아이를 지지하는, 자기 존중과 절제를 키울 수 있는 환경을 능동적으로 만들게 되면, 그때야말로 도덕교육을 향한 가장 중요한 조치가 취해지는 것이다. 교실 속의 학생들 사이에 상호 신뢰와 존중을 가능하게 하는 환경을 만들지 않으면 어떤 교육과정도, 어린이를 위한 어떤 철학도 그들이 도덕적 인간이 될 수 있도록 영향을 주지 못할 것이다.

도덕교육에서 사회화와 자율성

아이들이란 복잡하고, 까다롭고, 다루기 어려우며 도덕과 무관한 관념을 가진 것으로 당연시할 때가 많다. 그때 사람들은 도덕교육의 어려움이 그러한 자신들의 가정 때문에 복잡하게 되었다고 인정하기보다는, 도덕교육의 어려움에 관한 책임이 아이들에게 있다고 추론한다. 그러나 우리가 얼마나 많은 자율성을 아이들에게 부여하고자 하고, 얼마나 많은 지배권을 행사하거나 포기하려고 하는지 잘 이해한다면 - 그들이 어떤 종류의 사람이 되기를 원하고, 그들이 어떤 사람이 되고자 선택할 때 어떤 권리를 가져야 할지에 대해서 우리 자신에게 정직해진다면 -, 분명한 것은 아이들의 도덕 발달이 그렇게 까다로운 문제가 아닐 수 있다는 것이다.

대개 아이들의 도덕 발달의 문제를 다음과 같이 제기하곤 한다. 즉, 한편에서는 도덕교육을 아이들이 살고 있는 사회의 가치와 관습에 일치하는 방식으로 고안해야 한다고 주장하고, 다른 한편에서는 도덕교육을 아이들이 자유롭고 자율적인 개인이 될 수 있도록 가치와 관습으로부터 자유로운 방식으로 만들어야 한다고 주장한다. 그러나 이러한 문제제기는 꽤나 유감스럽다. 왜냐하면 교육은 인간을 일종의 이데올로기 논쟁에서 구해내야 하는 것인데, 그런 문제제기는 이데올로기 논쟁 속으로 교육을 보내버리는 것이기 때문이다. 그런 식으로 도덕적 성장의 문제를 제기하면 아이들의 비건설적인 경향과 성향을 숨기게 되고, 인간 사회의 유익한, 도움을 제공하는 측면들을 감춰버리게 된

교실 속 어린이 철학

다. 만일 그 목적이 아이들에게 스스로 판단하게끔 하는 것이라면 사회와 개인에 대해 이런 식으로 가치 라벨을 붙이는 것은 역효과를 낳는다. 인간을 본성적으로 선하거나 악한 것으로, 마찬가지로 사회 역시 선하거나 악한 것으로 간주하는 것은 탐구를 통해 그것이 서 있는 개별 상황 속에 무엇이 책임이 있고, 그것을 어떻게 개선해갈 수 있을지 결정하는 모든 가능성을 배제하게 된다. 사회와 인간의 본성에 관한 독단적 진술이 탐구를 제거하는 그 만큼, 인간은 자신이 살고 있는 사회를 만드는 능동적이고 참여적이며 책임을 갖는 주체가 아니라, 수동적이고 무책임한 관람자로 몰락하게 된다.

명실상부한 도덕교육은 필연적으로 아이들에게 사회가 기대하는 것을 익히도록 한다. 게다가 그것은 아이들에게 그러한 기대를 비판적으로 평가하기 위해 필요한 도구를 개발할 수 있게 한다. 부모-자식의 관계가 그러하듯 사회-아이의 관계 역시 상호 의무와 권리로 가득하다. 이런 것을 일방적으로 제시하는 것은 교육이 아니다. 일부 사람들은 제도를 그 자체로 억압적이라고 생각하고, 보다 나은 세계를 제도로부터 어떤 억압도 받지 않을 세계로 가정한다. 그러나 이는 상황을 참으로 오독하는 것이다. 물어야 할 것은 제도를 갖고 있는지 여부가 아니라, 우리가 가진 제도가 합리적이고 참여적인 방식으로 조직되고 있는지 여부이다. 만일 제도가 합리적이고 참여적인 방식으로 조직되어 있지 않다고 하면 개인들은 임의적인 제도에 좌우될 것이다. 그러나 그렇지 않고 합리적이고 참여적으로 조직되어 있다고 하면 그 제도는 강제적이지 않고, 개인들의 관심사와 목적을 실현시키기 위한 건설적인 도구가 될 것이다.

사회가 아이들에게 기대하는 행동을 익히게 하는 것은 중요하기는 하지만, 그것은 책임 있는 도덕교육의 일부분일 뿐이다. 그 외에 아이들은 자신에 대해 생각할 수 있도록 배워야 하고, 결과적으로 자신의 창조적 성장을 위할 뿐만 아니라, 상황이 요구할 때 자신이 살고 있는 사회를 창조적으로 개선할 수 있어야 한다.

교육은 아이에 대한 사회의 기대를 비판적으로 평가하기 위해 필히 아이들이 필요로 하는 도구를 개발시킬 수 있도록 해야 한다고 우리가 말할 때, 그것은 교사의 역할이 학생의 비판적인 판단력을 기르는 것 외에 다른 것은 없다는 것을 의미하지 않는다. 그 목적은 어린 비평가들의 교실을 만드는 것이 아니다. 오히려 그것은 자신을 유창하고 창조적으로 표현할 수 있는 능력뿐만 아니라, 자신과 세계에 대해 객관적으로 평가할 수 있는 능력 또한 갖춘 인간을 기르려는 것이다. 비판적 태도를 형성하게 하는 것은 교사의 한 가지 역할에 지나지 않는다. 학생들 역시 자신을 에워싸고 있는 제도에 한 발 뒤로 물러서서 객관적으로 볼 수 있는 것이 중요하긴 하나, 그것만으로 충분하지 않다는 것 또한 잘 알고 있어야 한다. 학생이 비판적인 사고와 태도를 갖추게 되었다면, 이제 뭔가 새롭고 더 나은 것을 제시하고자 노력해야 한다. 바로 그런 이유로 교실의 대화가 도움이 될 것이다. 왜냐하면 그 대화는 부정적인 생각뿐만 아니라 아이들이 제시할 수 있는 긍정적이고 건설적인 생각 또한 만들기 때문이다. 교사는 논리적 추론의 사례가 나올 때처럼, 창조적인 통찰을 마주했을 때에도 이를 칭찬할 수 있어야 한다.

　교사에게 비평이란 종종 철학적인 토론으로 입문시키기 위한 도약대이다. 예를 들면, 『해리 스토틀마이어의 발견』에서 마크는 모든 학교가 나쁘다고 비판한다. 그때 그는 교육의 목적에 관한 논의를 개시하게 되는 셈이다. 마크의 친구들은 그와 같은 교육목적의 관점에서 학교가 해당 목적을 보다 잘 달성할 수 있을지 여부를 판단할 수 있을 것이다. 그 논의는 최종적으로 교육목적을 보다 잘 달성될 수 있도록 학교를 운영하기 위한 몇 가지 대안의 방법을 고안하는 것으로 끝난다.

　교실 속의 어떤 아이는 비판보다는 상상력이 풍부한 대안의 제시로 시작할지 모른다. 그 제안은 상황이 어떻게 될지에 관한 것인데, 유감스럽게 그러한 제시는 실제 어떻게 되어야 하는가에 대해서는 어떠한 시사도 하지 못할 수가 있다. 그럴 경우 교사는 그 실천의 무능력에 논의를 집중하기보다는, 다른 학생들에게 실천에 이를 수 있는 구체적인 방법을 제안해보라고 장려해야 한다.

　그러면 교사가 파괴적인 것으로 판단한 것은－설사 창조적인 것이라고 하더라도－어떤 생각인가? 예를 들면, 한 아이가 "보다 나은 사회를 위한 첫 번째 단계로서 소수자 X를 제거하자"라고 제안했다고 하자. 언제나 그렇듯이, 그러한 생각에 대한 답변의 최고의 근원은 학급의 다른 아이들이다. 그 생각이 참으로 비건설적이라면, 나머지 아이들의 비판적 능력이 그 생각이 가진 결함을 찾아서 지적할 것이다. 그러나 그들이 그럴 능력이 없다고 해보자. 그러면 교사가 개입해야 하는가? 물론 교사는 개입할 권리를 갖고 있고 상황에 따라 자신의 견해를 피력할 수도 있다. 참으로 나쁜 상황은 아이들이 처음의 제안에 응답할 기회를 갖기도 전에 먼저 교사가 자신의 생각을 말해 아이들의 참된 대안의 생각들을 가로막아버리는 것이다. 다른 한편, 아이들은 자신의 생각을 충분히 전개시킬 수 있고, 그 생각을 확신하며 주장할 수 있다고 교사가 느낄 경우, 그는 아이들이 그런 생각을 제시하지 못했을 때 자신의 생각을 제시하는 데 주저해서는 안 될 것이다. 아이들은 교사가 같은 참여자로서 역할을 맡기 위해 일시적으로 사회자의 역할을 포기했다는 것을 이해해야 한다.

그러면 그 문제를 한 걸음 더 나아가 살펴보자. 만일 교사가 자신의 견해를 제시했을 때 아이가 "그건 한 가지 견해일 뿐이죠, 우린 동의하지 않아요"라고 반응하면 어떻게 해야 할까? 바로 여기에 철학의 고유성이 있다. 왜냐하면 철학은 본질적으로 대화의 과정이기 때문에 특정 시간에 특정한 결론에 도달하는 것이 의무가 아니다. 교사는 그때, "자, 그 문제에 대해서는 내일 조금 더 이야기합시다" 혹은 "여러분의 견해를 잘 살펴보겠습니다. 우리 다시 이야기해봅시다"라고 답할 수 있다.

우리가 지금까지 나눈 이야기의 핵심을 정리하면 교사가 도덕교육이나 그 밖의 영역에서 사회적 가치에 아이를 복종하게 하는 역할을 맡거나 아이의 개성을 장려하여 특별한 이유 없이 사회적 가치를 거부하게 하는 역할을 취하는 것은 건설적이지 못하다는 것이다. 교사는 심판자가 아니라, 사회와 아이의 **매개자**이다. 교사의 역할은 아이를 사회에 적응시키는 것이 아니라 개개인의 관심사에 보다 빠르게 반응하는 방식으로 아이들이 궁극적으로 사회를 만들어갈 수 있도록 교육하는 것이다. 사회가 참여적인 방식으로 계속해서 지속되려면 개인과 사회의 가소성은 물론, 공동체의 자기 재생의 필요성을 인식하는 것이 중요하다. 개인의 창조성과 관련해서 사회가 경직되어 있다는 것을 아이들에게 가르치는 것만큼 개인의 창조성에 관한 사회의 경직성을 보장하는 것은 없다.

도덕교육에서 위험한 이분법

오늘날 교사는 도덕교육에 관한 압도적으로 많은 선택지에 당황하게 된다. 한편에는 도덕성을 효율적인 추론으로 보는 철저히 인지적인 접근이 있다. 다른 한편에는 도덕성을 규율에 대한 복종과 수용으로서 해석하고, 중요한 것은 지적인 추론이 아니라 인격이라고 보는 관점이 있다. 또 다른 것으로 아이는 천성적으로 유덕하다는 시각이 있다. 이는 아이들의 정서가 방해받거나 억압되지 않고, 타자에 대한 감수성이 높아지면, 좋은 행위는 저절로 따라 나올 것이라고 보는 관점이다. 교사를 당혹스럽게 만드는 것은 교실에서의 경험에 기초해볼 때, 이들 입장은 모두 어느 정도 타당성을 갖고 있다는 것이다.

도덕성이 단지 규칙을 알고 그것을 따르는 문제라고 하면, 도덕교육은 아이들에게 규칙을 기분 좋게, 의심 없이 준수할 수 있게 하는 양심을 키우는 것이 될 것이다. 그러나 도덕성은 그렇게 단순하지 않다. 모든 상황에 대한 규칙이 존재하는지도 불분명하고, 그것이 아이들의 발달에 기여하기에 그런 규칙들을 무비판적으로 받아들여야 하는지도 불분명하다. 어쨌든 아이들은 분명한 지침이 없는 상황에 잘 대처할 수 있도록 해야 한다. 이 상황은 아이들이 선택을 해야 하고 선택에 대한 책임을 질 것을 요구한다.

우리는 도덕교육의 영역에서 아이들에게 사회의 지배적인 가치와 도덕을 가르치는 것만으로는 부족하다고 강조해왔다. 교사는 아이들이 자신에 대해 생각하는 것을 배우고, 자신들이 관련된 상황에서 다른 사람의 관심사가 나타내는 단서와 기호를 읽어내는 것을 연습하며, 자기 자신의 정서적 요구를 자각할 수 있는 과정에 그들을 참여할 수 있도록 도와야 한다. 만일 어떤 상황이 발생했을 때 아이들에게 적절하게 대처할 수 있는 능력을 기르게 해줄 어떤 실천도 제공하지 않고 특정 상황에 특정한 방식으로 행동해야 할 것만 가르쳤다면 우리는 아이들에게 몹쓸 짓을 한 것이다. 바로 이것이 도덕적 **사고**만을 중시하는 도덕교육 프로그램이 충분하지 않은 한 가지 이유이다. 그러한 프로그램으로는 건설적인 행위 **패턴**을 몸에 익힐 수가 없다. 이 패턴은 아이들이 필요한 상황에 행동해야 할 때 도덕적 행위를 아이들이 쉽게 참여할 수 있는 어떤 것으로 만들어준다. 미리 그러한 행위 패턴을 익히도록 하지 않으면 아이들은 매번 새로운 도덕적 갈등이 일어날 때마다 충격을 받을 것이다. 왜냐하면 그들은 도덕적 실천을 위한 준비가 아직 되어 있지 않기 때문이다. 도덕교육은 아이들이 단지 무엇이 옳은지를 **알 수 있도록** 하는 것만이 아니다. 그것은 그들에게 어떻게 **행동해야** 할지 보여주고, 도덕적 상황에서 선택해야 할 행동을 **하**

도록 실천 기회를 제공해야 한다. 그러한 것이 없이는 도덕교육은 실패한다. 이론과 실천, 아는 것과 행하는 것 사이의 연결이 도덕교육만큼 결여된 것이 없고, 그토록 중요한 것이 도덕교육만큼 간과된 것도 없다.

아이들은 하루 종일 다양한 상황 속에 있다. 이런 상황 중에서 어떤 경우는 행위를 요청하기도 하고, 그렇지 않은 경우도 있다. 아이들은 각각의 상황이 갖는 차원에 대한 자각이 없고서는 어떤 행위나 결정이 요구되고 혹은 적절한지 알 수가 없다. 아이들이 상황이 부여한 필수 요건과 그것이 그들에게 주는 기회에 대해 잘 알 수 있다면, 그들은 적절하고 효과적으로 상황에 대처할 수 있을 것이다. 그 때문에 우리는 지적인 반응의 필수 요건으로서, 다양한 상황 속에 무엇이 요구되고 있는지 주의를 환기시키는 중요성을 강조하고자 한다. 일단 아이들이 상황의 의미를 이해하게 되면, 그들은 자신들이 무엇을 해야 할지 더 잘 알 수 있을 것이다.

그러나 다양한 도덕적 실천 형태를 통해서 아이들을 준비시킬 수 없을 경우 그들이 효과적으로 반응하기를 기대할 수 없다. 아이들이 재치 있는 수행에 익숙하지 않으면 우리는 그들이 재치를 요구하는 도덕적 상황에 재치 있게 대처할 것을 기대할 수 없다. 아이들에게는 또 다른 아이들을 격려하고, 위로하고, 감사를 표하고, 조언하고, 화해시킬 여러 상황이 있다. 그러나 아이들은 그런 요구를 해야 될 상황에서 침묵하고, 서툴며, 수동적이다. 왜냐하면 그들은 그런 식으로 해본 적도 없고, 심지어 어떻게 해야 할지 상상조차 해본 적이 없기 때문이다. 그 때문에 도덕 실천의 연습은 도덕적 상황의 측면에 아이를 민감하게 만드는 중요한 추가 사항이다.

그러나 사고와 행위의 이분법을 비판하고 효과적인 도덕교육 프로그램에서 이 둘을 모두 요청할 필요성을 인식하는 것만으로는 충분하지 않다. 그와 함께 사고와 정서는 불가분의 관계로 결합되었다는 것을 요구할 필요가 있다. 어떤 아이가 모든 사람은 고사하고, 특정 사람에 대해서도 관심을 가지지 않을 때 주어진 상황에서 보편적으로 옳은 것을 가르치는 것은 아무런 소용이 없다. 타인의 감정에 무관심한 아이라면 어떻게 그들의 필요에 공감할 것이며, 역지사지에 익숙하지 않은 아이라면, 설사 도덕적 규칙을 이해하고 받아들인다 하더라도 어떻게 이 규칙에 따라 행동하고자 하는 마음을 갖게 될 것인가? 도덕적 행위에 필요한 감정은 이런저런 사람들에 대한 특정한 공감에만 제한되지 않는다. 부분이 들어 있는 전체 상황에 대한 감수성도 필수불가결한 것이기 때문이다. 그러한 감수성은 차별에 대한 보다 섬세한 인식과 능력을 요구할 수 있다. 그것은 어떤 상황이 요구하는 것이 무엇이고, 이런 요구사항에 무엇이 적절할 수 있는지 평가할 수 있는 능력을 포함한다. 그것은 또한 자신의 행위의 결과를 가능한 한 충분히 고려할 수 있는 능력도 요구한다. 종종 우리가 비도덕적인 행동이라고 비난하는 것은 자신이 서 있는 상황의 성격에 대한 무감각과 자신을 전체와의 관련성 속에서 볼 수 없는 무능함의 결과일 수 있다. 교실에서 아이가 눈치가 없는 것은 종종 균형 감각이 결여되었기 때문이다. 그렇게 결여되게 되면, 모든 사람의 필요와 감정의 맥락 속에 있어야 하는 개인의 필요와 감정에 절대적으로 우선순위가 부여된다.

　　그러면 교사는 이렇게 물을지 모른다. "어떻게 하면 우리 아이들에게 이러한 재치와 감수성을 길러줄 수 있을까?" 바로 이 때문에 미적인 감각을 높이는 것이 중요하다. 왜냐하면 이는 더 나은 도덕적 자각과 균형 감각으로 이어질 수 있기 때문이다. 예를 들면, 어떤 아이가 모임에서 무슨 일이 일어나고 있는지에 대해 단서를 파악할 수 없을 수 있고, 혹은 어떻게 특정 집단 속에서 자신의 재능과 통찰이 배타적인 역할이 아니라, 모두를 위해서 사용될 수 있을지 모를 수도 있다. 이러한 아이는 타인에 대한 자신의 관계를 사회적인 의미가 아니라 자기중심적으로 파악하고 있다. 감수성, 공감, '무엇이 일어나고 있는지' 느낄 수 있는 감성 교육의 필요에 대해 끊임없이 도덕적으로 역설하는 것보다는, 아이들에게 이러한 특징을 잘 기를 수 있는 분명한 도구를 제공하는 것이 낫다. 가령 '키네틱'이라고 불리는 유형의 춤을 추거나 음을 듣고 그것과 조화로운 소리를 연주하는 활동(차임벨을 활용한 음악활동, 합창 활동, 이런저런 집단 작업)으로 부족한 균형 감각을 기르는 것이 좋다.

　　사람들은 아이들의 지성은 교육 가능하지만 감정은 교육할 수 없다는 가정을 종종 한다. 그리고 인간의 정서를 원초적이고 비합리적인 것으로 가정한다. 사람들은 정서를 길들일 수는 있지만, 이를 함양하거나 세련되게 만들 수는 없으며, 인지적인 활동으로 이를 사용한다는 것은 더더구나 불가능하다. 정서는 단지 거친 힘일 뿐이어서, 이를 조율하고 지배하기 위해서는 지성의 모든 책략과 모략을 구사해야 한다.

바로 이 점이 인간 정서에 대한 대단히 기묘한 관점이다. 우리는 우리의 욕망과 감정을 교육할 수 없다면 더 나은 먹을 것, 더 나은 친구, 더 나은 예술, 더 나은 문학, 더 나은 공동체를 결코 원하지 않을 것이다. 인간의 감정과 욕망에 대한 교육 불가능성 이론은 모든 사람은 보다 의도적이고 보다 합당하게 원하는 법을 배운다는 사실과 모순된다. 교육자는 지성을 감정과 대결시킬 것이 아니라, 욕망을 보다 지적으로, 지적 경험을 보다 정서적으로 만드는 데 초점을 두어야 한다.

도덕교육에서 정서적인 것과 인지적인 것을 구분하는 것은 위험하며, 이는 학습의 본성을 오해하는 것이기도 하다. 우리의 지성 개념은 '유심론적인' 것이 아니다. 우리는 지성을 '마음'에서 일어나는 어떤 것으로 보지 않는다. 오히려 지성은 인간의 행동 양식에서, 행위 속에서, 예술적 창조 속에서, 혹은 성찰이나 발화에서 나타날 수 있다.

오늘날 교사들이 '정서적'이라는 말을 들을 때, 그와 관련한 모든 것이 추천된다. 그러나 정서교육의 영역에서 자신의 느낌을 표현하고, 마음의 짐을 털어버리고, 심중을 드러내고, 울분을 발산하는 이 모든 것은 일부에 지나지 않은 것처럼 보인다. 그러한 접근은 인간의 정서를 거리낌 없이 드러내는 시각을 함의한다. 그것은 과잉의 정서적 압력을 만든 뒤에 무해한 탈출구에서 해방감을 찾는 사람의 이미지이다. 이런 식으로 정서가 사라지며, 그것이 아이들의 건설적인 활동을 위해 제공할 수 있는 힘도 상실된다.

다른 한편, 정서교육에 관한 한 가지 대안의, 그러나 여전히 위험한 시각은 정서적인 것을 인지적인 것보다 우위에 두고, 이를 도덕과 가치교육을 포함한 모든 교육의 중심으로 삼고자 하는 것이다. 이런 시각은 조금 전에 논의한 정반대의 관점이 그러한 것처럼 결코 추천할 수 없는 것이다. 아이의 인지 기능을 잘 기르지 못하는 학교에서는 합리적 분석을 요구하는 삶의 상황에 잘 대처하지 못한다고 아이들을 비난한다. 결과적으로 학교는 자신이 살고 있는 사회에 영향을 끼치거나 사회에 각인을 시킬 수 있는 필수불가결한 기능을 아이들에게 갖추게 하는 것이 아니라, 어리석게도 정서적 행동만을 강조하고 있다. 우리가 아이의 인지 기능을 발달시키지 못하면, 자신의 행위에 대해 도덕적으로 책임을 가져야 한다는 우리의 주장은 모순에 처한다.

많은 도덕교육 프로그램에 내재해 있는 또 다른 이분법의 가정은 사실과 가치의 이분법이다. 이런 가정으로 교사들은 종종 가치교육이 여타 교과와 구분된, 자기 충족적이고 자율적인 교과로서 다뤄질 수 있고, 또한 사실은 '객관적'이고 가치는 '주관적'이기에 두 가지는 전혀 다른 것처럼 '사실'을 '가치'로부터 구분하는 것이 타당하다고 생각한다.

이렇게 해서 가치를 탐구하고 명료화하는 시간(개인적 주관적 일)이 따로 있고, 사실을 탐구하고 명료화하는 시간(객관적 사회적 일)이 별도로 하루 중에 존재하게 된다. 이렇게 분리시켜 가치를 다룰 수밖에 없는 교사는 가치교육을 피도 눈물도 없는 기묘한 추상의 영역으로, 혹은 더 심하게는 '우리에게 실제로 중요한 것이 무엇인지'에 대한 논의보다는 '우리가 원하는 것'과 '우리가 욕망하는 것'에 대한 아이들의 요구에 관한 끝없는 토론으로 여긴다.

우리는 아이들에게 그들이 만나는 개별적인 상황의 각각의 특성과 의미를 정확히 읽어내도록 연습을 촉구한다. 그러나 그렇다고 해서 우리가 도덕적 가치가 단순히 주관적이라고, 혹은 주어진 상황에서 어떤 응답도 다른 응답과 마찬가지로 옳다는 의미에서 단순히 상대적이라고 단언하는 것은 아니다. 우리는 가치문제에 관해서, "모든 것은 상대적이야. 너에게 옳은 것도 나에게는 옳지 않을 수 있어. 그런 거야!"라고 말하는 유행하는 이론에 대해 개탄한다. 이러한 주장은 무엇이든 괜찮다고 말하는 것과 다를 바 없다.

우리가 논리와 탐구를 중시하는 것은 아이들에게 건전하고 신뢰할 수 있는 결론에 도달할 수 있도록 그들이 처한 상황을 분석할 수 있는 몇 가지 도구를 제공하여 이 주관주의에 대항하게 하기 위한 것이다. 아이들이 서로 자신들의 감정을 논의할 수 있게 되면, 그들은 그런 감정의 분석으로 나아가고 그것을 더 객관적으로 이해할 수 있게 된다. 아이들은 신중하고 비판적으로 생각하는 습관을 익힘에 따라, 보다 체계적으로 사실적 증거를 얻을 수 있고, 단순히 소문이나 첫인상, '주관적 감정'에 따른 판단에 기초하기보다는 대안의 행동 방식을 검토하게 된다.

사실과 가치가 분리된다고 하는 가정은 도덕교육에 대한 그 함의를 생각하면 참으로 위험하다. 이런 분리를 전제 하면 자신이 처한 상황에 대한 사실을 바꾸지 않고서도 자신의 가치를 바꿀 수 있다고 쉽게 가정하게 된다. 그러나 이는 환상이다. '가치'라는 낱말이 **아이에게 중요하거나, 혹은 중요할 수 있는 사태**를 의미한다고 하면, 의식적으로 도덕교육을 실천하는 교사가 '가치'라고 불리는 추상적 실체를 찾거나, 아이에게 그러한 알 수 없는 실체를 찾도록 장려하는 것은 헛된 일이다. 아이에게 가치를 명료하게 나타내 보도록 권할 때, 그는 자신의 감정과 원하는 것에 대한 객관적 가치를 평가하기보다는, 자신의 감정과 원하는 것을 종종 말해버린다. 예를 들면, 어떤 아이가 교실보다는 운동장에 있을 때 더 긍정적인 느낌을 갖는다고 말한다고 하자. 이 경우 철학적인 토론은 운동장과 교실 사이에 어떤 객관적 차이가 있는지에 밝혀야 하고, 이를 밝힘으로써 아이는 각각의 것의 중요성과 어떤 상황에서 전자가 후자보다 나은지를 평가할 수 있다. 가치란 개인의 욕망이 아니라, 숙고와 탐구 끝에 중요한 문제로 알려진 그런 것으로 식별되어야 한다. 그 때문에 탐구 과정은 주관적인 것에서 객관적인 방향으로 옮아간다.

지각 차원에서 가령 둥근 동전의 경우, 그것은 '사실'로서 판명될 수 있지만, 경제적 관점에서 이것은 동전으로서 최소한의 가치가 있다. 다시 말해, 그것은 경제적 '가치'를 갖는다. 여러분이 지금 이 글을 읽고 있는 것은 하나의 사실이다. 그러나 그렇게 할 만한 가치가 있다는 생각에 의해, 이 책을 읽는 것은 하나의 사실이 아니라 가치문제가 된다. 구입할 생각이 있는 사과의 존재는 사실이지만, 가게에서 그것을 '고급'이라고 써두면 이는 '가치'를 매기는 것이다. 그와 같이 가치와 사실은 서로 다른 관점에서 본 동일한 것에 지나지 않는다.

분석을 목적으로, 우리는 '사실들'을 따로 나눌 수 있고, 마찬가지로 '가치들'도 나눌 수 있다. 그러나 중요한 것은 언제나 이들 사실과 가치의 교차 지점이다. '사실'과 '가치'는 서로 다른 두 가지가 아니다.

언제나 동시에 사실적이면서 가치적인 문제가 있다. 이 점이야말로 교사가 이해해야 하는 것이다. 왜냐하면 아이들에게 도덕적 이상과 도덕적 행위를 분리시키지 않도록 하는 것은 교사의 책임이기 때문이다. 그러나 아이들에게 특정 상황에서의 용기 있는 행동, 공정한 행동, 정중한 행동, 올바른 행동 및 정의로운 행동에 관해 이야기하게 하는 것이 아니라, 사실 세계에서 독립된 자기 충족적 실체처럼 가치에 관해 이야기하도록 할 때, 사실과 가치의 구분은 종종 일어난다.

다른 한편, 우리는 아이들이 도덕성**에 관해** 이야기할 수 없다고 가정해서는 안 된다. 아이들이 도덕적 문제를 분석할 수 있다는 사실이 '공정성'이나 '옳음'과 같은 추상적인 윤리 개념에 관한 그들의 토론을 배제하지 않는다. 왜냐하면 아이들은 실천적 차원에서뿐만 아니라 이론적 차원에서도 기능할 수 있기 때문이다.

무엇을 해야 할지 알 수 있도록 아이들을 돕기 위해 해야 할 일

교사의 역할은 가치나 도덕을 제시하는 것이 아니라 가치 과정을 촉진하고 명료화하는 것이다. 아이가 많은 도덕적 상황의 고유성을 인식하게 될 경우, 어떤 도덕 규칙도 무엇을 해야 할지 결정할 때 일률적으로 도움이 되지 않는다는 것을 알 수 있다. 이전의 교육 경험으로 인해 이 아이가 도덕적 규칙이 부재한 상황에서 즉흥적으로 규칙을 만드는 한에서, 그러한 독창성은 그에게 도움을 줄 것이다. 그러나 아이의 행위의 적절성은 상당 부분 가치 부여 과정 자체에 대한 이해와 그 과정에 대한 개인적인 헌신에 달려 있다. 그 때문에 아이가 특정한 도덕 상황에서 새로운 해법을 제시할 수 있을지 모르지만, 그러한 사실이 그 아이에게 자신의 동기와 사회의 기대, 혹은 행동이 수반하는 가능한 결과에 대한 관심을 면제해주지는 않는다.

교사는 가치화 과정을 촉진하고 명료화하는 역할을 갖고 있기에 어떤 행동이 도덕적인지 여부에 관해 판단할 수 있는 준거를 아이들에게 소개해야 한다. 그런 준거로 아이들은 다음과 같이 생각할 수 있다. 이 행동은 자신들에게 어떻게 영향을 끼칠까? 그것은 자신들의 습관과 성격 구조에 어떻게 영향을 미칠까? 그것은 그들 주위의 다른 사람에게 어떻게 영향을 줄까? 그리고 그들이 속해 있는 사회 제도에 어떻게 영향을 끼칠까? 이러한 조치와 기준은 특정 행동의 본성에 대한 축적된 이해를 얻을 수 있도록 아이들을 이끌어가기 위한 지침이 된다.

그러나 도덕적 상황은 통상적인 해법이 적용되는 관례가 아니라는 것을, 그리고 도덕적 기준은 언제나 재평가되어야 하고, 시대에 따른 기준을 만들기 위해 재구축되어야 한다는 것을 반드시 염두에 두어야 한다. '철학을 지향하는' 교사를 남다르게 만들어주는 것은 바로 기준과 도덕적 행위에 관한 그 개방성에 있다. 종종 상황이 혁신의 기회(이고 그러한 혁신은 단순히 그것에 부응하는 것이 아니라 의무의 요청을 넘어서는 것을 포함할 수 있다)라는 인식은 항상 명심해야 하는 사항이다. 그 때문에 교사는 사회의 가치나 자신의 가치를 아이들에게 단순히 전하는 것이 아니라, 그들 스스로 도덕적 추론을 할 수 있도록 도우는 데 집중해야 한다.

그렇다고 모든 개인적, 도덕적 상황이 유일무이한 것은 아니다. 상황은 꽤 비슷할 수 있고, 실제 일반적으로 적용되는 규칙은 다시 적용될 수 있을 것으로 기대된다. 우리가 말하고 싶은 것은 아이들은 비슷한 상황과 다른 상황, 일반적인 상황과 특수한 상황, 전형적인 상황과 비전형적인 상황을 구분할 수 있어야 한다는 것이다. 아이에게 특수한 상황에 실패할 수밖에 없는 규칙을 부과하기보다는, 전혀 다른 혹은 전례 없는 상황에 용기 있고, 지략 있게, 상상력을 동원하여 대처할 수 그를 준비시켜야 한다.

아이가 (지난 경험에 근거한 규칙이 적용될 수 있는) 유사한 상황과 (새롭게 규칙이 고안되어야 할 개별적 해법을 요구하는) 그렇지 않은 상황을 구분할 수 없는 한, 도덕적 행위에서 규칙의 역할에 대한 질문은 고려할 가치가 없다. 상황의 유사성과 비유사성에 대한 세심한 식별은 아이의 도덕 발달에 근본적으로 중요하다. 아이는 상황들을 비교하거나 대조할 때마다 나타나는 꽤 미묘하고 복잡한 상황—도덕적 측면뿐만 아니라 형이상학적, 심미적, 인식론적 측면—의 특징을 설명할 수 있어야 한다. 아이들이 인격 개념의 온전한 함의를 알지 못하고서는 그들이 인격을 존중할 수 있을 것으로 기대할 수 없다. 여기서 철학을 필요로 한다. 아이들이 '자연'이 무엇인지 철학적으로 이해하지 않고서는 그들이 자연에 대한 생태학적 사랑을 키울 수 있을 것으로 기대할 수가 없다. 이는 우리가 일상적으로 사용하고, 아이들이 일반적으로 모호하게 이해하는 '사회', '사물', '부', '진리' 및 무수한 낱말과 구절의 경우에서도 마찬가지이다. 포괄성은 넓은 의미에서 철학이 제공하고자 하는 것이다. 그것은—규칙 주입과 같은 전통적인 의미에서 혹은 '의사 결정'이나 '가치 명료화'와 같은 관습적 의미에서—도덕교육이 제공할 수 없는 포괄성이다.

상상력과 도덕교육

많은 사람에게 도덕 추론이란 논리적 추론, 다시 말해 전제나 사실적 근거로부터 결론을 이끌어내는 것에 한정된다. 그러나 도덕 추론을 그렇게 좁게 정의해서는 안 된다. 도덕 추론에서 가장 중요한 것은 상상력의 역할이다.

물론 도덕 문제가 컴퓨터에 수학 문제를 입력시켜 답을 내는 식으로 완전히 기계적으로 해결될 수 있는 것이라고 한다면, 도덕 추론에서 상상력의 역할은 그렇게 중요하지 않을지도 모른다. 그러나 종종 잘못된 행동은 악덕의 결과가 아니라, 곤경에 대처하기 위한 건설적 혹은 창조적 접근에 대한 상상력이 결여된 결과이다. 예를 들면, 1960년대에 미국에서 소아마비가 유행하여 부모들은 극심한 공포에 빠졌다. 소아마비 백신이 발명되었다고 발표되자 많은 부모들은 안도했다. 그때 보건교육복지부는 소량의 백신만 발주했다고 밝혀 곧바로 격렬한 비판이 일었다. 비판에 대해 보건교육복지부 장관은 "도대체 누가 소아마비백신에 대한 수요가 그렇게 많을 줄 알았겠는가?"라며 응수

했다. 책임자의 위치에 있는 사람이 그런 말을 하는 것은 최소한 도덕적 상상력이 결여된 것으로 볼 수밖에 없다.

도덕 문제는 일반적으로 인간 문제의 부분 집합이다. 기존의 불만족스러운 상황을 개선할 수 있을 다양한 방식을 그려보기 위해서는 상상력이 필요하다. 이렇게 하면 혹은 저렇게 하면, 아니면 어떤 것도 하지 않으면 어떻게 될지 그려볼 수 있어야 한다. 다시 말해 상상력은 도덕적 개인이나 도덕적 공동체가 찾을 수 있는 목적과 목표를 예상하는 데 꼭 필요하다.

동시에 각각의 목표를 달성하기 위한 대안의 방식을 재검토하는 데에도 상상력이 필요하다. 무슨 조취를 취해야 할까? 무슨 자료를 써야 할까? 누가 참여해야 할까? 먼저 해야 할 것은 무엇이고, 그다음 해야 할 것은 무엇인가? 이들 각각의 대안을 다 쓰면 어떤 결과가 나타날까? 이 모든 가능성을 반복 연습할 수 있는 살아 있는 상상력이 필요하다. 그러나 도덕성이 행위 계획인 이상, 그 역시 성공적인 계획이 그러하듯이 마찬가지의 특징을 나타낸다. 우리는 상상력이 없이는 어떤 계획도 세울 수 없다. 상상력이 없이는 비즈니스 벤처 계획을 세울 수도 없고, 혹 세우더라도 상상력이 없이는 자신의 행동 계획을 짤 수가 없다. 그런데 우리가 아이들에게 했으면 하는 행동은 분명 연습을 장려해야 하는 그런 종류의 행동임이 틀림없다. 마찬가지로 도덕적 상상력의 훈련은 아이들에게 당혹스럽고 당황할 수 있을 상황을 상상에 의해, 그리고 창조적으로 기민하게 대처할 수 있게 해줄 것으로 기대할 수 있다.

교실 속 어린이 철학

도덕적 상상력의 연습은 두 가지 종류로 이루어져 있다. 하나는 다양한 유형의 목적－수단 관계에 대해 상상하는 것이고, 다른 하나는 다양한 유형의 부분－전체 관계에 대해 상상하는 것이다. 아이들에게 문제 상황을 몇 부분으로 나누어, 어떻게 해서 그 상황을 개선된 상황으로 변화시킬지 상상하게 하는 것은 이 두 가지 상상력 훈련을 조합하는 것이다. 도덕 문제를 해결하기 위해서 각각의 국면에 관해 아이들에게 상상력 연습을 시켜야 한다.

목적－수단 연결 상상하기

목적－수단 관계에 대한 도덕적 상상력을 연습 할 경우, 공동 작업으로 진행할 수 있다. 예를 들면, 학급에서는 다음과 같은 식으로 연습할 수 있다.

1. 방문하고자 하는 장소를 상상해보자. 원하는 장소를 종이에 쓰고, 옆 사람과 나누어 갖자. 옆 사람에게 어떻게 하면 우리가 그 장소로 갈 수 있을지 생각해보게 하고, 관련된 모든 생각을 전부 써보게 하자. 우리도 옆 사람이 가고 싶다고 생각하는 장소에 도착하기 위해서 해야 할 모든 것에 대해 써보자.
   예를 들면, 옆 사람이 삼천 마일 떨어진 도시에 사는 할아버지, 할머니 집에 가서, 일주일 정도 머물고 싶다고 말했다고 하자.

우리는 그때 다음과 같이 쓸 수 있다.

먼저 교통수단을 정해야 한다. 비행기로 가고자 할 수 있다. 그러면 비행기 표를 구해야 한다. 표가 얼마나 할지 찾아보자. 그것을 살 금액은 충분한가? 충분하지 않다면 좀 더 싼 교통수단을 이용해야 할 것이다.

다음으로 할아버지, 할머니 집에서 입을 옷을 정해야 한다. 그것을 넣을 가방도 필요할 것이다. 옷가지도 준비해야 한다.

2. 같은 방식으로 연습해보자. 다음의 것을 상상해보자.

   a. 장래에 되고 싶은 것

   b. 내일 하고 싶은 것

   c. 사귀고 싶은 '최고의 친구'는 어떤 친구인가.

   d. 어떤 지역 사회에서 살고 싶은가.

3. '자신이 지금 갖고 있는 것 중에서 결코 바꾸고 싶지 않은 것이 있는가? 몇 가지만 써보자.

   a. _____

   b. _____

   c. _____

예시문 1에서 아이들은 상상 연습으로 어디로 가고 싶은지 생각해 보도록 장려된다. 아이는 모둠 친구들에 의해 그러한 바람은 실현 수단을 필요로 하는 목적이라는 것을 알게 된다. 모둠 학생들은 필요한 것을 말한다. 모둠 학생들은 무엇이 필요할지 종이에 쓴다. 학생의 과제 수행이 얼마나 잘 될지는 이루고자하는 것에 대한 실제적 측면을

교실 속 어린이 철학

예상하는 능력에 달려 있다. 이렇게 이 연습은 아이들에게 상상 중인 목적을 구체화하도록 장려하고, 그 목적을 달성하기 위한 상상의 수단 구성에 함께 협력하도록 요구한다.

부분 – 전체 관계 상상하기

마찬가지로, 도덕적 상상력은 어떻게 해서 전체가 부분들로 분해되고, 어떻게 해서 그 부분이 상상의 전체를 구성할 수 있는지 아이들에게 생각해보도록 한다. 물론 교사가 이렇게 하는 방법을 모른다면 기술을 아이들에게 전해줄 수 없을 것이다. 예를 들면, 지금 우리가 학급 규칙을 어긴 아이를 학교장이나 상담사에게 보낼지 여부를 두고 검토하고 있다고 하자. 이 상황의 부분만 보면, 이는 그 아이를 벌주는 것일 뿐이다. 그러나 우리의 행동을 보다 넓은 맥락에서 검토하면, 이런 조치는 전체 학생들에게 어떻게 보이는지, 그리고 이 조치가 학생들에게 그 밖의 우리 행동과 얼마나 일관되는 것으로 보이는지 물어야 한다. 이처럼 우리의 행동은 교실의 규칙을 어긴 학생과 우리 사이뿐만 아니라 학급 학생들과의 전체 상호관계성에도 영향을 끼친다.

부분 – 전체 관계에 대한 도덕적 상상력의 연습으로 다음과 같은 것을 생각할 수 있다.

어떤 사람이 (학교신문의 편집 위원인) 우리에게 가장 귀여운 여학생 대회를 개체할 것을 제안했다고 하자. 우리는 다른 편집위원들과 이 사안에 대해 이야기를 나눌 것으로 결정했다. 편집위원 중 한 명이 이 기획 덕에 학생들이 신문을 더 많이 읽을 것이기 때문에 이 기획은 좋은 것이라고 말했다. 그러나 또 다른 위원은 이 기획이 학교 전체 공동체에 어떤 영향을 끼치게 될지 물었다. 우리는 학급에서도 이 사안에 대해 토론할 수 있다. 학급에서 제기될 수 있는 물음은 이런 것이다. "귀엽다는 것은 무엇을 의미하는가?" "왜 이 대회는 여자에게 한정되는가?" "대회가 끝났을 때 떨어진 학생들은 어떤 기분이 들까?" "많은 학생들이 기분 나쁠 가능성이 있다고 한다면 이 대회를 시행할 만한 가치가 있는가?" "이런 대회는 건전한 것으로 권장될 수 있는가?" 이는 바꾸어 말하면 특정 활동을 보다 넓은 참조 틀의 일부로서 보고자 한 것이다.

우리는 앞서 유의미한 도덕교육의 선결조건으로서 교실에서의 신뢰와 상호 존중, 협력이 깃든 환경을 만들 필요성에 대해 말했다. 그러나 교사로서 우리는 모든 학생들을 포함시킬 수 있는 활동으로서, 각각의 학생들이 서로 다른 혹은 고유한 방식으로, 결과적으로 상호 존중하는 환경을 만들 수 있는 협력 활동으로서 어떤 활동을 제시할 것인가? 교사가 학급을 한 가지 공동체로서 생각하기 위해서, 그는 그 공동체 속에서 개별 학생에게 서로 다른 역할을 줄 다양한 노동 분업을 상상할 수 있어야 한다. 우리는 부분으로 전체를 만들 수 있어야 할 뿐만 아니라, 전체 속에서 부분을 볼 수도 있어야 한다.

특별히 도덕적이라고 할 수 없지만, 아이의 도덕적 상상력을 자극하는 가장 효과적인 방법 중 하나는 말할 것도 없이 혁신적인 행위를 요구하는 상황 속에 그를 두는 것이다. 과학수업의 발견 유형 상황이 이런 성격의 것이다. 그러나 그보다 더 유용한 것으로 참여자에게 풍부한 창의력을 자극하는 연극과 춤을 들 수 있다. 예를 들면, 발레 댄서 중의 한 명이 새로운 동작을 할 때 그 발레단은 전체 댄서들에게 각자의 방식으로 빠르게 반응하도록 자극할 수 있다. 물론 그들은 그 동작을 할 때 조직적으로 혹은 조화를 갖추어 해야 한다. 아이가 그림을 그릴 때는 언제나 부분에서 전체로 작업하고, 전체를 부분으로 분석할 필요가 있다. 이는 시를 쓰거나 그 밖의 다른 예술적 창작 활동을 할 때도 마찬가지이다. 도덕적 상상력에 관해 관심을 가진 교사가 해야 할 것은 아이들이 이들 활동을 서로 관련지을 수 있도록 돕는 것이다. 교사는 문학이나 역사 수업 속에서 논의된 영웅적 행위는 창조적이라고, 즉 예술에서의 놀라운 혁신과 같은 상상력을 취한 것이라고 지적할 수 있다. 거의 모든 사람이 위대한 예술가가 아닌 것처럼 우리 모두가 영웅이 될 필요는 없지만, 도덕 문제의 재구성이 관련된 모든 이들에게 유효하려면 모든 도덕적 문제는 어느 정도의 상상력을 필요로 한다.

도덕적 상상에서의 모델 역할

어린이 철학 프로그램의 유덕함 가운데 하나는 『해리』와 『리사』 같은 이야기가 실제로 아이들의 공동체 모델을 제시한다는 것이다. 이 이야기 텍스트는 그렇게 이상화된 것이 아니기 때문에 그 책을 읽은 아이는 등장인물을 동일시하지 않을 수 있다. 그러나 그 텍스트들은 아이와 어른들 사이뿐만 아니라, 아이들 사이의 지적인 토론의 모델까지 제시하는 의의가 있다.

이야기 텍스트는 또한 탐구의 모델, 협력의 모델, 배려의 모델, 감수성 있는 개인을 제시한다. 이 텍스트는 그러한 이상적인 어린이 공동체의 가능성을 보여준다. 아이들은 거기서 지적으로 그리고 정서적으로 건전하고 살아 있으며, 능동적으로 참여하고 있다. 그러한 상황에서 동료와 교류를 나눌 수 있는 가능성을 느끼지 못하는 학생은 성찰과 협력 그리고 토론의 능력을 발휘하기 힘들 것이다. 아이들이 종종 과묵하거나 말을 잘 안 하는, 심지어 위축까지 되는 한 가지 이유는 아마도 그들이 건설적인 방식으로 자신의 능력을 발휘할 수 있는 가능성을 볼 수 없기 때문이다. 그들은 종종 두려워하고 불안해하며 비관적이다.

소설이지만 공동체 모델은 그러한 두려움을 희망으로 바꾸어놓는다. 그것은 아이들에게 세계의 풍성한 상상의 가능성을 알게 해준다. 거기서 사람들은 서로의 창조적 가능성을 일깨우는 방식으로 관계 맺는다. 그 때문에 그 모델은 아이들의 도덕적 상상력을 자극한다. 아이들은 자신들이 원하는 것 혹은 찾고자 하는 것이 무엇인지 모를 수 있다. 그러나 이야기 텍스트의 모델은 아이들에게 자신들의 필요와 욕구를 이해하도록 도와준다. 아이들은 이를 통해 **상황이 어떻게 될지** 비로소 알기 시작한다. 그들은 이야기 텍스트에서 일별한 이상을 성취하기 위해 탐구하고 검토할 수 있는 대안의 수단을 진지하게 생각하기 시작한다.

그러나 순종적이거나 비창조적인 방식으로 이상을 모방할 수는 없다. 렘브란트가 되고 싶은 어린 화가는 렘브란트의 그림을 똑같이 베

교실 속 어린이 철학

끼는 것을 필생의 과업으로 삼을 것이 아니라, 렘브란트가 자신의 상황에서 진실했던 방식처럼 자기 상황에서 진실하고자 노력해야 한다. 하나의 모델을 본보기로 삼는 것은 그것을 흉내 내고 베끼는 것이 아니라 그 모델을 이용하여 소설 속의 어린이와 같이 자신만의 고유하고 창조적인 방식으로 살 수 있도록 자신에게 희망과 용기, 믿음의 감정을 자극하는 것이다. 그래서 모델은 아이들의 도덕적 상상력을 자극할 때 대단히 유용하며, 결과적으로 도덕적 활동으로 전환될 수 있는 건설적인 감정과 에너지를 일깨운다.

출발점

아무래도 '도덕화moralizing'라는 낱말에 대해 조금 언급해두는 것이 좋을 것 같다. 아이들을 도덕적으로 성장할 수 있도록 돕는다는 것이 그들이 하고 있는 것의 도덕적 함의를 따라다니며 지적해주어야 한다는 것을 의미하는 것은 아니다. 아이들은 교사 측의 그러한 행동을 참기 어려운 것으로 여기는 온갖 변명거리가 있다. 교육의 관점에서 볼 때, 그것은 역효과를 낳는다. 왜냐하면 그것은 아이들이 자신들의 도덕적 능력에 대한 무시하는, 과잉보호의 태도를 알아차리는 상황을 만들기 때문이다. 아이들의 자기 보호 전략은 그 상황에 대한 교사의 해석에 이의를 제기하거나 검토할 방법을 찾는 것이다. 그렇게 아이와 교사 사이의 싸움이 시작된다.

도덕교육의 프로그램이 적절하기 위해서는 아이들이 합당하게 생각하고, 건설적인 행동 패턴을 발달시키고, 자신의 감정과 타인의 감정에 주의 깊고, 상호주관적 맥락에서 감수성을 키우며, 타자에 대한 자신의 필요와 기대에 관련해서 균형 감각을 키울 수 있어야 한다. 분명 교사에게 이는 어마어마한 과제이다. 교사는 양손을 들고 "이건 내가 할 수 있는 것을 넘어섭니다. 어떻게 그것을 할 수 있을까요?"라고 말할지도 모른다.

　　그 과제에 대한 착수는 교사가 학생들에게 논리적이고 비판적인 사고 습관을 길러주고, 다른 아이들과 함께 서로의 의견과 감정을 토론하고 동시에 서로의 가치와 견해를 배우는 철학적인 대화에 참여하게 하며, 객관성과 공평무사, 포괄성의 가치를 진정으로 느낄 수 있는 개인적·협력적 탐구를 할 기회를 제공함으로써 시작할 수 있다. 아이들에게 도덕적 실천에 참여하게 하여 철학이 갖는 그 밖의 모든 측면에 노출시키고, 그들에게 교실과 운동장, 학교 전체에서 책임감을 갖게 함으로써, 우리는 그들이 자기 세계의 도덕적 차원을 점차적으로 이해할 수 있도록 도울 수 있다.

　　아이들에게 자율성을 얼마만큼 주어야 할까? 더도 말고 덜도 말고, 주어진 그 순간에 그가 운용할 수 있을 그만큼을 주어야 할 것이다. 교사는 아이들이 어느 정도 운용할 수 있는지 항상 평가하고, 재평가해야 한다. 그렇게 함으로써 아이들은 자신의 능력을 검증하고 재검증할 기회를 갖게 될 것이다. '책임'이라는 낱말은 아이들에게 종종 불쾌한 의미로 남아 있다. 왜냐하면 그 낱말은 해야 할 것을 하지 못할 때 그들이 비난받을 수 있는 책임과 연결되기 때문이다. 그러나 이는 가장 유감스러운 해석이다. 왜냐하면 아이들이 최소한의 자유를 얻을 수 있는 것은 자신의 삶의 행위를 다루는 책임을 점점 더 제공받을 때에만 가능하기 때문이다. 자유를 책임의 반대로 생각하는 아이는 그의 부모가 받아들였을지 모르는 오개념을 취한 것이다. 즉, 그에게 자유란 해야 하는 것을 하지 않고 넘어가는 것이라는 개념에 지나지 않는다. 이러한 해석은 미숙한 개인의 특징으로, 자유를 허가증과 같은 것으로 간주하는 것이다. 자유에 대한 잘못된 개념을 가진 아이는 자유를 특정 상황에서 **적절한 성찰과 탐구에 따라** 하고자 하는 것을 하는 것이라기보다는, 성인이 원하는 것을 하지 않는 것으로만 생각한다. 자신의 행동에 대해 발언할 기회를 주거나 자신이 속한 집단의 의사 결정 과정에 참여할 기회를 주지 않을 경우, 아이들은 자유에 대한 새로운 인식을 갖기가 어렵다.

그 때문에 아이들의 입장에서 어린이의 권리란 다음과 같은 것을 의미한다. "나는 내 자신의 행동에 대해서 책임을 질 수 있기 때문에, 더 많은 책임을 원합니다. 적절한 행동이 어떤 것인지 발견할 기회를 나에게 허락하지 않고, 스스로에 대해 책임질 기회를 나에게 주지 않는 것은 나의 행동의 법칙과 규칙을 정하기 위해 다른 사람에게 의존하는, 나를 영원한 아이로 남겨두는 것입니다. 그런 것은 자유와 책임의 경험적 토대를 나에게 허락하지 않는 것입니다. 내가 도덕성에 관해 스스로 생각할 수 있다면 반드시 필요한 것은 다름 아닌 자유와 책임의 경험적 토대입니다." 아이들은 책임을 맡을 수 있는 이 능력을 확대해가는데, 그때 교사의 역할은 그 습득 시기와 속도를 알아내는 데 있다.

왜 도덕교육은 철학교육과 같이 가야 하는가

이제 우리가 물어야 할 질문은 이런 것이다. "지금까지 말했던 모든 것은 어린이 철학과 어떠한 관계를 갖고 있는가? 어린이 철학은 어떻게 이 도덕교육을 실현시킬 것인가? 그것은 교사가 현재 이용할 수 있는 그 밖의 교육 방법과 어떻게 다른가?"

첫째, 철학은 사고를 위한 방법을 제공한다. 그 결과 상황의 논리적 측면을 타개할 방법을 학습하고, 그러한 상황에 대한 자신의 접근에서 객관성, 일관성, 포괄성에 대한 필요성을 알 수 있는 아이라면, 도덕적 갈등 상황의 논리적 측면을 다룰 수 있을 것이다.

둘째, 철학은 이론적이고 실제적인 대안을 위한 집요한 탐구를 포함한다. 그 결과 철학과의 만남은 일반적으로 아이들에게 주어진 상황의 가능성에 대해 보다 더 열려 있고, 유연한 삶의 자세를 갖게 한다.

셋째, 철학은 인간 존재의 다차원성과 복합성에 대한 자각을 주장하고, 이러한 다차원성을 아이들에게 체계적으로 언급하고자 한다. 그 결과 아이들은 자기 경험의 균형 감각을 비로소 키울 수 있다. 철학은 문제 상황이 단순히 도덕적 상황뿐만 아니라, 형이상학적·심미적·인식론적, 그 밖의 측면들도 지닌다는 것을 강조한다. 결과적으로 아이들은 삶의 상황을 고찰하는 연습을 자주, 그리고 완전히, 철저히 함에 따라 — 다시 말해, 여러 차원을 피상적으로 다루는 것이 아니라 충분히 고려하면서 — 점점 더 상황의 복합성과 가능한 한 많은 차원들을 고려해야 할 필요에 대해 더 많이 느끼게 된다.

넷째, 어린이 철학은 도덕적 행위에 관한 추론뿐만 아니라 도덕적인 존재가 될 수 있는 실천 기회도 제공한다. 아이들이 선택한 것을 할 수 있기 위해 필요한 역량을 키워 그들을 도덕적인 삶에 준비시키고자 한다는 점에서, 이는 아이들의 의사 결정이나 선택 결정을 강조하는 프로그램과 대비된다. 아이들은 어린이 철학 프로그램의 통합적 요소를 형성하는 도덕 실천의 연습으로 위로, 배려, 조언, 존경, 공유와 같은 도덕적 차원을 갖는 행위 양식에 대한 참여 방법을 실제 해볼 수 있는 기회를 갖게 된다. 아이들에게 사려 깊은 행동에 참여하게 하여, '사려 깊음'이 무엇인지 배울 기회를 제공하지 않는다면 우리는 그들이 사려 깊게 되기를 기대할 수 없다. 도덕 실천의 연습은 아이들의 실제 행위를 포함하도록 설계되어 있다. 우리는 아이들에게 배려하고 사려 깊도록 촉구할 수 있고, 이런 행위의 논리를 보여줄 수도 있다. 그러나 그들이 어떤 행위가 배려와 염려와 공명하는지 알지 못한다면 이는 별로 도움이 되지 않을 것이다. 게다가 그런 행위는 배려하고 염려하는 개인에게서 자연스럽게 나오는 것이 아니다. 오히려 그런 행위를 자발적으로 수행함으로써 개인들에게 배려와 염려가 발달하게 된다.

이는 교실 교사의 역할에 실마리를 던지는 중요한 통찰이다. 교사의 역할은 사려 깊음과 배려, 그 밖의 도덕적 덕에 관해 이야기하는 것이 아니다. 그 역할은 아이들 자신의 경험에 비추어 사려 깊음, 배려, 그 밖의 도덕적 성격이 어떤 것이고, 그러한 감정을 갖고 있는 이들은 어떤 사람인지 보여줄 수 있는 경험에 능동적으로 참여할 수 있는 상황을 만드는 것에 있다. 왜냐하면 도덕성은 감정 그 자체에 있는 것이 아니라 그 감정과 연결된 행동 속에 있기 때문이다.

다섯째, 우리가 이야기한 것처럼 도덕교육 프로그램이 충분하기 위해서는, 그것은 아이들에게 타자의 감정에 대한 자각을 길러주어야 한다. 철학은 본질적으로 질문하기를 포함한다. 질문하기는 대화의 한 측면이기 때문에 그것은 대화와 분리될 수 없다. 어린이 철학을 교실에 도입하면 교실은 모든 종류의 생각을 위한 열린 토론회가 된다. 그러나 이는 모든 생각이 무비판적으로 쏟아져 나오는 브레인스토밍 수업이 아니다. 철학 토론은 어느 집단에서나 발견될 수 있는 관점의 다양성과, 의견과 신념 간의 꽤 큰 차이 또한 알 수 있게 해준다. 교실 토론에서 의견을 제시하는 것은, 정답을 요구하는 교사의 물음에 능력을 보여주는 그런 것이 아니다. 그 때문에 아이들은 관점에 따른 의견 교환과 차이의 피력을 위협이라기보다는 매력적이고 든든한 것이라고 생각한다.

일단 교실 속 아이들이 안심하게 되면, 교사는 철학 토론의 기준 (즉, 공정성, 포괄성, 일관성)을 도입하고, 토론 그 자체를 세우고, 아이들을 위해 '도움이 될 수 있도록' 책임을 져야 한다. 학생들도 무관한 것을 지나치게 허용하면 토론이 짜증날 것이다. 마찬가지로 그들은 토론이 충분히 전개되지 못할 때에도 피곤할 것이다. 게다가 교사는 어떤 학생이 발언한 특정 의견을 지지하는 것이 적절하다 하더라도, 토론 사회자는 그와 한편이 되어 더 나은 토론과 탐구를 가로막지 않도록 조심해야 한다는 것을 알고 있어야 한다.

교사의 또 다른 역할은 학생들이 의견을 제시할 때 일관성을 장려하는 것이다. 물론 장려방식은 다양한 형식을 띨 수 있다. 예를 들면, 어떤 학생이 말하고 있는 것이 앞서 말했던 것에서 논리적으로 따라 나오지 않는다고 지적할 필요가 있는 상황이 있다. 또 다른 경우는 학생의 취지는 분명하나 의견제시가 어설플 때 교사가 좀 더 일관된 형식으로 입장을 고쳐 말해줄 수 있다. 요컨대 철학 토론은 서로의 신념과 견해를 인식하게 하고, 그러한 신념과 견해를 철학적 기준에 맞춰 생각하고 느끼는 개인으로서 아이들을 서로 의식하게 한다. 그러한 대화가 없이는 아이들은 상대방 또한 자신의 경험을 이해하고자 노력하는, 자신과 같은 개체로서 서로를 만나는 것이 아니라 수년 동안 교실에서 단순히 동거만 하는 것이다. 한 가지 유감스러운 결과는 아이들은 종종 지식을 사적인 것으로 생각하며 지식 자체에 대한 잘못된 개념을 갖게 된다는 것이다. 반대로 아이들은 철학적인 대화를 통해서 이해한다는 것은 대개 **협력적** 성취라는 것을 깨닫게 된다.

여섯째, 어린이 철학은 형이상학, 논리학, 미학, 인식론의 교육뿐만 아니라 도덕교육의 매개체로서 소설을 도입하였다. 철학 텍스트로서 소설은 어떤 의미에서 아이들의 자유를 보호하는 의사소통의 간접적 양식을 제공한다. 아이들은 자신이, 그리고 자기 가족의 경험이나 개인적 삶의 경험이 교실의 관심 대상이 될 경우 이를 꺼린다. 허구적 기법을 사용함으로써 아이들은 어떤 철학적 견해가 자신들에게 가장 적절할지 자유롭게 해석하고, 궁극적으로 스스로 결정할 수 있게 된다. 그들은 자신이 도덕적으로 '옳은' 답을 제출하지 못할까, 혹은 토론 과정이 아마추어 치료사에 의한 요법 시간이나 진단의 일부가 될까 두려워할 필요가 없다.

훌륭한 도덕교육 프로그램은 인지 능력과 정서 능력의 발달을, 어느 하나가 다른 하나보다 더 우월한 것으로 여기지 않고 동일하게 모두 요구해야 한다. 사고와 감정은 갈등하는 것이 아니라, 서로를 강화하기 위해 도입될 수 있다. 소설을 매개체로 사용하여 학생들에게 철학적 개념을 접하게 하는 것은 매 순간 서로 맞물려 있는 정서적, 인지적 차원을 보여주는 이점이 있다. 그에 대한 아이들의 응답의 맥락에서, 이런 생각들이 교실에서 토론된다. 학급 대화에서 점진적으로 정교해지는 관념은 경험의 인지적·정서적 조류를 계속해서 엮어낸다. 예를 들면, 철학 프로그램의 논리적 요소를 완전히 익히게 되면 인지적인 면에서도 정서적인 면에서도 얻는 게 있다. 그것은 아이들에게 자신감을 갖게 하고 자기 경험에 대해 이해할 수 있는 능력을 키워준다. 철학 프로그램에서 제시된 생각들이 격심하게 논쟁되는 (예를 들면, 교육의 목적과 같은) 영역에서 아이들은 다른 사람의 의견을 들으며 자신만의 고유한 관점을 발견하기 시작한다. 그들은 또한 자신의 관점에서 열정적으로 표현하는 다른 아이의 생각이 언제, 어떻게 듣는 사람들을 매혹시키는지, 혹은 그들에게 혐오감을 주는지 알게 된다.

아이들은 건전한 생각과 그렇지 않은 것을 구분할 수 있게 되었을 때, 점차적으로 건전한 것에 대해서 취향이 생기고, 그렇지 않은 것에 대해서는 불쾌감이 생긴다. 다시 말해 지적인 이해를 추구할 때 아이들의 감정이 요청된다. 이후에 그들은 보다 더 보증된 주장[2]을 덜 그런 것보다, 보다 아름다운 것을 덜 그런 것보다, 그리고 행위에서 보다 나은 것을 보다 못한 것보다 강하게 욕망하는 마음이 커지는 것을 느끼게 된다. 그 점에 도달한 것을 두고, 사람들은 아이들이 계몽된 감정과 지적인 욕망을 갖게 되었다고 말할 수 있다. 그 때문에 도덕교육의 이상적인 교육과정은 아이들에게 모든 철학적 개념을 알기 쉽고, 정서를 수반한 행동으로 구현해서 보여주어야 할 것이다. 거꾸로 말하면, 그러한 활동과 감정 양식에 적절한 인지적 내용을 더하려고 노력해야 할 것이다.

지난 10년 동안 좁은 의미의 정서 기법이 교실에 도입되었지만, 아이들은 종종 교실이라는 공적인 맥락 속에서, 이를테면 '마음을 터놓고' 싶어 하지도 않고, 그렇게 할 필요도 못 느꼈다는 것을 우리는 관찰해왔다. 종종 아이들은 남들이 '까다롭다고 생각할까 두려워', 자신의 감정에 관해 말하고 싶지 않은 데도 말하게 될 때 대단한 스트레스를 느낀다. 아이가 지나치게 과묵하면 교사는 말을 시키기 위해 좀 더 압력을 가해야겠다고 생각할지 모른다. 그러나 그것은 치료사의 역할을 취하는 것으로, 교사에게 어울리지 않는 것이다. 결국 그런 과정은 역효과를 낼 가능성이 높다.

반면에 아이들은 다른 아이들에 관한 소설을 읽을 때 등장인물의 경험이 갖는 정서적 측면에 대해 토론하고 싶은 생각이 쉽게 든다. 왜냐하면 그러한 정서적인 측면은 자신의 세계를 이해하는 데 도움을 줄 수 있는, 소설 속 인물들의 추론 방식에 대한 인지적 탐색과 통합되어 있기 때문이다. 소설 속 아이들은 이런 추론 규칙을 숙달하면서, 자기 자신에 대해, 그리고 자신의 생각과 감정에 대해 표현할 수 있고 자신감을 더 느끼게 된다.

아마도 교사들은 교실에서 열린 대화가 지속될 때 학생들은 스스로에 대해 자신감을 더 많이 갖게 되고 같은 반 학생들에 대한 신뢰가 더욱더 깊어지는 것을 알아차릴 것이다. 이런 자신감과 동급생에 대한 신뢰감이 서로 결합되고 교실 속 아이들이 그렇게 할 필요와 욕구를 느끼면 철학 토론은 소설 속 아이들에게서 개인적 해석과 적용으로 나아간다. 아이들에게 이론적 개념과 실제 삶의 문제 사이의 관련성을 파악할 수 있도록 돕는 것이 교사의 역할이라 하더라도, 철학 수업에서 학생 개인의 감정과 개인의 삶의 경험을 캐묻고 강제하는 것은 정당화될 수 없다.

철학 소설은 간접적인 의사소통 양식뿐만 아니라, 그 밖의 다른 목적 또한 제공할 수 있다. 그것은 어린이를 위한 철학적 대화의 모델로서 기능할 수 있다. 그것은 발견 과정을 위한 도약대 역할 또한 할 수 있다. 다시 말해 그것은 철학적 관념을 시사하며, 교실 속 대화와 활동을 통해 실질적인 철학적 개념으로 세련되게 발달할 수 있다. 또한 그것으로 아이들은 상대적으로 손쉽게 논리적 사고와 비논리적 사고의 차이를 식별할 수 있고, 어떨 때 논리적 사고가 적절하고, 어떨 때 논리와 무관한 사고가 더 선호될 수 있는지 차이를 알 수도 있다. 철학 소설이 수행하는 또 다른 본질적인 기능은 아이들에게 도덕적 상황의 복잡성과 애매성뿐만 아니라, 때로는 적절한 도덕적 행위를 만들고 발명할 필요성까지 감수성을 키워주는 데 있다. 바로 이런 이유에서 특히 소설이 적합하다. 우리는 도덕 철학에 관한 책을 읽고 토론하는 것보다는 소설을 읽고 토론함으로써 행위의 적절성이나 도덕성을 판단하는 방법이나 행위 방법을 배운다는 것을 인정할 수 있다. 소설은 도덕적 상황과 도덕적 선택의 다차원성과 복합성을 확고하게 할 뿐만 아니라, 그러한 선택을 밝히는 데에도 알맞은 형식이다. 이런 형태로 소설은 도덕적 감수성의 발달에 매개체를 제공한다. 아이들은 자신이 서 있는 상황의 복합성과 자신들의 행위의 결과를 고려하면서 소설 구조에 빠져들고, 등장인물의 행위를 비판적으로 성찰하며 높은 도덕적 감수성, 다시 말해 인간 행위와 관련한 적절한 감수성을 높이는 과정 속으로 들어간다. 나아가 그러한 소설은 아이들과 교사 사이뿐만 아니라 종종 아이들 사이의 철학 토론까지 촉진한다. 그렇게 철학 소설은 전통적인 교실의 역학을 특정 상황으로 변화시키는 매개체가 될 수 있다. 그 상황 속에서 아이들은 교사에게서뿐만 아니라 또래 아이들로부터 배우고, 교사는 아이들과 관점을 공유하며 얼마나 많은 것을 배울 수 있는지 알 수 있다.

오늘날 (특히 도덕교육에서) 교실 대화를 촉진시키고자 하는 어린이 철학을 위시한 많은 교육적 접근들이 있다. 일단 서로를 신뢰하고 존중하는 분위기가 만들어지면 일상적 문제에 관한 열정적인 검토는 교실 토론을 쉽고 자연스럽게 전개시킨다. 우리는 어린이 철학 프로그램을 실천하는 교실과 그 밖의 다른 도덕교육 프로그램을 실천하는 교실을 구분하지 못할 수 있다. 참관인은 아이들이 때때로 수준 높은 대화를 갖추어, 때로는 선생님을 기쁘게 해주기 위해서 혹은 다른 친구들의 생각에 맞추기 위해서 자신의 사고나 감정을 피력하는 것을 볼 수 있다. 그러나 경력 있는 참관인이라면 두 가지 뚜렷한 차이를 찾을 수 있을 것이다. 첫째, 어린이 철학은 아이들의 삶의 보다 넓은 맥락에서 도덕적 차원을 유지하고 그것을 다른 철학 영역, 가령 형이상학, 미학, 논리학, 인식론적 논의와 균형을 맞추려고 노력한다는 것이다. 이는 아이들의 눈에서 도덕의 중요성을 없애는 것이 아니라 그 밖의 영역에 대한 의식을 강화시키는 것이다. 결과적으로 그러한 고양된 자각은 아이들이 도덕적 문제와 관련해서 키울 수 있는 통찰을 자극하고, 풍부하게 하며, 인도적인 것으로 만들 수 있다. 둘째, 경력 있는 참관인의 경우 아이들이 철학 텍스트의 토론에서 보다 효과적이고 비판적 사고를 가능하게 하는 논리적 기법을 사용한다는 것을 알아차릴 것이다. 프로그램이 진행될 때 교사의 역할은 아이들에게 논리적 기법을 설명하고, 그것을 숙달하게 하며, 아울러 그들에게 의미 있는 상황에 이를 적용시킬 수 있도록 연습시키는 것이다. 교사와 학생이 모두 이 논리적 기법을 이해하고 활용할 수 있게 될 때, 교실 토론은 정체도, 상대적 진전도 아니라 객관적인 진전을 이루게 된다.

철학 소설 그 자체는 아이들이 자신의 사고와 행동의 스타일이 있다는 것을 보여주는 매개체이다. 소설에서 아이들은 단순히 작은 개체가 아니라, 소설에서든 실제 생활에서든 삶의 스타일과 그 삶의 기본 방향을 생각하고 제시하는 인격이라는 개념을 강화시켜주는 모델로서 행동한다. 이는 모든 아이들의 교육에서 필수불가결한 것이다. 왜냐하면 일단 아이들이 삶의 기본 방향이 무엇인지 감지할 수 있게 되면, 그것은 특정 상황에서 자신의 선택을 평가할 기본적인 기준이 되기 때문이다. 그런 방향 감각이 결여된 아이는 모든 상황을 즉흥적으로 처리할 것이다. 이는 생각 없는 경험론의 난국이다. 아이들이 자신의 삶을 위해 기본 방향의 노선에 따라 행위 해가면, 성과는 쌓이고, 축적되며, 자신의 성장을 도울 수 있다. 도덕교육에는 아이들을 결집시키고, 힘과 능력을 회복시키며, 그들이 선택한 성장 노선으로 이끌고 가는 것이 포함된다. 건전한 도덕교육은 아이들과 또래 사이의, 아이들과 성인 사이의, 그리고 아이들과 그들이 살아야 하는 관습과 제도 사이의 무수한 관련성을 식별할 수 있도록 아이들에게 보여줄 수 있는 전략을 제공해야 한다. 아이들이 그러한 연관성을 알지 못하고서는 인간 경험의 도덕적 차원을 이해할 수 없을 것이고, 그러한 이해에 기초한 효과적인 행동 또한 취할 수 없을 것이다.

논리와 도덕성의 관계

『리사』를 읽는 이들은 그 책이 추론과 도덕성뿐만 아니라, 논리와 도덕성의 상호관련성도 깊이 다룬다는 걸 쉽게 알아차릴 것이다. 1장에서 리사는 통구이치킨을 좋아하면서, 동물도 사랑한다고 말한다. 그러나 곧 리사는 여기에 한 가지 문제가 있다는 것을 깨닫게 된다. 즉, '동물을 사랑한다면, 그것과 치킨을 먹는 것은 일관성이 있는가?'라는 것이다. 여기서 문제는 타인들에 대한 리사의 의무 문제가 아니다. 그것은 리사가 삶 속에서, 즉 생각과 생각 사이에서, 그리고 생각과 행동 사이에서의 일관성 문제다.

책 후반부에서 아이들은 토론을 할 때 사생활 침해에 관한 문제가 생긴다고 불만을 토로한다. 그들은 우연히 교장 선생님이 다른 사람과 나누는 대화를 엿듣게 되고 사생활 침해의 문제를 자각하게 된다. 그들은 다시 한번 일관성의 문제에 직면한다. 어떻게 그들은 자신들에게는 프라이버시를 요구하고 남들에게는 이를 부정할 수 있을까?

또 다른 경우를 보자. 밀리는 남자들이 자신보다 어린 여자와 결혼하는 것은 괜찮지만, 여자가 자신보다 어린 남자와 결혼하는 것은 안 된다고 생각한다. 리사는 어떻게 이것이 가능한지 의아해한다. 리사에게 밀리의 입장은 일관성이 없는 것처럼 보인다.

또 다른 사례를 들어보자. 여러 아이들은 교장 선생님에게 교장 선생님이 참으로 교육을 신뢰한다면 아이들이 스스로에 대해 생각할 수 있도록 장려해야 할 것이라고 말한다. 그러나 그들은 교장 선생님에게 아이들이 스스로에 대해 생각할 수 있도록 장려되고 있지 못하니 교장 선생님은 교육을 믿지 못하는 것임이 틀림없다고 말한다.

반려동물에 대한 사랑과 육식을 좋아하는 것 사이의 불일치를 발견한 리사의 경우를 살펴보자. 이 경우는 중요한, 그러나 종종 간과되는 생각을 나타내고 있다. 도덕성의 중요한 측면은 개별적으로 사람이 갖게 된 가치가 아니라, 가치들 사이에 성립하는 관계성이라는 점이다. 반려동물에 대한 리사의 애정이 그 밖의 사람들까지 반려동물을 사랑하게 할 수는 없는 법이다. 통구이치킨에 대한 리사의 사랑이 그 밖의 사람들에게까지 닭고기를 즐기지 못하게 할 수는 없다. 그러나 리사는 양립 불가능한 가치들을 갖고 살아가는 것은 불편한 일이라고 생각한다. 리사 생각에는 참으로 동물을 사랑한다면 그것을 먹어서는 안 될 것처럼 여겨진다. 그러나 자신은 고기를 먹는다. 따라서 자신이 참으로 동물을 사랑하는 것은 아니라고 결론을 내릴 수밖에 없다. 여기서의 도덕적 문제는 이런저런 특정의 것이 아니라, 그것들 사이의 관계에 있다.

도덕성은 특정 문제에 관해 개인이 갖고 있는 특정 가치와 관계된 것에 지나지 않는다고 배운 사람들은 여기서 제기되는 문제의 중요성을 간과할 가능성이 높다. 사람들은 거짓말이 나쁘든지 옳든지, 둘 중의 하나라고 말할 것이다. 훔치는 것 역시 그렇게 평가할 것이다. 그러나 이런 것은 대단히 악명 높은 불편한 사례여서 이를 합당하게 논하기란 어렵다. 결과적으로 우리는 아이들에게 거짓말이 왜 나쁜지 혹은 훔치는 것이 왜 나쁜지 그 이유에 대해 설명하는 것이 지난한 것으로 여길 수 있다. 행위에만 초점을 맞추는 것은 볼록렌즈로 어떤 것을 보는 것과 같다. 그것이 비례를 잃고서 갑자기 너무 크게 보여서 우리는 이를 맥락을 통해서 볼 수 없다. 우리가 다른 행위와 신념의 관계를 고려하지 않고 거짓말이라는 행위 그 자체에만 초점을 맞출 경우, 혹은 행위를 독립된 것, 맥락에서 벗어난 것으로 간주할 경우, 우리는 어떤 추상에 관해 이야기하고 있다는 것을 불현듯 자각하게 된다. 그러나 우리가 그 문제에 강하게 꽂히게 될 때, 그것의 잘못을 강렬하게 주장하는 것 이외의 다른 방법에 대해서는 생각을 할 수 없게 된다. 유감이지만 아이들을 도덕적으로 교육시키기 위해서는, 이런 식은 아무런 도움이 되지 않는다.

가치들의 관련성을 무시하는 것만큼 더 쉬운 일은 없을 것이다. 그러나 그렇게 할 때 우리는 도덕의 기본 구조를 무시하게 된다. 해리와 아버지는 이야기를 나누면서 다음과 같이 말한다. 끔찍한 행위로 끝나는 대규모의 사회적 사건이 있을 수 있다. 그런데 그것을 그 사건에 앞서는, 그 사건에 기여한 모든 행위, 가령 개별적이고, 단순하고, 도덕적으로 중립적인 행위들로 분해할 수 있다. 대규모의 도덕적 사실을 세세한 파편 혹은 단편으로 분쇄함으로써 우리는 세계를 사실상 탈도덕화한다. 각각의 행위를 개별적으로 보고, 보다 깊은 의미를 밝혀 줄 관련성을 분리시켜버리면 우리는 거기서 비난해야 할 어떤 행위도 칭찬해야 할 어떤 행위도 볼 수 없게 된다. 어떻게 해서 행위가 잔혹한 행위가 되었는지 자세히 살피지 않으면 이는 그 행위에 책임을 면제시켜주는 것이다. 말할 것도 없이 우리가 행위를 '도덕적으로 중립적'인 행위들의 단순한 집합으로 간주될 때, 심지어 위대한 영웅적인 사건과 관련한 행위와 관련해서도 동일한 탈도덕화 과정이 일어날 수 있다.

아이들이 도덕성에 관해 알고자 할 때 우리는 그에 대해 효과적으로 답해줄 수 없다. 왜냐하면 그 문제는 광대할 뿐만 아니라 규정하기도 힘들기 때문이다. 우리는 아이들이 이의 제기할 수 없는 신임할 수 있는 말을 인용할 권한이 없다. 마찬가지로 우리는 **의심할 수 없는** 윤리적 원리에 대해서도 가늠할 수 없다. 양심을 끌어들여도 도움이 되지 않는 듯하고, '가치 명료화' 수업은 우리의 도덕적 불모지를 증명하는 데에만 성공한 것처럼 보인다. 우리가 정직과 타인 존중에 대해 좋은 이유를 떠올릴 수 있지만 언제나 그것은 피상적인 이유에 지나지 않은 것으로 보인다. 결국 우리가 어떤 이유를 제출하더라도, 우리는 그보다 더 좋은 정당화가 있을 수 있다고 생각한다.

리사는 어떻게 해서 거짓말을 싫어하게 되었는지 알고 싶었다. 왜냐하면 리사는 거짓말이 나쁘다는 말을 부모님에게 들었던 기억이 없기 때문이다. 그러나 아이가 **통일성**, 다시 말해 생각과 행위가 일관된 삶을 산다면 삶과 양립 불가능한 행위를 거부할 것이고 일상적 실천에서 벗어난 행위에 충격을 받고 역겨운 생각이 들지도 모를 것이다. 리사는 빵을 자를 때 조심해라는 잔소리를 반복적으로 들을 필요가 없는 것처럼 거짓말을 하지 말라는 부모님의 권고 또한 필요하지 않을 것이다.

이런 일은 문법을 배울 때에도 일어난다. 아이들은 '제2의 천성'이 될 때까지 문법 규칙과 그 규칙의 실행을 배운다. 우리는 무언가를 말하고자 할 때 그것이 문법적으로 옳은지 그렇지 않은지 생각할 필요가 없다. 왜냐하면 사람들은 습관적으로 문법을 바르게 사용할 수 있고, 틀릴 경우 유감으로 여기기 때문이다. 우리는 문법 규칙을 어겨도

될 좋은 이유가 있으면, 쉽게 그렇게 한다. 왜냐하면 규칙이란 융통성이 없고 엄격한 것이 아니기 때문이다. 도덕적 실천도 마찬가지이다. 그것은 각각의 개별자들에게 일관성 있게 발달시켜야 하고, 통일된 전체를 만들어야 한다. 도덕성이 유효하기 위해서는 그런 전체성과 일관성 및 통일성에 대한 부당한 위반을 자신의 통일성에 대한 자기 파괴적인 위반으로서, 따라서 잘못으로 간주되어야 한다.

아이들이 자신의 통일성에 대해 가치를 부여하고, 그러한 통일성의 일관된 부분으로서 정직을 실천한다면 그는 거짓말을 자아에 대한 단절로 느낄 것이다. 또한 그는 그것이 공정함의 문제일 경우보다 (물론 피하겠지만) 거짓말일 경우 더 적극적으로 피하고자 할 것이다. 추론이 무엇인지 배운 아이는, 그래서 건전한 추론과 그렇지 못한 추론을 구분할 수 있는 아이는 자신의 통일성, 혹은 삶의 기본 방향과 양립할 수 있는지 여부의 문제에 대해 쉽게 현혹되지 않을 것이다. 이런 이유로 추론 학습은 도덕성에 필수불가결하다. 그러나 추론을 배운 아이가 (그럴 경우가 없지는 않지만) 친구들이나 부모와의 논쟁을 해결할 수 있는 논리적 기능을 사용할 수 있는 것은 아니다. 물론 그 아이들은 자신의 관심과 관련된 것이 무엇이고, 관련되지 않은 것이 무엇인지 평가할 수 있는 기준은 갖고 있을 수 있다. 그들은 삶의 기본적인 틀에 무엇이 맞고, 무엇이 맞지 않을지 더 잘 판단할 수 있다.

우리는 어떤 의심도 남겨두지 않기 위해 반복해서 그 점을 강조하고자 한다. 우리가 아이들에게 추론 교육을 권하는 것은 도덕 문제가 논리적 분석으로 바로 이어질 수 있는 단순히 위장된 논리 문제라고 생각하기 때문만은 아니다. 이와 같은 것은 인지주의자들의 그럴 듯한 전제이지만 우리는 이를 받아들일 수 없다. 그러나 우리 어른들은 삶의 기본 바탕에 일관된 특징을 키워나갈 수 있도록 아이들을 장려하는 것이 중요하다고 생각한다. 아이들은 여러 생각들이 서로 일관되지 않거나, 양립불가능하거나, 혹은 모순된다는 것을 잘 이해할 수 있을 때에만 비로소 우리가 하는 말을 이해할 수 있을 것이다. 물론 아이들은 논리를 배우지 않고서도 통일적인 삶을 살 수 있지만, 논리를 배우면 자신의 삶을 통일시키는 것과 그것을 해체시키는 것 사이의 차이를 알 수 있게 된다.

삶의 방식으로 전체성, 일관성, 통일성을 갖춘 아이라면 거짓말이 통일성의 해체를 나타내는 한, 거짓말에 대한 불쾌감이 당연하게 들 것이다. 습관과 신념이 일관되게 통일되어 있다면 그 아이는 자신의 덕에 관한 최고의 수호자라고 할 수 있다. 우리가 아이의 덕을 소중히 여긴다면 그들이 자신의 통일성을 형성할 수 있도록 가능한 모든 노력을 다해야 할 것이다.

동시에 정직을 실천하는 아이는 거짓말이 자신의 실천과 모순될 뿐만 아니라, 자신의 전체적 삶 혹은 통일성과 불일치되기 때문에 멀리한다는 점을 강조해두어야 한다. 이런 의미에서 부분─전체의 관계에 대한 자각은 논리적 일관성에 대한 자각만큼이나 도덕교육에서 참으로 훈련해야 하는 것이다. 리사에게 거짓말은 정직을 실천하는 관점에서 볼 때, 마치 데님 바지를 입고 드레스 장갑을 끼는 것과 같은 부조화에 다름 아니다.

그렇게 해서 자아의 통일성은 실천의 통일성에 토대가 된다. 즉, 자신의 생각은 행위와 일치되고, 자신의 행위는 자신의 행위의 전체 성격과 같거나 양립 가능한 것이다. 그와 같은 실천을 날마다 조금씩, 매 수업마다 순간순간 조직적으로 하지 않는다면, 아이들은 강한 도덕적 토대를 갖지 못할 것이다. 그러한 실천은 진실을 말하는, 혹은 다른 사람을 해치지 않는 '좋은 이유' 수준으로 환원될 수 없다. 좋은 이유는 그러한 실천이 가진 힘을 전하기에는 결코 충분하지 않다. 좋은 이유는 대체로 절박한 상황적 압력―긴급 상황―이 우리가 좋은 이유를 갖고 평상시 해오던 것에서 일탈하도록 요구할 때 나오곤 한다. 좋은 이유가 전형적으로 정당화하는 것은 예외적인 행위이지, 규칙이 아니다. 왜냐하면 규칙은 한 가지 원리 혹은 일련의 원리로 환원될 수 없기 때문이다. 규칙은 아이들의 삶 속의 생각과 행동이 씨줄과 날줄로 얽혀 있는 살아 있는 것이다.

아이들에 의한 그러한 실천의 전개는 꽤 중요한 성취이다. 일단 그 실현이 얼마나 어려운지 알게 되면 우리는 도덕교육의 이름으로 도처에서 제시되는 피상적인 슬로건, '어린이들에게 철저하게 토론하게 하라', '아이들에게 참된 도덕적 가치는 하나밖에 없다는 것을 알게 하라―그것은 정의다', '아이들에게 규칙을 말해주고 그것을 어길 경우 처벌받을 것이라고 분명히 밝혀라' 등에 참을 수가 없다.

윤리교육이 유효하기 위해서는 무한한 인내, 지속성, 엄밀함이 요구된다. 또한 그것은 참으로 배려와 친절한 방식으로 수행되어야 하고, 모순적이기보다는 일관성이 있어야 하며, 아이들이 스스로에 대해 생각하고, 느끼고, 행동하며 만들 수 있도록 돕는 데 관심을 가져야 한다. 지금까지 우리의 문명은 오래전 그렇게 보호하기 위한 한 가지 수단을 고안했다. 그것은 가족이다. 오늘날은 가족에 거대한 압력을 행사하고, 그 기능에 의심을 보내기도 하며, 가족의 구조 역시 많이 변하였다. 그리고 가족이 가진 도덕적 기능을 다른 기관, 특히 학교로 옮기려는 노력이 있다. 이렇게 학교에 책임을 전가할 경우, 학교는 무엇을 맡아야 할지 잘 알고 있어야 한다. 부모가 맡은 자식의 수와 한 성인이 맡은 25명 아이들의 비율은 같지 않다. 부모의 경우 두 명의 성인이 두세 명, 많아야 예닐곱의 아이를 맡을 뿐이다. 그 때문에 가족은 하루 종일 실질적으로 도덕교육에 집중할 수 있었다. 부모가 꼭 지성적이지 않다고 하더라도, 그들은 아이들에 대해 적어도 자주 염려하면서 보냈다. 이제 학교가 윤리교육을 맡는다면 체계적이고 면밀한 토대에 근거하여, 다시 말해 유치원에서 고등학교 졸업 때까지, 그리고 도덕 윤리 주간의 한시적 교육이 아니라 일과 전체를 목적으로 한 윤리교육을 준비해야 한다. 그렇게 대처하기 위해서 한편으로 중립성과 탈교조주의에 대한 의무를, 다른 한편으로 아이들에게 논리적·창조적·도덕적 실천에 대한 노력을 다하도록 하는 의무를 가져야 한다. 우리는 어린이 철학을 그러한 헌신의 시작으로 본다.

논리와 도덕교육의 관계에 관해 마지막으로 주의할 점을 언급하고자 한다. 우리는 자신의 신념들 간의, 그리고 행위 간의 일관성뿐만 아니라, 신념과 행위 간의 일관성에 대해서도 중요성을 강조해왔다. 이미 언급했지만, '어린이 철학' 프로그램에 포함되어 있는 논리는 보다 일관된 습관과 성향을 형성하기 위해, 그러한 일관성에 대한 기준의 자각을 아이들에게 환기시키는 데 도움이 될 수 있다. 또한 우리가 주장한 것처럼, 어린이 철학 프로그램은 아이들이 자신의 신념을 정당화할 때, 그리고 일반적으로 취해왔던 행동 패턴에서의 이탈을 정당화할 때에도 좋은 이유의 중요성에 주의를 환기시킨다.

그러나 어린이 철학의 이런저런 요소들을 맥락에서 벗어나거나 과장해서 받아들일 수 있는 위험은 언제나 있다. 논리는 아이들에게 자신의 활동을 정리하고 이해하게 하는 데 도움을 준다. 심지어 경우에 따라서는 자신이 행한 것이 또 다른 관점에서 자신의 의도와 행동을 어떻게 해칠 수 있는지 자각하게 할 수도 있다. 그러나 우리는 자료를 넣으면 자동적으로 정답이 나오는 의사 결정을 위한 기법으로 논리를 간주할 수 없다. 그렇게 하는 것은 논리를 심각하게 오도하는 것이다. 몇 년 전에 우리는 일부 고등학생들과 함께 철학의 유용성에 관한 일련의 토론을 수행한 바 있다. 그중 한 번은 우리가 논리적 추론의 가능한 이점에 대해 낙관론을 펼친 적이 있었다. 그때 갑자기 학생들은 매년 갖는 학교 캠프에 약물의 반입 여부를 두고 취해진 정책에 관해 열띤 논쟁으로 들어갔다. 놀랍게도 마치 삼단논법만이 일부 정책이 올바르다는 것을 결정적으로 증명할 수 있는 것처럼 이를 동원하려는 시도가 있었다. 우리는 어떤 논증의 논리든 검토할 수 있지만 논리만으로 문제를 해결할 수는 없다는 것을 지적해주자, 학생들은 처음에 발끈하더니 나중에 배신감을 느낀 것처럼 짜증을 냈다.

우리는 학생들에게 이러한 오해를 사게 해서는 안 된다. 이 목적을 위한 가장 유효한 조취는 전체적인 어린이 철학 프로그램이 부재한 가운데 어린이 철학의 구성 요소는 제한적 유용성을 갖는다는 것을 확실히 인식시켜주는 것이다. 도덕교육이 교육의 한 측면인 것처럼 논리도 철학의 한 분야일 뿐이다. 교사는 전체 교육과정이 아이들의 전체 삶에 무엇을 할 수 있을지 염두에 두어야 하는 것처럼, 논리와 윤리의 관계뿐만 아니라 철학 전체와 전체 교육과정의 관계에 대해서도 염두에 두어야 한다.

도덕적 판단의 증진

어떻게 어린이의 도덕적 판단력을 기를 것인가에 관한 문제는 사회가 대처해야 하는 문제들만큼이나 복잡하다. 일반적으로 그 문제는 부모가 책임을 지녀야 한다고 하는데, 그것은 부모가 되기로 선택할 때 져야 할 짐의 일부이다. 그러나 교사들이 부모처럼 그와 같은 부담을 일정 부분 맡을 것을 요구받을 경우, 그들은 분명 그것을 염려할 수 있다.

물론 그런 문제에 대한 조언도 적지 않다. 아이들을 도덕적으로 만드는 방법을 명시하는 전문가들은 많다. 신념을 주입하려는 이들이 있는 반면, 그렇게 하지 않으려는 이들도 있고, 도덕적 원칙이 존재한다고 주장하는 이들이 있는 반면, 그런 것은 없다고 주장하는 이들도 있다. '도덕적 감정', '도덕적 성격', '도덕적 직관', '도덕적 감각'의 발달을 촉진하는 이들이 있는 반면, 그런 노력은 쓸데없는 것이라고 매도하는 이들도 있다. 그 때문에 교사는 학생들의 도덕적 판단을 발달시켜야 한다는 사회적 압력에서 아주 불편한 입장에 서게 된다. 반면에 그러한 지침을 내릴 것으로 추정된 페다고지는 사실상 상충되는 이론과 사이비이론들 사이의 혼동 속에 처해 있다.

게다가 어린이의 도덕적 판단을 키울 수 있을 것으로 제안된 그 어떤 접근도 관련된 대부분의 사람들에게 설득력 있는 것으로 보이지 않지만, 그렇다고 해서 그런 접근들이 그 문제와 관련한 한두 가지 측면에 대해서 최소한의 고려할 가치도 없는 것은 아니다. 예를 들면, 습관 형성이나 규칙과 원리가 부적절한 것이라고 지금까지 보여주지 못했다. 또한 미적인 고려사항과 논리, 정서적 요소 역시 부적절한 것이라고 보여주지 못했다. 게다가 그러한 것들이 부적절하다는 증거가 곧 나타날 것 같지도 않다.

결과적으로 교사들에게 이 많은 접근 중에서 어느 것을 어떤 식으로 사용하거나 강조할것인지 결정할 일이 남았다. 교육과정에 명시적으로 도덕적 차원을 도입하여 많은 당황스러운 문제를 효과적으로 다루지 않으면 안 될 때, 분명 교사들은 지금보다 훨씬 더 많은 지침을 필요로 할 것이다. 이러한 점에서 어린이 철학이 도움이 될 수 있다.

어린이 철학의 윤리적 요소를 단순히 어린이의 인지적 능력 혹은 (그들의 이성은 정서를 지배할 수 있다는) **이성**을 강화하기 위한 노력으로만 해석하면, 그것은 우리의 접근을 심각하게 왜곡하는 것이다. 비록 인간의 감정이 원시적이고 야만적인 것이며, 이성은 세련된 것이라고 생각한다 하더라도(우리는 결코 그렇게 생각하지 않지만), 이성은 정서를 길들일 수 있는 일종의 도구라고 하는 개념은 실제로 아무런 도움이 되지 않는다. 정서는 모든 것을 혼란스럽게 하고, 이성적 사고는 머리를 차게 하며 완벽한 연역을 할 수 있게 한다는 이미지는 시대에 뒤떨어진 낙후된 심리학의 유산이다.[3]

그 문제에 대해 고전 철학자들이 아주 짧게 던지는 가장 통찰력 있는 시각 중 하나는 정념을 누를 수 있는 것은 이성이 아니라, 더 큰 정념이라는 것이다. 이로부터 따라 나오는 결론은— 비이성적인 경향을 지배할 수 있도록 아이들을 도우려면—그들에게 합리성에 대한 충동, 의미에 대한 자연스러운 사랑, 이해에 대한 욕망, 전체성에 대한 감정, 자기의식의 알려지지 않은 무한 영역에 대한 탐구의 열정을 장려해야 한다는 것이다. 오늘날 철학자들 사이에 '이성적 정념' 개념을 두고 거센 관심이 일어나는데, 이는 정서를 희생하고 지성을 강화하고자 하는 병적인 헛된 노력에 대한 건강한 해독제이다.

실제 정서의 교육 가능성보다 더 분명한 것은 없는 것처럼 보인다. 그러나 이에 대해서는 거의 어떤 것도 논의되지 않았다. 도덕교육에서 최우선의 과제는 엄밀히 말하면 이 정서의 교육 가능성에 참여하는 것이어야 할 것이다. 왜냐하면 아이들이 보다 이성적으로 되기 위해 정념을 잘 길러야 한다고 하면, 이른바 '보편적 도덕 진리'를 존중하도록 하는 어린이 규율 교육이나 아이들에게 '비판적 사고'와 같은 대단히 인지적인 무언가를 가르치는 것보다 정념을 함양하는 것이야말로 도덕교육의 제일의 목적이 될 것이기 때문이다.

우리의 감정과 욕구, 욕망이 사실상 더욱 예민해지고, 빈틈없고, 까다로워졌다는 것, 한마디로 말해 더욱 사려 깊어졌다는 것은 부인하기 어려운 것처럼 보인다. 교육받지 않은 원초적 욕망을, 보다 좋은 예술 작품, 보다 좋은 친구, 보다 좋은 일, 보다 좋은 행위를 좋아하도록 강제하는 것은 '지성'이 아니다. 그것은 우리 욕구 그 자체의 성장하는 사려 깊음이다. 우리가 아이들이 비열한 행위보다 고상한 행위를 선호할 수 있게 하려면, 단순히 도덕적 조언을 그들에게 장황하게 늘어놓기보다는, 그들의 성장하는 취향과 기호의 함양에, 그들의 싹트는 욕구와 욕망의 안내에 전념해야 할 것이다. 아이들에게 보다 지적으로 욕망하게 하고, 합리적 선호뿐만 아니라 세련된 취향과 욕구를 가질 수 있게 하면, 그들은 훨씬 더 쉽게 도덕적 존재가 될 수 있을 것이다. 이는 그들에게 피상적인 논리만 가르치고, 서로 사랑하고 존중하도록 강제하며, 자신이 좋아하는 신조나 이데올로기를 따르게 하는 것보다 나은 것이다.

아이들의 도덕적 경향성의 함양과 도덕적 판단력의 증진은 아이들이 만들고, 말하고, 행하는 무수히 많은 형식과 국면에서 취향, 안목, 성찰, 분석과 같은 자연적 능력을 독창적이고 놀라운 방식으로 자극한 예견된 결과이다. 그럼에도 교사는 아이들에게 무엇을 하는 것이 적절하고 도덕적 성장을 촉진시키기 위해 무엇을 삼가는 것이 좋을지 구분해서 상세하게 설명해주어야 한다. 이런 관점에서 교사가 절차와 내용의 구분을 이해하고 학생들에게 그런 구분을 제시하여 그들 스스로 숙고해서 이를 받아들이고 이용할 수 있게 하는 것은 특히 유용하다.

우리는 앞에서 교실 수업과 관련하여 과정과 내용 간의 구분이 갖는 특별한 유용성을 언급해왔다. 우리가 지적한 것처럼 교사는 가치문제가 지배하는 특정 이슈에 관한 토론에서 사회자로서 중립적이어야 한다. 그러나 교사는 그러한 토론이 수행될 때 절차의 규칙에 대해서는 반드시 지키고 고집해야 한다. 이런 규칙이 그 자체로 논의의 대상이 된다면 교사는 다시 한번 중립적인 태도를 취하기 위해 노력해야 할 것이다. 예를 들면, 교사는 학생들이 토론할 때 각 학생들에게 할애된 시간을 제한할 수도 있다. 그러나 이러한 조치는 학생들에 의해 비판될 수 있고, 철학적인 토론 문제까지 될 수 있다. 그럴 경우, 토론의 이슈가 해결될 때까지 시간제한이 유보될 수도 있다.

우리가 살펴보았지만, 배려하지 못하거나 도덕적으로 무관심한 아이에게 분별 있는 도덕적인 행위를 기대하는 것은 비현실적이다. 도덕적인 판단을 하는 사람에게서 배려의 제일의 초점은 내용보다는 절차에 있다. 도덕적 판단은 주의 깊고 세심한 판단이며, 그 반대는 부주의함이자 절차에 대한 주의 부족이다. 왜냐하면 절차가 중요하지 않은 것으로 간주되기 때문이다. 그러므로 적절한 도덕적 판단은 이런저런 도덕성의 실제 원리의 올바름을 주장하기보다는 절차적 탐구 원리에 대한 애정에서 나타난다. 이를테면 도덕적 행위의 실제 원리로서 정의에 대한 충실과, 논쟁 해결에서 공정하고 비차별적인 과정에 대한 충실 사이에는 큰 차이가 있다. 만일 정의가 실행되는 데 필수적인 도구 혹은 수단에 대한 배려가 없다면, 우리는 정의가 실행되지 않을 것이라고 확신한다. 또한 도덕적 행위와 관련된 절차에 어떻게 주의를 기울여야 하는지 보여주지 않으면서 아이들에게 책임감이 있기를 요구하는 것은 공정하지 않다.

그러나 절차에 대한 관심과 주의가 어린이 철학의 목적 중 하나일지라도 분명 프로그램의 목적이 전적으로 인지적 문제에 제한되는 것은 아니다. 관심과 주의는 무엇보다도 정서적이고 인격과 관련되어 있다. 게다가 그것들은 참으로 지속적인 실천과 습관 형성의 결과이기도 하다. 모든 교육에는 발견과 수업, 자유와 규율, 질서와 혁신, 실천과 창조 사이의 균형이 있는데, 여기에 절차와 내용의 균형도 추가되어야 한다. 교사의 중립성 영역과 비중립성 영역, 학생들의 자율 학습 영역과 규정된 학습 영역에 대해 명료한 것이 이들 맥락 사이의 차이에 관해, 그리고 이들을 구분할 수 있는 기준에 관해 혼란스러운 것보다 훨씬 더 좋다.

어린이 철학이 가장 잘할 수 있는 것은 도덕적 판단을 할 때 포함된 기법을 발달시킴으로써, 동시에 그러한 기법에 대한 애정과 주의를 발달시킴으로써 아이들의 도덕적 판단력을 증진시키는 것이다. 평균적인 사람이 도덕적 문제에서 일관되게 사려 깊을 순 없다. 우리의 비판적 성향은 개인의 이익에 의해 쉽게 굴절되기도 하고, 우리 행위의 염려되는 결과에 관한 통찰 역시 희망적 관측에 의해 맹목적이기 십상이다. 도덕적 탐구의 고유한 절차에 충실한 양심적인 인격을 가진 사람이라고 하더라도, 승진이 위태로울 때 그들은 때때로 관련된 다른 사람들의 중대성에 대해서는 고려하지 않는다. 절차를 무시할 만큼 다른 사람에 대해 사려 없지는 않은, 그와 같은 도덕적으로 분별 있는 사람은 무감각한 것이 아니라 무력한 것이다. 우리는 그런 사람들에게 상호 존중하라고 계속해서 통렬히 비판할 수는 있지만, 그러한 간곡한 권고는 우리의 엄격한 조상들의 교화적인 글과 마찬가지로 오늘날 적절하지 않을 수 있다.

사실 아이들의 인격의 한 부분을 이루는 절차에 대해 주의는 기존의 모든 교화적인 담론보다 훨씬 더 아이들의 도덕적 판단력을 증진시키는 데 도움을 줄 것이다. 그러나 동시에 인간적 소통의 다양한 차이와 미묘함은 설교 식으로 전할 수 없다는 것 또한 간과해서는 안 된다. 오직 문학만이 다양한 인간관계의 층위를 관통하고 이를 전달하는 데 필요한 섬세함과 유연함을 제시해왔다. 결과적으로 도덕적 판단력의 개선은 그 효과를 위해서 문학 작품의 특별한 구성을 필요로 한다. 이 문학 작품은 도덕적 자각의 양상, 도덕적 통일성의 본질, 도덕적 탐구의 기법, 윤리적 지성의 선택 구조를 구현하고 제시할 것이다. 어린이 철학이 윤리교육을 위한 효과적인 교육과정이 되기 위해서는, 결과적으로 논리적 능력, 미적 감수성, 인식론적 통찰, 형이상학적 이해를 키우기 위한 철학적 절차와 함께, 문학 텍스트도 구축해야 한다. 그러한 절차를 접한 아이들은 어린이 철학교육 과정을 통해서 도덕적 판단력을 증진시킬 수 있을 것이다.

1 [역주] 립먼 등은 책임이 있다(responsible)는 표현을 광의로 사용하지만, 다시 이를
   엄밀하게 구분하여 책무, 즉 책임을 지는(accountable) 것과 원인이 있다는 의미에
   서의 책임이 있는 것으로 구분한다. 대체로 일상언어에서 이렇게 구분하는 것이
   일반적이지만 이것이 언제나 그 밖의 학문 영역에 적용되는 것은 아니다. 가령 타
   자에 초점을 둔 케어링을 제시하는 나딩스는 책임을 지는 것(accountability)보다
   타자에 대한 책임이 있는 것(responsibility)의 함의와 가치를 더 크게 둔다. 넬 나딩
   스, 박찬영 역,『넬 나딩스의 교육철학』, 서울: 아카데미프레스, 2010, pp.266-270.
2 [역주] 립먼 등은 듀이의 진리론, 그의 고유 술어인 '보증된 주장(warranted assertions)'
   을 특별한 인용 없이 직접 빌려 쓰고 있다. 듀이는 전통적인 진리 개념 대신에, 진리
   보다는 지식을, 지식보다는 보증된 주장이라는 표현을 선호하였다. 듀이는 탐구를
   통해 한시적으로 보증된 주장을 기초로 자신의 인식론을 전개한다. 어린이 철학의
   인식론은 이 책을 위시로, 1991년의『교육에서의 사고』와 2003년 개정판에서 '합당
   성'으로 나타나지만, 그것이 듀이의 인식론에 의지하고 있다는 것은 '보증된 주장'
   의 수용을 통해서 확인할 수 있다. 립먼의 어린이 철학은 듀이 철학에 의존하고 있
   다. 립먼의 어린이 철학이 듀이의 철학을 수용하면서도 변용시킨 것임을 보여주는
   체계적 논의로는 다음 논문을 참조할 것. 박찬영, 「어린이 철학 도덕교육론 정초에
   관한 연구 ─ 립먼의 듀이 철학 수용과 변용을 중심으로」, 서울대 박사학위 논문,
   2020. 12.
3 반드시 지적해두어야 할 것은, 심리학은 등장하고 사라질 때, 더 뛰어난 이론에 의
   해 대체되기도 하지만, 이는 일반적인 철학에는, 혹은 특히 윤리학에는 해당되지
   않는다는 것이다. 심리학은 등장하고 사라지지만, 철학은 영원히 가능한 해석의
   틀로서 남는다. 예를 들면, 칸트와 벤덤의 윤리론은 아리스토텔레스의 윤리보다
   이천 년이나 지나서 나타났지만, 전자가 후자보다 더 낫다고 말할 수 없다. 반면에
   과학이론은 이후의 것이 이전의 것보다 더 낫다는 것이 증명될 때 더 나은 것이 이
   전의 것을 대체한다. 그 때문에 윤리학의 영역에 디디고 있는 일부 심리학자들이
   나이브하게 윤리학은 심리학 이론이 계승되고 발전되듯이 발달된 것임이 틀림없
   다고 생각한다면 다소 이상한 것이다. 심리학자들은 심지어 정교하고 자명한 '도
   덕 발달'에 관한 이론을 만들었다. 거기서 그들은 어린이가 자라면 자신들이 옹호
   하는 도덕적 개념을 갖게 된다고 제시한다. 어떤 사람들은 그러한 주장을 지지할
   꽤 많은 증거를 모을 수 있다. 그러나 가치이론으로서 그것은 가치가 별로 없는데,
   각각의 이른바 '단계'에는 덜 책임 있는 행위 유형과 함께 성숙한 윤리적 행위의 가

능성이 존재한다. 그러나 이 모든 행위는 구분될 수 없을 정도로 한 덩이라고 같이 있다. 그 때문에, 예를 들면 단계 이론은 자기중심적인 행동(selfishness)과 자기애(self-love)의 행위를 구분할 유효한 수단을 제공하지 못한다. 그런 행위에 돌리는 도덕적 가치는 아주 다르더라도 말이다. 결과적으로 교사가 학생을 도덕적으로 이끌기 위해 스스로 상정한 고유한 역할에 관해서, 단계이론의 페다고지의 효과는 교사에게 분명히 밝혀주는 것이 아니라, 교사에게 혼동을 주고 오도하는 데 그친다.

10장   어린이를 위한
       윤리적 탐구의 철학 주제

10장

어린이를 위한
윤리적 탐구의 철학 주제

중학교는 아이들에게 윤리적 탐구를 도입하기에 너무 이르지도, 늦지도 않는 시기이다. 그러나 중학교는 유·초등보다 더 체계적으로 윤리적 탐구를 할 수 있는 시기이다. 왜냐하면 중학교 아이들은 논리적 추론 능력이 초등학생보다 좀 더 낫고, 삶의 대인적·사회적 측면에 대해서도 많은 관심을 갖고 있기 때문이다.

특정 윤리적 탐구 교육과정에 대해 살피기 전에 아이들에게 윤리적 탐구에 참여하도록 장려할 때 관련되는 것을 먼저 생각해보자. 윤리학은 도덕적 행위를 이해하고자 하는 철학의 한 분야이다. 그것은 도덕적 문제와 도덕적 상황의 객관적이고 공정한 탐구로 나타난다. 그 목적은 교화하는 것이 아니라 아이들에게 주어진 상황에서 도덕적 가능성이 어떤 것인지 보다 잘 이해할 수 있도록 도와주는 데 있다.

윤리적 탐구는 '가치 명료화'나 '의사 결정 수업' 혹은 '도덕적 딜레마ㅡ발달단계이론 프로그램'이 되어서는 안 된다. 물론 이들 프로그램 역시 도덕적 탐구와 관련된 행위에 관심을 갖는 것은 사실이지만, 윤리적 탐구를 그러한 활동으로 환원시키는 것은 심각한 잘못이다. 아이들은 자신이 원하는 것, 요구, 욕망을 이해하기 위한 도움을 받아야 하지만, 이것이 도덕교육의 전부는 아니다. 또한 도덕교육은 아이들에게 가능한 도덕적 문제를 실제 다룰 수 있도록 도움을 주어야 하지만, 그것에 머물러서는 안 된다. 나아가, 도덕교육을 의사 결정으로 환원시키는 것은 마치 농사를 추수와 같다고 말하는 것에 다름 아니다. 사실 농부의 제일 관심사는 쟁기질, 땅 경작하기, 물주기, 추수활동을 준비하는 데 필요한 그 밖의 무수한 활동들이다. 이런 활동이 없이 추수란 있을 수 없다.

중학교 도덕교육은 최소한 아이들이 기준의 본성과 같은 문제와 그 문제가 어떻게 작용하는지 알 수 있도록 도와야 한다. 그 밖에도 중학교 도덕교육은 가정의 발견, 추론과정, 좋은 이유 제시, 상황의 도덕적 성격에 대한 탐색, 부분과 전체의 상대적 중요성과 균형, 자신이 소속해 있는 공동체의 이익에 대한 파악, 모든 상대적 요인을 고려할 필요성, 결과를 예측할 필요성, 도덕적 상황에서 자아의 역할을 과대평가도 과소평가도 하지 않는 것의 중요성, 자기 자신과 다른 사람의 의도 파악의 중요성, 자신의 행위 결과로서 자신이나 타인에게 미칠 수 있는 피해 예측, 도덕적 위기가 일어나기 전의 예방의 중요성 등을 포함시켜야 한다. 바로 이것이 건전한 도덕교육을 구성하는 일부 요소들이다. 농부가 작물을 빨리 키우기 위해 조장할 수 없듯이, 아이에게 이러한 특성을 발달시키기 위한 단기 속성 코스는 없다. 참여 과정은 시간을 들이는 과정이다. 즉, 그것은 학년의 연속성과 이전에 배운 것에 대한 보다 강화된 내용을 포함한다. 게다가 그것은 대화와 열린 탐구에 헌신적인 유능한 교사를 필요로 한다.

철학은 많은 것과 관련되어 있지만 특히 강조되어야 할 것은 다음 셋이다. 우선 우리는 가능한 한 명료하고 논리적으로 생각하는 법을 배워야 한다. 또는 우리는 우리가 직면한 문제와 그러한 사고의 관련성을 보여주어야 하며, 끝으로 찾고 새로운 선택지를 열어주는 방식에 대해 생각해야 한다. 이러한 격언을 아이들의 도덕교육에 적용시킨다면 아이들은 가능한 한 명료하고, 논리적이며, 효과적으로 생각하는 법(사고에 대해 사고하는 법)을 배워야 한다는 것은 분명하다. 그다음 아이들은 도덕적 문제에 대해 식별하고 생각하는 것을 배워야 한다. 그러한 성찰은 적절한 윤리적 탐구이다. 윤리적 탐구의 목적은 아이들에게 특정 가치를 가르치는 것이 아니라, 가치, 기준, 필요한 실천에 대한 지속적인 고려사항을 가르치는 데 있다. 그리고 이는 모든 관점과 모든 사실을 고려하기 위해 공적으로 논의해야 하는 것이다. 단순히 아이들에게 '규칙'을 습득하게 하고, 그들에게 '의무를 다하기'를 요구하는 그 밖의 체제보다 상호 간의 신뢰, 믿음, 공정성의 분위기 속에서 윤리적 토론과 성찰이 아이들의 도덕적 책임감과 도덕적 지성을 발달시킬 수 있다는 것이 윤리적 탐구의 가정이다.

9장에서 우리는 도덕교육은 철학적 탐구와 별개일 수 없다는 입장을 취하였다. 우리는 중학교 학생들을 위해 특별히 고안된 특정 윤리적 탐구 교육과정을 고려하여 사례를 제시하지는 않을 것이다. 우리는 철학 소설 『리사』와 그것을 보충하는 교사용 지도서 『윤리적 탐구』에서 사례를 끌어낼 것이다.

『리사』는 철학적 탐구공동체 교실에서 아이들이 적절한 추론 기법을 키워나가기 위해 노력하는 소설이다. 이 추론 기법으로 아이들은 도덕적 가치를 증명하고 옹호할 수 있게 될 것이다. 이야기 속 주인공들은 상당한 진전을 이루었지만, 그들이 산출한 논리적 연역이 전제의 참에 달려 있다는 것을 발견하고 당황해한다. 이로 인해 논리적 일관성에 감명을 받은 아이들은 진리의 문제에 관심을 기울일 수 있게 되었다. 그러므로 이 책은 다음 두 가지 주된 철학적 관심, 즉 일관성에 대한 필요와 윤리적 추론에 적용해야 할 참된 전제에 대한 필요 사이의 갈등을 다루는 것이다.

『리사』에서 다루는 논리는 5~6학년 교육과정에서 도입한 논리적 관념의 계열성과 관련되어 있다. 그러나 『리사』에서 그 논리는 소설 속 아이들과 관련된 도덕적 상황에 보다 구체적으로 적용된다.

아이들이 윤리적 탐구에 참여할 수 있도록 도울 때는 가능한 한 아이들이 사용하는 언어로, 평소 사용하는 맥락에서 작업하는 것이 중요하다. 그러한 구조는 강조되어야 한다. 왜냐하면 윤리적 탐구의 모든 낱말(예를 들면, **옳은, 공정한, 정의로운** 같은 낱말)은 '가치 의존적'이기 때문이다. 다시 말해 그런 낱말은 그러한 낱말을 사용하는 사람들의 접근에서 파생된 가치가 배어 있다. 그 때문에 성인이 도덕적 낱말을 사용할 경우 그 낱말은 그들에게 성인의 가치를 가져다 줄 것이다. 마찬가지로 아이들의 윤리적 탐구가 진실하게 그려질 수 있다면 아이들이 사용하는 낱말은 아이들의 가치가 가득 들어 있는 것으로 제시되어야 한다. 그러면 우리는 아이들이 어떻게 공정성이나 올바름, 혹은 선을 인식하는지 물어야 하고, 아이들이 이런 낱말을 사용하는 방식과, 그것을 어떤 맥락에서 사용하는지 특히 주의를 기울여야 한다. 사실 아이들은 자신들이 사용하는 낱말을 좀처럼 정의하지 않지만, 이미 그들은 그 의미를 간접적으로 시사하고 있다. 주의 깊은 청자라면 아이가 갖고 있는 관념의 철학적 토대를 이해하기 위한 과정에서 함의된 가치 관점들을 종합할 수 있다. 그 때문에, 예를 들면『리사』에서 '옳다'에 대한 아이의 용법을 성인의 일상적 용법 혹은 철학적 용법과 화해시킬 것이 아니라, 그 용법을 아이들 자신의 언어에 의해 친숙한 의미와 공명하는 것으로서 이해하는 것이 더욱 옳을 것이다.

『리사』를 관통하는 몇 가지 철학적 주제가 있다. 그러나 그것들이 모든 윤리적 탐구의 기저에 있는 기본 주제라고 말할 수는 없다. 윤리적 탐구를 다루는 또 다른 소설은 그 밖의 많은 철학적 이슈를 다룰 수 있다. 그러나 이 특별한 소설에서는 열두 가지 주제들이 특히 중요하다. 즉, ① 윤리에 대한 논리의 관계, ② 무모순성, ③ 옳음과 공정함, ④ 완전함과 옳음, ⑤ 자유의지와 결정론, ⑥ 자연스러움, ⑦ 변화와 성장, ⑧ 진리, ⑨ 배려, ⑩ 표준과 규칙, ⑪ 질문과 대답, ⑫ 윤리적 탐구에서 사고하기 및 스스로에 대해 사고하기이다.

논리와 윤리의 관계

도덕교육은 위험천만한 일일 수 있다. 보통 극단적 입장을 취하는 데서 생기는 위험은 여기서 몇 배로 커진다. 여러 나라 사람들은 도덕성을 다르게 본다. 도덕적 행위는 사려 깊음이나 성찰의 문제가 아니라고 생각하는 이들이 있다. 그들은 이를 양심, 의무, 사랑의 문제로 본다. 반면에 논리를 열렬히 받아들이고, 모든 도덕적 결정을 전제로부터 결론을 도출하는 단순한 문제로 보는 사람들도 있다. 전자의 입장, 즉 도덕교육을 양심, 의무 혹은 사랑의 문제로 간주하는 교사에게는 **교육**할 것이 거의 없고, 단지 교의를 주입하고 예를 제시하며 설교하는 것이 전부일 뿐이다. 이러한 다양한 입장에서 단순한 모델링－즉, 예시 제공－은 교육의 적법한 부분이다. 왜냐하면 교육한다는 것은 주제가 전제하는 이슈에 관해 스스로 생각할 수 있도록 아이들에게 토론 주제를 보다 효과적으로 탐구하고 이해할 수 있도록 절차를 갖춰주어 돕는 것이기 때문이다. 교의를 주입하는 사람들은 열린 공적인 토론이나 자신의 답을 발견할 수 있도록 도와주는 일에 관심을 갖지 않는다. 그런 교사는 이미 답을 알고 있고 자신이 믿는 식대로 아이도 믿기를 원한다.

논리적 증명을 통하여 윤리적 문제를 해결하고자 하는 교사는 앞의 교사보다 좀 더 그럴듯하다. 왜냐하면 윤리적 문제는 논리적인 분석으로 해결될 측면이 있을 것으로 보이기 때문이다. 그러나 유감스럽게도 이러한 논리적 측면은 대부분의 도덕적 문제와는 거리가 멀다.

교실 속 어린이 철학

논리적 증명은 문제의 일부 측면만을 효과적으로 다룰 수 있을 뿐 나머지는 전혀 손대지 못하고 있다. 물론 우리는 윤리적 탐구를 위한 논리의 가치를 부정하지 않을 것이다. 그러나 『리사』를 주의 깊게 읽을 때 우리는 교과서 속 아이들이 도덕적 탐구에서 논리가 그 자체로 충분하지 않다는 것을 알아차리고 낙담하는 것을 발견할 수 있다.

한편으로 어떤 교사는 책 속에 논리가 왜 그렇게 많은지 물을지 모른다. 그는 자신과 학생들이 그것이 쓸데없다는 것을 발견하기 위해 숙달 과정을 거쳐야 하는지 질문할 수 있다. 윤리학 토론은 다른 토론과 마찬가지로 반드시 주의 깊고, 세심하고, 엄격하며, 잘 훈련되어야 하는 것이 사실이다. 논거의 정당함을 입증하고자 하는 사람은 반드시 자신의 논의를 효과적이고 일관된 방식으로 결집시켜야 한다. 그들은 전제에 대한 명료한 이해와 전제로부터 결론을 논리적으로 추론하는 방법에 대한 분명한 이해를 증명하여야 한다. 이상의 것을 효과적으로 잘 할 수 있도록 가르칠 수 있는 학문 가운데 논리학보다 더 좋은 것은 없다. 우리가 찾는 윤리적 해법을 논리가 제공하지 못한다는 것이 논리가 필요 없다는 것을 의미하지 않는다. 논리는 이성이 지배하고 합리적인 사회의 설립을 보고 싶어 하는 사람들의 손에 가장 강력한 도구 중 하나로 남아 있다. 우리에게 논리가 없다면, 그러한 목표는 의미가 없을 것이다.

일관성

『해리』와 『리사』는 모두, 특히 『리사』의 처음 몇 장에는 모든 추론의 기본 기준으로서 일관성을 강조한다. 일관성은 일반적으로 모든 담론과 의사소통의 근본 특징으로 간주된다. 일관성을 경멸하며 글을 쓰고자 하는 사람조차도 글을 쓸 때는 일관성을 전제로 하지 않을 수 없다는 것을 알게 된다.

그런데 『리사』의 등장인물들은 일관성의 중요성만큼 일관성이 갖는 복잡성도 인식하게 된다. 예를 들면, 조금 전에 마크는 몇몇 아이들이 누나 마리아의 행방을 물었을 때 오도하는 방식으로 답했지만, 친구 밀리가 같은 질문을 했을 때 마리아가 학교에 있을 거라고 대답한다. 아이들은 마크가 마리아의 행방에 관한 진실을 말할 때 다르게 답한 행위를 용납한다. 아이들은 어떤 상황에서는 정직한 답변이 요청되지만, 다른 답변에서는 마리아에게 해로운 결과를 초래할 수 있기 때문에 정직한 답변이 부적절할 수 있다는 것을 안다. 그때 마크가 비일관성을 범했는가라는 문제가 제기된다. 우리는 어떤 사례에서는 수술이 타당하고, 다른 사례에서는 수술이 타당하지 않다고 판단하는 의사와 같이 마크 역시 비일관적인 것은 아니라고 주장할 것이다. 문제는 이런 것이다. 의사는 여러 결정을 취해야 할 때 무엇을 고려하는가? 의사는 두 경우 모두에서 정확한 의료 절차에 대한 생각을 준수하려고 양심적으로 노력한다. 수술이 어떤 환자는 가능하고 어떤 환자는 가능하지 않다고 하더라도, 그는 이것이 경계대상이 아니라는 것을 잘 알고 있다. 또한 그는 이 대립되는 처방에서 적절한 의료 조치를 어기지 않았다는 것도 알고 있다. 마찬가지로 마크와 마리아의 일화에서도 아이들은 마리아의 행방에 관해 알고 싶어 하는 아이들의 동기, 정직한 답변과 정직하지 못한 답변이 초래하는 결과, 그리고 마크의 행동 방식을 포함해서 모든 것을 고려할 때 혼란스러워하지 않았다. 그들은 자신들이 시행한, 윤리적 탐구의 절차에 대한 확신을 갖고 있었다.

우리는 윤리적 탐구의 절차를, 일부 사람들이 절대적인 도덕 원리로서 간주하는 것, 즉 사람은 유사한 상황에서 모든 사람에게 적절한 것을 언제나 해야 한다거나 최대 다수의 최대 행복을 추구해야 한다는 원리와 혼동해서는 안 된다. 이들 '원리'는 과거의 경험으로부터 유용한 일반화로서 기능할 수 있다. 그렇게 이는 미래의 행위에 대한 가능한 지침으로서 도움이 될 수 있다. 그러나 그것이 언제나 신뢰할 만한 것은 아니다. 『해리』와 『리사』에서 아이들이 보여준 것은 윤리적 이해에 대한 헌신적인 탐색이다. 그들은 의무를 다하고, 사랑하며, 정의롭게 행동하지만 의무나 사랑 혹은 정의와 같은 개념에 의식적으로 전념하는 것 같지는 않다. 그들을 탐구로 안내하는 것은 일련의 이상적 가치가 아니라 윤리적 탐구의 절차에 대한 헌신이다.

교사의 역할은 학생들이 이런 헌신과 윤리적 탐구가 포함하고 있는 것을 보다 분명하게 이해할 수 있도록 돕는 것이다. 나아가 학생들이 일상에서 윤리적 탐구를 실천해간다면 어린이 철학교육 과정의 주된 목적이 달성되었다고 할 수 있다.

아이들은 특별한 경우에는 특별한 해답을 요한다는 것을 알아차릴 준비가 되어 있다. 그들은 교사가 항상 모든 학생들을 똑같이 대해야 한다고 강력하게 요청한다. 그러나 반에 장애가 있는 아이가 있어 그를 각별히 대해주는 경우는 이를 이해하고 받아들일 수 있다. 왜냐하면 그러한 다른 대우는 아이의 상황의 차이에 의해 정당화되기 때문이다. 이는 아이들이 유사성과 차이에 대한 지각 능력을 갖고 있어야 한다는 것을 요구하는 것이다. 학생들이 장애를 가진 아이가 있다는 것을 지각하지 못하면, 교사의 행위는 불공정하게 보일 것이다. 그 때문에 이 과정의 또 다른 목적은 아이들에게 상황을 정확하게 읽게 하여 그들이 관련된 유사성과 차이를 알아차릴 수 있도록 돕는 것이다. 도덕교육의 목적 중 하나는 아이들이 상황을 정확하게 인식하고 건전한 도덕 판단을 내릴 수 있도록 돕는 것이다. 예를 들면, 교사가 아이들에게 잔인한 짓은 나쁜 것인지 묻는다고 하자. 그러면 아이들은 아마도 모두 동의할 것이다. 그러나 그러한 동의는 그렇게 중요한 것이 아닐 수 있다. 한 학생이 벌을 받은 뒤 자신이 잔인하게 대우받았다고 주장하는 상황을 아이들에게 제시하면, 거기서 문제는 아이에게 일어난 것이 잔인함의 사례인지 여부가 될 것이다. 이를 위해 논리가 도움이 될 것이다.

모든 잔인함은 나쁘다.
이것은 잔인함의 한 가지 사례이다.
그러므로 이 사례는 나쁘다.

우리는 '모든 사람은 선하다', '모든 정의는 선하다'와 같은 전제를 받아들일 수 있는 것처럼 위 대전제를 받아들일 수 있다. 그러나 실제 윤리학의 핵심은 사실적인 두 번째 전제를 결정하고자 하는 데 있다. 이는 **사실** 잔인함의 사례인가? 그렇다면 그것은 잘못이다. 그러나 실제로 그러한가? 여기서 우리 판단력의 유일한 감수성−복잡성 속에서 상황을 지각하고 파악할 수 있는 능력−이 우리를 도울 수 있다. 우리는 특정 판단에서 결론을 이끌 수 있는 삼단논법을 필요로 한다. 그러나 삼단논법은 한 가지 도구일 뿐이다. 상황을 읽을 수 있는 능력이 없다면 아무것도 얻을 수 없다. 문제의 핵심은 두 번째 전제에 대한 **지각**에 있다. 지각은 발달하기 위해서 시간을 필요로 한다. 소설의 목적은 아이들의 발달을 돕는 데 있다. 아이들과의 대화나 아이들에게 윤리적 탐구 절차를 숙달할 수 있도록 장려하는 교사의 역할도, 그리고 학교 상황에서 일상적인 실천에 주의하는 것도 아이들의 지각 발달을 돕기 위한 것이다.

옳음과 공정함

앞서 우리는 '옳다'와 '공정하다'와 같은 개념의 처리는 아이들의 일상 언어 용법에 토대한다고 말했다. 공정함의 경우 아이들의 용법은 성인의 용법과 다른 것 같지 않다. 리사와 친구들이 공정함이 무엇인지 이야기를 나눌 때, 그것은 유사한 상황에서 사람들을 유사하게 다루어야 하고, 상황이 다를 경우 그 취급도 달라야 한다는 것을 의미하는 것처럼 보인다. 그 때문에 "모든 사람이 그런 식으로 행동한다면 어떻게 될까?"라는 물음이 매우 적절할 때가 있다. 그러한 질문은 사람들과 그의 상황 사이의 기본적 유사성을 전제하고 있다. 이러한 전제가 유지된다면 "만일 모든 사람이 그런 식으로 행동한다면 어떻게 될까?", "모든 사람이 그런 식으로 취급된다면 어떻게 될까?"와 같이 공정함에 대한 주요 질문들을 던지는 것은 꽤 적절하다.

그러나 리사가 일찌감치 지적한 것처럼, 모든 상황이 반드시 그러한 유사성이 가정될 수 있는 상황은 아니라는 것이다. 하고 싶은 대로 자신의 개성을 표현할 수 있다고 가정할 수 있는 개인적 삶 혹은 삶의 스타일의 문제가 있다. 이런 문제에서 우리는 타인에 위해를 가하는 것도 아니고 의무를 부과하는 것도 아니며, 타인 역시 우리에게 위해를 가하는 것도 아니고 의무를 부과하는 것도 아니다. 삶의 스타일의 문제에서도, 우리가 관행을 따르는 사람이 되고자 하는지, 관행을 불응하는 사람이 되고자 하는지는 자신이 판단할 일이다. 우리는 어떤 기준에 의해 그러한 판단을 내리게 되는가? 만일 그런 기준이 공정함이 아니라면, 그것은 어떤 것일까? 리사와 친구들이 사용하는 낱말은 '옳음'이라는 낱말이다. 그들은 이 낱말을 아주 넓게 적용시키기 때문에 도덕적인 용법뿐만 아니라 도덕과 무관한 용법까지 포괄한다. 가령 드레스는 리사에게 '옳지' 않고, 마티는 오직 그만이 자신에게 '옳은' 여자를 결정할 수 있다고 주장한다. 여기서 '옳다'는 낱말은 자신의 삶의 스타일과 양립 가능한 것을 의미하는 것으로 사용되었다. 옳은 것

　　　　　　　　　　　　　교실 속 어린이 철학

은 자기의 존재 전체와 조화로운 것이다. 리사는 단순히 "옳은 것이 뭐야?"가 아니라, **"나에게 옳은 것이 뭐야?"**라고 질문한다. 그것은 소설 속 아이들이 "생각하는 것과 '스스로에 대해 생각하는 것'의 차이는 뭐야?"라고 질문하는 것과 같다.『리사』의 등장인물들은 스스로에 대해 생각하는 것과 생각하는 것은 같은 것이라고 간주하지 않는다. 마찬가지로 그들은 옳은 것과 공정한 것을 같은 것으로 당연하게 여기지도 않는다.

완전함과 옳음

리사와 친구들이 '완전하다'는 낱말을 사용할 때, 그들은 자신들이 '옳다'는 낱말을 사용할 때의 방식을 가정하고 있다. 개인의 행동은 자신의 삶의 스타일에 맞으면 옳다. 다시 말해 타인에게 공정한지 여부와 상관없이 자유롭게 결정을 내릴 수 있는 우리 삶의 영역에 들어맞으면 옳다. **모든 것**이 옳은 상황은 완전할 것이다. 아이들은 전체성, 게슈탈트, 완전함, 충만, 전체 및 경험의 다양한 조류를 하나의 전체로 통합하는 바람직함을 함의하는 어른들의 표현들을 사용하지는 않는다. 아이들에게 어른들이 사용하는 어휘가 결여되었다는 것이 아이들이 조화와 완전성을 결여할 수 있는 여러 경험 방식에 둔감하다는 것을 의미하는 것은 아니다.

아이들은 소풍이나 생일 파티가 제대로 되지 않은 것을 알아차릴 수 있다. 그래서 그들은 '그건 옳지 않아'라거나 어떤 점에서 완전성이 결여된 것을 의미하는 표현을 쓸 수 있다. 많은 아이들은 삶이 파편화될 때 불안해한다. 그런 까닭에 어린이 철학의 목적 중 하나는 아이들이 삶의 다양한 부분들 사이의 관련성을 볼 수 있게 하고, 분리된 것들을 조화롭게 하는 방법을 찾도록 돕는 데 있다. 리사의 아버지가 "때때로 올바른 관련성을 찾을 수 없을 경우 우리가 그것을 만들어야 해"라고 말했을 때, 바로 이 점을 지적한 것이다.

자유의지와 결정론

자유의지 대 결정론의 주제는 아마도 초등학생들의 일상적 경험에서는 거의 일어나지 않을 것이다. 그러나 그들이 청소년이 되어 개성의 발달에 관심이 커지게 되면, 자신이 얼마나 자유롭고 얼마나 결정되어 있는지에 관한 물음이 자기 힘으로 할 수 있는 것이 무엇이고 할 수 없는 것은 무엇인지에 관한 관심의 형태로 나타나기 시작한다. 이러한 구분은 아이의 윤리적 관점에 지대한 영향을 미칠 수 있다. 나는 내 능력을 벗어나는 것을 변화시킬 수 없고 그에 대해 책임을 갖지 않는다. 그것이 완전히 결정된 것이라면 그것은 내 능력을 벗어난 것이다. 반면에 나는 내 능력 범위 안에 있는 것에 대해 책임이 있다. 나는 그것을 수정하고, 고치고, 변화시킨다. 그러나 그때 나는 내 행위의 결과로서 생길 수 있는 것이 무엇이든, 그것이 비난이든 칭찬이든 받아들여야 한다. 우리는 종종 아이에게 자기 힘으로 과거를 바꿀 수 없다는 것을 의미하는 속담으로, "엎지른 물이야"라고 말한다. 그것은 기왕지사이어서, 이를 받아들이고 지금 여기에서 다시 시작해야 한다. 점차적으로 아이들은 자기에게서 독립된, 자기 주위에서 진행되는 세계가 있다는 것을 인식하게 된다. 즉, 우리가 변화시킬 수 없는 상황이 일어나는 세계가 있다는 것이다. 다른 한편으로 아이는 우리가 영향을 끼칠 수 있는 범위 내의 것이 있고, 바로 여기서 '옳음'의 개념이 중요한 역할을 한다는 것 또한 인식하기 시작한다. 아이는 어떤 행위가 옳은지와 같은 질문에 대해서도 관심을 갖게 된다. 그들은 어떤 행위가 옳다는 것을 알게 될 때와 같이, 일부 행위는 **자발적**이고, 적어도 외부의 강제에 자유로운 삶의 일부 측면이 있다는 것을 알게 된다. 이는 청소년기의 조야한 자유 개념으로, 아직 갈 길이 멀다. 이 시기의 자유 의미는 '외부 강제로부터 자유롭다'는 것이다. 점차적으로 아이들은 자신의 자유는 타인의 영역을 벗어난 영역에 있을 뿐만 아니라, 모든 사람을 위해 창조적이고 자유로울 수 있는 방식으로 타인의 삶에 영향을 끼칠 수 있는 힘의 사용에 있다는, 보다 세련된 자유 개념을 발달시킬 것이다.

어린이 철학 프로그램을 가르칠 때 우리의 목표 중 하나는 초기 청소년기의 조악한 자유 개념에서 자신의 자율성뿐만 아니라 다른 사람들과의 숙고까지 포괄하는 보다 세련된 자유 개념으로 아이들을 나아가도록 돕는 데 있다. 그러나 아이들에게 그런 것을 설명만 해주어서는 이러한 자유 개념을 성취할 수 없다. 오히려 이는 전자의 자유 개념에서 후자의 자유 개념으로 나아가는 과정 자체에 아이들을 참여시킴으로써만 가능하다.

어린이 철학의 방법론은 그러한 과정에 있다. 우리는 교실 속 아이들의 성장하는 대화를 지켜보는 것만으로도 자유 개념의 변화를 관찰할 수 있다. 처음에 아이들은 개인으로서 참여한다. 각각의 아이들은 자신의 생각을 말하고 싶어 하고 다른 사람의 말을 잘 들으려 하지 않을 것이다. 본인들이 알고 있듯이 그들은 자신의 자유, 자신이 생각한 것을 말할 권리를 연습하는 중이다. 아마도 그들은 처음에는 자기 말에만 관심이 있을 것이다. 그러나 어린이 철학 수업이 진행되면, 아이들은 자기 자신과 자신의 생각에서 벗어나 학급 전체의 생각을 협력해서 만드는 것으로 관심을 전환하게 될 것이다.

이는 관찰할 수 있는, 심지어 우리가 측정할 수 있는 변화이다. 그러나 더 중요한 변화는 보이지 않을 수 있다. 즉, 더 큰 관용의 발달, 사고의 명료함, 예민한 지각과 높은 주의집중력, 가치와 관념의 세련된 조직화, 개인 경험과 자기 주위 세계의 의미에 대한 감수성, 다른 사람에 대한 존중 감각, 사회 제도와 그것의 작동 방식에 대한 이해 등은 때때로 측정 지수로 나타낼 수 없는 것이다. 유일한 징후라면 그것은 대화의 **질**일 것이다. 이는 그 자체를 드러내기 시작하는 성숙의 **질**이다.

교실 속 어린이 철학

자연스러움

『리사』전편에 걸친 또 다른 주제는 '자연스러움이란 무엇인가?'라는 물음이다.

청소년들은 한편으로 이런저런 형태의 사회적 규율과 예의규범을 따르도록 가하는 압력에 대해, 그리고 인습에 대해서도 잘 알고 있다. 그들은 다른 한편으로 때때로 인습과 충돌하는 자신들의 생물학적 충동과 욕구에도 주목한다. 자신의 성장은 낭만주의적 분위기와 연결되어 있다. 거기서 사람들은 자신에게 정직하기 위해서는 자연스러워야 하고, 그와 반대로 인습이나 습관, 혹은 전통에 동의하는 것은 인위적인 것과 비본래성에 굴복하는 것이라고 스스로 생각한다. 그 때문에 '자연스러움'은 이 혼란한 시기에서 시금석이 된다. 아직 삶에서 정확한 자신의 역할을 확신하지 못하는 아이들은 다양한 역할을 시도해보고 여러 가능한 행위 형식을 실천함으로써 실험할 것이다. 그들은 여러 직업과 생활을 꿈꾸지만 정작 자신이 누구인지 알 수가 없다. 그 결과 청소년기의 제일의 관심사 중 하나는 자신의 본래성에 관한 질문이다. '참다운 나는 누구인가? 나는 나 자신에게 진실한가? 내가 무엇을 하는 것이 자연스러운가?'와 같은 의문이 삶의 중요한 문제가 된다.

한편으로 아이들은 자연스러움의 의미를 건강하고 건전한 것으로 생각한다(예를 들면, 철학 소설 속의 밀리는 자기 할머니가 15세나 차이나는 연하남과 결혼하는 것이 부자연스럽다고 생각한다). 다른 한편으로 자연스러운 것이 의심의 대상이 된다. 우리의 자연스러운 충동과 욕망은 우리가 두려워하는 것으로, 우리는 그것을 조절, 아니 심지어 억제할 필요가 있다는 생각을 하기 시작한다. 이러한 의미에서 자신의 자연스러움은 두려운 것과 동일시된다. 둘 중 어느 쪽이든 자연스러움은 청소년들의 관심의 초점이다. 이런 이유에서 그 주제는 『리사』를 관통하고 있다. 어린이 철학교육 과정의 목적 중 하나는 아이들에게 충분한 거리를 갖고 자연스러움을 숙고하도록 장려하는 데 있다. 그렇게 아이들은 객관적이고 합리적인, 그리고 공동의 방식으로 자연스러움에 관한 문제를 토론하고 탐구할 수 있다.

변화와 성장

학생들은 『해리』와 『리사』의 등장인물이 성장의 증거를 주는지 여부에 대한 물음에 주의를 기울여야 한다. 물론 그들은 변했다. 그러나 단순한 변화가 성장은 아니다. 날씨는 날마다 혹은 주마다 바뀌지만, 이를 두고 성장했다거나 개선되었다고 말할 수 없다. 계절은 바뀌지만 성장하지 않는다. 성장은 **누적적이다. 점진적인 확장**이 있다. 눈덩이조차 굴러 내려오면서 커진다. 그러나 그것은 양적으로만 커지지 질적으로 성장하지 않는다. 그것은 유기적이지 않고, 기계적으로 커진다. 인간의 성장은 성숙, 이해의 심화, 풍부한 세계 경험의 양식을 포함한다. 밀리, 해리, 리사의 경우에 성장은 현저하다. 그러나 다른 인물들은 어떤가? 프랜과 마크는 어떠한가? 스토틀마이어 아저씨나 테리 아주

교실 속 어린이 철학

머니는 어떤가? 패트리지 선생님은 어떠한가? 아니면 스펜스 선생님은 어떠한가? (분명 성장은 아이들에게만 해당되는 것은 아니다.)

그러나 학생들은 성장이 꼭 완벽하게 행복한 것은 아니라고 지적할지도 모른다. 가령 인구 성장도 있을 수 있고, 범죄의 증가도 있을 수 있고, 우리가 나쁜 것으로 간주하는 또 다른 것들의 성장도 가능하기 때문이다. 이에 대해 교사는 성장을 하면 판단력도 커지고, 단순한 증가와 개선된 것 정도는 쉽게 구분할 수 있을 것이라고 말할지 모른다. 교사는 단순히 더 큰 것과 보다 더 나은 것 사이의 차이를 알 수 있도록 학생들에게 질문을 새롭게 만들어보라고 요구할 수 있다. 임금을 더 많이 받는 일이 반드시 더 좋은 일인가? 더 큰 집이 반드시 더 좋은 집인가? 더 큰 나라가 더 좋은 나라인가? 시속 10마일로 가는 것과 시속 5마일로 가는 것 중에 어느 것이 더 행복한가? 한 방울의 독을 마시는 것과 한 동이의 독을 마시는 것 중에 어느 것이 더 나은가? 아이들이 윤리적 탐구와 관련된 것에 대해 더 잘 알게 되었을 때 그들은 이런 종류의 질문을 더 잘 다룰 수 있고, 성장은 여러 목적을 위해 유용하고 가치 있는 개념이지만, 그 자체로 무비판적으로 받아들여서는 안 된다는 것도 알 수 있을 것이다.

진 리

처음부터 철학은 탐구나 탐색으로 묘사되었다. 철학자들은 지혜의 탐구자이자 애지자로서 자신을 묘사하곤 했다. 특히 진리의 본성에 관한 문제에서는 결코 교조적이지 않았다. 철학자들은 진리 문제 해결에 부심한다. 왜냐하면 그들이 진리론을 제출한다 하더라도, 어떤 수단으로 그것이 진리임을 확인할 수 있을지 확신할 수 없기 때문이다. 자신의 이론과 자신의 기준을 사용한다는 것이 순환론처럼 보일 수 있다. 이는 철학자들이 진리를 믿지 않는다는 것을 의미하지 않는다. 그것은 그들이 그 개념을 아주 당혹스러운 것으로 생각한다는 것을 의미할 뿐이다. 그들은 때때로 '진리'라는 낱말의 대체물, 가령 '보증된 주장', '믿을 만한 진술', '확인 가능한 기술' 등을 찾을 것이다. 진리가 도달할 수 없는 이상인 철학자들조차 마치 북극성에 도달할 수 없다는 것을 잘 아는 선원이 항해할 때 그것에 의지해서 나아가듯이 유용한 개념을 계속해서 찾고자 한다.

마찬가지로, 『해리』와 『리사』의 주인공들도 진리 문제를 쫓아다닌다. 『해리』 1장에서 그들은 진리 문제에 얽혀든다. 왜냐하면 해리는 "참인 문장을 역으로 만들면 거짓이 돼"라고 선언하기 때문이다. 우리가 점잖게 해리에게 틀린 점을 짚어주고 '모든'이라고 시작하는 문장을 역으로 만들 때 참이 되는 예외적인 경우를 제외하고는 거짓이 된다고 일러두더라도, 이런 논의는 참과 거짓과 같은 어떤 것이 있다는 것을 가정함으로써만 할 수 있는 것이다.

진리 문제의 절박함은 『해리』 이후의 장에서 줄어들지만, 『리사』 후반부에 다시 수면 위로 떠오른다. 그러나 이제 그 문제는 훨씬 더 날카롭고 시급해졌다. 아이들은 그들의 모든 일이 위태롭고 불안정한 상태에 있다는 것을 알게 되었다. 그들이 발견한 추론 절차는 참인 문장과 거짓인 문장을 다루는 것이다(실제 거짓 문장으로부터는 어떤 것도 추론될 수 있다). 그 때문에 논리 그 자체는 공허하다. 그것은 진리와 거짓을 구획할 기준에 의해 보충될 필요가 있다. 그래서 『리사』의 마지막 다섯 장에서 아이들은 진리 문제로 관심을 옮긴다.

당연히 진리 문제는 『리사』의 마지막 다섯 장에서 해결되지 않는다. 그러나 아이들은 진리 문제에 여러 접근들을 제출한다. 이 접근들은 점차적으로 세련되게 다듬어져 몇 가지 진리론으로 나타난다. 책 마지막에 가서도 이들 중 어떤 것이, 혹은 이 모든 것이 진리론이라는 제목을 요구할 수 있는지, 아니면 그 어떤 것도 그러한 제목을 요구할 수 없는지 여부는 불확실하다. 아이들은 서로 그럴듯한 대안들을 제시하고, 그들은 가장 설득력 있는 이론을 결정하기 위해 스스로 이들 이론들에 대해 성찰할 수 있다.

배 려

배려하기는 『해리』와 『리사』를 관통하는 주제로, 두드러지지 않고 암시적으로 나타난다. 아이들은 배려에 대해 이야기하기보다는 배려하기를 직접 보여준다. 배려하기 주제는 이 두 책에서 서로 층위를 달리하며 나타난다. 어떤 층위에서는 아이들이 서로의 관점을 존중하면서 상호 중요성의 문제를 논의하는 대화 가운데 드러난다. 이는 배려하지 않는 사람들에게서는 결코 나타나지 않는 특징이다. 아이들이 서로의 관점을 알아차리고 경험을 공유할 때 그들은 서로의 가치를 배려하고, 각각의 고유성을 인식하게 된다. 그 때문에 그들은 대화를 통해서 작은 공동체를 구성한다. 그들이 헌신하는 것은 탐구이며, 그 구성원들은 공동체에서 배려하는 참여자이다.

다른 층위에서, 『해리』와 『리사』의 주인공들은 그들이 진지하게 철학적 탐구에 참여하고 있다는 의미에서 배려하고 있다. 그들은 철학적 탐구의 결과에 관심을 갖고 있다. 그들이 하고 있는 것은 단순한 놀이가 아니다. 그것은 의미 있고 중요한 무엇이며, 그들은 탐구의 방식으로 자신들의 진지함을 직접 보여준다. 교실의 아이들이 이렇게 진지하게 철학 수업에 참여할 것 같지는 않다. 그들 중에는 냉소적이거나 가볍고, 경박한 아이들도 있을 수 있고, 철학 수업을 거들먹거릴 기회로 삼거나 놀이로 대하는 이들도 있을 수 있다. 그러나 수업이 생산적이면 이러한 미성숙한 행동은 사라질 것이다. 학생들의 토론에서 의미가 출현하면 할수록, 그들은 탐구 그 자체에 보다 진지한 태도를 나타낼 것이다.

그런 변화가 일어날 때 비로소 그들은 철학을 한다고 할 수 있다. 그러나 그것은 두 가지 방식으로 작동한다. 교사들이 학생들의 삶과 철학을 관련짓기 위해 학생들에게 관심을 기울일 때 학생들도 철학에 대해 관심을 기울인다. 그 때문에 처음에 교사는 학생들의 관심에 대해 감을 잡기 위해 노력해야 하고, 그들에게 유의미할 수 있는 문제를 다루려고 애써야 할 것이다.

또 다른 층위에서 배려하기의 주제는 철학적 탐구 그 자체의 절차와 그 절차가 포함하는 엄격함에 대해 아이가 내보이는 주의에서 나타난다. 아이들은 느슨해 빠진 정신 상태에 만족하지 못하며, 엉성한 추론에 대해 점차 혐오감을 갖는다. 부분적으로 이는 아이들이 훌륭한 장인이기 때문에 그러하다. 아이들은 마치 목수가 톱과 망치를 사랑하듯이, 그들 또한 작업할 때 필요한 도구를 사랑한다. 뿐만 아니라 이는 아이들이 탐구의 방법론을 충분히 인식하고 있기 때문에 그러하다. 마치 사회에서 법률 전문가가 방법론에 관심을 갖는 것과 같은 것이다. 그들은 이런저런 평결보다는 정당한 과정의 절차와 개선에 대해 더 관심이 있다. 그들은 제도로서, 문제를 다루는 공적 방법론을 대표하는 일련의 절차로서 법에 관심을 갖는다. 『리사』에서 아이들은 겸손한 방식으로 변호사와 동일한 역할을 하고 있다. 그들은 윤리적 문제를 다루는 방법론을 고안하고자 한다. 이 방법론은 열려 있고, 공적이며, 합리적인 것이다. 본질적으로 그들을 도덕적으로 책임감 있는 개인으로서 만들어주는 것은 절차에 대한 배려와 그것을 실천하고자 하는 순수한 관심에 있다.

표준과 규칙

야구 경기에서나 자신들이 고안한 문장 완성 놀이에서, 혹은 식사 시간의 철학적인 토론에서 『리사』의 주인공들은 규칙 문제를 다루거나 토론하곤 한다. 많은 사람에게 규칙은 문제가 아니다. 그들은 규칙을 영원하고 보편적이고 불멸의 것으로 생각한다. 그러나 『리사』의 아이들은 규칙이 그렇다고 확신하지 않는다. 우리에게 주어진 규칙이 현안의 문제를 해결하는 데 최고의 규칙임을 어떻게 확신할 수 있을까? 『리사』의 주인공들은 규칙의 지위 문제를 제기했을 때에도 권위를 존중한다. 이유는 단순한데, 그들은 자신들이 이해하지 못하는 규칙보다는 이해하는 규칙을 따르려는 경향이 더 강하기 때문이다. 그리고 아이들은 설명을 구하는 것은 해로울 것이 없다고 생각한다.

『리사』에서 규칙의 본성을 이해하려는 노력은 부분적으로만 성공할 뿐이다. 아이들은 다른 분야에서의 탐구만큼 규칙에 대한 탐구에서 큰 진전을 보지 못하였다. 때때로 아이들은 야구 경기나 '이름 맞추기' 놀이를 통해 규칙이 공동의 선을 위해 사회적으로 합의된 계약으로서의 단순한 전통일 가능성을 감지한다. 다른 경우에 아이들은 일부 규칙이 경험에 근거한 일반화라는 것을 알게 된다(불을 멀리하는 화상을 경험한 아이처럼 실제 규칙의 근본은 경험에서 유래한다). 또 어떤 경우에는 주어진 상황에서 성공적 행위를 위한 전통적인 처방으로서 규칙을 이해한다(예를 들면, 예절의 규칙이 있다).

규칙에 대한 토론이 가장 두드러지게 나타나는 곳은 『리사』 10장에서 규칙을 표준과 비교할 때다. 거기서 가족 중 한 명이 "규칙은 어떻게 행동할지 말해주고 …, 표준은 우리가 판단할 때 쓰는 척도다"라고 말한다. 다시 말해 사람은 규칙에는 복종하나 표준에는 복종하지 않는다. 표준은 한 종류를 다른 종류와 구분하거나 더 나은 것과 더

교실 속 어린이 철학

나쁜 것을 분간할 수 있는 기준이다. 아이들이 규칙과 표준을 실제로 구분하는 연습을 시작하자, 그들은 규칙 또한 판단되어야 하며, 우리는 규칙을 어떤 표준에 의해 판단한다는 것을 알게 되었다. 이러한 표준은 또 다시 어떤 기준에 의해 평가되어야 한다. 궁극적인 표준이나 기준이 꼭 있을 필요는 없다. 그러나 『리사』의 주인공들은 판단 과정에 대한 이해는 구하고자 한다. 왜냐하면 그들은 그 과정이야말로, 자신들이 이해하지 못할 경우보다 이해할 경우 보다 편안하게 살 수 있도록 만들어준다고 생각하기 때문이다.

　『리사』에서는 '원리'라는 낱말이 언급되지 않는다. 이는 아이들이 도덕적 원리에 관심이 없어서가 아니다. 오히려 그것은 아이들이 다양하게 가리키며 원리를 알아내지 못했다는 것을 의미한다. 그들은 공정함이 무엇이고, 옳음이 무엇이고, 진리가 무엇인가와 같은 물음에 관심이 많지만, 그것은 대단히 구체적인 방식으로 나타난다. 그들은 이 질문들을 일상적 경험에서 독립된 궁극적, 절대적인 가치가 아니라, 특정 상황의 맥락에서 토론할 수 있고 탐구할 수 있는 것으로 다룬다. 그렇게 그들은 정의나 선 혹은 미와 같은 추상적인 원리에 관심을 두기보다는 만들기, 말하기, 행하기의 형식에서의 직접적인 경험에 관심을 갖는다. 그렇다고 해서 그들의 사고 속에 원리 개념이 들어오지 않는 것은 아니다. 오히려 원리는 아이들의 일상 행위에서 이상을 인도하는 것으로서 들어 있다.

질문과 대답

질문을 하는 것은 교실에서 자주 발견되는 행위 양식이다. 때때로 질문하기는 교사에게만 관련될 때가 있고, 때로는 학생들이, 그리고 교사와 학생들 모두가 관련되는 경우가 있다. 만일 우리가 질문하기를 보다 면밀히 관찰한다면 아주 다양한 형태로 꽤 큰 군을 이룬다는 것을 알 수 있다. 우리는 그중 몇 가지를 구분할 수 있다.

우선 질문이 단순히 수사적인 경우이다("왜 나폴레옹은 황제가 되길 원했을까? 여러분에게 왜 나폴레옹이 황제가 되길 원했는지를 말해줄게요!"). 이 같은 질문을 하는 교사는 자기 마음속에 말해줄 것을 미리 준비했기 때문에 대답을 기다리려는 생각이 없다. 이런 질문은 청자의 호기심을 끌어내는 수단일 뿐이다.

또 다른 형태의 질문은 소위 '유도 질문'이다. 이 질문들은 "우리 모두가 자리에 앉아 연습 문제를 풀어보는 것이 좋지 않을까?"라든지 "아침 먹을 시간이지 않니?"라는 형태로 종종 표현된다. 유도 질문은 토론을 시작할 때 필요한 정보를 청자에게 직접 알려주는 방식으로 토론의 장을 준비한다. 예를 들면, "리사와 엄마는 책 전편에서 직접 마주친 적이 없었다는 것에 동의하지 않을 거죠?"라고 교사가 아이들에게 질문을 하며 토론을 시작할 수 있다. 이는 유도 질문인데, 논의를 시작하게 하는 동의의 근거를 토론 초기에 끌어낼 때는 효과적일 수도 있다. 그러나 그것이 탐구를 중단시킬 때에는 유해하다. 다만, 유도 질문은 논의를 **끌어낼** 때에는 유용하게 쓸 수 있다.

유도 질문은 탐구적 질문과 뚜렷이 구분된다. 수사적 질문과 유도 질문은 질문자 자신이 이미 대답을 알고 있거나, 적어도 알고 있다고 생각한다. 탐구적 질문의 경우에는 질문자 자신이 질문의 답을 모른다. 그러나 어떻게든 토론을 자극하기 위해 이 같은 논의가 어디에 이르는지를 알아보기 위해 질문을 제기한다. 질문자는 자신의 질문에 대한 인습적이거나 상식적인 대답이 있다는 것을 안다. 그러나 그 같은 대답에 의심을 가질 것이고 인습적인 대답이 기초하고 있는 숨겨진 전제를 찾아내기를 원할 것이다.

탐구적 질문으로 결국 인습적인 대답이 옳다는 것을 발견하게 될 수도 있다. 또는 전체 문제를 재구성할 필요가, 다시 말해 우리가 사고할 때 사용해온 어휘들의 개념을 재정의할 필요가 있다는 것을 알 수도 있다. 아니면 탐구적 질문은 모든 사람이 당연시했기 때문에 오랫동안 감춰졌던 것에 빛을 던지는 탐색 질문이 없었더라면 모르고 지나쳤을 여러 문제 상황을 밝힐 수도 있다.

낱말을 재정의 하게 하는 사고의 탐색에 대한 한 가지 사례는『해리』14장에 나온다. 거기서 프랜은 사람들이 인습적으로 '야만인'이라는 낱말을 어떻게 사용하는지 잘 알고 있다. 프랜은 이를 보여주기 위해 세계의 여러 지역에서 경제화(상품 생산과 분배)하는 방식을 대비시키고, 이를 '야만인'에 대한 인습적 이해의 증거로서 제시한다. 마찬가지로『해리』9장에서 패트리지 선생님은 스펜스 선생님을 '그의 인종에 명예가 된다'고 언급할 때 프랜은 그 말이 함축하는 멸시하는 뉘앙스에 주목한다. 이런 사례를 통해서 프랜은 우리가 평소 사용하는 낱말을 정의하는 방식에 대해 새롭게 보도록 요청한다.

해리는 아버지와 논의하며 질문의 본성에 대해 꽤 많이 탐색을 더 해간다. 그들은 질문을 제기하는 것은 빙산의 일각을 발견하는 것과 같다는 결론을 내린다. 즉, 발견된 표면 아래에는 거대한 부분이 있다는 것이다. 『리사』 9장에서 리사의 아빠 테리 씨가 죽은 이유에 대한 질문은 병과 실직 간의 관계에 대한 토론으로 이어진다. 그다음 그 토론은 근대 산업 사회의 실업의 본질에 대한 토론까지 나아간다. 그렇게 원래의 질문은 우리의 일상적 사건에 책임이 있는 기저의 사회적·경제적 문제에 대한 탐구를 촉발한다.

이제 우리는 이러한 철학 수업에서 강조하는 것은 답보다는 질문에 있다는 것을 알게 되었을 것이다. 그렇다고 답이 중요하지 않는다는 것은 아니다. 교사가 촉진시키고자 하는 답은 대화나 탐구를 진행시키고, 동시에 더 많은 대화를 자극하는 답이다. 철학에서 교사는 최종적인 대답을 바라지 않는다. 설사 그런 것이 있다 하더라도 그는 경계할 것이다. 말기 질병과 같이 최종적인 답변은 우리에게 어떤 선택지도 주지 않는다. 어떤 사람이 "모든 것을 알게 되었다"라고 말하는 경우를 가정해보자. 그때 우리는 어깨를 으쓱하며 "그러면 이제 내 스스로 찾을 이유는 없겠네. 나에게 이야기를 해줘. 잘 기억해둘게"라고 말할 것이다. 방법론적으로 '모든 것을 알게 되었다'는 그의 답변은 더 이상의 탐구를 차단시켜버린다. 반면에 좋은 대답은 어둠 속을 비추는 촛불과 같다. 그것은 빛과 신비함을 함께 제공한다. 그것은 미지의 것에 대한 윤곽을 드러내면서 동시에 비추어, 청자에게 탐구하고 학습해야 할 것이 많다고 추측하게 할 것이다.

윤리적 탐구에서 사고하기와 스스로에 대해 사고하기

우리가 학생이라고 가정하자. 우리는 과학 시간에 색에 관해, 어떻게 색이 빛의 진동의 기능인지, 어떻게 서로 다른 빛의 진동수가 서로 다른 색깔 경험을 낳게 하는지 배운다. 또 다른 수업에서 우리는 소리뿐만 아니라, 소리와 공기 파동과의 관계에 대해서 배운다. 그와 같은 이해는 귀중하지만, 그것은 우리가 미술 시간에 배우는 것과는 전혀 다른 것이다. 우리는 미술 시간에 색칠하는 법을 배우고, 음악 시간에는 편곡하여 음악을 연주하는 법을 배운다. 화가는 시각적 판단을 내리고, 작곡가는 청각적 판단을 내린다. 그렇게 그들이 열정을 다해나아갈 때 회화나 소나타와 같은 복합적인 예술 작품이 나온다. 분명 색을 과학적으로 생각하는 물리학자와 다채로운 예술 작품을 창조하기 위해 색의 관점에서 숙고하는 예술가 사이에는 커다란 차이가 있다. 마찬가지로 소리에 관한 객관적인 이해와 음악 작품을 작곡하기 위해 일련의 선택을 통해 음을 선택하는 것 사이에도 중요한 차이가 있다.

　이와 같은 방법으로 생각하기와 자신에 대해 생각하기를 비교할 수 있다. 개인에 관계없이 따로 분리하여 객관적인 방법으로 사고 과정을 연구할 수 있다. 논리에 의해 만들어진 올바른 사고의 기준을 생각할 수 있고 이러한 기준을 논의의 다른 형식에 응용할 수 있다. 그러나 우리 자신의 개인적인 관점을 반성하고 언급하는 것은 전혀 다른 문제이다. 이런 면에서 '자신에 대해 생각하기'는 자신의 경험과 상황에 대한 반성을 내포하며 자신의 가치와 정체성에 대한 평가를 요구한다. 게다가 그것은 살아가는 과정에서 스스로가 내리는 판단이 굳건하고 견고한 기초에 의거할 수 있도록 보다 바람직한 기준에 대한 탐구도 내포한다.

생각하기와 자신에 대해 생각하기는 윤리적 탐구의 모든 프로그램에서 필요로 한다. 더 잘 생각하기 위해 아이들은 추론의 논리적 유형을 인식하고, 상황을 읽는 능력을 계발하고, 판단하기 전에 모든 사실을 고려하고, 분류하고 구분 짓기를 배우고, 적절하게 가설을 일반화하고 전개시킬 줄 알아야 한다. 이 모두는 좋은 사고의 특징이다. 다른 한편으로 그것은 도덕적 판단력을 위한 모든 것이라고 할 수는 없다. 우리는 도덕 판단을 내리기 위해서는 자기 자신과 자신의 의식 내용을 명석하게 가져야 한다. 인격 동일성의 감각은 모든 도덕적 판단의 필수불가결한 요소이기 때문에 우리는 자신의 균형 감각을 키워야 한다. 다시 말해 자신에게 중요한 문제와 그렇지 않은 것을 구별할 수 있어야 한다. 마찬가지로 자신이 수행할 수 있는 것과 그렇지 않은 것을 구분할 수 있기 위해서는 자신의 능력과 역량에 대한 감각이 어느 정도 필요하다. 끝으로 자신에 대해 생각하기 위해서는 —다시 말해 도덕적 판단을 내리기 위해서는— 희미하게나마 우리가 예견하는 목표를 향한 개인적 방향 감각을 계발해야 한다. 이는 도덕적 삶이 확정적이고 변경할 수 없는 목표를 향해 있는, 고정된 정체성을 지닌 개인의 여행을 의미하는 것이 아니다. 오히려 그것은 우리가 바람직하다고 여기는 목적이 잠정적인 것이고, 자아 역시 항상 변화 과정 속에서 목표를 성취하기 위해 우리가 이용할 수 있는 수단에 의존한다는 것이다. 그 때문에 이와 같은 수단은 우리의 이상과 목표를 조건 짓고 수정하지만, 반대로 우리가 가진 예견 속의 목적은 사용할 수단을 찾는 방법과 생성 중에 있는 우리의 자아를 통제한다.

자신에 대해 생각하는 것은 자칫하면 연속성도 통일감도 없을, 유동적이며 무정형의 자아에게 안내와 규제 및 방향을 제시한다. 우리는 우리의 세계를 파편화하고, 우리의 힘을 무한한 방향으로 분산시키는 엄청난 스트레스에 종속되어 있다. 아이들을 생각하도록 도울 수 있지만, 자신에 대해 생각하도록 돕지 못하는 교수 과정에 아이를 종속시키는 것은 좋은 도덕교육도, 좋은 일반교육도 아니다. 어린이 철학 프로그램이 우리에게 무언가 충고한다면 그것은 교육 속으로, 종종 완전히 망각해버린 자신에 대해 생각하기와 같은 요소를 도입할 필요가 있다는 것이다.

부 록

부록 A

교사교육의
개혁

이 책에서 기술한 어린이 철학 프로그램은 초등학교 교실에 그것을 가르칠 유능한 교사가 존재하지 않는다면 성공하지 못할 것이다. 교육대학과 사범대학이 오늘날 교직에 매력을 느낀 이들보다 더 풍부한 자원을 가진 젊은이를 끌어들일 수 없다면 교사 자질의 개선은 이루어지지 않을 것이다. 물론 교사 양성 프로그램은 이들 젊은이의 지적이고 창조적인 욕구를 충족시킬 때에 비로소 자질 개선의 결과가 나타날 것이다. 그러나 현재 많은 교사 양성 프로그램은 지적인 도전의 결여로 이들 젊은이를 쫓아버리고 있다.

교사 양성 프로그램을 디자인할 때는 반드시 먼저 교육의 일반 목적에 대해 고려해야 한다. 일단 우리가 아이들에게 제공하고자 하는 교육이 어떤 종류의 것인지 안다면 그러한 교육을 수행할 교사를 양성하고자 하는 방법에 대해 보다 명료한 생각을 가질 수 있다. 일단 아이들에 대한 교육적 준비를 다했다고 하면, 교육은 아이들이 이후 보낼 삶을 효과적으로 잘 살 수 있도록 준비시켜야 한다. 그러나 그러한 교육은 또한 그 자체로 만족스럽고 유의미한 것이어야 한다. 그러므로 교육의 가치는 도구적일 뿐만 아니라 완성적[1]이어야 한다. 교육의 주된 목적은 아이들의 잠재적 능력과 재능을 사용하지 않거나 부적절하게 사용하는 경험 수준을 제공하는 것이 아니라, 가장 넓은 의미에서 아이들의 삶의 경험을 증진시키는 데 있다.

교육을 이미 알려진 것에 관한 학습의 문제, 다시 말해 세대 간 지식 전수의 문제로 간주하는 한, 교육은 삶의 경험을 향상시키는 데 중요한 역할을 할 가능성이 낮다. 기껏해야 그러한 교육의 역할은 현 상태를 유지시키는 데 그칠 것이다. 아이들이 지식을 발견한다고 할 경우에도 그때의 지식은 아이들이 교육을 받으면서 갖게 되는 어떤 것이라기보다는, 그들이 얻은 성인 세계의 것, 선재하는 어떤 것으로서 종종 간주된다. 교육과정의 초점이 학습에서 사고로 전환될 때에만 비로소 교육은 아이들이 능동적인 참여자로 존재하는 협력의 과정으로 간주될 수 있다. 이때 아이들에게 기억력과 함께 창조성도 요청될 것이다.

궁극적으로 우리가 원하는 아이가 사려 깊고, 호기심이 많고, 상상력이 풍부하며 합당한 아이라고 한다면, 사고 기능은 초등 교육과정의 모든 측면에서 통합되어야 한다. 그럴 경우 이제 교사는 사고 기능이 통합된 과목을 가르칠 수 있도록 교육받아야 한다.

교실 속 어린이 철학

전통적인 교육의 목적은 특정 내용을 아이들에게 가르치는 것이었다. 그런 식으로 목적이 주어지면 다음 두 가지 트랙을 따르는 교사 중심의 교육과정이 구성된다. 교과 내용 수업과 교수 방법론 수업이 나뉜 것은 그 때문이다. 이렇게 해서 내용 수업과 교수 방법론 수업이 생겼다. 내용 수업은 아이들을 위한 것이고, 교수 방법론 수업은 교사를 위한 것이다. 교육의 목적을 확장하여 특정 내용에 대한 숙지뿐만 아니라 그 내용에 관해 손쉽고 효과적으로 생각할 수 있는 아이를 지향한다면, 우리는 반드시 교육과정을 수정해야 한다. 사고 기능과 교과들의 통합이 바람직하다고 하면 그러한 교사를 양성할 수 있는 유일한 길은 사고 기능이 통합된 교과를 포함하는 교육과정 자체를 사용하는 것이다. 이는 교과 영역의 효과를 약화시키기 위한 것이 결코 아니다. 그것은 내용 수업과 교수 방법론 수업의 이원화의 종식 의미한다.

사고는 포괄적이다. 즉, 그것은 하나인 앎에 대한, 다양한 정신적 행위의 수행을 포함한다. 따라서 교육의 목적은 특정 교과의 지식과 함께, 광범위한 정신적 행위의 기능 향상에 있다. 예를 들면, 역사 수업은 단순한 역사적 사실에 대한 학습뿐만 아니라, 역사적으로 생각하는 법에 대한 학습까지 포함한다. 이는 과학과 미술 수업에서 과학적 사실에 대해 단순히 알게 하는 것이 아니라 과학적으로 생각하도록 하고, 특정 예술 작품에 대한 단순한 지식을 갖추는 것이 아니라 예술적으로 사고하도록 도와주는 것을 의미한다. 그 밖의 교과에서 교육의 목표가 확장될 수 있다. 예를 들면, 학생들은 외국어 교과에서 낱말과 구, 격변화와 동사활용형을 배워야 하지만 담당 교사들은 그러한 지식만으로는 충분하지 않다고 생각한다. 그 언어로 생각하기 시작할 때에만 비로소 그 언어를 배웠다고 하는 것이다.

이와 같은 교육의 강조점의 전환을 단순히 페다고지 양식의 변화로서 간주해서는 안 된다. 그것은 교육과정 전체의 확장을 포함하기에 모든 교과에서 사고 기능의 습득이 요구된다. 이러한 수정은 현대 교육의 위기를 보다 직접적으로 언급해야 할 교육자가 할 수 있는, 사회의 절절한 요구에 대한 응답이 될 것이다. 전국 학력 평가의 점수는 아이들이 교육을 무관하고 무의미하게 느끼기 때문에 교육에 대한 협력을 거부하는 것으로 해석될 수 있다. 그러면 우리는 이러한 경향에 맞서서 무엇을 할 수 있을까? 어른들이 아이들에게 의미를 줄 수 있는 방법은 존재하지 않는다. 의미는 나누어줄 수 있는 것이 아니다. 교육자들이 할 수 있는 것은 아이들의 사고 기능을 발달시키는 것이다. 이로써 아이들은 자신에게 펼쳐진 주제의 의미를 탐구하고 이해할 수 있으며, 결과적으로 단순히 자신들에게 소외된 교과에 대한 지식을 얻기보다는 오히려 이들 교과 영역에 관해 비로소 사고를 시작할 수 있게 될 것이다.

그러나 사고 기능 그 자체는 요소들로 이루어져 있고, 방향성을 결여하고 있다. 적절한 교사 양성 교육과정은 예비 교사들에게 이러한 사고 기능을 숙달할 수 있게 해야 할 것이고, 동시에 그 학생들에게 이러한 목적과 관련성이 있는 탐구공동체에 대한 참여 경험을 제공해야 할 것이다. 그 때문에 교사 교육과정의 선결요소는 반성적이어야 하고, 교실을 탐구의 장으로, 나아가 그러한 탐구가 중요한 공동체로 만들어야 한다. 교사 교육과정의 성공 척도를 잴 수 있는 한 가지 방법은 단순히 학생들에게 각 교과가 갖는 과거의 탐구 결과를 가르치는 것이 아니라, 학생들에게 탐구에 참여하게 하는 정도에 있다.

자신이 가르칠 교과의 지식이 이미 완전하다고 확신하는 교사는 탐구의 필요성을 거의 느끼지 못한다. 탐구의 필요성을 느끼지 못하는 한 탐구는 진행될 수 없다. 그 때문에 교사 교육과정은 시종일관 인간 지식의 편견, 불완전 및 위태로움에 대한 감각을 제공할 수 있어야 한다. 이렇게 하지 않으면 예비 교사는 경이감과 쉼 없는 회의를 가질 수 없을 것이다. 이런 감각들은 우리에게 탐구하고, 그러한 탐구에 전념케 하는 공동체에 소속하게 한다. 교사에게 이러한 경이와 회의가 없다면, 그들이 학생과 그것들을 나눌 수 있는 가능성은 거의 없다.

교사 양성 교육과정에서 이러한 목적을 성취할 수 있는 몇 가지 방법이 있다. 한 가지는 학생들이 열려 있고, 호기심이 가득하며, 지성적으로 모험적일 수 있는 강의를 적절한 수만큼 제공하는 것이다. 여기에는 철학과 예술이 이러한 목적에 기여할 수 있을 것이다. 이들 학문에는 대학 1학년 학생들이 으레 갖게 마련인 수동성을 교정시키는 데 유용할 수 있는 것들이 있다. 그것은 다양한 관점에 대한 환대와 함께, 표현의 독창성과 개별성에 대해 헌신이다. 철학은 언제나 어떤 것에 대해 의문을 품는다. 그것은 지속적이 경이와 쉼 없는 재검토에 다름 아니다. 예술은 정형화된 지식을 표현하지 않는다. 그것은 지식 체계에 맞추려는 것이 아니라, 탐색, 발견, 유사성과 차이에 대한 중시를 나타낸다. 이러한 철학과 예술을 예비 교사들에게 제시할 때는, 과

거의 것에 대한 학습에 **앞서** 이런 기획에 대한 **실천**을 강조해야 한다. 이는 오늘날 교사 양성과정에서 실시되는 것과 정반대의 것이다. 현재 교육과정은 대체로 예비 교사들에게 철학사, 문학사, 미술사, 음악사를 먼저 가르친 뒤에, 그다음 이들 과목을 아이들에 가르칠 수 있는 적절한 방식으로 실습하게 한다. 이는 학생이 자기 자신을 능동적인 탐구자로 인식하는 것을 가로막는다. 학생들은 전통의 성취에 쉽게 압도당할 수 있다. 안타깝게도 그들은 종종 자기 학생들에게도 이 같은 일이 일어나도록 한다는 것이다.

우리는 교사 양성과정 수업을 계열화할 때 다음과 같은 일반지침을 따라야 한다. 즉, 이론보다 실천을 앞에 두어야 한다. 우리가 도전하는 교사를 교육하는 데 관심이 있다면, 지금 예비 교사들을 이 새로운 실천의 맥락 속에서 전통을 만나게 해야 한다. 그럴 때 학생들은 균형감각을 갖고서 전통을 볼 수 있다. 전통에 노출한 뒤에 실습을 하게 하면 그들은 자신의 노력을 서투르고, 무익하며, 절망적인 것으로 여겨 포기하게 된다.

그러나 이로 인해 우리는 기존 초중등 교육과정에 철학을 통합시킬 뿐만 아니라, 아이들을 철학적으로 사고하도록 하기 위해 교사 양성을 어떻게 해야 하는지에 대한 질문으로 나아간다. 분명 철학의 경우 성인들이 배웠던 방식은 지금 아이들을 가르치는 데 사용되는 방법과 다르지 않다. 교사 자격증을 취득하기 위한 모든 예비 교사가 아이들에게 철학을 가르칠 수 있는 전도유망한 교사인 것은 아니다. 지나친 단순한의 위험이 있지만 우리는 앞으로 철학을 가르칠 초등교사는

교실 속 어린이 철학

어린이를 좋아할 뿐만 아니라, 철학 역시 즐길 수 있는 사람이어야 한다고 말할 수 있다. 즉, 그러한 교사는 아이의 필요와 흥미에 강한 공감을 느낄 수 있어야 할 뿐만 아니라, 철학적 관념 그 자체를 사랑할 수 있어야 한다. 이런 특징을 갖춘 교사는 아이들이 철학적 토론의 가능성을 발견할 때 보이는 환의와, 그들이 관념을 접할 때 느끼는 즐거움 때문에, 기쁨을 느끼는 존재이다.

그런 예비 교사들을 찾을 수 있다고 하면 – 우리 생각으로는 적지 않은 이들이 그런 자격을 갖추고 있을 것으로 여겨지는데 – 누가 그들을 가르칠 것인가? 그런 교수는 미래의 교사와 같이 아이에 대한 사랑과 철학적 생각에 대한 사랑을 동시에 공유할 수 있는 사람이어야 할 것이다. 또한 그들은 철학과 자신의 특정 학문에 대한 관계를 이해할 수 있고, 철학이라는 대화 페다고지를 완전히 숙달한 사람이어야 할 것이다. 나아가 그들은 사고 기능을 자신의 학문에 통합시키기 위해 자신의 특정 학문의 교육과정 수정에도 능숙한 사람이어야 할 것이다.

교육과정의 목표

교사 교육과정은 다음과 같은 목표를 갖는다.

1. 아이들과 공감하고, 탐구 과정에 대한 헌신을 보여주며, 학생들에게 장려할 수 있는 철학적 생각을 사랑하는 훌륭한 교사를 양성한다.
2. 가능한 한 예비 교사들을 가르칠 때에는, 그들이 훗날 자신의

학생들을 가르칠 때와 동일한 방법과 방식으로 가르친다.

3. 나중 자신의 학생들에게 장려하게 될 사고 기능을 예비 교사에게 갖추도록 한다.

4. 나중 자신의 학생들이 다양한 주제의 관점에서 생각할 수 있도록 예비 교사들에게도 마찬가지로 이를 권하며, 그들에게 주요 분야의 인문학적 기초 지식을 가르친다.

5. 어린이의 행위에 대한 현실성과 가능성을 모두 잘 이해할 수 있도록 예비 교사를 가르친다.

6. 예비 교사에게 교실에서 학생들과 작업할 수 있는 충분한 실습 기회를 제공한다.

수단과 절차

사고 기능을 발달시키는 일은 복잡하고 섬세한 작업이다. 사고 기능은 진공에서, 다시 말해 주제와 독립해서 발달시킬 수 없다. 반면에 특정 주제와 지나치게 밀착될 경우 그 주제에 적절한 사고 기능을 키울 수 없는 경우도 생긴다. 이는 주로 개념, 아마도 문명사에서 실질적으로 중요한 그런 개념들로 이루어진 학문이 있어야 한다는 것을 의미한다. 그 학문에 의거해서 예비 교사와 아이들은 자신들의 인지 기능을 연마할 것이다. 철학과 일반적으로 문명의 지적인 차원들이 이런 종류의 학문적 주제를 제공한다. 교사들을 철학적 탐구에 능숙할 수 있게 하는 것으로, 그들에게 구체적인 주제에 적용할 수 있는 지적인 유연성과 기지를 제공하게 된다. 그 때문에 어린이를 위한 특정 사고 기능 수업과 함께, 핵심적인 철학 수업이 필수불가결하다. 이런 이유로 이 모델이 지향하는 초등 철학 교사가 되기 위해서는 철학과 사고 기능 수업에서 각각 24학점을 취득해야 한다.

이 교사 교육과정의 근저에 있는 한 가지 가정은 사고는 대화적 탐구의 내면화라는 점이다. 이는 아이들의 사고를 장려할 수 있는 방법으로 중요 주제에 관한 학급 토론만한 것이 없다는 것을 의미한다. 그것은 성찰을 자극할 수 있는, 또래 아이들과 공유하는 지적인 대화이다. 대화가 잘 진행되고 생산적일 때 아이들은 비판적, 논리적 성찰의 형식으로 대화를 내면화할 것이다. 그 때문에 교사 교육과정에는 지금 등장하는 탐구공동체에 대한 예비 교사들의 참여를 포함시켜야 한다. 이는 훗날 자신들이 교사가 되어 학생들에게 탐구공동체를 전개하도록 장려할 때의 그것과 같은 것이어야 한다. 이렇게 해서 탐구공동체는 사고 활동의 수행에 중심이 된다. 공동체 건설은 그러한 사고 활동을 촉진해야 하는 페다고지에 필요 불가결한 것이다.

이 교육과정에서 예비 교사들은 전통적인 교과 교육을 62학점 이수해야 한다. 이는 인문학, 사회과학, 자연과학, 창작예술 및 공연예술까지 폭넓은 스펙트럼을 포함한다. 일반적으로 이들 과목에 대한 이론 수업 전에 먼저 실습에 참여할 기회를 제공할 것이다. 왜냐하면 이론적 설명은 행위의 맥락에서만 의미를 가질 수 있기 때문이다.

어린이 철학 교수학 석사 이수 교육과정 모델

교과 계열(62)			페다고지(24)	철학 계열(24)		선택(24)
1학년	가을	문명사I (3)	시문학 글쓰기(3)	성찰교육 입문	어린이를 위한 철학적 사고기능I	철학사I	
	봄	문명사II (3)	수학교육 (3)	어린이와 문학(2) 실습(1)	어린이를 위한 철학적 사고 기능II	철학사II	
	여름	지구과학 (3)	초등음악 (3)	6월 기숙사 정리			
2학년	가을	체육교육 (2)	의사소통 기능(3)	아동심리학	어린이를 위한 과학적 사고 기능	형이상학	
	봄	미국사(4)		청소년 심리학	어린이를 위한 가치사고 기능: 윤리학	과학철학 및 수리철학 입문	
	여름	초등미술 (3)	환경교육 (3)	6월 기숙사 정리			
3학년	가을	문학사I (3)	인류학 및 민족연구 (2)	교육심리학 (언어습득 및 심리사회발달)	어린이를 위한 가치사고 기능II: 미학	인식론	
	봄	문학사II (3)	경제학(2) 정치학(2)	특수교육 교수 심리학 (장애 및 영재학습)	어린이를 위한 언어사고 기능	윤리 사상사	
	여름	초등생물 (3)	성찰적 행위(2) 초등무용 (2)	6월 기숙사 정리			
4학년	가을	미술사 (3)	음악사(3)	교육철학 세미나	어린이를 위한 사회적 사고	예술철학	
	봄			실습(6)	어린이를 위한 수학적 사고 기능	사회정치 철학	
	여름	천문학 (2)	철학, 심리학 및 교육 관계 연구	6월 기숙사 정리			

* 어린이 철학 교수학 석사 학위(MAT) 취득을 위한 이수 학점: 165학점

교실 속 어린이 철학

예비 교사에게 각각의 특정 내용 영역을 가르칠 때에는 숙달해야할 교재에 그 내용 영역에 적절한 사고 기능이 동반하는 방식으로 가르칠 것이다. 학생들은 어떤 과목에서든 기저의 가정, 중심 이유, 가능한 함의 및 평가에 대한 대안의 기준을 탐색하도록 장려될 것이다. 예비 교사와 그들이 훗날 가르칠 학생들은 모두 교실 현장을 그들이 참여하게 될 탐구의 장으로서 볼 수 있도록 장려될 것이다. 예비 교사와 아이들은 탐구 과정의 학습자라기보다는 탐구 과정의 행위 주체로서 간주될 것이다. 교사들은 페다고지 강좌(31학점)를 통해서 탐구공동체가 제공하는 것과 같은, 교실에서의 지적인 협력의 장점을 인식할수 있게 될 것이다. 교육철학, 심리학, 철학과 심리학 및 교육의 관계와같은 강좌는 예비 교사들이 훗날 대화 교육을 장려할 때, 그가 성취하고자 하는 것에 대한 이해를 더하는 토대 작업이 될 것이다.

학생들은 자신이 관심 있어 하는 영역의 선택교과로 24학점을 취득할 수 있을 것이다.

학생에게 기대할 수 있는 구체적인 교육성과

이 교육과정을 성공적으로 이수한 학생들은 다음과 같은 성과를 나타낼 것이다.

1. 교실에서 탐구공동체를 조직할 수 있다.
2. 아이들의 추론 기능을 발달시킬 수 있는 방식으로 교실의 대화를 이끌 수 있다.

3. 아이들의 대화가 갖는 철학적인 차원을 듣고 학생들에게 이들 영역을 탐색하도록 장려할 것이다.
4. 인문학, 자연과학, 사회과학, 창작예술 및 공연예술에 충분한 토대를 갖추었다는 것을 증명하고, 이들 학문을 초등 아이들의 탐구와 연결시킬 수 있다.
5. 학급에서 성찰적 탐구의 모델을 보여줄 수 있다.
6. 아이들의 추론 기능을 촉진시키는 데 필수불가결한 그런 논리의 숙달을 보여줄 수 있다.
7. 철학사에 대한 이해와 함께, 그것이 아이의 탐구와 어떻게 관련되는지 제시할 수 있다.
8. 아이들은 어떻게 생각하고, 느끼며, 어른과 함께, 서로 상호작용하는지, 아이에 대한 이해를 나타낼 수 있다.
9. 교육과정과 그 역사, 토대 및 사려 깊고 합당한 아이를 위한 교육과정의 잠재력에 대한 이해를 제시할 수 있다.

입학전형

이 교육과정은 아이들의 필요와 흥미에 대한 강한 공감 능력과 함께, 이념의 세계에 대한 예비 교사의 이해도 강조하기 때문에 선발과정은 엄격해야 한다. 전 세계 진로지도 카운슬러는 이 교육과정에 적절한 동기와 성공할 수 있는 능력을 갖춘 고등학교 졸업생들에게 기회를 주는데 주의를 환기할 필요가 있다. 가장 유력한 후보를 선발하기 위해 지원자들을 사정해야 할 것이다. 이 사정은 성적과 성공에 대한

교실 속 어린이 철학

가능성의 증거 및 에세이를 포함한다.

학위 필수요건

　　교수학석사학위MAT 후보는 페다고지, 사고 기능 및 철학 등 여러 영역에서 165학점을 취득해야 한다. 학생들은 자신이 선호하는 또 다른 주제에 집중하거나 대안의 영역을 탐색할 기회를 갖기 위해 선택과 목으로 24학점을 수강할 수 있다. 학생들은 정규 학년과 여름 방학 기숙기간에 출석해야 한다.

부록 B 　　　　　　　　　　　　　어린이 철학의
　　　　　　　　　　　　　　　　　실험 연구

어린이 철학이 교육적으로 유의미하다는 것을 증명할 수 있을까? 이 물음에 답하기 위한 첫 번째 실험적인 시도가 1970년에 있었다. 그때 실험은 아이들의 추론을 개선하도록 도울 필요가 있고, 그러한 개선은 그 밖의 학업 능력 향상으로 나타날 것이라는 가정에 기초했다. 나아가 이 연구는 아이들의 추론 능력을 향상시키는 것이 자신이 하고 있는 것의 의미를 찾을 수 있는 역량 또한 향상시킬 것이라고 가정했다. 1970년의 실험은 아이들이 9주간의 프로그램 운영으로 추론 능력뿐만 아니라 읽기 능력에서 인상적인 결과를 얻었음을 증명했다. 이때 확보한 읽기 능력은 2년 반이 지난 뒤에도 높은 수준으로 유지되었다. 다음은 1970년 실험의 요약이다.

어린이 철학 프로그램에 대한 첫 번째 실험은 1970년 뉴저지 몽클레어에서 립먼과 비어먼에 의한 현장 실험으로 실시되었다. 연구 목적은 5학년 아이들에 대한 추론 수업의 가능성을 확인하는 것이었다. 실험은 경제적으로, 인종적으로 이질적인 학교에서 각각 스무 명으로 무작위로 추출한 두 집단을 구성하여 실시했다. 통제 집단은 사회 교과 수업을 실시했고, 실험 집단은 9주 동안 40분 수업을 18회 실시했다.

먼저 캘리포니아 정신 성숙 검사CTMM(1963년, 수정판)에 근거하여 두 집단을 모두 검사했다. 두 집단 사이의 유의미한 차이는 사전 테스트에 나타나지 않았다. 9주가 지나 단문식 검사를 실시했다. 파일럿 집단은 통제 집단에 비해 논리와 논리 추론 영역에서 더 좋은 결과를 보여주었다($p < .01$). 정신 연령을 살펴보면, 실험 집단이 13년 11개월, 통제 집단은 11년 8개월로, 실험 집단이 27개월 더 앞섰다.

실험 프로그램이 지속적인 전이 효과를 가지는지 확인하기 위해 학생들은 실험 전에 쳤던 아이오와 읽기 시험을 2년 후에 다시 실시했다. 읽기 성적은 의미 있게 차이가 나타났다($p < .01$)(2년 반이 지난 뒤에 연구 설계는 여전히 유효하다고 확인되었다). 비어만은 "수행된 실험이 2년 반이 지났는데도 학생들의 읽기 성적에 긍정적으로 영향을 주었다"라고 결론을 내렸다.[2]

1970년의 실험은 추론과 읽기 분야에서 인상적인 결과를 보여주었지만, 그 수업은 일반교사가 아닌 철학 교수가 가르쳤던 것임을 고려해야 한다. 그다음 단계는 일반 교사들이 학급에서 아이들의 철학적 사고를 장려할 수 있는 그런 연수를 할 수 있는 실험을 준비하는 것이었다. 이 실험은 러트거즈 대학의 인지연구소 오프 하스 선생에 의해 설계되고 평가되었다. 이 실험의 결과를 요약하면 다음과 같다.

뉴어크의 실험은 솔로몬의 4집단 설계를 이용했다. 이는 기본 단위로 실험 집단과 통제 집단을 각각 둘로 구성하는 것이다. 전통적인 통제 외에 이 설계는 사전 테스트의 효과를 통제한다. 뉴어크의 8개 실험 학급은 두 학교(밀러 스트리트 학교와 모턴 스트리트 학교) 재학생 200명으로 구성되어 있다. 통제 집단은 그 밖의 학교에서 200명으로 구성했다.

뉴어크 6학년 학생들은 다면적인 향상 결과를 보여주었다. 6학년 학생들은 대인 관계에서 꽤 유의미한 성취를 보여주었고, 그 외에 읽기에서 실질적인 향상이 있었으며, 듣기를 포함한 비판적 사고에서도 유의미하게 증진되었다. 5학년 학생들은 지적인 자유로운 태도에서 유의미하게 향상되었다. 5, 6학년 학생 모두 읽기에서 뚜렷한 향상을 나타냈다($p < .02$ 아랫니다). 통제 집단의 학생들이 평균 5개월의 진전을 보여준 반면, 실험 집단의 학생들은 8개월의 진전을 보여주었다. 일부 실험 학급에서는 그보다 더 극적인 성취를 보여준 것도 있다. 한 학급은 2년 6개월, 다른 학급은 1년 4개월 더 높은 것으로 나타났다.

읽기 점수는 러트거즈대학의 하스 선생이 운영한 그 밖의 검

사와 달리, 매년 뉴어크 학교 평가에서 사용하는 메트로폴리
탄 성취도 검사에 근거를 둔다. 여기서 사용된 점수는 1973년
에서 1975년에 실시한 MAT 중간 수준, 즉 5.0에서 6.9까지를
포함하는데, F와 G라는 형식으로 시행된 검사이다. 1974년에
는 G형식으로, 1975년에는 F형식으로 검사했다. 이 검사는 읽
기 과정의 중요한 구성요소로 간주되는 몇 가지 특별한 기능
을 다음과 같이 나타낸다.

1. 지문의 중심 생각을 알 수 있는 능력
2. 제시된 자료에서 정확하게 추론할 수 있는 능력
3. 세부사항을 지각하고 이해할 수 있는 능력
4. 문단의 맥락에서 낱말의 정학한 의미를 인식할 수 있는
   능력

검사한 그 밖의 범주 결과는 결정적이지 않았다. 이들 범주는
호기심, 논리적 사고, 분석적, 창조적 질문 사용이었다. 대학의
논리학 교수가 가르친 1970년 파일럿 프로젝트에서 논리적 추
론에서 유의미한 향상을 보여주었기 때문에, 어린이 철학 수
업 역시 교사가 누구인지에 따라 결과가 다를 것으로 볼 수
있다. 읽기를 강조하는 교사는 읽기와 관련해서 유의미한 향
상 결과를 낳을 것이고, 추론을 강조하는 교사는 교과서를 사
용하여 추론 능력을 향상시킬 수 있을 것이다.[3]

우리는 실험 환경에서 우리 철학 교재를 사용한 또 다른 실험 결과에 주목하고 이를 짧게 소개하고자 한다. 그 주인공은 학습 및 정서 장애 학생을 위한 교육 기관인 애리조나 스코츠데일의 데브르 데이 스쿨에서 가르치는 언어치료사, 차르란 사이먼이다.

1975년 가을, 어린이 철학 세미나에 다섯 명의 남자 아이들이 참여했다. 그 아이들의 나이는 11세에서 16세로 세 가지 통제를 선택했다. 실험 집단의 평균 IQ는 93이고, 통제 집단은 102였다. 실험 집단과 통제 집단에 들어가기에 앞서, 아이들에게 CTMM 추론 하위 검사, 레벨 II 및 III, 청각 연합 하위검사 ITPA 및 시각연합하위검사 ITPA를 실시했다. 이 다섯 명의 피험자들은 1977년 가을부터 1978년 5월까지 약 50회로 이루어진 30분짜리 수업에 참여했다. 그때 사용한 교육과정은 스토틀마이어 프로그램이었다.

사전검사는 두 집단의 학생들 사이에 유의미한 차이가 없다는 것을 보여준다. 다음은 사전, 사후 검사의 유의성이다.

두 집단 모두 점수가 향상되었지만, 실험 집단이 보다 유의미하게 향상되었다. 통제 집단은 연령과 IQ에서 우위를 보였고,

	사전	사후
레벨 II(추론)	.55	.06
레벨 III(추론)	.63	.10
청각연합	.83	.20
시각연합	.82	.10

실험 집단은 비판적 사고 기능에서 훨씬 더 좋은 결과를 나타
냈다. 예를 들면, 통제 집단은 CTMMT-II 추론 검사에서 13%
향상되었지만, 실험 집단은 35% 향상되었다.

t 검정을 수행함으로써 집단에 대한 참여는 절대적인 수행에
영향을 끼쳤다는 것을 알 수 있을 뿐만 아니라, 사전, 사후 검
사는 다음과 같이 유의성 수준에서 서로 다르다는 것을 확인
할 수 있다.

레벨 II(추론)	.033
레벨 III(추론)	.068
청각연합	.042
시각연합	.223

조사 연구는 립먼과 샵의 프로그램(1974)의 타당성을 검사하
기 위해 그리고 프로그램 진행에서 치료사 참여 시간이 계속
할당되어야 하는지 여부를 결정하기 위해 만들어졌다. 자료
는 립먼과 샵의 프로그램이 타당하고, 비판적 사고 기능의 향
상 정도는 어린이 철학 프로그램이 계속되어야 할 가치가 있
다는 것을 나타낸다.[4]

1975년 뉴어크 실험에 이어, 뉴저지주 프린스턴 소재의 ETS는 어
린이 철학 프로그램에 의해 추론의 어느 측면이 실제로 향상되었는지
확인하기 위해, 폼프턴레익스와 뉴어크의 2년간 실험을 설계하고, 관

찰, 평가했다.

어린이 철학의 IAPC 프로그램은 1976년과 1978년 사이에 광범위한 실험을 실시했다. 그 연구는 ETS에 의해 수행되고 평가되었으며, 뉴저지 교육청으로부터 보조금이 지원되었다. 실험 첫 해는 새로운 준거 참조 추론 도구 개발 연구에 보냈고, 지금도 그 과정은 계속되고 있다. 그다음 해는 도시 학교 환경과 비도시학교 환경에서 어린이 철학 프로그램이 미치는 영향력을 다루었다.

뉴저지주의 두 지역, 뉴어크와 폼프턴레익스가 여기에 참여했다. 두 지역의 통제 집단과 실험 집단은 각각 5학년에서 8학년까지의 피험자 200명으로 구성되었다. 이 지역 교사들은 일군의 교수들을 만나, 주당 두 시간씩 일 년 동안 연수를 받았다. 교사들은 연수를 받으면서 동시에 학생들을 가르쳤으니, 학생들은 주당 2시간 15분씩 프로그램을 접하게 된 셈이다. 실험의 목적은 그 학생들이 다음과 같은 결과를 얻을 수 있을지 확인하기 위한 것이다.

1. 어린이 철학 프로그램에서 다른 세 가지 추론 영역 중 어느 하나에서 혹은 모두에서의 유의미한 향상
   a. 형식적 추론을 끌어내고 오류 확인하기
   b. 대안과 가능성 발견하기
   c. 이유와 설명 제시하기

2. 풍성한 관념작용 혹은 탁월한 관념작용의 유의미한 향상

3. 교사 평가로 확인한, 학습 준비의 유의미한 향상

4. 기본 기능(읽기와 수학) 수행의 유의미한 향상

기본 기능 측정을 위해 뉴어크에서 사용한 도구는 학교 관리 메트로폴리탄 성취도 평가이며, 학교 관리 CTBSS는 폼프턴레익스에서 사용했다.

전체 목적의 여러 측면은 다음과 같다.

목적의 하위 범주	도구
1. 읽기	
a. 형식적 추론 끌어내기	ETS가 고안한 (Q-3으로 알려진) 준거 참조 형식적 추론 검사 및 CTMM
b. 대안의 발견과 가능성 지각	"그건 뭘까?" 및 "그건 무엇을 위해 사용될 수 있을까?" 검사의 적절성 측면
c. 이유 제시	"얼마나 많은 이유가 있을까?" 검사의 적절성 측면
2. 풍성한 관념작용	"그건 뭘까?", "그건 무엇을 위해 사용될 수 있을까" 및 "얼마나 많은 이유가 있을까?" 검사에 대한 전체 응답
3. 학습 준비	아이 기술(Description) 체크리스트
4. 기본 기능(읽기와 수학)	뉴어크: 메트로폴리탄
	폼프턴레익스: CTBS

다음 결과는 프로그램의 효과성에 대해 시사한다(그리고 그림 2와 3을 볼 것).

교실 속 어린이 철학

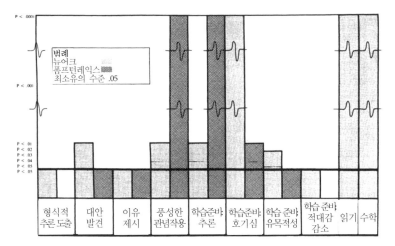

<그림 2> 실험 집단과 통제 집단의 유의성, 어린이 철학 실험, 1977-1978. 뉴저지주 프린스턴의 ETS

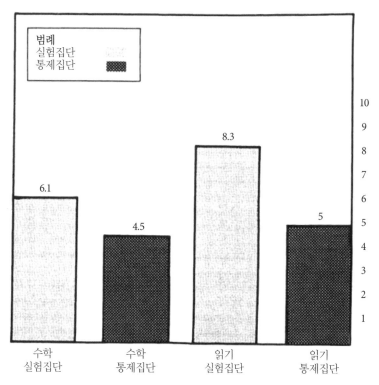

<그림 3> 평균 표준 점수에 의한 읽기와 수학 증가 비교. 뉴어크 어린이 철학 실험, 1977-1978. 뉴저지주 프린스턴의 ETS

검사 기간: 1977년 5월~1978년 5월
검사 도구: MAT

수학			읽기		
	실험 집단	통제 집단		실험 집단	통제 집단
1978 평균	89.409	85.037	1978 평균	79.450	70.685
1977 평균	83.295	80.535	1977 평균	71.119	65.687
증가	6.114	4.502	증가	8.331	4.998
결론: 통제 집단보다 실험 집단이 36% 증가			결론: 통제 집단보다 실험 집단이 66% 증가		

교실 속 어린이 철학

도구	프로그램 효과 측정		프로그램 분화도 x 측정	
	뉴어크	폼프턴레익스	뉴어크	폼프턴레익스
CTMM		.02(여학생)	.00	
Q-3	.01		.04	
사용(적절함)	.00			.00
이유(적절함)	.06		.00	.11
비중첩 범주		.10		.05
(유연성)	.10	.05	.01	.00
그건 뭘까?(전체)	.01	.00		
이유(전체)	?	.00		
CDC-추론	.01	.00		
호기심	.00	.01		
과제 지향	.02			
적대감 감소	.05			
읽기	.00			
수학	.00			여학생은 .03

일부 결과는 적시할 만한데 다음과 같다.

1. 전체 수준을 합산하기 위해 점수를 사용하면 읽기와 수학에 관한 뉴어크 프로그램의 전반적인 효과는 .0001의 유의 수준을 갖는다.

2. 형식적 추론을 이끌어내는 것과 관련해서 프로그램은, 8학년을 제외한 폼프턴레익스의 나머지 전체 학년 여학생의 경우 모두 .02의 유의성을 달성했다.

3. 두 지역 학생들의 학습 준비에 관한 프로그램의 영향은 교사 관점에서 말하면 아이들의 동기와 대인관계 태도에 꽤 긍정적인 영향을 미쳤음을 시사한다. 학생에 대한 교사의

긍정적인 기대의 분위기에서 아이들은 그러한 기대를 보다 잘 충족할 것으로 상정될 수 있다. 이러한 향상이 종종 성적이 하락하는 경향이 있는 중간 성적의 학생들에게 일어난다는 사실은 특히 흥미롭다.

4. 풍부한 관념작용의 응답에 관한 질적 보고는 아이들의 의사소통 기술이 현저하게 향상되었음을 보여준다. 그 프로그램은 책을 느리게 읽는 학생들에게 매우 효과적이라고 밝혀졌다.

5. 프로그램에 참여한 시간이 결정적으로 중요하다. 참여 시간이 많으면 말할수록 그 학생들은 더 나은 성취를 보여주었다. 예를 들면, 뉴어크에서 아이들이 참여 시간이 길수록 추론 검사에서 성적이 더 높았다(.01 유의성).

6. 결과는 논리적 추론과 지적 창조성이 서로 억압하지 않으며, 이 두 능력은 동일한 프로그램에 의해 자극된다는 것을 보여준다. 능력의 동시적 발생은 중요하다. 왜냐하면 비판적 기술만의 향상은 풍성한 지적인 생산이 동반되지 않을 경우 피상적이거나 공허할 수 있기 때문이다.

7. 뉴어크와 비교할 때 폼프턴레익스에서 유의성이 떨어지는 것은 ETS의 견해에 따르면 통제 집단으로 프로그램의 효과가 흘러 들어가, 실험 집단의 수행성과 함께 통제 집단의 수행성도 동시에 향상시켰기 때문이다.

이상의 결과를 간략하게 요약하면 다음과 같다.

1. **읽기와 수학**: 뉴어크 학생의 읽기와 수학에 미친 어린이 철학 프로그램의 전체적인 영향은 높은 수준의 유의성을 가졌다.(0001).

2. **추론**: 창조적 추론(새로운 생각을 생성하고, 가능한 대안을 발견하며, 추론을 제시하는 역량)의 유의미한 향상은 많은 영역에서 그리고 뉴어크의 대부분 학년에서, 폼프턴레익스의 경우는 일부 학년에서 나타났다.

3. **학습 준비**: 뉴어크와 폼프턴레익스 모두에서 교사들은 학생들에 대한 프로그램의 영향을 긍정적으로 평가했다. 그들은 학생들이 유의미하게 호기심을 나타내고, 자신의 과제에 대해 더 적극적으로 관심을 갖고, 서로에 대해 배려하며, 추론을 더 잘할 수 있게 되었다고 여겼다.[5]

1 [역주] 여기서 립먼은 '완성적'이라는 것의 의미를 정확히 언급하고 있지는 않지만, 그것은 듀이의 완성적 경험을 연상시킨다. 일반적으로 듀이의 경험 개념은 연속성과 상호작용으로 제시하지만, 반성적 사고의 종국 단계는 하나의 경험, 완성적 경험을 시사하고 있다. 즉, 완성적이라는 것은 누적적인 경험의 연속성을 바탕으로 수렴하는, 유종의 미와 같은 심미적·질적 차원의 것을 의미한다. 교육은 목적과 수단의 연쇄 속에서 도구적 의미를 가질 수 있지만, 반드시 그것은 누적적 경험을 하나의 경험으로 수렴시킬 수 있는 것이어야 한다는 것이다. 립먼의 문제의식도 여기서 벗어나지 않는 것으로 보인다.

2 "Philosophy for Children," Metaphilosophy 7, no. 1(Jan. 1976).

3 Hope J. Haas, "Philosophical Thinking in th Elementary Schools: An Evaluation of the Education Program Philosophy for Children," unpub. mimeo., Institute for Cognitive Studies, Rutgers University, 1976.

4 "Charlann Simon, "Philosophy for Students with Learning Disabilities," Thinking: The Journal of Philosophy for Children I, no. 1(Jan. 1979): 21-33.

5 Educational Testing Service, Princeton, N. J., 1977-1978.

교실 속 어린이 철학

옮긴이의 말

어린이 철학Philosophy for Children은 급진적인 우리 시대의 신생 철학이다. 그것은 어린이의 추론할 권리, 윤리적 탐구의 가능성, 사회철학에서 어린이의 지위와 역할을 묻는 등 전통적인 아동기론을 비판적으로 성찰하며 어린이의 존재 물음을 던진다. 나아가 어린이 철학은 이러한 어린이의 존재 물음을 통해서 궁극적으로 어린이도 성인과 같이 철학적 사유가 가능할 뿐만 아니라, 그것을 교육적으로 구현하기 위해 기존의 교육을 새롭게 디자인할 것을 촉구한다. 지난 50여 년 동안 어린이 철학은 새로운 철학교과서와 교육과정을 갖추면서, 결과적으로 우리 시대의 가장 영향력 있는 페다고지 가운데 하나가 되었다. 어린이 철학은 전 세계 48개국에 지부를 두고 있고, 45개 언어로 번역되었으며, 국제적인 평가를 받고 있다. 1998년 3월, 그리고 2003년에도 유네스코는 어린이 철학의 국제 '전문가 모임'을 가지면서, 유네스코 철학 및 윤리학 분과에서 어린이 철학 사업을 추진하였다. 어린이 철학개발연구소는 유네스코 분과 세계철학연맹FISP의 정회원이 되었고, 지난 2016년 11월에는 유네스코 석좌 프로그램, '어린이와 함께 하는 철학의 실천: 문화 간 대화와 사회 변화를 위한 교육적 기반'이 조직되었다.

어린이 철학이 이렇게 주목을 끈 것은 그것이 새로운 철학이자 대안의 혁신교육이었기 때문이다. 그러나 이를 보다 자세히 살펴보면,

그것이 갖는 도덕 및 시민교육적 효용성도 크게 작용했다. 어린이 철학이 하나의 '철학'이면서도, 현실의 도덕적·사회적 갈등과 모순을 처방할 수 있는 유망한 혹은 효과적인 증거기반 프로그램으로 알려지면서, 이를 창안한 립먼의 말처럼 어린이 철학은 공교육 내부로 들어가면서, 일각이지만 초등교육의 한 가지 특색이 되었다.

그러면 어린이 철학이란 무엇인가? 사실 이는 쉽지 않은 물음이다. 앞서 우리는 어린이 철학이 하나의 철학이면서, 전통적인 교육을 비판하면서 등장한 혁신교육이라고 하였다. 어린이 철학의 정체성을 밝히기 위해서는 철학이면서 동시에 페다고지라는 어린이 철학의 성격에 대해 부연할 필요가 있다.

우선 어린이 철학은 하나의 '철학'이다. 그러면 어린이 철학은 어떤 철학인가? 이는 어린이 철학이 무엇인지 물은 소피아 대학의 알렉스 안도노프 교수의 질문에 대한 립먼의 대답에 잘 나타나 있다. 립먼은 어린이 철학을 '뒤집어놓은 철학inside-out philosophy'이라고 하였다. 다시 말해 어린이 철학은 철학적 주제를 직접적으로 가르치는 전통적인 강단 철학이 아니라 강단 철학을 '인사이드아웃'한 것, 바로 '그 속', 실제적인 '철학함'으로써의 철학임을 말한다. 어린이 철학에서는 '철학'을 '대화를 통한 탐구'로 간주한다. 그리고 거기에는 소크라테스 대화법의 정신이 깃들어 있다. 소크라테스가 정의, 용기, 덕이 무엇인지 질문을 던지듯이, 어린이 철학 역시 아이들과 함께 일상의 철학적 개념들을 공동으로 탐구한다. 소크라테스가 대화 상대자들의 능동적 참여를 전제하듯이, 어린이 철학에서는 학생들의 흥미'를 고려하고, '사고를 자극하는 가장 훌륭한 방법 중 하나를 대화에 대한 참여'로 간주한다.

이렇게 어린이 철학은 전통적인 철학이 아니라, 아이들에게 경이를 품게 하고, 새로운 방식으로 성찰하게 하며, 상상력을 갖고 대안의 사고, 행동 방식을 고려하게 하는 철학함으로써의 철학이다. 그렇기 때문에 어린이 철학의 '철학' 수업을 두고 토론 수업으로 간주해서는 안 된다. 왜냐하면 그것은 교실 속의 다양한 토론과 달리, 추론 과정의 타당성, 말의 함의나 그 기저에 놓인 가정, 개념의 의미 분석과 명료한 정의에 대한 탐구를 포함하고 있기 때문이다. 가령, '이 문제에 대해 여러분은 어떻게 생각하나요?'와 같은, 국어나 사회, 도덕과에서 볼 수 있는 물음은 아이들의 견해를 끌어낼 수는 있으나, 개념을 명료하게 하고, 주장의 가정을 밝히며, 추론을 촉진하지는 못하는 한계가 있다. 유감스럽게도 시중에 소개되는 철학 수업 중에는 철학 없는 토론 수업을 벗어나지 못하는 경우가 적지 않다.

한편 어린이 철학은 혁신교육이자 페다고지이다. 페다고지란 뒤르켐의 표현을 빌리면 교육을 자료로 삼은 이론, 즉 성찰을 더한 교육의 '실천이론'을 의미한다. 다시 말해 어린이 철학은 기존의 교육 실천을 비판하며 새로운 교육 개혁의 프로그램으로, '철학'이라는 이름하에 교육에 대한 새로운 이론으로 등장하였다.

페다고지로서 어린이 철학의 목표는 궁극적으로 스스로 혹은 스스로에 대해 생각하는 법을 배우게 하는 사고력 교육에 있다. 어린이 철학은 도덕적 상상력을 바탕으로 아이들의 도덕적 사고와 정서, 행위를 통합적으로 만들고자 하였다. 어린이 철학은 그 하위 목표로 논리적 추론 능력을 향상시키고, 창조성을 발달시키며, 인지 능력과 정서 능력의 동시적 발달을 꾀하고, 개인적 성장과 대인관계의 성장을 고려한다. 이를 통해서 윤리적 지성을 발달시키고, 경험의 의미를 발견하는 능력을 신장시키며, 도덕적 행위에 관한 추론뿐만 아니라 도덕적인 실천 기회를 고려한다. 이런 맥락에서 립먼이 어린이 철학을 두고, "단순히 사고 기능의 증진이 아니라 도덕교육의 목적을 위해 유용할 수 있는 어떤 것을 만들고자 하는 계획"이라고 한 평가를 이해할 수 있을 것이다.

어린이 철학이 '대화를 통한 탐구'로서 하나의 철학이고, 혁신교육을 함축하는 새로운 페다고지라고 한다면, 우리는 어떻게 어린이 철학을 할 것인가? 바로 이 책 『교실 속 어린이 철학』은 그 물음에 대해, 특히 이 책의 2부에서 방법론을 중심으로 응답하고 있다. 이 책은 3부로 이루어져 있는데, 1부에서는 '교육의 새로운 디자인', '사고와 학교 교육과정', '철학적 탐구' 및 어린이 철학의 교육적 전제를 소개한다. 1부에서는 어린이 철학이 혁신교육이고, '사고'를 중심으로 한 페다고지이자 철학적 탐구로서의 하나의 철학임을 밝히고 있다. 2부 '어린이 철학의 목적과 방법'에서는 '어린이 철학의 교육과정'과 '방법론', '철학적인 토론수업'을 다루며, 어린이 철학을 어떻게 할 것인지 그 구체적인 노하우를 제시한다. 3부에서는 어린이 철학이 '논리'를 함축하고, '도덕교육으로서의 철학교육' 및 '윤리적 탐구'로서 제시되는 응용의 측면을 강조한다. 아마도 어린이 철학 원전 가운데에서 어린이 철학과 도덕교육의 관계를 가장 포괄적으로 다루고 있는 장들이라고 할 수 있다. 3부에서 제시한 도덕교육으로서의 어린이 철학은 대체로 2부의 어린이 철학의 방법론에서 따라 나온 것이다.

어린이 철학이 하나의 철학이면서도 페다고지의 지위를 가질 수 있었던 것은 어린이 철학을 위한 교사와 교실, 고유한 교수방법론 때문이다. 다시 말해, 토론수업이 아닌 철학수업을 이끌고 갈 어린이 철학 교사의 확보, 그리고 기존 학교교육과정을 대신하는 이야기 텍스트 및 철학적 탐구공동체가 이를 가능하게 했다. 어린이 철학의 교과서는 일종의 이야기 형식을 취하며 도덕적 삶의 복잡성을 보여준다. 또한 이야기 텍스트는 철학적 탐구공동체의 탐구적 절차를 함축하고 있어, 학생들로 하여금 주인공들의 대화와 사고를 통해서 탐구적 대화를 준비하게 한다. 철학적 탐구공동체는 탐구적 대화를 통해서 어린이 철학의 진리론인 합당성 이념을 갖추게 하고, 도덕적·시민적 인성 함양을 가능하게 한다. 철학적 탐구공동체는 열린 마음과 존중 및 배려와 같은 지적, 도덕적인 덕뿐만 아니라, 협력과 공동의 탐구를 통한 시민적 덕과 인성의 가치 또한 갖고 있기 때문이다. 립먼에게 교실은 심의의 공동체이기에 철학적 탐구공동체는 참여 및 심의민주주의의 이상을 직간접적으로 함축하는 의의가 있다.

끝으로 한 가지 짚어두어야 할 것은 『교실 속 어린이 철학』이 철학이자 페다고지로서 어린이 철학의 성격을 잘 보여주지만, 이것이 어린이 철학의 전부를 보여주거나 대변하는 것은 아니라는 점이다. 이 책은 립먼, 샵, 오스캐년의 공저이지만, 어린이 철학을 만든 립먼의 문제의식이 시종일관하며 책의 주된 흐름을 끌고 간다. 엄밀히 말하면 이 책은 대표저자인 립먼의 중기사상을 반영하고 있다. 바꾸어 말해 이 책은 1991년『교육에서의 사고』에서 나타나는 듀이를 수용한 립먼의 사고, 1990년대 중후반을 거치면서 만년에 구축한 2003년의 립먼의 후기 사상과 연속과 불연속의 지점을 나타내고 있다. 그런 점에서 이 책이 립먼 만년의 '사고' 페다고지의 정수까지는 보여주지 못하지만, 그럼에도 이 책의 의의는 결코 작지 않다. 앞서 언급한 것처럼,『교실 속 어린이 철학』은 어린이 철학이 무엇인지, 그리고 어린이 철학을 어떻게 할 것인지 체계적으로 논하고 있다. 또한 이 책은 립먼의 중기 사상을 반영하고 있어, 어린이 철학의 전개를 확인할 수 있는 빠뜨릴 수 없는 자료가 된다. 가령 이 책에서 소개되고 있는 '사고 기능'과 립먼의 후기 사상에서 제시되고 있는 사고 기능의 관련성을 찾을 수 있고, 배려에 대한 강조에서 후기 사상의 배려적 사고로의 발전 양상을 살펴볼 수도 있다. 게다가 이 책에서는 적지 않은 지점에서 듀이 철학과 연결되어 있다. 이 책을 바탕으로 후기 사상에서 듀이 철학이 어떻게 수용·변용되는지 파악하는 것도 어린이 철학의 이해를 위한 필수적인 철학적 탐구가 될 것이다. 이런 점에서 이 책은 어린이 철학을 전체적으로 조망하기 위한, 나아가 어린이 철학을 실천하기 위한 보고일 뿐만 아니라, 철학함으로써의 도덕교육론을 탐구하거나 모색할 때도 필수불가결한 고전이다.

『교실 속 어린이 철학』의 원서는 1980년에 출간된 Philosophy in the Classroom의 제2판이다. 역자는 오래전에 이를 우리말로 옮겨 교사 연수와 교대 학생들의 수업을 위한 교재로 삼았었다. 열과 성을 다해서 강의를 들었던 영남지역의 교사들과 진주교대 학생들에게 고마움을 전한다. 아울러 어린이 철학의 고전을 출간할 수 있도록 배려해준 도서출판 씨아이알 김성배 대표님과 박영지 편집장님께도 감사드린다. 끝으로 제1의 독자이자 평자들로서 항상 응원하고 지지해주는 아내와 딸 다인에게도 고마움을 전하고 싶다.

2020년 12월
박찬영

참고문헌 ————————————————————————————

Aristotle, *Nichomachean Ethics*. New York: Random House, 1941.

Asch, Solomon E. *Social Psychology*. New York: Prentice-Hall, 1952.

Augustine, Saint. *Confessions*. New York: Modern Library, 1949.

_____. *Divine Providence and the Problem of Evil*. Washington, D. C.: Catholic University of America Press, 1948.

_____. *Soliloquies*. New York: Random House, 1948.

_____. *Concerning the Teacher*. New York: Random House, 1948.

Baier, Kurt. "Good Reasons." Philosophical Studies 4(1953): 1-15.

_____. *The Moral Point of View*. Itacha: Cornell University Press, 1958.

Bayles, Ernest E. *Pragmatism in Eduation*. New York: Harper and Row, 1966.

Beardsley, Monroe C. *Practical Thinking*. Englewood Cliffs, N.J.: Prentice-Hall, 1945.

Benjamin, Martin. "Can Moral Responsibility Be Collective and Non-Distributive?" *Social Theory and Practice*, Fall 1976.

Berlyne, D. E. "Children's Reasoning and Thinking." In *Carmichael's Manual of Child Psychology*, ed. Paul Mussen, 3rd ed. New York: Wiley, 1970.

Bettelheim, Bruno. *The Uses of Enchantment*. New York: Knopf, 1976.

Bruner, Jerome S. On Knowing: *Essays for the Left Hand*. New York: Atheneum, 1965.

_____. *The Process of Education*. Cambridge: Harvard University Press, 1960.

_____. *Toward a Theory of Instruction*. New York: Norton, 1968.

_____. J. J. Goodnow, and G. A. Austin. *A Study of Thinking*. New York: Wiley, 1956.

Buber, Martin. *Between Man and Man*. New York: Macmillan, 1965.

_____. I and Thou. New York: Scribner, 1958.

Buchler, Justus. "What Is a Discussion?" *Journal of General Education*, Oct. 1954.

Cohen, Morris, and Ernest Nagel. *An Introduction to Logic and Scientific Method*. New York: Harcourt, Brace and World, 1934.

Dearden, R. F., P. H. Hirst, and R. S. Peters. *Education and the Development of Reason*. London: Routledge and Kegan Paul, 1972.

Dewey, John. *Art as Experience*. New York: Minton, Balch, 1934.

_____. *The Child and the Curriculum*. New York: Macmillan, 1955.

_____. *Democracy and Education*. New York: Macmillan, 1944.

_____. *Experience and Education*. New York: Collier, 1971.

_____. *Experience and Nature*. New York: Collier, 1929.

_____. *Human Nature and Conduct*. New York: Modern Library, 1950.

_____. *Logic: The Theory of Inquiry*. New York: Holt, 1938.

_____. *The Theory of the Moral Life*. New York: Holt, Rinehart and Winston, 1908.

_____. *Theory of Valuation*. Chicago: University of Chicago Press, 1939.

Donaldson, Margaret. *Children's Minds*. London: Fontana/Croom Helm, 1978.

Doyle, J. *Educational Judgments*. London: Routledge and Kegan Paul, 1972.

Durkheim, Emile. *Moral Education*. New York: Teachers College Press, 1959.

Edel, Abraham. *Ethical Judgment*. Glencoe, Ill: Free Press, 1964.

_____. *Science and the Structure of Ethics*. Chicago: University of Chicago Press, 1961.

Edgeworth, Maria, and Richard Lovell Edgeworth. *Practical Education*. 1st Am. ed. New York: Hopkins, 1801.

Ennis, Robert H. *Logic in Teaching*. Englewood Cliffs, N.J.: Prentice-Hall, 1969.

Erikson, Erik H. *Childhood and Society*. New York: Norton, 1950.

_____. "The Golden Rule in the Light of New Insights." In Erikson, *Insight and Responsibility*. New York: Norton, 1964.

Evans, Clyde. *Critical Thinking and Reasoning*. Albany, N. Y.: University of the State of New York, 1976.

Firestone, Shulamith. *The Dialectic of Sex*. New York: Morrow, 1970.

Flavell, J. H. *Cognitive Development*. Englewood Cliffs, N.J.: Prentice-Hall, 1977.

_____. *The Development Psychology of Jean Piaget*. Princeton, N.J.: Van Nostrand, 1963.

Freire, Paulo. *Pedagogy of the Oppressed*. New York: Herder and Herder, 1972.

Hamlyn, D. W. *Experience and the Growth of Understanding*. London: Routledge and Kegan Paul, 1978.

Hare, R. M. "Adolescents into Adults." In *Aims in Education: The Philosophic Approach*, ed. T. H. B. Hollins. Manchester: Manchester University Press, 1964.

_____. *Freedom and Reason*. London: Oxford University Press, 1964.

Hirst, Paul H., ed. *Knowledge and the Curriculum*. London: Routledge and Kegan Paul, 1974.

Isaacs, Susan. *Intellectual Growth in Young Children*. New York: Harcourt, Brace and World, 1931.

James, William, *Talks to Teachers on Psychology*. New York: Holt, 1898.

Kagan, Jerome, and Nathan Kogan. "Individuality and Cognitive Performance." In *Carmichael's Manual of Child Psychology*, ed. Paul Mussen, 3rd ed. New York: Wiley, 1970.

Koffka, Kurt. *The Growth of the Mind*. New York: Harcourt, Brace, 1924.

Kohlberg, Lawrence. "Stages of Moral Development as a Basis for Moral Education." In *Moral Education: Interdisciplinay Approaches*, ed. C. M. Beck, B. S. Crittenden, and E. V. Sullivan. Toronto: University of Toronto Press, 1971.

Langford, Glen, and D. J. O'Connor. *New Essays in the Philosophy of Education*. London: Routledge and Kegan Paul, 1973.

Levit, Martin. *Curriculum*. Urbana, Ill: University of Illinois Press, 1971.

Lewis, C. I. *An Analysis of Knowledge and Valuation*. LaSalle, Ill.: Opern Court, 1946.

_____. *The Ground and Nature of the Right*. New York: Columbia University Press, 1955.

Lipman, Matthew. *Contemporary Aesthetics*, Boston: Allyn and Bacon, 1973.

_____. *Discovery Philosophy*. 2nd ed. Englewood Cliffs, N.J.: Prentice-Hall, 1977.

_____. *Harry Stottlemeyer's Discovery*. Upper Montclair, N.J.: Institute for the Advancement of Philosophy for Children, 1974.

_____. *Lisa*. Upper Montclair, N.J.: Institute for the Advancement of Philosophy for Children, 1976.

_____. *Mark*. Upper Montclair, N.J.: Institute for the Advancement of Philosophy for Children, 1979.

_____. *Suki*. Upper Montclair, N.J.: Institute for the Advancement of Philosophy for Children, 1978.

_____. *What Happens in Art*. New York: Appleton-Century-Crofts, 1967.

_____ and Ann Margaret Sharp. *Growing Up with Philosophy*, Philadelphia: Temple University Press, 1978.

_____, Ann and Margaret Sharp, and F. S. Oscanyan. *Ethical Inquiry: Instructional Manual to Accompany Lisa*. Upper Montclair, N.J.: Institute for the Advancement of Philosophy for Children, 1977.

_____, Ann Margaret Sharp, and F. S. Oscanyan. *Philosophical Inquiry: Instructional Manual to Accompany Harry Stotlemeie's Discovery*. Upper Montclair, N.J.: Institute for the Advancement of Philosophy for Children, 1979.

Lynd, Helen M. *On Shame and the Search for Identity*. New York: Wiley, 1966.

Mandelbaum, Maurice. *The Phenomenology of Moral Experience*. Glencoe, Ill: Free Press, 1955.

Marcel, Gabriel. *The Mystery of Being*. Chicago: Regnery, 1951.

Matthew, Gareth B. "Philosophy and Children's Literature." *Metaphilosophy 7*, no. 1(1976).

Mayeroff, Milton. *On Caring*. New York: Harper and Row, 1971.

Mead, George Herbert. "The Child and His Environment." *Transcations of the Society for Child Study 3*, no. 1(April 1898): 1-11.

_____. *Mind, Self and Society*, ed. Charles W. Morris. Chicago: University of Chicago Press, 1934.

_____. *Movements of Thought in the Nineteenth Century*. Chicago: University of Chicago Press, 1936.

_____. "The Relation of Play to Education." *University Record 1*, no. 8(May 1896): 141-45.

_____. *Selected Writings*, ed. Andrew J. Reck. Library of Liberal Art, no. 177. New York: Bobbs-Merrill, 1964.

Merleau-Ponty, Maurice. *Consciousness and the Acquisition of Language*, trans. Hugh J. Silverman. Evanston, Ill: Northwestern University Press, 1973.

Metcalf, Lawrence C. "Research on Teaching the Social Studies." In *Handbook of Research on Teaching*, ed. N. L. Gage. Chicago: Rand McNally, 1963.

Mill, John Stuart. *On Liberty*. London: Oxford University Press, 1969.

Montefiore, Alan. "Moral Philosophy and the Teaching of Morality." *Harvard Educational Review 35* (Fall 1965).

Nelson, Leonard. *Socratic Method and Critical Philosophy: Selected Essays*, trans. Thomas K. Brown III. New Haven, Conn.: Yale University Press, 1949.

Nuthal, G. A., and P. J. Lawrence. *Thinking in th Classroom*. Wellington, N. Z.: New Zealand Council for Educational Research, 1965.

Oakeshott, Michael. "Learning and Teaching." In *The Concept of Education*, ed. R. S. Peters. London: Routledge and Kegan Paul, 1967.

_____. "Political Education." In Oakeshott, *Rationalism in Politics*. New York: Basic Books, 1962.

Opie, Iona, and Peter Opie. *The Lore and Language of School Children*. New York: Oxford University Press, 1959.

Peirce, Charles. "Consequences of Four Incapacities." In *Collected Papers of Charles Sanders Peirce*, vol. 5, ed. Charles Hartshorne and Paul Weiss. Cambridge, Mass.: Harvard University Press, 1933.

_____. "Doctrine of Chances." In *Collected Papers of Charles Sanders Peirce*, vol. 2, ed. Charles Hartshorne and Paul Weiss. Cambridge, Mass.: Harvard University Press, 1932.

_____. "The Fixation on Belief." In *Philosophical Writings of Peirce*, ed. Justus Buchler. New York: Dover, 1955.

_____. "How to Make Our Ideas Clear." In *Philosophical Writings of Peirce*, ed. Justus Buchler. New York: Dover, 1955.

_____. "Pragmatism and Pragmaticism." In *Collected Papers of Charles Sanders Peirce*, vol. 5, ed. Charles Hartshorne and Paul Weiss. Cambridge, Mass.: Harvard University Press, 1932.

Peters, R. S., *The Concept of Education*. London: Routledge and Kegan Paul, 1967.

_____. *Authority, Responsibility and Education*. London: George Allen and Unwin, 1959.

Piaget, Jean. *The Birth of Logical Thinking from Childhood to Adolescence*. New York: Basic Books, 1958.

_____. *The Child's Conception of the World*. New York: Harcourt, Brace and World, 1932.

_____. *The Early Growth of Logic in the Child*. London: Routledge and Kegan Paul, 1964.

_____. *Judgment and Reasoning in the Child*. New York: Harcourt, Brace and World, 1928.

_____. *Language and Thought of the Child*. Cleveland, Ohio: World, 1959.

_____. *Logic and Psychology*. New York: Harcourt, Brace and World, 1957.

_____. *The Moral Judgment of the Child*, trans. Margaret Cook. New York: International University Press, 1928.

_____. *To Understand Is to Invent: The Future of Education*. New York: Viking, 1975.

Postman, Neil, and Charles Weingartner. *Teaching as a Subversive Activity*. New York: Delacorte, 1969.

Raths, Louis E., et al. *Teaching for Thinking*. Columbus, Ohio: Merrill, 1967.

Raths, Louis E., Merill Harmin, and Sindey B. Simon. *Values and Teaching: Working with Values in the Classroom*. Columbus, Ohio: Merrill, 1966.

Ryle, Gilbert. *Collected Papers*. 2 vols. New York: Barnes and Noble, 1971.

_____. *The Concept of Mind*. New York: Barnes and Noble, 1949.

Sarason, Seymour. *The Culture of the School and the Problem of Change*. Boston: Allyn and

Bacon, 1971.

Scheffler, Isarael. *Conditions of Knowledge: An Introduction to Epistemology and Education.* Chicago: Scott Foresman, 1965.

_____. *The Language of Education.* Springfield, Ill.: Thomas, 1960.

_____. *Reason and Teaching.* Indianapolis: Bobbs Merrill, 1973.

Simmel, Georg. *Schulpädagogik.* Osterwieck/Harz: Verlag Von A. W. Zickfeldt, 1922.

Smith, B. O. "Concept of Teaching." *Teachers College Record 61* (1960): 229.

_____. "Logic, Thinking and Teaching." *Educational Theory 7* (1957): 225.

_____. and Robert H. Ennis. *Language and Concepts in Education.* Chicago: Rand McNally, 1968.

Snook, I. A. "Teaching Pupils to Think." *Studies in Philosophy and Education 8*, no. 2 (Fall 1973).

Suchman, J. R. "The Child and the Inquiry Process." In *Intellectual Development: Another Look*, ed. A. H. Passow. Washington, D. C.: Association for Supervision and Curriculum Development, 1964.

Taba, Hilda. *Dynamics of Education.* New York: Harcourt, Brace and World, 1932.

_____. "The Problems in Developing Critical Thinking." *Progressive Education 28* (November, 1950).

Thorndike, E. L. "Reading as Reasoning: A Study of Mistakes in Paragraph Reading." *Journal of Educational Psychology 8*, (1917): 323.

Urmson, J. O. "Saints and Heroes." In *Essays in Moral Philosophy*, ed. A. I. Melden. Seattle: University of Washington Press, 1958.

Vygotsky, L. S. *Mind in Society*, ed. Michael Cole, Vera John-Steiner, Sylvia Scribner, and Ellen Souberman. Cambridge, Mass.: Harvard University Press, 1978.

_____. *Thought and Language*, ed. and trans. Eugenia Hanfmann and Gertrude Vakar. Cambridge: M. I. T. Press, 1962.

Wallach, Michael. "Creativity." In *Carmichael's Manual of Child Psychology*, ed. Paul Mussen, 3rd ed. New York: Wiley, 1970.

_____. "Creativity and the Expression of Possibilities.." In *Creativity and*

Learning, ed. Jerome Kagan. Boston: Houghton, Mifflin, 1967.

Wees, W. R. *Nobody Can Teach Anyone Anything*. Toronto: Doubleday, 1971.

Werner, Heinz. *Comparative Psychology of Mental Development*. Chicago: Follett, 1948.

_____. "The Conception of Development from a Comparative and Organismic Point of View." In *The Concept of Development*, ed. Dale B. Harris. Minneapolis: University of Minnesota Press, 1957.

Wheelwright, Philip. *A Critical Introduction to Ethics*. 3rd ed. New York: Odyssey, 1959.

_____. *Valid Thinking*. New York: Odyssey, 1962.

Whitehead, Alfred North. *The Aims of Education*. New York: Macmillan, 1929.

Wilson, John. *Moral Thinking*. London: Heinemann, 1969.

_____. *Thinking with Concepts*. Cambridge, Eng.: Harvard University Press, 1971.

Wittgenstein, Ludwig. *Lectures and Conversations on Aesthetics*. Berkeley, Calif.: University of California Press, 1967.

_____. *Philosophical Investigation*, trans. G. E. M. Anscombe. Reve. ed. Oxford, Eng.: Blackwell, 1958.

_____. *On Certainty*. Oxford, Eng, Blackwell, 1969.

_____. *Tractatus Logico-Philosophicus*, trans. D. F. Pears and B. F. McGuinness. New York: Humanities Press, 1961.

찾아보기

지은이/옮긴이 소개 ────────────────

Matthew Lipman 지음

어린이 철학을 창안하고 정초한 철학자, 페다고그였다. 그는 컬럼비아대학교에서 듀이 미학 연구로 학위를 했고 같은 대학교에서 철학 및 논리학 입문을 가르쳤다. 이후 몽클레어주립대에서 옮겨 어린이 철학 개발연구소를 세우고, 어린이 철학의 교과서와 지도서를 저술하며, 이를 뒷받침하는 이론적 탐구를, 듀이가 그러했듯이 만년까지 더해갔다.

Ann Margaret Sharp 지음

립먼과 함께 어린이 철학을 실질적으로 형성해간 이론가이자 실천가였다. 그녀는 매사추세츠대학교에서 니체 교육철학 연구로 박사를 했고, 몽클레어주립대 교수로 부임하여 어린이 철학 연구에 참여하고, IAPC의 부소장 및 국제교사교육의 소장을 맡았다. 립먼과 같이 어린이 철학의 교과서와 지도서를 집필하였고, 그와 함께 '어린이 철학' 및 '철학적 탐구공동체' 개념 또한 창안하였으며, 특히 탐구공동체의 실제적 의미를 강조하였다.

Frederick S. Oscanyan 지음

어린이 철학의 선구자 중 한 명으로, 예일대에서 브래들리 논리학을 연구하여 박사를 했고, 버리어대학에서 학생들을 가르쳤다. 1970년대 초 립먼과 샵을 만나 이들과 같이 『해리』와 『리사』의 교사용 지도서인 『철학적 탐구』와 『윤리적 탐구』를 공저를 내고, 『교실 속 어린이 철학』 또한 집필했다.

박찬영 옮김

진주교육대학교 도덕교육과 교수. 연세대 철학과에서 석사, 박사과정을 수료했으며 나고야대학에서 박사논문연구를 하였다. 파리10대학 박사과정에서 페다고지와 아동기 철학을 연구했고, 서울대에서 듀이 철학과 어린이 철학 연구로 박사를 했다. 주로 프레네, 어린이 철학을 위시한 페다고지, 듀이 철학 및 프랑스(어권) 사상가들의 교육사상, 도덕교육을 연구하고 있으며, 불교를 위시한 동양의 페다고지와 사상에도 관심을 갖고 있다. 저서로 『어린이 철학, 도덕교육에 대한 또 다른 목소리』와 『페다고지를 위하여 - 프레네의 「페다고지 불변요소」 읽기』가 있고, 역서로 『교실 속 어린이 철학』, 『아이들을 어떻게 가르칠 것인가』, 『넬 나딩스의 교육철학』 및 공역으로 『영국교육의 실패와 핀란드의 교육』, 『핀란드에서 배우는 행복한 아이 키우기』가 있다.

교실 속 어린이 철학

초판 인쇄 | 2020년 12월 21일
초판 발행 | 2020년 12월 28일

지은이 | Matthew Lipman, Ann Margaret Sharp, Frederick S. Oscanyan
옮긴이 | 박찬영
펴낸이 | 김성배
펴낸곳 | 도서출판 씨아이알

편집장 | 박영지
책임편집 | 박영지
디자인 | 쿠담디자인, 윤미경
제작책임 | 김문갑

등록번호 | 제2-3285호
등록일 | 2001년 3월 19일
주소 | (04626) 서울특별시 중구 필동로8길 43(예장동 1-151)
전화번호 | 02-2275-8603(대표)
팩스번호 | 02-2265-9394
홈페이지 | www.circom.co.kr

ISBN | 979-11-5610-910-5 (93370)
정가 | 25,000원